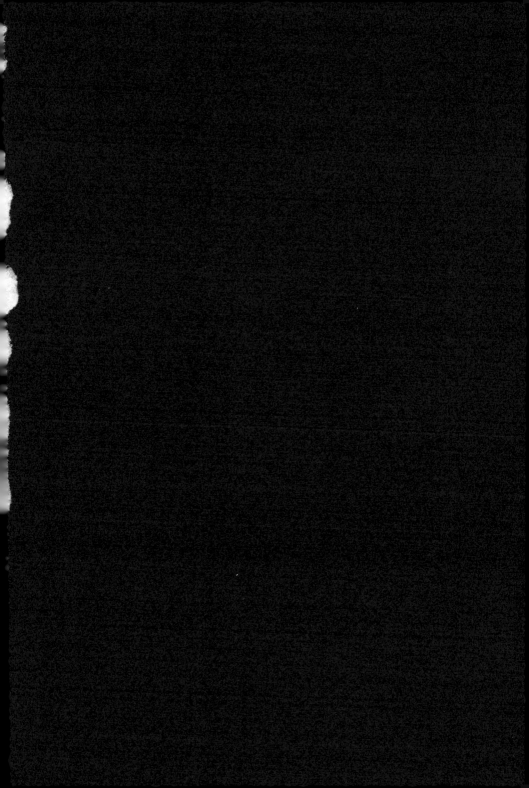

琉球をめぐる十九世紀国際関係史

——ペリー来航・米琉コンパクト、琉球処分・分島改約交渉——

目次

序章

1　問題の所在

今から約百四十年前の一八八〇年八月十八日、北京で日清交渉が始まった。交渉内容は一八七三年に批准された日清修好条規の改正及び宮古・八重山諸島の清朝への割譲であった。いわゆる分島改約交渉である。交渉の席には日本側からは特命全権公使・宍戸璣に加え、井上毅、石崎次郎太・中田敬義（通訳）、田辺太一（書記官）、清朝側からは総理各国事務衙門（現在の外交部）の沈桂芬、景廉、麟書、王文韶、崇礼がついた。同年十月二十一日、計八回の交渉の末、上記二点について双方で合意に達し、交渉は終了した。この時点で宮古・八重山諸島は日本から清朝に割譲されることが暫定的に決定した。周知の史実ではあるが、いくつかの疑問が残る。宮古・八重山諸島はいつから日本の領土に組み込まれたのか、なぜ清朝に宮古・八重山諸島を割譲したのか、なぜ条規の改正と領土割譲が同じ交渉のテーブルに乗ったのか、当の琉球はどのように反応したのか、他国の反応はどのようなものだったのか、何よりもこの交渉は日清両国にとってどのような意味を持っていたのであろうか。仮に条規の改正が日清両国にとってメリットがあった場合、日本から清朝へ宮古・八重山諸島を割譲する意味が見えてこない。国益の追求を外交の一つの目的とすると、領土割譲の見返りとして条規の改正があると考えるのが自然である。では、条規の改正は清朝にとってどのようなデメリットがあったのか、領土の割譲は清朝にとってどのようなメリットがあったのか。あれほどの広大な国土を持つ清朝が宮古・八重山諸島を国益として受け入れるにはそれなりの理由があったはずである。太平洋へ繰り出すための海路の確保というメリットも考えられる。当然ながら、領土が拡大されるということは、その分の管理費用や労力が伴うことも考慮に入れなければならない。あるいは、清朝にとって宮古・八重山諸島への領土拡大がそれほど国益に直結しないにもかかわらず、この交渉で妥協をせざるを得ない状況にあった可能性もある。その場合、その何らかの原因となる問題が解決されることで、清朝が分島改約案を拒否する選択肢も出てくる。いずれにせよ、この一つの史実の背景を明らかにするためには、史料の国境を越えて世界史の観点から紐解く必要がある。

―世界史と歴史叙述―

本書では、一八五〇年代から一八七〇年代を中心に、ペリー来琉から分島改約交渉までの経緯を時系列的に描きながら、琉球をめぐる国際関係について日本・清朝・アメリカの三ヶ国の外交史料を中心に明らかにしていく。言い換えると、これら三ヶ国が外交の場で琉球をどのように捉えていたのか、実際にどのように扱ったのか、この点について明らかにする。琉球に関する歴史を紐解くためには、琉球のみの史料で語る歴史叙述には限界がある。そもそも陸で続き、海で繋がっている世界においては、一つの国や地域だけを特化して描いても、必ずそこには「歴史の空白」が生まれ、その空白には周辺との繋がりがあり、その周辺からみた「自国史」はまた違った描き方をされている。

今、私たちの身近に「歴史」として語られてきた物語は、「近代歴史学」の成果の一つと言える。近代歴史学の特徴として、国民国家を前提としたナショナル・ヒストリーの叙述が挙げられる。それぞれの国が国民国家システムを構築するためには、国民となる一人一人がそのシステムに所属している一員であることを認識する必要があり、そのためには国全体として共有・共感できる自分たちの歴史（物語）が現実的に不可欠であった。いわゆるアイデンティティの形成である。当時としては、国家を構築していく過程として必要な作業の一つと言えるであろう。問題は、国境を越えた繋がりが深まっている現代でもなお「ナショナル・ヒストリーの集合体＝世界史」と認識されたままになっていることである。一つの国家の歴史が独立して描かれているため（日本史、アメリカ史、中国史、イギリス史等）、複数国が関係する同一の歴史を叙述するときにも国・地域ごとに描かれ方が異なる。勝者と敗者、英雄と悪者、加害者と被害者、主権・領有権の有無等々、枚挙に暇がない。そのこと自体を批判しているわけではない。それぞれの国や地域の歴史叙述が独立して存在し、過去に起きた交流・貿易・紛争等の歴史的解釈について国家間で共通の認識がない程度ならまだ許容範囲である。しかしながら、独善的な歴史観によって史実から遠ざかってしまい、二国間における一つの出来事に対する解釈の違いによって、衝突・紛争を引き起こすことになると話は別である。

　現代社会は人・モノ・情報が「国家」という小さな枠組みを越えて交錯し、地球規模の環境問題や貧困問題の解決に取り組むために、世界中各地でさまざまな切り口で新しい共同体が作られている。今まさに地球全体を一つの共同体と考える時代が訪れている。これまでの「国家」というシステムがこの世界に導入される以前、人々は文化的領域や人と人との関係性によって繋がってきた。国民国家システムが導入され、これらの領域や関係性は時には強者によって分断され、時には強制的に再配置されてきた。現代社会に目を向けると、過去の分断・再配置によって宗教戦争や民族紛争という形で衝突が生じているのがわかる。近年、このような歴史学の限界を超える試みとしてグローバル・ヒストリーによる歴史叙述が提唱されている。水島司は「新たなありうべき人と人との関係のあり方をなにを基盤にしてどう築くかが問われているのである。そして、そのような現在の人類の課題にたいして、グローバル・ヒストリーはこたえなければならない——こたえようとしているのである」[1]として、グローバル・ヒストリーの可能性及び必然性を述べた上で、「国を越えて様々なレベルでの人的交流が盛んな現代世界では、日本でしか通用しない世界史認識を身につけているだけでは十分ではない」という視点から、世界的な視野から見た「世界史構築」の必要性を強調している。例えば、日本でしか通用しない世界史認識、中国でしか通用しない世界史認識、この衝突がいわゆる「歴史認識問題」に発展していることを見れば一目瞭然である。

これまでの近代歴史学が主権国民国家を建設するためにナショナル・ヒストリーの叙述が必要とされてきた背景に触れた上で、羽田正は『世界史』[2]といっても、その主役は国と地域なのである。ここに現代日本における世界史という概念の弱さがある」と、近代歴史学の弱点を指摘している。また、現代社会における国境を越えた経済活動、地球規模の環境問題、ビッグ・データの共有等を考えると、主権国家の単位のみで現代世界を理解することの限界を指摘し、

世界を単位として、問題の所在や解決の方法を議論することが重要である。歴史学は現代と過去の対話である。だとすれば、国や地域の境界を越えた世界規模でとらえるべき事象がごく普通に生じ、世界の様相が数十年前と比較して大きく変化している現代において、過去と対話を行うための基本的な枠組みと手法がこれまでのままでよいはずはない。国や地域という枠組みとは別に、世界それ自体を検討の対象としその過去を解釈し理解することが、いま強く求められている。

として、新たな世界史の構築の必要性を説いている。新たな世界の理想像として、「日本人だけではなく、また欧米の人たちだけではなく、世界中の人々が、これが自分たちの過去だと思える世界史であることが大事である。自と他の区別を強調せず、どこかの地域や国だけが中心になるのではなく、人間は地球上で共に生きているということが理解できる世界史、世界中の人々がつながりあって生きてきたことが分かる世界史が理想である」[3]と、未来に向けた世界史の構築を提言している。つまり、世界が「国家」という枠組みを越えて繋がっているコミュニティが増えている現代では、歴史もまた「国家」を越えてグローバル

に描かれなければならない、という考え方である。たしかに、現代においても領土や主権、宗教をめぐる紛争は後を絶たない。むしろ独善的な歴史認識に基づく紛争はより容易に勃発している。その原因として一つの出来事や概念に対して、当事者同士の主張が異なることが挙げられ、これらの主張は往々にして個々あるいは国家・地域ごとの歴史認識に依拠している。一つの史実をめぐって、国や地域によって解釈が異なる場合、その史実を検証するのも歴史家の役割であり、歴史のある部分においては、共通の歴史認識を構築することが必要な時代を迎えている。

本書で扱う一八五〇年代〜一八七〇年代は琉球にとってまさに激動の時代と言えるであろう。アメリカ、フランス、オランダ、イギリス等の欧米諸国が積極的に琉球と関係を構築しようとした。この時代になにが起こったのかを明らかにするためには、琉球の史料のみに依拠していたのでは到底描くことはできない。そこで、各国に残っている史料と突き合わせながら、歴史の空白を埋めていかなければならない。それは単に外国の史料を引っ張ってきて切り貼りすることではなく、一つの言葉の背景にある歴史・文化・法制度等を理解した上で翻訳する作業を伴う。たった一つの単語を誤訳するだけで、大きな誤認・誤解が生じてしまい、例えば英語・中国語から日本語の「国」「条約」「領土」「主権」等に安易に当てはめるのは非常に危険な解釈と言えよう。特に世界史から琉球を見る際には、琉球が米・仏・蘭と「条約」を締結したのか、いわゆるヨーロッパ的な発想である「独立主権国家」に該当するのか、各国の史料を深掘りして慎重に判断せねばならない。この点については、第一章及び第二章で詳述する。

世界中の人々が地球という星の一員として共感できる歴史(物語)が必要であることに異論はない。しかし、世界の国や地域にはそれぞれの文化や歩んできた歴史がある。文化は多様性を持っているからこそ魅力的なのであり、歩んできた歴史が異なるからこそ今日まで世界が存続していると言っても過言ではないであろう。水島や羽田も言及しているように、「異」を「同」にすることがグローバル・ヒストリーではない。例えば、ヨーロッパで生まれた概念をそのまま日本史に当てはめると、そこには認識のズレや隙間が生じ、史実から遠ざかってしまう可能性もある。どこまでを「グローバル化」するのか、慎重な作業が求められる。

ゼバスティアン・コンラートは「グローバル化する世界の中において、歴史はどのように語られるか」という問いを立て、「ネットワーク化しグローバル化した世界の現実を理解するために正しい問いを立て、答えを出すことが、もはや今日の社会科学にはできていない」と問題を指摘し、「グローバル・ヒストリーは、このような分断を克服し、近代世界をつくった相互作用と接続をより総合的に理解することを目指す申し立てでもある」とグローバル・ヒストリーの必要性を強調した[4]。しかし、一方では重要な但し書きがあることを念頭に置くことも述べており、

グローバルという言い方は、調査研究の範囲があたかも無際限に広がっていることを意味しているように見える。しかし多くの主題は、より小さな枠に入れたほうがよく見える。このことはまた、グローバル・ヒストリーのアプローチの多くは、すでに確立された各国史のパラダイムを、「世界」という抽象的な全体性に置き換えようとしているわけではない、すなわち地球の全体史を書こうとしているわけではないということでもある。むしろ、境界の画定された、つまりは「グローバル」ではない空間の歴史を、グローバルな接続と構造的条件を意識しながら書くことの問題なのだ[5]

として、すべてがグローバル・ヒストリーの対象に当てはまるわけではなく、その必要性を見極めることを説いた。

研究上のすべての問いが、グローバルなアプローチを必要とするわけではない。グローバルな文脈がいつでも中心であるということでもない。なんでもかんでもが、他のなんでもかんでもとつながり、接続しているわけではないのだ。グローバル・ヒストリーを唯一有効なアプローチ――歴史叙述の視点として、あるいはそれが探究しようとする絡み合いの範囲や密度において――であると見なすのは、間違いなく

誤りだろう。[6]

すべての事象がグローバルなアプローチを必要とするわけではないのであれば、なにをもってその対象とするのか、その判断については歴史家に委ねられることになるであろう。いずれにせよ、言葉の概念を翻訳してそのまま当てはめることについては、その危険性を十分に認識する必要がある。さもなければ、時代区分や国家、国民、民族、条約等の言葉に含まれる本来の意味を見失う恐れがある。

この点について、岡本隆司は次のように述べている。[7]

人間社会を解明しきったと自任する西洋史のレベルに比べれば、東洋史学はまだまだ幼稚な段階にすぎない。社会の構成はおろか、政治・外交の範囲すら、その姿態・内実を解明しきれていない。時代区分すらできないのであって、おそらく最も史料が豊富で解明の進んだ中国史ですら、そうである。西洋史旧来の成果・手法に久しくなずんできた東洋史学では、いま新たな根本資料から研究を再構成しているさなかである。西洋史の研究がグローバル・ヒストリーにいきついたのと同じ方法・コースで、アジアの歴史像も解明できるかもしれないし、できないかもしれない。それはなお、未知の段階なのである。

岡本は「東洋史・アジア史と西洋史の隔たり」を指摘し、グローバル・ヒストリーの考え方をそのまま東洋史・アジア史に当てはめることに警鐘を鳴らしている。たしかに「近代」という概念を日本史や中国史の時代区分に当てはめることが出来るのか、「国家」や「国民」等の言葉は全世界共通なのか、日本や中国にも独自の概念が存在していてもいいはずである。本書においては、まず第一章でアメリカ外交における compact という契約形式を日本語で「条約」と翻訳することの妥当性について問う。つまり、compact（＝米国史）と条約（＝日本史）にどれほどの互換性があるのか、畢竟するに compact は条約ではなく、別の日本語に置き換えなければならないのではないか、この点について米国史の観点から検証する。一見すると、「琉米修好条約」という言葉そのものは、世界史的であり、グローバル・ヒストリーを意識したように映る。しかしながら、上述してきたように英語圏の言葉を日本語に翻訳する作業は慎重を要し、十九世紀米国外交史における条約すべてに目を通さなければならない。そもそも歴史研究において、グローバル・ヒストリーやマルチ・アーカイブ（=ここでは複数言語の史料を利用して研究する方法を指す）を提言・強調する必要があること自体が、すでに「世界史」が危機的な状況に陥っていると言えるのかもしれない。当然のことながら、歴史が先にあって国・地域があるのではなく、そこに人がいて、コミュニティが生まれ、国・地域として認識し（認識され）、人々があとから歴史を紡いでいくのである。その場所に国際的な人の往来があれば、それは必然的にグローバルであり、マルチ・アーカイブに頼らざるをえない。例えば、琉球の歴史を叙述していくにあたり、私たちがことさらグローバルな視点を強調しなくても、本来は琉球が歩んできた歴史そのものが「世界史的」な繋がりを持っているのだから、日本史のみの視点、琉球史のみの視点では、琉球に関する史実の半分も描くことが難しいのは言を俟たない。先述したように、必ずそこには「歴史の空白」が生まれる。琉球を研究対象とする際、史料が他国に渉り、外国語文献を読み解くことは必然的である。世界史の観点をなおざりにして、琉球の歴史・文化に安易に独自性を付与することには注意が必要である。

私たちは欧米から持ち込まれたルールや世界観を鵜呑みにして、国家・条約・王国・独立という翻訳概念をそのまま自分たちの歴史に当てはめてはいないか。「世界史」や「グローバル・ヒストリー」という言葉を使いながらも、実際には西洋中心史観という舞台で踊らされていないか。侵攻か侵略か、支配か朝貢か、国か王国か、独立か属国か、条約か協約か。史実の一つ一つに言葉の概念を当てはめる翻訳作業には細心の注意を払い、検証していかなければならない。岡本は「留意しなければならないのは、『国民国家』はいわずもがな、『民族』も『帝国』も西欧近代の概念だ、ということである。この三者にとどまらず、現在のあらゆる学問上の概念は、ほとんど例外なく西欧近代、つまり国民国家が世界を制覇する過程でできあがった。

そのため国民国家に非ざる国家をみるにも、絶えず西欧中心主義・国民国家所産の概念的バイアスがかかってしまう。」[8]と指摘し、言葉の概念に対する定義を疑うことの大切さを説いている。

南塚信吾は、グローバル化した現代社会における新たな世界の構築が必要と説き、そのためには障害となっている四つの問題を解決しなければならないとした。[9]

① 「その一つは、日本史と世界史を区別するという考え方である。」

② 「二つには、われわれはいわば一国的規模での自己完結的なナショナル・ヒストリー（国民史）という枠組みで歴史を考える習慣が身についているという問題である。」

③ 「三つには、われわれはヨーロッパ的な概念を使って歴史を見てしまいがちだという問題である。」

④ 「四つには、日本史を考えるにせよ、世界史を考えるにせよ、世界の歴史はヨーロッパ（欧米）が動かしてきたのだという見方である。」

①と②については、たしかに日本史や地方史という小さな枠組みで歴史を叙述すると、それ以外の国や地域の要素が薄くなり、畢竟するに外国で生まれた概念や用語を都合良く解釈・運用することさえも起こる。たとえば、「国家」という枠組みでは理解できない地域に対しても、安易に「王国」や「帝国」という言葉を押しつけ狭隘的な解釈に陥っていることも散見される。③と④については、いわゆるヨーロッパ中心史観と呼ばれるものである。ヨーロッパ中心の世界史の問題点については、南塚も「単に記述の量がヨーロッパに偏っているとか、非ヨーロッパの記述がないというのではなく、また単に観点がヨーロッパから見ているというだけではなく、世界史を主導したのはヨーロッパであるという確信を根底に据えた「世界史」なのである」[10]と指摘した。このように世界は自国史と世界史の境界、ヨーロッパ中心主義という呪縛、これら二つの大きな課題に直面しているのが現状である。一つ一つの言葉や概念を疑い、歴史を丁寧に構築していくことではじめて、自分たちが何者であり、これからどこに向かっていくのかを考えることができ

るのではないであろうか。本書では翻訳がこれまでの歴史叙述に干渉し、さらに歴史認識に過度に影響を与えている現状を鑑み、なるべく原文を残しながら翻訳も含めて史実を検証していく。

2 先行研究と本書の位置付け

――「琉米・琉仏・琉蘭修好条約」という誤訳と誤認――

これまでの琉球を中心とした歴史研究において、ペリーの琉球来航及び条約締結は重要な史実の一つとして研究対象となってきた。次章で詳しく述べるが、日本において先行研究も少なくない。しかしながら、これらの研究においては、ペリーが琉球とcompact（コンパクト）として締結したこと、米国におけるcompactの位置付けが検証されておらず、なぜペリーは日米和親条約とは名称も形式も異なるcompactとして締結したのかについてはほとんど論じられてこなかった。いわゆる「琉米修好条約」という名称も現代の研究者があとから付けた造語であり、史料の中には見当たらない。日米和親条約と同じ「条約」という日本語に翻訳されることで、compactの背景に語られるべき歴史が埋もれたままになっていた。本書では造語そのものを批判しているわけではない。現代に生きる者にとって、歴史をわかりやすく理解するために、造語という手段を取ることも多々ある。実際に、compactの翻訳については、条約だけではなく盟約、協約、協定等を使用している研究もある。つまり、日本の先行研究において、ペリーと琉球が締結したcompactについては、いまだ名称の定義さえもおこなわれていないのが現状である。

現代において一八七〇年代に実施された琉球処分の正当性が議論の対象となる際に、当時の琉球が米国・

仏国・蘭国と「条約」を締結していたことが琉球の独立性の証左として挙げられることがある。つまり、外国と「条約」を締結するのは主権国家や国際法の主体となり得る証であり、その主権国家である琉球国を日本に併合することが国際法に照らしても違法ではないか、という現代の沖縄が置かれた状況に即した物語として描かれている。歴史叙述には科学的・客観性が求められるが、実際には往々にしてその国や地域が前進・発展していくための物語として描かれてきたことも否めない。これらの物語は歪曲やねつ造とは異なる形で語られ、研究者あるいは地域全体による「解釈」の違いが顕著に現れる。例えば、最近の研究では次のような問いがある。

幕末に琉球が独立国として締結した「三条約」は、結果として明治政府が琉球を併合する障害にはならなかった。また、アメリカ・フランス・オランダは、琉球と修好条約を締結しているにもかかわらず、明治政府に対して「琉球処分」の問題性について厳しく指摘することはなかった。ここでは、なぜ琉球の独立性を示すことができるはずであったこれらの「三条約」が、明治政府による琉球併合の障壁とならなかったのか、ということについて論じたい。[11]

ここでは、米国と琉球のcompactが「三条約」の一部に入っており、なおかつ琉球の独立性を証明する証拠となっている。本書では、そもそもペリーはなぜtreatyではなくcompactを締結したのか、compactは米国外交では伝統的にどのように位置付けられるのか、はたして独立性を証明するものになるのか、これらの点についても検証していく。また、フランスとオランダの本国政府は琉球が主権国家として認められないことを理由に、条約を批准していないという史実も無視できない。当時、フランスはconvention、オランダはtreatyとしてそれぞれの提督が現場で調印するにいたった。しかしながら、フランスとオランダの本国では、琉球の主権国家としての独立性が問題となり、批准は認められなかったのである。[12] また、日本側の史料のみに依拠した結果、琉球と米国が convention として締結したという誤認が生じている先行研究のケースもある。[13] 本書での結論を先に述べると、国際法・国際関係史・外交史の観点から見ると、「三条約」というのは存在しないということになる。一八五〇年代にアメリカ・フランス・オランダのそれぞれの提督が琉球で調印したケースから見ると、琉球が「非」主権国家と認識された何よりの証拠になることがわかる。「琉米・琉仏・琉蘭修好条約」の存在に対する検証が不完全であればあるほど、またこれら「三条約」を土台に現代沖縄論が進んでいけばいくほど、本書の問題提起がより社会的な意義を持つであろう。今後、「米琉コンパクト」という名称が日本社会においてコンセンサスを得られるかはわからないが、可能な限り本書を通じて一八五〇年代～七〇年代に日本・清朝・米国が琉球をどのように認識していたのかを明らかにしたい。本書の立場をもう一点だけ述べておくと、米・仏・蘭が琉球を主権国家と見なさなかったことが、琉球の国際的な地位を下げると認識しているわけではない。むしろ、主権国家という比較的新しい概念では計りきれない深淵な歴史を歩んでいた、それが琉球であったというのが本書が取る立場である。本書が欧米諸国から主権国家という名札を渡されたという誤認から脱却し、世界史からみる琉球の歴史的な存在意義を見出すきっかけになれば幸いである。

――琉球処分の定義――

一国史における時代のターニングポイントをその国の「システムの変化」に置くと、日本の江戸幕藩体制から明治天皇体制への移行もその一つと言える。明治政府は近代国家構築のために喫緊の課題として国際的には不平等条約の改正、辺境地域の領土画定、殖産興業の発展を掲げ、国内的には学制、徴兵制、地租改正の整備を掲げた。領土画定では地理的な国家統一のために北海道（蝦夷）と沖縄（琉球）がその対象となり、琉球は明治初期における琉球処分という明治政府の政策のなかで日本へと統合されていくのである。

琉球処分に関する日本側の研究は、史料の収集及び整理を含めて、これまである一定の成果をあげたと言える。[14] その研究は主に「明治政府による国内政策としての琉球処分」、「琉球処分をめぐる琉球国内部の動向」、「琉球処分論」[15]、「国際関係における外交問題としての琉球問題」に分けることができる。明治維新の時期区分設定に諸説あるように、扱う史料や歴史的意義の解釈によって琉球処分の始期と終期についてもその見解がわかれている。元来、このテーマは相手国及び第三国の史料を扱うため、『日本外交文書』をはじめとする日本側の史料に転載あるいは日本語翻訳版に頼ることもできた。本書ではより正確を期すため、外国史料の原文にあたり、外交案件としての琉球問題について分析を試みる。琉球処分研究はその扱う史料の種類により必然と日本史、中国史、米国史、ひいては世界史と研究対象となる範囲も拡がってくる。例えば、『日本外交文書』の「琉球所属ニ関シ日清両国紛議一件」事項に記載されている資料の国名や関係人物を見ると、琉球処分に包括されている問題が世界史の範囲に及ぶことは一目瞭然である。また、「琉球所属ニ関シ日清両国紛議一件」事項以外の「条約改正ニ関スル件」「日清修好条規通商章程改正ニ関スル件」「朝鮮開港ニ関スル件」「露国領樺太へ本邦人出稼ニ関スル件」等を時系列的に並べてみても、琉球問題は明治政府が抱える数ある外交案件と並行して処理されていたことがわかる。一つの国家にとって外交案件は常に国際関係の中で同時進行に処理されているため、純粋な意味での二国間のみで構築される関係は皆無と言ってよい。

当時、日本と清朝は琉球問題の当事者であったため、関連史料が比較的豊富であり、さらにその問題に対する関心の所在は必然と現代にも引き継がれている。日本政治史からの国内政策としての琉球処分研究というアプローチに加え、中国近代外交史からの琉球問題としての研究も少なくない。明治政府が遂行した琉球処分は、日本に残っている史料のみならず、中国にもその当時の様子が外交文書や個人の書簡や日記として残されている。

しかしながら、「琉球処分」という言葉の定義については、いまだ定まっていないのが現状である。時代区分、表記方法でさえも揺れている。最近の先行研究では『「琉球処分」(=琉球併合)』のような書き方も見られる。ここでこれまでの代表的な研究をまとめてみたい。金城正篤は、「明治政府のもとで沖縄が日本国家の中に強行的に組み込まれる一連の政治過程をいう。この過程は、一八七二年(明治五)の「琉球藩」設置にはじまり、一八七九年(明治一二)の「沖縄県」設置をへて、翌年の「分島問題」の発生と終熄に至る、前後九年間にまたがり、この時期は沖縄近代史上、琉球処分の時期として位置付けられる。」[16]として、「九年間」の時間が琉球処分に該当するとした。琉球藩、沖縄県、分島改約交渉という内政から外交に発展する過程も含めて「琉球処分」とした。我部政男は琉球処分の定義と時期について次のように設定している。「琉球処分期とは、明治政権が沖縄地域を近代日本国家に統合してゆく一連の政治過程の流れを称していう。この過程は一般的には、一八七二年(明治五)の琉球藩の設置に始まり、一八七九年(明治一二)の沖縄県の設置、一八八〇年の改約分島交渉、翌年の明治一四年政変にいたる、一〇年間前後を琉球処分期として設定することができる。この政治過程が比較的長期にまたがっている理由として、明治政権のかかえていた国際・国内のさまざまな課題との相互関連を考慮に入れなければならない。同時に、沖縄の政治的・社会的状況と、日清間の国際的環境に大きく規定されていた側面にも目を向ける必要がある。[17]」とした。ここで我部が指摘しているのは、一地域に対する一つの国内政策が十年間という比較的長いスパンで行われている背景である。つまり、琉球処分が明治政府—琉球という二者の問題ではなく、明治政府—琉球—清朝という国際的環境の要因が琉球処分の時期に影響を与えている点に注視している。

金城や我部が指摘しているように、琉球処分は一八七二年が一つのターニングポイントとなっている。たしかに、一八七二年の段階において、『日本外交文書』でも「琉球藩御処分」という言葉が使われていることからもわかるように、明治期における琉球をめぐる「処分」の始期をこの時期に設定するのは妥当であろう。本書では、琉球処分の定義については「琉球処分」という言葉そのものではなく、あくまでも「琉球」と「処分」を分けて捉え、後者の「処分」という言葉がどのようなニュアンスで使われていたのかをまず考えてみたい。つまり、一八七二年の「琉球藩御処分」と一八七九年の「琉球処分」をあえて分断せずに、あくまでも明治政府による琉球に対する「処分」という観点から論を進めていく。

一方で、西里喜行は琉球処分の始期を一八四〇年代とし、琉球処分論の再定義の必要性を説いた。琉球処分の時期はアヘン戦争から日清戦争に至る半世紀余の東アジア国際秩序の再編成期に相当する。アヘン戦争前後から欧米列強は戦略的拠点としての琉球の「所属」問題に関心を向け、アヘン戦争を契機として琉球へのアプローチを開始し、日清両国も欧米列強の琉球への圧力（外圧）を考慮せざるを得ず、薩摩藩の五代秀堯の如きは外圧への対処策として、薩摩藩にとって最善の選択肢は何かという視点から、早くもこの時点で「琉球の処分」方針を提起していることからも、琉球「所属」問題への対処方針としての琉球処分はすでに四〇年代に欧米の外圧を起点として検討され始めていると見なければならない。中琉日関係が新たに再編成される一九世紀の七〇年代以降、従来、琉球の「主権」＝自己決定権の範囲に属するとみなさていた進貢使派遣・冊封使受け入れに関わる問題などに対する日本（明治政府）の干渉が強まり、廃琉置県処分を経て日清戦争に至るまで、琉球問題が日清両国の重要な懸案となり、この間、「主権」＝自己決定権を奪われた「琉球」も水面下で日清外交の方向を左右し続け、最終的には日清戦争を経て沈黙を強いられることから、この時点で琉球「所属」問題としての琉球処分も決着を強いられたと見るべきであろう。[18]

西里は始期と終期をそれぞれアヘン戦争と日清戦争に設定し、琉球処分を明治政府のみに限定せず、一つの国・地域が他の国に併合されていく過程を、その周辺の国際情勢に当てはめて定義している。たしかに琉球処分を「琉球所属問題」として見ると、一八四〇年代から琉球の扱いについて対応が始まっていると見なすことができる。一八四〇年代に五代秀堯が「琉球秘策」の中で「琉球ノ処分」について言及しており、そこには「琉球ノ処分ハ絶ト和トノ二策ヲ主トスヘシ」として、西洋諸国からの要求を拒否するか許諾するか、この二点について具体的な案を提起している。[19] 西里が指摘しているように一八四〇年代からすでに琉球に対する「処分」は始まっていたとみることができる。ただし、当時の文脈からわかるように「処分」＝併合ではなく、あくまでも琉球に関する諸問題を処理・処置するというニュアンスで使われていたことが読み取れる。一八四〇年代における「処分」と一八七〇年代における「処分」とでは使い方が異なっていたのか、検証が必要であろう。

波平恒男はこのような論点を整理し、これまでの研究において「肝心の「琉球処分」の様々な意味が（研究者自身にとってさえ）明確に自覚されたり、弁別されたりしないまま、歴史記述上の理論的概念として無造作に用いられることによって、様々な概念上、史実解釈上の混乱が生み出され、歴史の実像の解明を大きく阻害してきたように思われるからである[20]」と指摘し、「琉球処分」という言葉や歴史用語としての扱われ方そのものを問題視している。

一八七九年三月の武力を背景とした琉球併合（「廃藩置県」）という「処分」には、琉球側が使命・命令を恭まなかったことに対する処罰という意味合いがあった。だが、何ゆえに一方的な命令服従の関係が想定され、それを前提にした処分だったのか。ここで重要になってくるのが、七二年の藩王冊封であり、そこで天皇と尚泰王との間に君臣関係が設定され、尚泰および彼を「藩王」に戴く琉球「藩」の側に忠誠義務が課されたという擬制だった。筆者が琉球併合史（広義の「琉球処分」）の起点をなす出来事を「琉球藩の設置」ではなく、「琉球藩王の冊封」と正しく記述（少なくともそのように説明）すべきだという所説に拘わるのは、まさにそれが琉球併合史（「琉球処分」）全体の解釈に本質的に関わってくるからにほかならない。[21]

なぜ琉球は「処分」＝処罰の対象となったのか。「琉球処分」という言葉の歴史的背景を紐解くにあたり、このような問いを立てることが琉球処分の本質に近づくことは言うまでもない。波平は処罰の対象となった最大の理由が「琉球藩王の冊封」にあると分析している。つまり、冊封したにもかかわらず、命令に服従しなかったことが処罰＝処分の対象になったというロジックである。仮に一八七九年の「処分」には「処罰」の意味が含まれているとすると、明らかに一八四〇年代の「処分」とは異なるのがわかる。五代が使っている「処分」には少なくとも処罰の意味は含まれていない。このように見ると、そもそも「琉球処分」という言葉の定義は、一八四〇年代から一八七〇年代の間で、その都度変わっていた可能性も否定できない。または、「処分」を処理・処置・措置・対応・対処という意味と捉えると、一八四〇年代と一八七〇年代ではさほど差がないとも言える。いずれにせよ、現代に目を向けてもわかるように、言葉の定義や使われ方は変化するのが当然であり、ましてや個人によって考え方もその使い方も異なる。[22]

このように、「琉球処分」という言葉の意味でさえも、今もなお議論の最中である。本書では、琉球処分＝琉球併合の立場を取らず、あくまでも琉球処分＝「琉球をめぐる諸問題に対する処理・処置・措置・対応・対処」としてやや広めに定義する。そこには琉球藩王の冊封、朝貢禁止、明治年号の使用、福州琉球館の廃止、沖縄県の設置等が組み込まれることになる。本書が扱う一八七〇年代の琉球処分は、一八七二年には「琉球藩御処分」として、一八七五年には大久保利通内務卿が太政大臣宛に「琉球藩処分方之儀伺」[23]を提出したが、これは同年三月二八日に駐清代理公使の鄭永寧が北京における琉球人の動向を伝えたこと[24]に対する反応である。つまり、琉球藩王が冊封されたにもかかわらず、琉球人が従来通り北京を訪れていることが問題視され、その問題の処理にあたるというニュアンスで「琉球藩処分」という言葉が使われていた。なお、鄭永寧代理公使の報告に対する寺島外務卿の指示には、[25]「進貢使ノ儀当分見逊シ置カレ度不遠内務省ニ於テ処置スル筈」というタイトルがあり、その本文には「内務省於テ近々説諭オヨヒ御処分可相成事ニ候間其上ハ改テ申進候儀モ可有之候猶此段申進候也」とあり、「処置」と「処分」が同じ意味で用いられているのがわかる。

このように「琉球処分」という言葉は、現代の歴史家によってさまざまな定義付けが行われてきた。その背景には現代の沖縄県が抱える諸問題と深く関わっており、「処分」の解釈に大きな影響を与えてきた。[26] 何芸芃は明治期に発刊された辞書の内、二九冊を調査対象とし、「処理・処置・処分・処断」の意味記述をまとめた。その結果、「処置」「処分」に関する記述が比較的に多く見られる。そのうち、明治初期からは「処置」「処分」の二語をまとめて語釈を与える辞書が多い。「処置」「処分」を同義語として扱う辞書は十八冊あり、明治十八年（一八八五年）までに集中しているように見える。」（四頁）として、この二語が同義語あるいは「ハカラヒブリ」「トリサバキ」として記述されていることを明らかにした。また、「『日本語歴史コーパス』の用例からみると、「処理」「処置」「処分」「処断」は「物事を取り扱って決まりをつけること」の意味で相通じて用いられており、その点は辞書の記述と一致していると思われる。」（十五頁）として、明治期における言葉の使い方に焦点を当てている。[27] これまでの琉球処分研究において「廃棄」、「処罰」、「併合」等々、琉球処分の限定的な解釈が、時には拡大的な歴史叙述と歴史認識に繋がってきた感も否めない。しかしながら、琉球処分と同時代に行われた秩禄処分、東北諸藩処分、福岡藩処分、長州藩処分、台蕃処分等から「処分」という言葉の背景を考えると、やはり諸問題への対応、取り扱う方法の決定、というやや広めの意味で捉えるべきではないかと考える。[28] 先述したように、琉球をめぐる問題の対応の中に朝貢禁止や沖縄県設置が組み込まれており、これら一連の措置のことを「琉球処分」と解釈することによって併合や処罰だけではなく、さらに広範囲の問題を扱うことができるのではないであろうか。戦後の研究では、松田道之『琉球処分』によって「琉球処分」という言葉の持つイメージが「強制的な併合」というように限定されてきたように思われる。

しかしながら、明治期における「処分」という言葉の意味・使われ方を集約すると、同時代における諸処分との関連性を考慮に入れた上で、時代性を反映させた「琉球処分」の客観的な定義を付与できると考える。

――分島改約交渉の座礁とその原因――

一八八〇年八月一八日、琉球問題をめぐって日清交渉が北京で始まった。先述したように、計八回にわたるこの交渉によって、主に①日清修好条規を改正する、②宮古・八重山諸島を清朝に割譲する、この二点が決定した。宍戸公使が調印の日程について質問すると、総理衙門は「協議ニハ相成候共猶一応内奏致候　手続ニ付此先キ十日程御猶豫有之度候」[29]と述べ、調印については十日ほどの時間が必要と回答した。詳細は後述するが、その後の清朝においてはこの二点について議論され、調印派と遷延派に分かれた。最終的には李鴻章が遷延策を推進することになり、宍戸公使をはじめ井上外務卿の思惑ははずれるかたちとなった。宍戸公使はこのような総理衙門の対応について、権限を持っている者同士が決めたことを、さらに清朝内部で話し合う必要があるとのことは、まさに「中変」であると批難した。

このような清朝の「中変」をめぐり、日本の先行研究においてその原因については清露間のイリ交渉と在清琉球人の活動、この二つが明らかにされてきた。

イリ交渉の影響については、これまでの先行研究によって分島改約交渉への影響が指摘されてきた。

以上、見てきたように沖縄の帰属問題に関する清国政府の内部を見た場合、この問題がいかに国際的環境＝対露交渉と密接な関係にあったかということに逢着する。もしも露清間の伊犁境界問題をめぐる交渉が不調に終結していたならばあるいは「琉球分割条約」は成立し、宮古八重山二島は分割されていた

であろうことは十分に予想されることである。[30]〔我部〕

宛も、琉球条約案成立直後の頃には、露都に於ける露清交渉は頗る順調に進み、両国の関係に平和の希望が持たれて来たのであって、琉球条約案の成立が伊犁事件の影響を受けたと同じく、清国の態度豹変もまたこれによって左右せられたものとするのが妥当のように考えられる。[31]〔植田〕

我部・植田が指摘しているのは、イリ交渉の成就如何が、分島改約交渉の結果に影響を与えたという論点である。本書も基本的にはこの立場を取る。ただし、我部・植田をはじめ、他の同じ立場を取る先行研究ではイリ交渉と分島改約交渉を詳細に突き合わせていないため、実証的研究に欠けていた。本書ではこの部分についてイリ交渉に関する史料を扱い、イリ交渉の影響を証明することを試みる。

このイリ交渉の好転による「中変」を否定し、新たに在清琉球人の影響を唱えたのが西里の指摘である。

李鴻章は調印予定日を一〇日過ぎた一一月一一日の時点でも、伊犁問題をめぐる清露関係はまさに緊張のただ中にあると認識していたからこそ、「延宕の法」つまり調印引き延ばし戦術を採用すべしと主張しているのであって、条約案の妥結後に清露関係が急に緩和の方向へ向かいつつあるとは認識していなかったのである。換言すれば、李鴻章は清露関係が緊張しているために分島改約案を締結する必要があるとは考えていなかったばかりでなく、清露関係の緊張が急に緩和したために分島改約案の調印引き延ばしが必要であるとも考えていなかったのである。当面、亡命琉球人＝向徳宏の泣訴に応え、宗主国としての義務を尽くすための方策を模索することこそ、李鴻章の課題であった。[32]〔西里〕

このように西里はイリ交渉の情勢と分島改約交渉の調印予定日を照らし合わせ、李鴻章はイリ交渉が急に緩和の方向へ向かっているとは認識していなかったと論じた。しかし、イリ交渉の情勢を時間単位で分析するためには、交渉にあたっている曾紀澤やロシア側の外交史料を検証しなくてはならない。西里も『清季外交史料』や『益聞録』、吉田金一『近代露清関係史』等を使って、イリ交渉の時間軸を作成しているが[33]、曾紀澤がイリ交渉の記録として残した『金軺籌筆』を扱っていない。本書では、『金軺籌筆』に加え、日本が情報収集した『伊犂地方ニ於ケル境界問題ニ関シ露清両国葛藤一件』（外務省外交史料館所蔵）、IMMANUEL C.Y.HSÜ, *The Ili Crisis :A study of Sino-Russian diplomacy 1871-1881*, 等を分析し、イリ交渉の時間軸をより詳細に描き、分島改約交渉と突き合わせていく。

ただし、いずれの論点も宍戸公使の「中変」批判が議論の前提となっており、そもそも清朝が、あるいは李鴻章が「中変」という対応を取ったのかという検証はされていない。本書では、この点について李鴻章の「琉球存続」の方針に焦点を当て、清朝や李鴻章が「中変」の対応を取っていないこと、また分島改約案が成立しなかった背景にはやはりイリ交渉の影響力が大きかったことを明らかにする。

このようなイリ交渉と亡命琉球人の議論とは一線を画し、清朝内部の動きに注目したのが張天恩の研究である。張は総理衙門と清議派との対立に注目し、亡命琉球人の影響については、次のように分析している。

日清間の分島改約交渉の前後、亡命琉球人が精力的に救国運動を展開しており、林世功の自死事件までも発生した。確かに清朝政府としては琉球人の立場に配慮しなければならないが、亡命琉球人の救国運動が清朝の政策に大きな影響を及ぼしたと考えられない。清朝内部における調印賛成論にはもちろん、調印拒否論にも救国運動への言及がほとんど見られないのはその証拠である。[34]

分島改約案が清朝内で妥結されなかった最大の理由を清議派による反対運動に見出し、「つまるところ、総理衙門が外政機関として無力であり、総理衙門による妥結案は外部勢力の反対で破棄された」としている。

その背景として、次のように論じている。

要するに、妥結案への李鴻章の反対意見をきっかけに清議派が起こした妥結反対運動によって、調印拒否の気運が醸成され、この気運のもとでの李の反対上奏が決定打となり、妥結案が破棄される運びとなったのである。清議派の妥結反対運動によって醸成された調印拒否の気運がなければ、李は反対上奏さえ提出せず、分島改約案が成立していた可能性もあり、この意味では清議派の反対運動を過小評価してはならないだろう。[35]

張の研究により、宍戸と総理衙門の間で妥結した分島改約案が清朝内で反対され、調印を拒否された背景について、これまでのイリ交渉か亡命琉球人かの二元論に新たな視点が投げ込まれた。本書では清議派や李鴻章による分島改約案への反対運動については張論文に譲り、その反対運動の背景にはイリ交渉の成就如何が影響しているという立場を取る。

3　十九世紀米国資料集のなかの琉球

本書のなかで十九世紀の琉球をめぐる日米関係を扱う際に、最も参考になったのが米国で編纂された「条約及び国際関係集」である。十九世紀米国外交における条約を収集した資料集として出版されたのが、Hunter Miller(ed.), *Treaties and other international acts of The United States of America*,*Vol.6, documents 152-172 1852-1855*, United States Government Printing Office, Washington, 1942.[36] である。米国が締結した各国・各地域との条約や契約の原本が網羅されているだけではなく、最大の特徴はそれぞれの歴史的経緯が緻密に解説されていることである。条約・契約締結までの外交記録についてさまざまな一次史料を網羅して描いている。琉球については【Loochoo】という項目で入っており、例えば本書の第二章に関わる箇所は次の通りである。

① 1872年11月6日(Mr.De Long to Mr.Fish：寺島宗則外務卿がCompactを継承することを宣言したと伝える), FRUS, 1873, Vol.1, No.244, pp.553-555.; Hunter Miller, op. cit., p.784.

② 1872年12月18日（Mr.Fish to Mr.De Long：Compactが継承されるべき正当性を述べる）, Diplomatic Instructions, Japan,Vol.2, No.137, pp.32-33; FRUS, 1873, Vol.1, No.247, p.564.; Hunter Miller, op. cit., p.784.

③ 1875年4月8日／5月30日（Mr.Avery to Mr.Fish：駐清米国公使からの来清琉球人に関する情報を報告する）, FRUS, 1875, Vol.1, No.153, April 8, 1875, pp.313-316; FRUS, 1875, No.158, May 30, 1875, pp.331-332.; Hunter Miller, op. cit., pp.784.

④ 1875年7月29日（Mr.Fish to Mr.Bingham：Compactが維持されるように確認するよう指示）, Diplomatic Instructions, Japan, Vol.2, No.164, July 29, 1875, pp.274-275.; Hunter Miller, op. cit., pp.784-785.

⑤ 1878年9月2日（Mr.Bingham to Mr.Evarts：同年8月19日に琉球三司官から受け取った救国請願書の内容，琉球併合が米国の国益と衝突するという見解を報告）, Diplomatic Despatches, Japan, Vol.38, No.844, September 2, 1878.; Hunter Miller, op. cit., pp.753-754.

⑥ 1878年10月9日（Mr.Seward to Mr.Bingham：琉球併合に対しては日本に抗議をしないように指示する）, Diplomatic Instructions, Japan, Volume.2, No.380, October 9, 1878, pp.455-458.; Hunter Miller, op. cit., p.785.

これらの史実に関する一次史料の出所については、米国外交文書FRUS(The Foreign Relations of the United States)に所収されていない史料もあり、Diplomatic Instructions, Japan や Diplomatic Despatches, Japan（駐日米

国公使と米国本国との往復文書）などの未刊行史料も含まれている。これらの未刊行史料は幸いにも米国国立公文書館でデジタル史料として公開されており、また日本の国立国会図書館にもマイクロフィルムとして所蔵されている。特にNo.844とNo.380ファイルについては、ビンガムが米国本国に琉球併合の不当性を訴え、それに対してスワードが明治政府の一連の行為については米国の国益にも反しないため、米国代表としての行動を控えるようにと伝えたことがわかる。[37] 先述したように、琉球の歴史を紐解くためには、必然的に外国の史料、外国語文献に当たらなければならない。世界中に散在する膨大な史料の中から、琉球及び琉球処分と同時代の関連性のある史料を見つけるのは容易ではなく、日本国内における琉球の先行研究において、このMillerの資料集を使用している研究はない。このような意味においても、半世紀以上も前に世に出たMillerの資料集は琉球・沖縄研究を大きく前進させるきっかけになるであろう。本書も時代を超えてもその恩恵を大いに受けていることをここに記しておく。

4　本書の構成

本書は琉球が近代外交という大きな波に呑み込まれ、その姿・形を変えられる過程を国際関係史の観点から描いていく。その時期については、十九世紀という激動の時代の一八五〇年代から一八七〇年代に絞り、明治政府をはじめ、ペリーや李鴻章が琉球をどのように扱おうとしたのかを明らかにする。第一章「米琉コンパクトをめぐるペリー提督の琉球認識」では、ペリーが琉球と締結したcompactについて、締結までの背景を描き、当時の米国における米琉コンパクトの意味について明らかにする。これまで「琉米条約」「琉米修好条約」、「琉米協約」、「琉米盟約」等、日本国内ではその名称が統一されてこなかった。本章では、原文にcompactと記載されていることから「米琉コンパクト」と定義し、いわゆる「条約」とは異なることを前提に分析していく。第二章「米琉コンパクトと琉球併合」では、一八七〇年代の日米外交において確認が行われた「琉球の扱い」について明らかにする。当時の米国駐日公使は、琉球が日本に組み込まれた後の米琉コンパクトの効力について照会をおこなった。契約として不完全であった米琉コンパクトを日米関係に組み込む過程を明らかにする。第三章「琉球問題をめぐる事前交渉と分島・改約案」では、分島改約交渉が開かれる前の段階で、米国と英国が関わっていたことを明らかにし、その影響について分析する。第四章「分島改約交渉と日清両政府の対応」では、分島改約交渉に焦点を当て、妥結から遷延までの一連の流れを構築する。第五章「琉球処分をめぐる李鴻章の外交基軸――琉球存続と分島改約案」では、李鴻章の「琉球存続」政策を分析する。いわゆる「中変」と言われた清朝の対応、李鴻章の態度が本当に変わったのかどうかを検証する。第六章「琉球問題とイリ交渉の連動性――井上馨の外交政策を中心に――」では、第四章・第五章で分析した内容に基づき、日本側のイリ交渉に関する史料を使って、外務卿・井上馨がいかにしてイリ交渉の情勢を利用したのかを明らかにする。

本書は基本的に歴史学の立場から歴史を叙述していく。つまり、一つの史料からわかることを批判的に読みながら、その周辺の史料と照合しながらなるべく史実に近づけ、歴史を叙述していく。王国・主権国家としての琉球という先入観を棄て、あくまでも史料に忠実に分析していくことを試みる。より正確な世界史の叙述という観点から、中国語と英語の史料を扱う際には、翻訳の正否が歴史叙述に大きく関わるため、なるべく原文を残した。国際的・学際的により多くの方々からのご指摘・ご批判を賜り、少しでも本書で扱っているテーマが社会の発展に寄与することを願う。

註

1　水島司『グローバル・ヒストリー入門（世界史リブレット一二七）』八頁、（山川出版社、二〇一〇年）。
2　羽田正編『地域史と世界史』三頁、（ミネルヴァ書房、二〇一六年）。
3　羽田正『新しい世界史へ－地球市民のための構想』九三頁、（岩波新書、二〇一一年）。
4　ゼバスティアン・コンラート／小田原琳訳『グローバル・ヒストリー――批判的歴史叙述のために』三～五頁、（岩波書店、二〇二一年）。
5　コンラート前掲書、十二頁。
6　コンラート前掲書、十六頁。
7　岡本隆司『世界史序説――アジア史から一望する』二四頁、（ちくま新書、二〇一八年）。
8　岡本隆司「導論　世界史と宗主権」岡本隆司編『宗主権の世界史－東西アジアの近代と翻訳概念』二頁、（名古屋大学出版会、二〇一四年）。
9　南塚信吾『「世界史」の誕生――ヨーロッパ中心史観の淵源――』i～ii頁、（ミネルヴァ書房、二〇二三年）。
10　南塚前掲書、二七三頁。
11　ティネッロ・マルコ『世界史からみた「琉球処分」』二三〇頁、（榕樹書林、二〇一七年）。
12　横山伊徳「日本の開国と琉球」四一四～四一五頁、『新しい近世史②　国家と対外関係』（新人物往来社、一九九六年）。横山はこの中で「言うまでもないが、ヨーロッパ近代国際法は独立主権国家だけを念頭に置いて組み立てられていたわけではない。ヨーロッパ世界自体が、主権国の他に、半主権国家などさまざまなバリエーションを持った従属地域を抱えていた。（省略）この基本は、宗主国と従属地域との関係を第三国が犯すことはしない、というものである。このような国際法からすれば、琉球の従属が明らかになれば、その宗主国の承認抜きに外交関係を展開できない、ということは論理の必然であり、オランダやフランスが締結した協約を批准せず撤退するというのは、当然の成り行きであった」として、フランス・オランダ共に協約を批准しなかったことを明らかにした。本書もこの立場を取り、いわゆる「琉仏修好条約」と「琉蘭修好条約」の存在は、当時のフランスとオランダの両政府において批准却下という結論に至った史実を注視する。

13　例えば、外務省條約局（編）『舊條約彙纂　第三巻（朝鮮・琉球）』六五一頁（外務省條約局、一九三四年）には、CONVENTION BETWEEN THE LEW CHEW ISLANDS AND THE UNITED STATE OF AMERICA と記載されている。ただし、「※調印書には漢、英文共條約名の掲出ナシ記録ニ存スル漢文写ニハ「約條」トアリ」と補足がある。つまり、資料を編纂した外務省條約局においては、條約名については確証がなかったと考えられる。実際に、米国の史料では、ペリーの報告書、大統領の批准書、議会等においてすべて convention ではなく compact として記録されている。

14　本書のテーマに沿って外交案件としての琉球処分を扱った代表的な先行研究として、著書では我部政男『明治国家と沖縄』（三一書房、一九七九年）、山下重一『琉球・沖縄史研究序説』（御茶の水書房、一九九九年）、西里喜行『清末中琉日関係史の研究』（京都大学学術出版会、二〇〇五年）、波平恒男『近代東アジア史のなかの琉球併合——中華世界秩序から植民地帝国日本へ』（岩波書店、二〇一四年）、ティネッロ前掲書、研究論文では三浦周行「明治時代に於ける琉球所属問題（第一回）」、同「明治時代に於ける琉球所属問題（第二回）」（『史学雑誌』四二（七）・（十二）、一九三一年）、三国谷宏「琉球帰属に関するグラントの調停」（『東方学報』十（三）、京都大学人文科学研究所紀要、一九三九年）、植田捷雄「琉球の帰属を繞る日清交渉」（『東洋文化研究所紀要』二、一九五一年）、遠山茂樹「明治初年の琉球間題」（『歴史評論』八三、一九五七年）、藤村道生「琉球分島交渉と対アジア政策の転換——明治十四年政変の国際的条件——」（『歴史学研究』三七三、一九七一年）、我部政男「日本の近代化と沖縄」（岩波講座『近代日本と植民地一——植民地帝国日本』岩波書店、一九九二年）、拙稿「琉球分割条約にあたえるイリ条約の影響」（『沖縄文化研究』三〇、法政大学沖縄文化研究所、二〇〇四年）、拙稿「琉球帰属問題からみる李鴻章の対日政策」（『琉球・沖縄研究』三、早稲田大学琉球・沖縄研究所、二〇一〇年）、拙稿「日清琉球帰属問題と清露イリ境界問題——井上馨・李鴻章の対外政策を中心に」（『沖縄文化研究』三七、法政大学沖縄文化研究所、二〇一一年）、張天恩「琉球問題をめぐる日清交渉と清朝外交の制度運用：分島改約案の運命と総理衙門の外交」（『東アジア近代史』（二五）、二〇二一年等がある。

15　この研究動向として、琉球処分の歴史的意義や「処分」という言葉の解釈に多くの注目が注がれてきた。森宣雄「琉球は「処分」されたか——近代琉球対外関係史の再考」（『歴史評論』六〇三、歴史科学協議会、二〇〇〇年）。なお、これまでの琉球処分論の先行研究をまとめたものとして大里知子「「琉球処分」論と歴史意識」（『沖縄文化研究』三八、法政大学沖縄文化研究所、二〇一二年）が参考になる。

16　金城正篤『琉球処分論』、三頁、（沖縄タイムス社、一九七八年）。

17　我部政男「琉球から沖縄へ」一四三〜一四四頁（『岩波講座　日本通史』第十六巻、一九九四年）。ここで安良城盛昭の指摘に触れておく。安良城は、琉球処分の特質を「版籍奉還なき廃藩置県」、「軍事力・警察力の行使による強圧」、「置県後の領土が外交上の取引の具となった」、「旧慣改革が極めて遅々たるものであった」という四点に見出した。また、琉球処分が「侵略的統一」か「上からの民族統一」かという問題について、「琉球処分を明治維新の必須の一構成要素とみ、さらにそれを、琉球社会が日本国家に二段階的に（薩摩の琉球征服と琉球処分の二段階）組み込まれる（薩摩の琉球征服後の琉球王国と琉球藩は、半国家＝疑似国家と考えている）その最終局面ととらえ、したがって琉球処分を、「上からの民族統一」としての明治維新の特殊な局面とみるものであるが、この特殊な局面の本質を、沖縄における廃藩置県としての琉球処分が、琉球社会にとって基本的に他律的であった（本土の廃藩置県が自律的なものであったことを想起されたい）、版籍奉還なき廃藩置県、においてとらえるものである。したがって琉球処分は、「上からの・他律的な・民族統一」と規定すべきであろう」と結論付けている。安良城盛昭「琉球処分論」二〇五〜二〇六頁、桑原真人・我部政男編『蝦夷地と琉球』吉川弘文館、二〇〇一年。

18　西里前掲書、七九七頁。

19　黒田安雄「「琉球秘策」について（資料）」（『愛知学院大学文学部紀要』愛知学院大学論叢十三、一九八三年）。

20　波平前掲書、二頁。

21　波平前掲書、十七〜十八頁。

22　前田勇樹『沖縄初期県政の政治と社会』十一〜二一頁、（榕樹書林、二〇二一年）。

23　『琉球所属問題』第一（六）、「大久保内務卿ヨリ太政大臣宛／琉球藩処分方之儀伺」明治八年五月八日、六三〜六四頁。

24　『琉球所属問題』第一（二）、「鄭代理公使ヨリ寺島外務卿宛／琉球進貢使来京ニ付清政府へ談判ノ件　急報」及び別紙、明治八年三月二十八日、二五〜五九頁。

25　『琉球所属問題』第一（四）、「寺島外務卿ヨリ鄭代理公使宛／進貢使ノ儀当分見迯シ置カレ度不遠内務省ニ於テ処置スル筈」、明治八年五月八日、六〇～六一頁。

26　川畑恵「琉球処分研究を振り返るー一九五〇年代～七〇年代を中心に」(『沖縄研究ノート』宮城女学院大学、二〇〇九年)参照。

27　大里は「戦後の「琉球処分」研究のなかでは「処分」ということばに「支配者の論理」と沖縄が「処分される」という、先ほどの国語辞書的に言えば「処罰」や「始末」といった意味からくるマイナスメージが再生されながら歴史像が創られてきたことは確かだろう」として、戦後の「琉球処分」研究における「ことばの受けとめ方の問題」を指摘している。大里前掲論文、三六七頁。

28　何芸芃「明治期における「処理」「処置」「処分」「処断」の意味・用法に関する一考察」(『国文学研究ノート』六一、二〇二二年)。明治期に刊行された辞書からの視点については、大里前掲論文(三六六頁)にも言及されている。

29　『琉球所属問題』第二(一一三)、「宍戸公使ヨリ井上外務卿宛／(別紙)十月二十一日於総理衙門宍戸公使対話筆記」明治十三年十月二二日、一七五～一八一頁。

30　我部前掲書、一四九頁。

31　植田前掲論文、一九三頁。

32　西里前掲書、三八〇～三八一頁。

33　西里前掲書、三九五頁。

34　張前掲論文、一〇〇頁。

35　張前掲論文、一〇三～一〇四頁。

36　本書については、日本の先行研究では、荒野泰典「幕末維新期日米条約の原本調査——米国々立文書館での調査とその成果——」(『史苑』七三(一)、二〇〇頁、二〇一三年、清水康行「『日米和親条約』諸言語版の本文をめぐって——和文版の位置付け、蘭文版と蘭文和解版との間——」(『国文目白』五六、二〇一七年)で紹介されている。

37　この点については、ティネッロ前掲書(二七三～二七八頁)においても同史料を用いた分析がある。

第一章　米琉コンパクトをめぐるペリー提督の琉球認識

1　はじめに

本章では、十九世紀のアメリカにおける国際的な条約締結の視点から、一八五四年にマシュー・C・ペリー(Matthew Calbraith Perry)と琉球の間で調印された「米琉コンパクト」[1]を取り上げ、当時のアメリカにおける対琉球認識とCompactの関係性を分析する。

十九世紀はアメリカにとって世界中の国や地域とTreatyやConventionを締結し、国益を拡大する最初の時期と言える。ペリーの日本遠征もそのような時代に行われ、日米和親条約の調印までの経緯についてもこれまで多くの研究成果が残されてきた。また、対日交渉だけではなく、ペリーの対琉球交渉に関しても琉球・薩摩・幕府とそれぞれの視点からの研究がある。[2]しかしながら、アメリカ側の視点、特に当時のアメリカにとってTreatyやConventionではなく、外国とCompactを締結した意義やその歴史的背景については、ほとんど注意が払われていない。先行研究では「琉米条約」「琉米修好条約」「琉米盟約」「琉米協約」等があり、Compactの邦訳も一致していない。[3]それが果たして日米和親条約と同じ機能を果たしたのか、あるいはCompactとTreatyにはどのような違いがあるのか等については、アメリカ側の史料を用いた検証はほとんど行われてこなかった。[4]

本章では「琉米修好条約」を「米琉コンパクト」という原文に忠実に再現することで、アメリカにおける琉球認識の解明、ひいては国際的な視点からみた琉球の歴史の空白を埋めることができると考える。なお、本研究の出発点はこれまでの先行研究や翻訳において Compact の邦訳が一致していないことや、Treaty（条約）と同様に扱っていることに疑問を持ったことである。翻訳による歴史の解釈を再検証することを目的としているため、アメリカ側の史料についてはなるべく原文を残すか、原文の単語を適宜本文に組み込んでいく形を取る。

本章ではペリーの日本遠征に関して主に下記の三つの史料を扱う。

[1] *Narrative of the Expedition of an American Squadron to the China Seas and Japan, Performed in the Years 1852,1853,and 1854, under the Command of Commodore M.C. Perry, United States Navy, by Order of the Government of the United States. Compiled from the original notes and Journals of Commodore Perry and His officers, At His Request, and under His Supervision, By Francis L. Hawks. D. L. L. D. with Numerous Illustrations.* Published by Order of the Congress of the United States. Washington 1856.[5]

[2] F. W. Williams, editor. *A Journal of the Perry Expedition to Japan (1853-1854) by S. Wells Williams, First Interpreter of the Expedition.* 1910.[6]

[3] *Message of the President of the United States, transmitting A report of the Secretary of the Navy, in compliance with a resolution of the Senate of December 6,1854, calling for correspondence, &c., relative to the naval expedition to Japan. (Senate. 33d Congress,2d Session. Ex. Doc. No.34)*, 1855.[7]

これら三つの史料は役割や視点が異なっているため、本章ではそれぞれの史料に記録されている案件を適宜突き合わせながら検証していく。[8]

2　ペリーの琉球に対する認識の形成

ペリーがミシシッピ号で出航する前、一八五二年十一月五日、陸軍長官（兼国務長官代理）のコンラッド（Charles Magill Conrad）から海軍長官のケネディ（John Pendleton Kennedy）に宛てた書簡には、ペリーの日本遠征に関する三つの目的について言及している。[9]

まず、天候の影響によって遭難したアメリカ人の船員の命や財産を保護するために、何らかの形で恒久的な取り決め（permanent arrangement）を行うこと。

次に、アメリカの船舶が、食料、水、燃料などの供給を受けるために、あるいは災害時には航海を継続できるようにするために、一つの港ではなく複数の港、周辺の島々の港への入港許可を取り付けること。特に主要な島（principal islands）の一つでなくても良いということに言及していることに注目しなければならない。その周辺にいくつかあると言われている小さな無人島（some small uninhabited one）での「石炭貯蔵庫の設置」という指示が、ペリーの琉球占領[10]という発想と無関係ではないからである。

最後が、販売や物々交換によって貨物を処理する目的で、一つまたは複数の港（one or more of their ports）に入港することの許可である。また、これら三つの目的を成し遂げることで、アメリカにとって地理的知識の蓄積だけではなく、通商関係の拡大にも繋がり、捕鯨船のための避難港や補給港を確保するための手段になることを強調している。つまり、ペリーの任務は日本及びその周辺諸島における「開港」であり、アメリカが世界に進出していくための艦船の拠点地を拡大することであった。またペリーの権限については下記の内容が記されている。

With this view he will be provided with powers authorizing him to negotiate treaties of amity and navigation with any and all established and independent sovereignties in those regions.

この文面によると、ペリーにはこれらの地域に存在するすべての独立した主権国家（independent sovereignties）と修好及び航海に関する条約（treaties of amity and navigation）の締結について交渉する権限が与えられたことがわかる。言い換えると、treaty を締結する相手は independent sovereignties であり、主権を持たない従属国や地域と treaty を結ぶことは推奨されていないことがわかる。[11]

ペリーには条約を締結すること、またそのために行われるさまざまな行動について多くの権利が与えられていたが、遠征中に調印した条約は最終的にアメリカ議会の承認を得なければならなかった。つまり、ペリーは日本との交渉を成功させる戦略を立てながら、一方では自身の成果となる日本との条約がアメリカ議会で承認を得るための戦略も考えなければならなかったのである。[12] アメリカを出発後、ペリーは本国への報告の中で日本という「未知の政府（strange government）」に対して、「実務的な交渉（practicable negotiation）」が成功することについて疑念を拭えないと懸念している。[13] その予備的措置としてケネディに次のように提案した（一八五二年十二月十四日）。

まず、「一．日本と交渉する前の補給港の必要性」である。ペリーはその予備的措置として、補給港としていくつかの港を確保する案を掲げた。同時に、日本政府が港の供給や開港に対して反対することを想定して、日本の南方（the Islands south of Japan）にいくつかの場所を設けることの必要性を説き、その島々の住民に対しては親切かつ温和的に接し友好関係を構築することを提言した。実際に、ペリーに託された大統領国書では、「われわれは陛下に、わが国の船舶がこの目的のために停泊できる港をひとつ、帝国の南部（the southern part of the Empire）に指定されることを要望する」と明記されている。[14] このことからも修好及び航海に関する条約を締結するミッションの中には、具体的に日本の南部に開港場を設置することが入っていたことがわかる。つまり、ペリーが琉球を訪問したのは必然的であり、日本と交渉する内容の中には「日本の一部である琉球」を開港することが入っていたのである。

次に「二」Lew Chew［琉球］」について言及している。この部分については、ペリーの琉球認識と直結するため、原文をそのまま残す。

> The islands called the Lew Chew group are said to be dependencies of Japan, as conquered by that power centuries ago, but their actual sovereignty is disputed by the government of China.
> These islands come within the jurisdiction of the prince of Satsuma, the most powerful of the princes of the empire, and the same who caused the unarmed American ship Morrison, on a visit of mercy, to be decoyed into one of his ports and then fired upon from the batteries hastily erected.
>
> （琉球群島とよばれる諸島は、数世紀前に日本の武力によって征服され、日本の属領であるといわれているが、その実際の主権については、中国政府が異議を唱えている。
> この群島は、日本帝国の諸侯の中でも最も強力な薩摩侯の管轄下にある。同侯は、かつて慈悲心から来訪した非武装のアメリカ船、モリソン号を領地内のある港におびき寄せ、急遽構築した砲台から砲撃した人物である。[15]）

まず、ペリーはこの報告書において、琉球については日本に征服された属領、中国政府も関与していると報告している。その上で、琉球の主要な港を占拠することによって、アメリカとしては琉球を補給港や避難港として活用でき、琉球側にとっては文明に伴う悪徳がもたらされたとしても、"natives"の境遇が改善されることを挙げた。また、「くだんの島民も、もし厳格な正義と温和な親切さをもって接すれば、信頼には信頼をもって応え、やがては日本人も、われわれを友人とみなすことを覚えるものと信ずるのである」として、琉球の"natives"から歓迎されることで、日本からも信頼を得られることも強調した（「三．琉球を米国が占拠する正当性」）。とくに、琉球側のメリットについては、かつて自身のアフリカやメキシコ湾における経験を引き合いに出し、"natives"から感謝と好意を受けたという「成功の経験」を当てはめ、自身の計画・行動が世界的にも批難されるものではないことを強調した（「四．かつての任務地［アフリカ沿岸ならびにメキシコ湾］での経験と正当化」）。また、英国を好敵手と想定し、太平洋の島々がまだ彼らの影響下にない（still left untouched by this unconscionable government）ことを理由に、琉球における開港を迅速に進めるべきであると進言した（「五．英国との競争」）。ペリーは琉球を拠点とする意義を次のようにまとめている。

このようにして、少なくともまず寄港地を確保し、労働や物資等への支払いにおいて住民との交流を規制するある種の衡平法が整備され、手近なところに必需品や石炭の貯蔵所を確保することができれば、帝国政府とのしかるべき友好的な理解をもたらすための、より友好な活動ができると思われる。いずれにしても、カリフォルニアと中国の間を往復する蒸気船その他の船舶は、その途上で安全な港を見いだせるようになり（will find safe harbors in their way）、この交流によっていずれはわれわれの平和的な意図がよりよく理解されることが十分に期待できるはずである。[16]

このようにペリーは日本との交渉の前に、まずは琉球を足掛かりとして日本との交渉に臨むことを強調した。また同時に、そもそも日本と交渉して寄港地を開拓する目的として、中国の存在があったことは見逃せない。

このペリーの報告に対して、国務長官のエヴァレット（Edward Everett）は次のように返信している。[17] もし武力に頼ることなしに日本列島内における避難港の確保が難しいのであれば、他の場所(elsewhere)で探さなければならず、大統領はその場所として「the Lew-Chew islands」が最もその可能性が高い場所とするペリーの考えに同意(agrees with you in thinking)していると回答した。琉球は地理的にも、また“natives”の友好的で平和的な性格からしても、ペリーは歓迎されるはずであるとした。

その際の注意事項として、友好的かつ慰撫的(friendly and conciliatory)な対応はペリーだけではなく船員全員にも求められること(enjoin the same conduct on all under your command)、公正な価格で対価を得ること(Take no supplies from them except by fair purchase, for a satisfactory consideration.)、船員が戦いを好まない島民に対して略奪や暴力に及ぶことを禁じること(Forbid, and at all hazards prevent, plunder and acts of violence on the part of your men toward these simple and unwarlike people, for such they are described to be.)、自己防衛以外には武力を行使してはならない(Make no use of force, except in the last resort for defence, if attacked, and self-preservation.)等が確認された。エヴァレットは、ペリーの進言を好意的に受け止め、大統領からのお墨付きを与えたのである。

ここで注目しておきたいことは、ペリーとエヴァレットにある共通認識として琉球の人々を“natives”と呼んでいることである。つまり、自分たちは文明をもたらす先駆的な開拓者であり、現地に住んでいる文明的に遅れた“natives”に光を与える役割を担っているという認識である。山里はこのようなペリーの認識について、「ペリーは、自らは『文明』を運ぶ者であり、『ネイティブ＝来航される他者』はたとえ『文明』の害悪に晒されるようになろうとも、『文明』の救済を待望していると信じてやまない。そしてこのような世界観が、『マニフェスト・デスティニー』のイデオロギーが表象された『アメリカン・プログレス』の光と闇のメタファーの延長線上にあることは明らかであろう」と分析している。[18] こうして補給港や避難港の開拓及び開港は、“natives”である琉球に「文明」という光を与える行為として正当化されていくのである。

3　ペリーの琉球占領計画とindependent nation（独立国家）という障壁

『遠征記』によると、ペリーが最初に琉球を訪れたのは一八五三年五月二六日である。実際に琉球を訪れた時のペリーの琉球認識は次のように記録されている。[19]

琉球がどの国に属するかについては、いまなお議論が続いている。日本の薩摩候の属領だと言う者もあれば、中国の属領ではないかと言う者もある。日本国に属しているのはほぼ確実らしいが、中国に貢物をおさめていることにも疑いの余地はないため、いくらかは中国にも従属しているのだろうと思われる。言語、習慣、法律、服装、道徳、風習および通商関係などから見ても、やはりこの見解に落ち着く。

ここから見てもわかるように、琉球は日本国に確実に従属し（are all on the side of the dependence, more or less absolute, of Lew Chew on Japan）、中国にも従属している(some qualified subordination to China)と考えており、この時点でも琉球が独立した国家とは認識していない。また、『遠征記』には琉球在住のベッテルハイムの「この国はある程度は独立しているが（琉球の支配者は北京に対する貢納とひきかえに、王という尊称を帯びることを許されている）、結局のところ日本の一部である」という見解も紹介している。[20] その理由として、①那覇に日本の守備兵が駐屯している、②琉球の貿易はすべて日本とのものである、③琉球には多数の日本人がいて、現地人と変わりなくたえず出歩いている。（中略）しかし、中国人はほかの外国人と同じように追いまわされ、密偵につきまとわれ、ののしられ、侮辱されている。④・・・いかなる場合にも常に少なくとも二人の人物が姿を見せた。この人物が会合をとりしきり、琉球の役人を操っていたのは明らかである。彼らは日本の監察官であると、博士は推測した。⑤琉球の言語、服装、習慣、道徳、悪習は日本のそれと一致しているので、両国の明白な関係が確認できる。これらの見解が正確なものであるかは別としても、『遠征記』に記録されていることから、ペリーの琉球認識に少なからず影響を与えたことがわかる。

三回目の琉球訪問では、ペリーは強硬な態度で琉球へ主に次のように要求した。[21]①六〇〇トンの石炭を貯蔵しうる倉庫、②指揮下にある士官および兵士が中国および日本から訪れる人々と同様の処置を受けること、③住民、とくに女性と子供が、われわれを見てまるで極悪人のように逃げ去ることがないようにすること、④わが士官と兵士が下級役人や密偵によって監視され、尾行されることがないようにすること。以上の四点について、「・・・琉球の法律を妥当で正当なものと認めることはできません。琉球の法律は、きわめて友好的で平和な意図をもってこの島を訪れる外国人の権利と慰安をはなはだ不当に圧迫するものであります」として、琉球側に即刻の対応を求めた。早速、琉球側の摂政と会見の場がもたれることになり、ペリー一行は那覇の公館に出向いた。摂政からの書簡には、[22]①貯炭所を建設すれば琉球人の迷惑はますます増大するだろう、②島の産物は少なく、茶、絹、布の全部、その他多くの品物を日本や中国から輸入しなければならないほどである、③アメリカ人が上陸するたびにあとについてきた役人は密偵ではなく、道案内をするため、そしてアメリカ人が住民に煩わされるのをふせぐために任命された役人である。摂政からの書簡には、ペリーが期待するような回答はなく、ペリーは最も強硬な言葉を残してその場を後にした。その時の様子は次の通りである。[23]

摂政は前に進み出て、ふたたび回答を差し出そうとしたが、提督は立ち上がって、帰り支度をし、明日の正午までに、自分のすべての要求に対する満足な回答を得られなければ、二〇〇名の兵士を上陸させて、首里に行進して王宮を占領し、問題が解決するまでそこを占拠する、と言明した。

このように琉球側はペリーから武力による要求を突きつけられ、強硬的な態度は後の米琉コンパクトの締結にも影響を与えることになる。つまり、琉球側は武力による闘争を回避するために、やむなくペリーとの間に何らかの契約を締結せざるを得ない状況だったのである。ペリーの態度を見ると、実際の状況はいわゆる「修好条約」と呼ぶにはあまりにもほど遠く、これまでの先行研究が称してきた「琉米修好条約」がいかに米国側のナラティブに寄り添っていたかがわかる。またいわゆる「琉仏修好条約」(一八五五年十一月二四日)の締結の際にも、フランス海軍のゲラン提督は武力行使によって琉球に強制的に調印させたことが『評定所』に記録されている。[24]

甚怒立官人一人門外へ罷出追付兵之者四十人程剣付鉄炮併刀を持戸口両方立備、其餘之兵ハ外廻相囲、左候て提督より、私者皇命を受候付て者仏国皇帝同様、総理大臣者国王同様之事候(中略)提督始惣様刀を抜兵卒共座内へ呼寄(総)理官并布政官捕付庭へ引出、兵器を動候体至極乱妨之仕形ニ付

このようにフランス海軍ゲランもペリーと同様に、琉球に対して武力行使によって威圧的な態度で強制的に調印させており、ここにも「修好」と称するのにふさわしい史実は残っていない。この条約はフランス本国では琉球の独立性と主権国家として認められるかが問題となり、結局のところ批准されることはなかった。それはオランダとのいわゆる「琉蘭修好条約」(一八五九年七月六日調印)も同じ結果となり、これらの条約がフランスとオランダ国内で批准されることはなかった。つまり、琉仏修好条約と琉蘭修好条約はあくまでも現場レベルで強行的に調印されたのみで、本国では正式に認められなかったのである。実際に、ゲラン提督は、琉球は日本の一地方であり、国王は国の事に対して影響力を持っていない、と報告している。[25]このように、条約(Convention)に調印したゲラン自身も琉球を独立主権国家とは考えていなかった。フランスはConvention、オランダはTreatyで調印したことが原因で国内では認められなかったと考えられる。後述するが、アメリカは独立主権国家であるかが問われないCompactで調印したことによって、米国議会で承認され、大統領の批准まで得られたと考えるほうが自然であろう。「琉米修好条約」＝Compactで締結、「琉仏修好

条約」・「琉蘭修好条約」＝批准なし。この史実から、これまで一部の先行研究では琉米・琉仏・琉蘭修好条約が琉球王国としての独立主権国家の「証」とされてきたが、実際にはこれら三ヶ国の本国における対応を見ると、逆に琉球は国際的には「主権国家ではない」という結論が導き出される。

その後、四回目の琉球訪問を前に、ペリーは琉球での既得権を継続していくことに意欲的な意見を進言し[26]（同年十二月二四日）、さらに約一ヶ月後の一八五四年一月二五日、琉球占領計画について三度目の進言をした。[27]

一回目の進言にはなかった「星条旗のもとで監視下に置く（take under the surveillance of the American flag）」という過激な表現からは、ペリーの琉球占領計画は加速し、いよいよ現実味を帯びてきていることがわかる。しかし、この過激な進言は、大統領が代わったばかりの新政権の同意を得られなかった。一八五四年五月三〇日、海軍長官のドビン（James Cochrane Dobbin）はペリーに次のように返信している。[28] まず、ドビンはペリーの琉球占領の提案を「当惑（embarrassing）」せざるを得ない行為であると言い、たとえ占領に成功しても将来的に抵抗や脅しによって、いったん獲得した島を放棄することはより「屈辱的（mortifying）」であり、さらにそのために軍隊を維持することは不便で高くつくことになる（inconvenient and expensive）として、「島の掌握（seize the island）」などは避けた方が良いと真っ向から否定した。ただ、山里が指摘しているように『遠征記』では、ドビンとのやり取りには触れられておらず、[29] ペリーが“embarrassing”をどのように受け止め、琉球との交渉にどのように反映させたかについてはここでは判断できない。当時の郵送事情を考慮すると、同年七月の琉球との交渉後に受け取った可能性も十分にある。ただし、その後の日本及び琉球との交渉を見ると、ペリーの構想の中には、①日本に琉球の開港を認めさせる、あるいは、②琉球を独立した主権国家（independent sovereignties）として扱い、琉球と独自に条約（treaty）を調印する、この二つの選択肢があったことがわかる。

ドビンからの返信が届くよりも前に、ペリーは同年三月十七日、条約館で林復斎らの委員と話し合いの場を設けた。特に、琉球の開港に関しては次のようなやり取りが行われた。[30]

【日本】

Lew Chew is a very distant country, and the opening of its harbor cannot be discussed by us.（琉球はきわめて遠隔の国であり、同地の開港についてここで討議することはできない。）

【ペリー】

As there can be no good reason why the Americans should not communicate freely with Lew Chew, this point is insisted on.（アメリカ人が琉球と自由に交通してはならないとの理由が判然としないので、この点については固執する。）

交渉の中で日本側は執拗に外国人に慣れている「長崎」を開港すると言ったが、ペリーは「長崎が特別に外国人に割り当てられている事実が、長崎に反対する理由の一つ」であると答えた。

このように、日本側は琉球の開港については、琉球が遠く離れた場所にあることを理由に明確な回答を避けた。[31] ここで重要なことは、ペリーが琉球の開港について日本側と交渉しているということである。つまり、ペリーは琉球が日本に属していると考えており、独立主権国家とは認識していなかったのである。しかし、日本に琉球開港の交渉を断られた時点で、ペリーにとっては今回の遠征で日本に琉球の開港を認めさせるという選択肢はなくなった。そのため、琉球と独自に開港に関する交渉を進めなければならなくなったのである。ただし、ペリーに与えられた権限は、あくまでも treaty を締結するのは主権国家であるため、琉球が日本に属しているという前提で開港を求めたが、今度は琉球を主権国家として扱わなければならなくなった。日米和親条約が調印された後、ペリーは琉球へ戻り、旗艦付副官のベントと通訳のウィリアムズに琉球の代表と条約調印について交渉を進めさせた。『遠征記』には次のような記録が残っている。[32]（

内の英文は筆者による原文からの引用。

七月八日、二人は指定どおり陸上で摂政と会見し、素案を示して協約案について話し合った。その前文には、琉球を独立国として認めていた（The preamble to this recognized Lew Chew as an independent nation.）。この認定に摂政は反対し、琉球は中国に服従する義務を負っているため、このような不遜なことをすれば、中国との間に紛争が起きかねないと述べた（To this recognition the regent objected, saying that such an assumption on their parts would get them into trouble with China, to which country they owed allegiance）。協約の諸条項については喜んで同意し、また忠実にそれを履行し、ためらうことなくこの協約書に調印もするが、あからさまに完全な独立を求めるような主張やそぶりは避けた方がよいだろうということだった（but that it had better not bear on its face the assertion or appearance of their claiming absolute independence.）。

ここでは琉球が中国との関係を理由に、主権国家同士としての条約調印を拒んでいたことがわかる。[33] 特にペリーが用意した条約の前文に琉球を“independent nation”と認める表現があったのは、先述したように本国からの「独立した主権国家とTreatyを締結するための交渉」という指令と深く関わっている。しかし、その独立した主権国家という認定について琉球側からは、中国に対してこのような“assumption”（不遜な）行為に繋がるような表現は避けた方が良いと提言された。日本からは琉球開港に関しては「遠隔の地」であることを理由に回答を先延ばしにされ、琉球からは中国を盾にして“independent nation”の認定に反対され、ペリーにとって琉球の開港がいよいよ難しくなってきたのである。前文の削除を求めたことについては『琉球王国評定所文書』にも、「条約之口書并右書其外交易等之文句相除」[34]とあり、「口書」がいわゆる前文にあたるため、琉球側が前文の削除を求めたことについても一致する。また、『随行記』には次のように記述されている。[35]（　）内の英文は筆者による原文からの引用。

協議は一風変わったものであった。われわれは、彼らが独立主権国家（sovereign state）として対等の条件でこの文書に調印することを望んだのに対して、彼らはむしろ中国への従属関係（subjection to China）を選び、われわれへは非常な劣等感を示しながら、これら一語一語の討議を進めたのであった。

先述したように、ペリーはアメリカの全権大使ではなかったため、[36]この遠征で調印した条約については、帰国後に議会の承認を得て、双方で批准及び批准書の交換が行われるという一連のプロセスを経る必要があった。仮に、議会でペリーがアジア地域の主権国家ではない"natives"と treaty を調印したことが問題視されてしまっては、ペリーの琉球での成果も水泡に帰してしまう。そのため、ペリーは条約文の中で琉球を independent nation と認める必要があったが、琉球側は日本ではなく「中国」との関係を理由にそれを拒んできた。琉球側が日本との関係を主張していたら、ペリーは日本側の「遠隔の地」発言を理由に押し切っていた可能性は十分に考えられる。しかし、琉球側は「中国」との関係を主張し、ペリー自身もアジア滞在でこれ以上の時間と労力を掛けるわけにもいかず、条約文の中から琉球を独立国と認める箇所を削除しなければならなかった。そこで、文面上の約束を形式的に取り付けるために出てきた苦肉の策が"Compact"であったと考えられる。こうして一八五四年七月十一日、最終的にペリーと琉球側の代表の間で「米琉コンパクト」が調印された。[37]

4　米国における条約の中の Compact

一般的に、当時のアメリカが締結した条約は前文から始まり、この条約の趣旨・経緯・目的・意義・対象等が明記されている。例えば、「米琉コンパクト」の調印以前にアジア地域でアメリカが締結したシャム、中国、日本との条約前文には次のような内容が明文化されている。

【日本[38]】（Treaty between the United States and the Empire of Japan）

THE UNITED STATES of America and the Empire of Japan, desiring to establish firm, lasting, and sincere friendship between the two nations, have resolved to fix, in a manner clear and positive, by means of a treaty or general convention of peace and amity, the rules which shall in future be mutually observed in the intercourse of their respective countries; ……（以下省略）

【シャム[39]】（Treaty of Amity and Commerce between His Majesty The Magnificent King of Siam and the United States of America）

His Majesty the Sovereign and Magnificent King in the City of Sia-Yut hia has appointed the Chau-Phaya Phra-klang, one of the first Ministers of State, to treat with Edmund Roberts, Minister of the United States of America, who has been sent by the Government thereof, on its behalf, to form a treaty of sincere friendship and entire good faith between the two nations. …（以下省略）

【中国[40]】（Treaty of Peace, Amity, and Commerce, between the United States of America and the Chinese Empire）

THE United States of America and the Ta Tsing Empire, desiring to establish firm, lasting and sincere friendship between the two Nations...（以下省略）

当時、アメリカがアジア地域で締結した条約にはすべて前文が記載されており、その中には双方がnationであることが明記されている。つまり、双方が独立した主権国家であることではじめてTreaty又はConventionを締結することができたのである。このことはアメリカが十九世紀に締結した条約に範囲を拡げてみるとよくわかる。

十九世紀、アメリカは約九十の国や地域と条約を締結しており、そのほとんどがTreaty（約百四十件）かConvention（約二百二十件）である。[41] 他には、条約改正に伴うAgreement（約六五件）、Protocol（約七十件）等が締結されている。このように数多の条約が締結されている中で、Compactという名称は琉球との一件のみである。十九世紀におけるアメリカ外交百年間でCompactとして扱ったのは、ペリーが調印した琉球の一件しかない。さらに、前文がないか、批准書の交換がなされていないか、あるいは「米琉コンパクト」のようにどちらもない契約は下記の通りである。

〔一〕Mecklenburg-Schwerin（Treaty; 批准書の交換なし、現在のドイツ）[42] 一八四七年十二月九日
〔二〕Oldenburg（Declaration; 前文なし、現在のドイツ）一八四七年三月十日
〔三〕Mecklenburg-Strelitz（Declaration; 前文なし、批准書の交換なし、現在のドイツ）一八五三年十二月二日
〔四〕Bremen（Declaration; 前文なし、批准書の交換なし、現在のドイツ）一八五三年九月六日
〔五〕Schaumburg-Lippe（Declaration; 前文なし、批准書の交換なし、現在のドイツ）一八五四年六月七日
〔六〕Samoan Islands（Commerce; 批准書の交換なし、ドイツとアメリカが領有）一八三九年十一月五日
〔七〕Lew Chew（Compact; 前文なし、批准書の交換なし、日本に併合）一八五四年七月十一日

ここからわかることは、十九世紀におけるアメリカ外交では、Treaty, Convention, Agreement, Protocol という名称が基本的に使用されており、Declaration（宣言）は少数でありながら存在するが、これらの地域は時間を経て大国に編入されているということである。[43] ましてや、ペリーが琉球との契約で使用したのはCompact であり、十九世紀においては唯一無二の名称であった。

琉球を independent nation と認めていた前文について（The preamble to this recognized Lew Chew as an independent nation.）[44]、琉球側がそのような表現を削除するように交渉したことを発端とし、ペリーはアメリカの国内事情や中国との関係を考慮せざる得ない状況に陥り、結果として Compact という名称で調印することになったと考えられる。その後、アメリカと琉球の間で批准書が交換されることもなく「米琉コンパクト」は歴史の底流に放置され、それから十八年後の明治政府による琉球処分の際にも、アメリカは琉球との「条約締結国」の一つとして異議を申し立てることはなかったのである。言い換えると、仮にペリーが提案した independent nation と認定している前文を琉球側が受け入れていたら、Compact ではなく Treaty として締結され、明治政府に対してアメリカ側から異議申し立てがあり、琉球処分が国際的な問題として扱われた可能性も十分に想定された。[45]

次に、条約文の形式と内容に目を向けると、そこにも「米琉コンパクト」の独自性が確認できる。例えば、「米琉コンパクト」には前文がないことや、条項形式（第一条、第二条…）ではなく、より簡単な「箇条書き」（漢文）と「段落」（英文）で綴られていることが挙げられる。ペリーが琉球と調印した契約は条約（Treaty）の形式を取れず、一種の約束事を明文化し、より簡易的な形で調印されたと言うことができる。[46] さらに、シャム・中国・日本との差異がもっとも顕著にあらわれているのが第一条である。

日本[47]：一八五四年三月三一日調印、一八五五年二月二一日批准書交換

[Article I.] There shall be a perfect, permanent, and universal peace, and a sincere and cordial amity between the United States of America, on the one part, and the Empire of Japan on the other part; and between their people respectively, without exception of persons or places.

（日本と合衆国とは其人民永世不朽の和親を取結ひ、場所人柄の差別無之候事）

シャム[48]：一八三三年三月二十日調印、一八三六年四月十四日批准書交換

[Article I.] There shall be a perpetual peace between the United States of America and the Magnificent King of Siam.

（暹羅與雅彌理嘉合省両国永交和睦無息）

中国[49]：一八四四年七月三日調印、一八四五年十二月三一日批准書交換

[Article I.] There shall be a perfect, permanent, universal peace, and a sincere and cordial amity, between the United States of America on the one part, and the Ta Tsing Empire on the other part, and between their people respectively, without exception of persons or places.

（嗣後大清與大合衆国及両国民人無論在何地方均應互相友愛真誠和好共保萬萬年太平無事）

「米琉コンパクト」：一八五四年七月十一日調印、批准書交換の記録なし

Hereafter, whenever citizens of the United States come to Lew Chew, they shall be treated with great courtesy and friendship.

（此後合衆国人到琉球須要以礼厚待和睦相交）

琉球以外の条約文第一条には、両国双方が友誼和睦を重んじるという内容が明記されている。一方、「米琉コンパクト」にはアメリカ人が琉球に到達した際に、琉球が礼を以て友好的に厚くもてなすべき（shall 須要）と書かれている。つまり、琉球はアメリカ人に対して、一方的に友好的に接する義務を負うことになっている。条約文における主体と客体が力関係を表す典型的な例と言える。[50] また、日米和親条約には批准の期限に関する取り決めが第十二条に「十八ヶ月」とあるが、「米琉コンパクト」にはない。特に国家間の利益に関わるようなこと（関税自主権及び領事館の設置等）も記載されていない。「米琉コンパクト」の四ヶ月前に調印された日米和親条約と比較すると、明らかにその性質が異なることがわかる。

また、フィルモア米国大統領の国書において、[51]「私が提督を日本に派遣した目的は、合衆国と日本とが友好を結び、相互に商業上の交際をなすべきことを提案するためにほかならない」、「私は、日本と合衆国の双方の利益のために、両国が相互に交易することを切望している」と明記され、琉球については間接的に「わが国の船舶がこの目的のために停泊できる便利な港をひとつ、帝国の南部に指定されることを要望する」としか書かれていない。大統領国書は日本宛しかなく、琉球宛のものはない。その後、アメリカでは日米和親条約の批准から遅れること七ヶ月、「米琉コンパクト」は議会の承認を経て批准されているが、批准書交換に関する記録は残っていない。

批准書には、主に次の四点が確認されている。（　）内の日本語は筆者による翻訳。

① a Compact between the United States of America and the Royal Government of Lew Chew was entered into at Napa, on the eleventh day of July, one thousand eight hundred and fifty-four（Compact は一八五四年七月十一日那覇にて調印された）

② the original of which Compact, being in the English and Chinese languages（原文には英語と中国語を使用した）

③ And whereas the Senate of the United States, by their Resolution of the third instant, two-thirds of the Senators then present concurring, did advise and consent to the ratification of the said Compact（出席上院議員の三分の二の賛成を得て批准に対する助言と同意を与えた）

④ And whereas the said Compact has been duly ratified on both parts（双方において批准された）[52]

当時、アメリカが締結した条約の批准書には一般的に"has been duly ratified on both parts"の文言が入る。つまり、「両国において批准された」という証明である。しかしながら、管見の限り琉球側で「米琉コンパクト」が批准された史料はなく、あるいは批准されたという情報がいつどのようにアメリカに共有されたのかも不明である。仮に、琉球側で批准されていないにもかかわらず、アメリカ側で一方的に「両国において批准された」と公言されたのなら、アメリカ側の批准書には重大な瑕疵があり、批准書そのものが無効になる可能性がある。いずれにしても、アメリカ側の史料に批准書の交換が記録されていないことからも、ペリーにとってもアメリカにとっても、西欧的な国家観・国民観では琉球が独立した主権国家なのか、あるいは日本に従属しているのか、あるいは中国に従属しているのか、最後まで判断を下すことができずにCompactが採用されたと考えられる。ペリーのこのような煩悶は次の報告書からも見てとれる。一八五四年七月十一日に「米琉コンパクト」を調印した後、ペリーは同年七月十八日に「琉球はある意味においては独立した主権を持っているようです。日本にも中国に対してもわずかに忠誠を誓っていて、後者［中国］との関係を好んでいるようです」（Lew-Chew, it appears, is in a measure an independent sovereignty, holding only slight allegiance either to Japan or China, but preferring rather its relationship to the latter empire）[53]と報告している。日本側からは「琉球は遠方に位置するから、今すぐには結論を出せない」と琉球の開港については回答を曖昧にされ、琉球側からは「琉球は中国の藩国であるから独立国として他国と条約を締結するわけにはいかない」と回答を受けたペリーは、最後まで琉球が主権国家であるかについては確証を持つことが出来なかったのである。[54]

では、Compactという名称はアメリカではいつ・どのように使用されてきたのであろうか。「米琉コンパクト」で初めて使用されたのであろうか。たとえば、アメリカ合衆国憲法には次のような条項がある。

[1] No State Shall enter into any Treaty, Alliance, or Confederation; grant Letters of Marque and Reprisal; coin Money, emit Bills of Credit; make any Thing but gold and silver Coin a Tender in Payment of Debts; pass any Bill of Attainder, ex post facto Law or Law impairing the Obligation of Contracts, or grant any Title of Nobility.

【邦訳[55]】州は、条約を締結し、同盟を結び、もしくは、連合を結成し、（外国船）捕獲免許状を授与し、貨幣を鋳造し、信用証券を発行し、金、または、銀貨以外のものを債務支払いの弁済手段とし、権利剥奪法、遡及処罰法、および、契約上の債務を損うような法律を制定し、または、貴族の称号を授与してはならない。

[3] No State shall, without the Consent of Congress, lay any Duty of Tonnage, keep Troops, or Ships of War in time of Peace, enter into any Agreement or Compact with another State, or with a foreign Power, or engage in War, unless actually invaded or in such imminent danger as will not admit of delay.

【邦訳】州は、連邦議会の同意なしに、噸数税を賦課し、平時において軍隊、または、軍艦を保有し、他州、あるいは、外国と協約、または、協定を締結してはならないし、また現に侵略され、または、猶予し難い急迫の危険にない限り、戦争行為をしてはならない。

上記の条項は合衆国憲法の第一条第十節第一項と第三項に明記されているState（州）に関する規定で、州同士あるいは州と外国間の関係について記されている。第一項では、State（州）がTreaty（条約）を締結したり、Alliance（同盟）を結んだり、Confederation（連合）を結成してはならないとある。つまり、州はいかなる場合もTreatyを締結することができない。

一方、第三項では、State（州）はCongress（議会）の同意なしには、another State（他の州）、あるいはa foreign Power（外国）とAgreementやCompactを締結してはならないとある。合衆国憲法の中では、Compactに関する唯一の記述部分である。言い換えると、州はTreatyを締結することはできないが、AgreementとCompactについては、議会の同意があれば締結することができることになる。合衆国憲法からわかることは、Compactが州同士や州と外国間の契約の際に使用されることを想定しているということである。この部分について、Jennisonは「いかなる州も議会の同意なしに外国とagreementsまたはcompactsを結んではならないと宣言しているが、【agreements】と【compacts】という言葉は、互いに同義であると解釈することはできず、さらにその前の節の【treaty】という言葉と同じ意味を持つとは考えられない[56]」として、契約の名称にはそれぞれの意味があると言及している。これらを踏まえると、少なくともCompactはTreatyと異なり、州間や州と国家の間で取り交わされる契約ということができる。他にも、領事館の設置、最恵国待遇、税関、貿易等は政治的な内容になるため、Compactでは扱えないこととなり、期間・範囲・対象・効力において限定的であることが先行研究で明らかにされている。[57]

また、Wolffによると、TreatyとCompactの違いについて次のように定義している。[58]

treaty とは何か、compact とは何か。treaty とは、公共の利益のために最高権力者が相互に締結する、永遠に、あるいは少なくとも相当の期間継続する規定と定義される。一方、一時的な約束や二度とは繰り返す必要のない約束を含む規定は、compact の名を残す。例えば、二つの国が戦争の際にお互いに軍隊を提供することに相互に同意した場合、この規定は treaty と呼ばれるが、ある国が穀物の価格が高いという理由で、他の国が自国の領土で購入することを許可した場合、これは compact となる。（筆者による翻訳）

ここでは明らかに treaty と compact を分けており、主に「永続的」か「一過性」かによって使い分けている。この Wolff の解釈について、Weinfeld は[59]

Wolff が挙げた例は、compact の対象を一過性のものとすることを確かに正当化する。戦いの後に死者を埋葬すること、一時的な欠乏のために穀物を購入することは、一過性の活動である。Wolff はまた、それらを「non iterandas」、つまり「繰り返す必要のないもの」とも表現している。この後者の特徴は、同じ二つの例を指す場合もあれば、別のカテゴリー、つまり、領土の割譲や境界線の確定といった一つの行為によって履行され、したがって繰り返す必要のない約束のカテゴリーを指す場合もある。（筆者による翻訳）

として、「繰り返す必要の有無」に着眼点を置いて、一過性かどうかによって分けることができると述べている。また、Weinfeld は Vattel のセクション 152,153,192 に言及し、treaty, agreement, compact の定義を次のように紹介している。[60]

152　条約はラテン語で fœdus といい、国が公共の福祉を目的として、永続的または相当な期間にわたって締結する契約である。

153　コンパクト、アグリーメント又は条約。一時的な利害関係を目的とする協定は、アグリーメント、コンベンション、コンパクトと呼ばれる。これらの協定は、単一の行為によって履行され、連続的な行為の履行によって履行されるものではない。一方、条約は、その性質上、実行可能であり、要求された行為は、条約が存在する限り継続しなければならない。

192　すべて一度だけ行われる行為によって締結される条約は、次のとおりである。連続的な行為を必要とせず、単一の行為によって履行され、したがってすべて一度だけ履行される条約、すなわち、別の名称を与えることを望まない限り（第153条参照）、連続的な行為ではなく、すべて一度だけ履行される行為によって履行される条約、協定は、一度履行されると、完全かつ確実に完成されるものとなる。有効であれば、当然、永久的で取り消し不能な物事の状態をもたらす。（筆者による翻訳）

Weinfeld によると、Vattel のこの部分が先述した合衆国憲法の十節第三項にあたると指摘している。また、Weinfeld は合衆国憲法の起草者が第十節をどのように作成したかについて、次のように述べている。[61]

起草者の心に大きく刻まれた条約（treaties）とは、どのようなものだったのだろうか。連合規約の下では、平和条約、友好条約、通商条約、領事条約、航海条約などが結ばれていた。そのような条約を締結するための手段を州に委ねることは賢明ではなかった。しかし、起草者たちだけでなく、一般の人々でさえもよく知っている事柄が他にもあった。それは境界紛争であった。植民地と州は、絶えずこのような紛争に巻き込まれていた。植民地は agreements によってその多くを解決しようとし、州もまた同様であった。このような agreements には、合意された境界線の片側または反対側にある土地の短冊を頻繁に割譲することが必要であった。このような紛争を、州間または近隣の外国との agreements によって解決する方法を残さなければならないことは明らかであり、連邦議会の同意があれば、このような agreements を許可しようとした。しかし、禁止または許可される条約の種類を列挙すると、規定がない他の種類の条約が開発される危険性を懸念した。そこで起草者たちは、自分たちが考えていた条約や類似の条約を含めるために、一般的な用語を使うことにした。

彼らは、国際法のバイブルであり、権威として知られる Vattel の著書を手にしていた。その書には「accord, convention, paction」と呼ばれる国際的取り決めのカテゴリーが説明されており、それは連続した行為の実行ではなく、単一の行為によって履行されるものであった。その他の条約（平和、通商など）については、Vattel が152条で述べたように、単に「treaty」と呼んだ。その結果、州が treaty を結ぶことは禁止されたが、議会の同意があれば、agreements や compacts を結ぶことが許されることになった。（筆者による翻訳）

憲法起草者たちは国家間の条約に加えて、州 (States) が主体となるケースも想定しなければならなかった。州と州、州と外国間の取り決めについては、議会の同意を条件として agreement と compact を締結することを認めた。ペリーが treaty ではなく compact を選んだ理由には、合衆国憲法起草、ひいては合衆国の建国史と深く関わっていたのがわかる。つまり、ペリーや米国議会が想定しているのは、中央（連邦議会＝江戸幕府）とは別の場所で地方（州＝琉球）が外国（＝米国）と一過性の契約を結ぶことであった。このように合衆国憲法の起草から見ても、琉球との compact を treaty と置き換えるのは拡大解釈にあたり、「琉米修好条約」「琉米条約」は十分に検討された名称とは言いがたい。琉球を歴史の主体として見たとき、その周囲には当然のことながら、日本のみではなく中国、米国、仏国、蘭国、英国等が少なくとも関わってくる。条約書のような史料が残っているだけでは、それが合衆国憲法で規定されているところの「treaty」に相当するのかという単純な疑問の答えにはならない。当然のことながら、米国の史料のみならず、『日本外交文書』にも記録されているのであれば、「compact」として締結された背景を探らなければならない。ましてや、米国とはcompactを締結したこと、仏国・蘭国とは調印のみで本国では批准されなかったという史実を抜きに、「琉米・琉仏・琉蘭修好条約」と命名し、その上、これらが琉球の独立主権国家としての証左とするのは早計と言わざるを得ない。

次に米国議会における米琉コンパクトの扱い方を見てみる。（以下、筆者による翻訳）

一八五四年十二月十二日[62]

昨年七月十一日に那覇で締結された、琉球諸島に寄港する米国の船舶に一定の特権を確保するためのアメリカ合衆国と琉球王府の間のコンパクト（compact）に関して、その承認を視野に入れて審議するために上院に送る。

この件に関する国務長官の指示の写しも、ここに送付する。

一八五四年七月十一日に那覇で締結されたアメリカ合衆国と琉球王府との間のコンパクトは、ここに初めて提出されたことを述べておく。

命令：コンパクトはメッセージと指示とともに外交委員会に付託され、上院の使用のために内密に印刷されること。

一八五五年二月八日[63]

外交問題委員会のメイソン氏は、昨年十二月十二日、一八五四年七月十一日に那覇で締結されたアメリカ合衆国と琉球王府との間のコンパクトを参照され、修正なしに報告した。

一八五五年三月三日（議会における批准[64]）

メイソン議員は、以下の決議案を提出した：

決議（出席上院議員の三分の二が賛成）、上院は、一八五四年七月十一日に那覇で締結されたアメリカ合衆国と琉球王府との間のコンパクトを批准することを勧告し、同意する。

上院は、全会一致で本決議案を審議し、全会一致でこれに同意した。

ここからわかることは、米琉コンパクトの提案から批准の審議・決議まで一貫してコンパクト（compact）として記録されていることである。また、米国議会における日米和親条約の扱い方については、例えば次のような記録が残っている。

一八五四年七月十三日（日米和親条約[65]）

アメリカ合衆国上院へ

私は、合衆国と日本帝国との間の条約（treaty）を、批准を視野に入れつつ上院で審議するため、去る三月三十一日に神奈川で両政府の全権委員によって署名されたものを上院に送る。この文書の中国語訳およびオランダ語訳、ならびにこの文書が参照される図表および概略図も、本書によって伝達される。

フランクリン・ピアース

一八五四年七月十二日、ワシントン

一八五四年三月三十一日、嘉永七年三月三日、神奈川で行われたアメリカ合衆国と日本帝国との間の条約（treaty）は、ここに初めて提出されたことを述べておく。

一八五四年七月十五日（議会における批准）

外交問題委員会のメイソン氏は、十三日、一八五四年三月三一日、嘉永七年三月三日に神奈川で締結されたアメリカ合衆国と日本帝国との間の条約を付託され、修正なしにこれを報告した。

この条約が提出されたのは二回目で、本委員会と同様に審議されたが、修正はなされなかったため、上院に報告された。

メイソン議員は次の決議案を提出した：

決議（出席議員の三分の二が賛成）、上院は、一八五四年三月三一日、嘉永七年三月三日に神奈川で締結されたアメリカ合衆国と日本帝国との間の条約批准に助言し同意するものとする。

このように日米和親条約と米琉コンパクトは米国議会で報告され、承認を得ている。ここではtreatyとcompactを明確に区別していることがわかる。また、米琉コンパクトについては、「琉球諸島に寄港する米国の船舶に一定の特権を確保するため」であり、日米和親条約とは異なり「限定的」であることもわかる。このように米国議会の記録から見ても、日米和親条約と米琉コンパクト、ひいてはtreatyとcompactは明確に使い分けられていることがわかる。

ペリーは一八五四年七月十九日には次のように報告している。[66]

また、私は王府当局とコンパクト（Compact）を結びました。そのコンパクト（Compact）とは、琉球政府と人々が、島の港を訪れるすべてのアメリカ人を親切に友好的に扱い、彼らが必要とするあらゆるものを供給し、王国のどこかに漂着したすべての難破者を助け、保護すること、水先案内人を設置すること、などを定めています。

この記録によると、Compactという名称はペリーの帰国後に米国議会の承認の段階で付けられたのではなく、ペリーが自ら選択してその名称にしていることがわかる。また、一八五四年九月五日には、ドビン宛に次のように報告している。[67]

琉球政府と締結したコンパクト(Compact)の原本三つの内、その一つを送付いたします。一つはヨーロッパ経由で私が本国へ持ち帰り、もう一つは他の書類と一緒にミシシッピ号で持ち帰る予定です。

こうしてTreatyではなくCompactという明らかに日米和親条約とは異なる契約ではあったが、ペリーの遠征は「日米和親条約」による日本の開港、「米琉コンパクト」による日本の周辺にある小さな島々（琉球）の補給港・避難港としての開港、この二点についてある程度の成果を収めたことになった。先述したように、ペリーが琉球との契約でTreatyを使用しなかった背景には、日本が琉球の開港を「遠方」を理由に断ったこと、琉球が中国との関係を理由に自らをindependent nationとする内容を避けるように求めたことが大きく関与している。またペリー自身もそのような琉球の反応を見て、これまでのように威嚇して自身の主張を通すことはなかった。このことは、ペリーの琉球に対する知識が完全なものではなく、ひいてはアジアにおける宗主国と従属国に対する認識不足が深く関係していることを物語っている。

5　おわりに

ペリーは日本との本交渉の前に琉球人（natives）から歓迎されているという既成事実を造るため、琉球に四度訪問している。先述したように、米国大統領の国書には「帝国の南部」における開港要求が明確に記されており、琉球開港はペリーの遠征成果には欠かせないものであった。ペリーは琉球を主権国家として認識していたのではなく、あくまでも日本あるいは薩摩に従属している地域として認識していた。そのため、日本との交渉の際には「琉球開港」を要求したが、日本側から断られたため琉球を相手に開港に関する契約を直接進めなければならなくなった。その際、treatyとして調印する選択肢もあったはずだが、ペリーはcompactとして調印した。その理由として、一つは交渉において琉球側から独立国家としての明記を削除することが調印の条件であると提示されたという消極的な理由がある。一方で、積極的な理由として、米国におけるコンパクトの性質を利用したということも考えられる。米国憲法によると、州は議会の同意があればコンパクトを締結することができるとある。しかし、当時の米国内の状況を見ると、州間コンパクトと対外国コンパクトは州が議会の同意なしに締結されているケースがあり、仮に米国連邦政府が国益に反することを理由に撤回を求めても、最高裁ではコンパクトが優先される判例もあった。このようなコンパクトの性質（州が州間・外国と締結する、中央政府が介入できない、水先案内人や噸数課税等の開港に関する内容）をそのまま日本（連邦政府）、琉球（州）、米国（外国）と当てはめることができる。

ペリーの帰国後、「米琉コンパクト」は批准書が交換されることなくその影を潜めた。再びアメリカで注目されたのは、調印から十八年後の日本による琉球藩王の冊封がきっかけであった（一八七二年）。一八七二年から一八七九年の間、米国駐日公使のデロング（Charles E. DeLong）とビンガム（John A. Bingham）らによって、「米琉コンパクト」の扱いについて明治政府へ照会が行われた。[68] アメリカは条約として不完全なままの「米琉コンパクト」を日米関係に組み込むことで、労せずして琉球に対する権利の獲得を狙ったのである。当然ながら、日本の一方的な琉球併合に異議を申し立てることも選択肢にはあったはずである。しかし、琉球を独立した主権国家として扱うには、「米琉コンパクト」ではあまりにも根拠としては不十分であった。つまり、アメリカが琉球処分の是非には触れず、「米琉コンパクト」の扱いについてのみ照会した背景には、ペリーがTreatyではなくCompactとして調印せざるを得なかったことが深く関係していたのである。[69]

その後、一八八〇年八月十八日、グラントの介入[70]によって、日清間で琉球問題に関する交渉が正式に始まった。いわゆる分島改約交渉である。[71] 約二ヶ月間で計八回の交渉の場が設けられ、分島と改約について一応の最終案が双方で妥結された。しかしながら、交渉を担当した総理各国事務衙門の分島改約案が上奏されると、清朝内で調印の可否について議論が巻き起こり、結果として再度日本側と調整することで決定した。[72] 詳細は次章以降で述べるが、その後も何度か琉球問題について日清間で非公式の会談がもたれたが、両者の要求は平行線のまま着地点は見つからずに日清戦争を迎えた。

本章では、アメリカ側の史料に明記されているCompactという史実に注目し、ペリーがCompactを選択した背景を明らかにした。この点については、これまで先行研究ではほとんど触れられてこなかったばかりではなく、琉球の歴史を明らかにしていく過程の中でCompactが主権国家間の「条約」としてその姿を書き換えられ、現代における歴史認識に影響を与えてきたことは否めない。アメリカ外交の全体像から同年代における各国との条約を相対的にみた時、「米琉コンパクト」の歴史的経緯を置き去りにして「琉米修好条約」や「琉米条約」と翻訳することは、琉球の歴史の特異性を歴史の闇に埋没させてしまう恐れがある。アメリカ外交からみた「米琉コンパクト」の検証は、ただ単純にTreatyやConventionとの法的効力を比較する研究ではない。ペリーが琉球と「Treaty（条約）」ではなく「米琉コンパクト」を締結せざるを得なかったという史実は、アメリカひいては西欧的な国家観や国民観とアジアにおける宗主・従属的価値観との「衝突」が具現化されたものと言える。「米琉コンパクト」は、①外交や通商のような国益に関わるTreatyではなく、短期的かつ当事者間の狭い範囲での特定の利益に関わるCompactであったこと、②前文がなく、"two nations"という表現がないこと、③批准書交換の記録がないこと、④十九世紀のアメリカ外交におけるシャム、中国、日本、朝鮮との条約形式とは明らかに異なること、⑤十九世紀のアメリカ外交においてCompactという名称は唯一無二の名称であったこと、以上の五点から考えると、「米琉コンパクト」がその四ヶ月前に調印された日米和親条約、あるいはシャムや中国、さらには十九世紀に締結されたその他の条約とは明らかにその性質を異にしていることがわかる。

「米琉コンパクト」の調印という一つの史実は、琉球がペリーに対して自らの意見を主張し、結果として「Treaty（条約）を結ばせなかった」ということが非常に重要な意味を持っている。決してペリーが日本との比較の上で琉球の扱いを軽んじたわけではない。西欧的な価値観に基づいたペリーからの一方的な要求に対して、琉球は自らの意志で対抗し、ペリーからCompactという一種の妥協案を引き出した。十九世紀という時代は、西欧の外交ルールがアジアに参入することで、さまざまな衝突が起こり、その都度調整が行われてきた。その中でも「米琉コンパクト」は、アメリカにおける対琉球認識が露呈されたものとして検討されるべき重要な事例であろう。

註

1 一般的に、日本国内の先行研究では「琉米条約」や「琉米盟約」「琉米修好条約」「琉米協約」の名で知られている。本書では、アメリカ側の史料に「Compact」として記録されていることに鑑み、十九世紀のアメリカ外交における Compact と Treaty や Convention の違いを分析し、その違いの意味を明らかにすることが一つの目的であるため、既存の名称ではなく「米琉コンパクト」と称する。なお、ペリーが琉球との交渉を主体的かつ威圧的に進めたことから「琉米」ではなく「米琉」という形を取り、また十九世紀のアメリカ外交において Compact を結んだ相手が琉球のみであったことから、翻訳の限界と挑戦の意味を込めて、外来語としての「コンパクト」をそのまま使用することにする。

2 代表的なものに、大熊良一『異国船琉球来航史の研究』(鹿島出版会、一九七一年)、上原兼善『黒船来航と琉球王国』(名古屋大学出版会、二〇二〇年)、真栄平房昭「十九世紀の東アジア国際関係と琉球問題」(『アジアから考える〔三〕周縁からの歴史』東京大学出版会、一九九四年)、岡部敏和「米国ペリー艦隊の琉球来航と琉球「開国」問題―琉米約定」をめぐる琉球王府・薩摩藩間交渉を中心に―」(『明治維新史研究』九、二〇一三年)、豊見山和行「琉球王国末期における対外関係―琉米・琉仏条約締結問題を中心に―」(『歴史評論』六〇三号、二〇〇〇年)、柳原正治「仕置、附庸、属国、そして主権―近世・近代における琉球王国の「国際法」上の地位―」(柳原正治編『変転する国際社会と国際法の機能』所収、信山社、二〇一八年)等がある。

3 例えば、比嘉春潮「琉米修好条約」「米琉修好条約」三二六～三二七頁、(『沖縄の歴史』沖縄タイムス社、一九五九年)、上原前掲書「琉米条約」二一五～二一八頁、真栄平前掲論文「琉米修好条約」二五二頁、岡部前掲論文「琉米約条」二〇頁、山下重一「琉米修好盟約」九三頁、(『琉球・沖縄史研究序説』御茶の水書房、一九九九年)、三谷博「琉米開港通商条約」一八五頁、(『ペリー来航』吉川弘文館、二〇〇三年)、新垣毅「琉米修好条約」二〇頁、(『沖縄の自己決定権―その歴史的根拠と近未来の展望』高文研、二〇一五年)、柳原前掲書「琉米修好条約」四頁(ただし、英語名については『旧条約彙纂 第三巻(朝鮮・琉球)』を参照して「Convention」

と表記している。）、緒方修「琉・米条約」二一八頁、（『青い眼の琉球往来――ペリー以前とペリー以後』芙蓉書房出版、二〇一七年）、今津浩一「米国・琉球条約」五四頁、（『ペリー提督の機密報告書――コンフィデンシャル・レポートと開国交渉の真実』ハイデンス、二〇〇七年）、山口栄鉄「琉米条約」一三五頁（『異国と琉球』榕樹書林、一九九九年新装版）、御手洗昭治「琉米条約」一八八〜一八九頁、（『サムライ異文化交渉史』ゆまに書房、二〇〇七年）、高良倉吉「琉米修好条約」十一頁、（「解題」『沖縄県史料　前近代三　ペリー来航関係記録二』沖縄県沖縄史料編集所編、一九八四年）等がある。このように先行研究ではペリーと琉球側代表のCompactについては、いまだ邦訳の名称さえも一致していない。最近の研究では、ティネッロ・マルコ『世界史からみた「琉球処分」』（榕樹書林、二〇一七年）において「琉米修好条約」の存在がなぜ琉球処分に影響を与えなかったのか等について論じているが、Compactを日米和親条約のように「条約」と看做している点では従来の先行研究と変わらない。また、海外の先行研究では、George H.Kerr(2000).“The “LEW CHEW COMPACT” WITH THE UNITED STATES”と史料の表記を忠実に反映している(*Okinawa:The History of an Island People*, Tuttle Publishing, 2000.)。他にはティネッロ・マルコ(2021)は“The Ryukyuan-American Treaty”として、treatyに置き換えている(“Early Meiji Diplomacy Viewed through the Lens of the International Treaties Culminating in the Annexation of the Ryukyus”, *The Asia-Pacific Journal:Japan Focus* 19(6-2)). 同様に、ティネッロ・マルコ(2022)“The treaty that the Ryukyu Kingdom signed with the US government in 1854”(“Islands between empires: the Ryukyu Shobun in Japanese and American expansion in the pacific” *Critical Asian Studies*, 54(4)). 全体的には、①琉球＝独立主権国家を理由として、ペリーが「条約」を締結したとする説、②琉球＝非独立主権国家を理由として、琉球側が「隠蔽」することで「条約」を締結したとする説に分かれる。しかしながら、いずれの説もペリーがあえてCompactとして締結した史実に触れていない。本章では、新たな仮説として③琉球＝非独立主権国家としてペリーが認識していたからこそ、Compactを選択せざるを得なかったという論で進めていく。

4　大熊前掲書では「琉米盟約書」「琉米修好約条」「琉球合衆国約条」といくつかの名称を使用しており、「本文もまた修好条約の形をとっていないことに注目されなければならない」（一九四頁）として指摘している。さらに御手洗前掲書では「琉米条約」という語について、「同等ではない二組、または二国間で交わされる『契約』や『約束事』を意味する“Compact”であり、同等の力関係にある国々の間で調印される、いわゆる『条約』“Treaty”

ではないという点」（一八八頁）に注意すべきとしている。照屋善彦は「幕府との取り決めは対等国としての条約(treaty)であり、琉球王府との取り決めは一応王府の主体性を認めながらも条約の形式をとらずに協定(compact又はconvention)となっており、本文自体も修好条約の形を取っていない。ただし本協定は全権大使であるペリーによって調印され、一八五五年三月九日には米政府によって批准されているので、条約と同じ効力を有した」（五八六〜五八七頁）と指摘している（『沖縄県史別巻　沖縄近代史辞典』沖縄県教育委員会編、一九八九年復刻）。

5　全三巻で構成されており、その内の第一巻については邦訳がある。土屋喬雄・玉城肇訳『ペルリ提督日本遠征記』（上・下）臨川書店、一九三六年、宮崎壽子監訳『ペリー提督日本遠征記』（上・下）角川文庫、二〇一四年、大羽綾子訳『合衆国海軍省編　ペリー提督日本遠征記』法政大学出版局、一九五三年。本章では『遠征記』と略し、英文テキスト引用の際には*Expedition*とする。また、ペリーに関する遠征記には、他にもいわゆる「私日記」を編集したRoger Pineau(ed.), *The Japan Expedition 1852-1854: The Personal Journal of Commodore Matthew C. Perry*. Washington: Smithsonian Institution Press, 1968.（金井圓訳『ペリー日本遠征日記』（新異国叢書第II輯）雄松堂出版、一九八五年）がある。

6　邦訳は洞富雄訳『ペリー日本遠征随行記』（新異国叢書八）雄松堂出版、一九七〇年。本章では『随行記』と略し、英文テキスト引用の際には*Journal*とする。

7　*Correspondence Relative to the Naval Expedition to Japan*. として一八五五年にアメリカ国内で出版されている。本稿では『遠征記録』と略し、英文テキスト引用の際には*Correspondence*とする。

8　翻訳書における「米琉Compact」の表記は次の通りである。宮崎前掲訳書「合衆国と琉球王国間の協約」五一四頁、神田精輝訳「合衆国と琉球王国間の條約文」二二〇頁、（『ペルリ提督琉球訪問記』国書刊行会、一九九七年復刊）、外間政章訳「合衆国及び琉球王国間の条約」四一三頁、「琉米条約」四三五頁（『対訳ペリー提督沖縄訪問記』研究社、一九六二年）、大羽前掲訳書「合衆国、琉球王国条約」三六九頁、土屋・玉城前掲書訳「合衆国及び琉球王国間の盟約」八一六頁、洞前掲訳書「琉米和親交易条約」四〇七頁。

9　*Correspondence*, Mr. Conrad to Mr. Kennedy. November 5, 1852. pp.4-9; 先行研究では、G.H.Kerr, *Okinawa The History of an Island People*, pp.303-304. 山口栄鉄訳『沖縄　島人の歴史』（勉誠出版、二〇一四年）三七四〜三七七頁に詳しい。

10 山里勝己「ペリー提督100年の夢：トラベルライティングとしての『アメリカ艦隊遠征記』」（『環太平洋地域文化研究』二、二〇一一年）を参照。

11 一八五二年以前、アメリカは一般的にTreatyかConventionの名称で各国と条約を締結している。ただし、一八四七年のオルデンブルグ（Oldenburg）については、Declaration（宣言）で締結しており、一八七一年には正式にドイツ帝国の構成国の一つとなっている。また、ネイティブ・アメリカンズとの条約については、柳原前掲論文においてチェロキー民族との条約が分析されており、「条約」の対象として「いずれにしろ、独立国家・主権国家のみが「条約」を締結できるわけではないということがここでも確認されたといっていいであろう」（二二頁）としている。当時のアメリカでは条約締結の対象となる境界線は曖昧であった。ここからわかることは、非主権国家でも条約が締結することが可能であるからこそ、コンラッドはペリーには主権国家と条約を締結するよう念を押しているのである。また、柳原は琉球が主権国家に該当するかについて、「そもそも「主権」とか、「独立」とか、「(近代) 国家」というのは、近代ヨーロッパで生み出された概念であり、そうした概念が存在していなかった近代ヨーロッパ以外の地域、時代に当てはめること自体が、そもそも妥当であるかということが問われなければならない」、「独立国家、主権国家、従属国、保護国などといった、近代国際法上の概念を、なんらの留保もなくストレートに、当時のこの地域に適用することの危険性や問題性は十分に認識しておく必要がある」（二二一～二三頁）としている。

12 そのため、ペリーはアメリカが一八四四年に中国と締結した既存の望厦条約を日本との交渉の際に参考にした。

13 *Correspondence*, Commodore Perry to Secretary of the Navy. December 14, 1852.pp.12-14.; Expedition, pp.85-87. 邦訳については宮崎前掲訳書（上）、二〇六～二一一頁を参照。

14 *Expedition*, p.257, 宮崎前掲訳書（上）、六〇三頁。

15 *Expedition*, pp.85-87. 宮崎前掲訳書（上）、二〇七頁。

16 *Expedition*, pp.85-87. 宮崎前掲訳書（上）、二〇九～二一〇頁。

17 *Correspondence*, Mr. Everett to Commodore Perry. February 15, 1853.pp.14-15; *Expedition*, p.87. 宮崎前掲訳書（上）、二三四～二三五頁を参照。

If you find that these cannot be obtained in the Japanese islands without resort to force, it will be necessary that you should seek them elsewhere. The President agrees with you in thinking that you are most likely to succeed in this object in the Lew-Chew islands. They are, from their position, well adapted to the purpose; and the friendly and peaceful character of the natives encourages the hope that your visit will be welcomed by them.

18 山里前掲論文、二四頁。

19 *Expedition*, p.151, 宮崎前掲訳書（上）、三五四頁。

20 *Expedition*, p.222-223, 宮崎前掲訳書（上）、五二五〜五二六頁。

21 *Expedition*, p.276, 宮崎前掲訳書（下）、十二〜十五頁。

22 *Expedition*, p.278, 宮崎前掲訳書（下）、十七〜十八頁。

23 *Expedition*, p.278, 宮崎前掲訳書（下）、十九頁。

24 『琉球王国評定所』十一巻、「仏船来着成行守衛方江御届申上候扣」、二一五〜二一六頁。フランス側の史料にも同様のことが記録されている。GUÉRIN, François Nicolas. 1855. ["Lettre au ministre de la Marine et des Colonies. Macao, le6 décembre 1855.]" Paris, Archives nationales, unpublished, 6 December, 1855. Patrick Beillevaire(ed.), *Ryūkyū Studies since 1854: Western Encounter Part 2, Vol.2*, Curzon Press, 2002.(Ryūkyū library collection;2). 柳原前掲論文、十六頁を参照。

25 同右、*Ryūkyū Studies since 1854*.

que Liou-tchou n'est qu'une province japonaise régie par un proconsul envoyé d'Yedo,（琉球は江戸から派遣された特使によって統治されている日本の一部に過ぎない）et que ce personnage, dont la volonté toute puissante courbe les plus hautes têtes dans le Royaume, a été le seul adversaire réel du traité que j'avais à conclure. Le Roi n'est qu'un enfant（国王はまだ子どもで）, et il est certain que l'ambassadeur chinois n'est consulté que pour la forme et qu'il n'a nulle influence dans les affaires du Royaume（王国の事について何の影響も持っていない）. 柳原前掲論文、十六〜十七頁に詳しい。

26 *Correspondence*, Commodore Perry to Dobbin. December 24, 1853. pp.80-81.

27 *Correspondence*, Commodore Perry to Dobbin. January 25, 1854. p.109.

To this end it is my intention, should the Japanese government refuse to negotiate, or to assign a port of resort for our merchant and whaling ships, to take under the surveillance of the American flag, upon the ground of reclamation for insults and injuries committed upon American citizens, this island of Great Lew-Chew, a dependency of the empire, to be held under such restraint, until the decision of my government shall be known, whether to avow or disavow my acts.

28 *Correspondence*, Dobbin to Commodore Perry. May 30, 1854. pp.112-113.

Your suggestion about holding one of the Lew-Chew islands "upon the ground of reclamation for insults and injuries committed upon American citizens" "should the Japanese government refuse to negotiate or to assign a port of resort for our merchant and whaling ships," is more embarrassing. The subject has been laid before the President, who, while he appreciates highly the patriotic motive which prompts the suggestion, is disinclined, without the authority of Congress, to take and retain possession of an island in that distant country, particularly unless more urgent and potent reasons demanded it than now exist. If, in future, resistance should be offered and threatened, it would also be rather mortifying to surrender the island, if once seized, and rather inconvenient and expensive to maintain a force there to retain it. Indulging the hope that the contingency may not arise to occasion any resort to the expedient suggested, and that your skill, prudence, and good judgment may enable you to triumph over the ignorant obstinacy of the Japanese without violence, it is considered sounder policy not to seize the island as suggested in your despatch.

一八五三年三月四日に米国大統領はミラード・フィルモア（Millard Fillmore）からフランクリン・ピアース（Franklin Pierce）にかわり、海軍長官も同様にケネディからジェイムズ・ドビンにかわっている。

29 山里前掲論文、二十四頁。

30 *Correspondence*, Commodore Perry to Dobbin. March 20,1854.p129; *Expedition*, p.363. 邦訳は宮崎前掲訳書（下）、二〇三～二〇七頁。

31 興味深いことに『随行記』には、"As Loochoo is a distant frontier dependency" と記録されている。日本側の史料に記録されている「琉球島属遠境」の翻訳について『遠征記』の "a very distant country" とは異なる表現で記録されている。この点については、アメリカの先行研究において、Hunter Miller(ed.), *Treaties and other international acts of The United States of America*, Vol.6, p.784. documents 152-172 1852-1855, United States Government Printing Office, Washington, 1942.（以下、*Treaties and other international acts* と略記する）において指摘されている。日本

における最近の研究ではティネッロ前掲書（二〇一七）一一五頁でも同様の指摘がなされている。

32　*Expedition*, p.495, 宮崎前掲訳書（下）、五一三～五一四頁。なお七月八日の交渉記録において、英語原文には日本との Treaty, 琉球との Compact と明確に分けており、宮崎訳ではそれぞれ「条約」(Treaty) と「協約」(Compact) と分けて翻訳している。

33　琉球側が条約調印に反対する様子は、琉球側の史料にも残っている。「当地中朝之藩国ニテ、凡行ふ所之大事ハ中国差図を得不申候テハ難相成事候処、新規ニ他国ト親睦可致ト之約条相定印押相渡候テハ唐都合向不宜、依体ハ進貢之故障ニモ可成立」『琉球王国評定所文書』第七巻、五八九頁。先行研究では岡部前掲論文、十九頁、上原前掲書、二一一頁を参照。

34　『琉球王国評定所文書』第七巻、五八八～五八九頁。

35　洞富雄訳『随行記』四〇三頁、*Journal*, p.242.

36　加藤祐三「日米和親条約の使用言語」四頁、（月報）（田中彰編『開国』日本近代史思想体系一、岩波書店、一九九一年）「海軍提督の社会的位置はまだ高くなく、ましてや条約締結の役目は前例がなかった。ペリーはアメリカ東インド艦隊司令官に任命されたのみで、全権大使の任命はない。それにもかかわらず、条約を締結する任務が与えられたため、きわめて異例ながら自分で自分の役職名を変更、第二回の来航時に幕府へ渡した文書には「特命全権大使」の肩書を追加している。アメリカ行政府の論理では、これも彼に与えられた「裁量権」の範囲内だったが、条約は締結だけでは発効せず、上院の批准が必要であり、その面で大統領と議会の関係が残る」

37　「米琉コンパクト」は英文・漢文の全七項目で構成され、本文には主にアメリカ船舶が琉球に来訪した際の「琉球側の義務」（一．米国人を常に優遇し、必要なものについては官民問わず適正価格で販売すること、一．薪水を適正価格で販売すること、一．米国船難破時には救命すること、一．米国人に対する妨害・尾行・監視を禁止するが、不法行為の発生時にはその者を逮捕し米国船船長へ報告すること、一．泊村にあるアメリカ人の墓地を保護すること、一．水先案内人が停泊地まで安全に誘導すること、一．停泊時には薪水を適正な値段で提供すること）が明文化されている。原本は米国国立公文書館と外務省外交史料館〔日本〕に所蔵されている。『琉球王国評定所文書』第十四巻、五一九～五二〇頁には漢文版が記録されている。

38 *Treaties, Conventions, International Acts, Protocols and Agreements between The United States of America and Other Powers 1776-1909. Vol.1*, p.996, Washington Government Printing Office 1910.（以下、*Treaties* と略記する）

39 *Treaties*, Vol.2, p.1626.

40 *Treaties*, Vol.1, p.196.

41 *Treaties*, Vol.1.

42 ドイツ語の史料を調査したわけではないため、これらの地域がどのような経緯でドイツに編成されていったのか詳細は不明である。ドイツ語史料の調査・分析は今後の課題とする。

43 例えば、ハノーファー王国（Hanover）も現在のドイツであるが、一八四六年に米国と締結した条約文にはKing of Hanoverとして明記されており、前文あり、批准書の交換あり、Treaty等のいわゆる国家間の条約として、あくまでも主権国家として扱っていたことがわかる。*Treaties and other international acts, Vol.4*, p.825.

44 Expedition, p.495, 宮崎前掲訳書（下）、五一三〜五一四頁。

45 ティネッロ前掲書（二〇一七）では、アメリカ・フランス・オランダの三ヶ国が琉球と「条約を締結した」との前提の下、「なぜ琉球の独立性を示すことができるはずであったこれらの『三条約』が、明治政府による琉球併合の障壁とならなかったのか」（二三〇頁）と問いを立て、「特にアメリカとフランス政府は、琉球が条約を締結したことを理由に両政府の援助を求めたにもかかわらず、日本との関係を維持するために、明治政府がとった琉球併合政策を黙認することを選択したのである」（二九七頁）と分析している。しかし、アメリカが「Compact」として調印及び批准したことが考慮されておらず、さらに琉球側で批准されたかどうか、アメリカと琉球の間で批准書の交換がなされたかどうか、批准さえされていないフランスとオランダについて「条約締結」と看做すことができるのかどうか、日本とどのような関係を維持しようとしたのか等については検証されていない。つまるところ、琉球が自らを条約締結国としてアメリカに援助を求めたことと、アメリカが琉球を条約締結国として認識していたかは別問題である。

46 *Expedition*, pp.495-496, や *Correspondence*, pp.174-175 では、「米琉コンパクト」原本を忠実に記録し、段落で分けている。しかしながら、例えば上原前掲書（二一五〜二一八頁）、ティネッロ前掲書（七八〜八〇頁）、豊見山前掲論文（三四頁）では「第一条・・・第二条・・・」と扱っており、条項形式に書き換えられている。なお、土屋・玉城前掲訳書では「盟約」を段落で分けており、宮崎前掲訳書では「協約」を段落で分けている。ただし、『随行記』では「treaty」「Agreement」を条項形式で記載し、洞前掲訳書では「琉米和親交易条約」「協約」を条項形式で扱っている。

47 *Treaties and other international acts*, Vol.6, p.440.

48 *Treaties and other international acts*, Vol.3, p.755.

49 *Treaties and other international acts*, Vol.4, p.559.

50 ティネッロ前掲書（二〇一七）では、この箇所について「琉球人とアメリカ人の間に『和睦』、すなわち『和親』の関係が結ばれたので、琉球も日本のように『和親』関係の時期に入った」（八〇頁）と解釈し、これまでの「琉米修好条約」という名称を踏襲している。しかしながら、本章で見てきたように、ペリーの威圧的な態度及び内容を見ると、和親、和睦、修好とは到底言えないことがわかる。

51 *Expedition*, p.257, 宮崎前掲訳書（上）、六〇一～六〇四頁。

52 原文は米国国立公文書館所蔵。TS 194 AO: Compact, in English and Chinese, with Presidential Proclamation and U.S. Instrument of Ratification. *The Statutes at Large and Treaties of the United States of America. Vol. X. From December 1, 1851, to March 3, 1855*, pp.1101-1102. *The Statutes at Large and Treaties of the United States of America. Vol. X. From December 1, 1851, to March 3, 1855*, pp.1101-1102.

53 *Correspondence*, July 18, 1854. Commodore Perry to the Secretary of the Navy. p.168.

54 興味深いことに、アメリカ大統領の批准書にはkingdomという記載はないが、『遠征記』（四九五頁）には"Compact between the United States and the kingdom of Lew Chew, signed at Napha, Great Lew chew, the 11th day of July, 1854."という名称で記録されている。本来、ペリーは琉球をkingdomとして扱って条約を調印する予定であった。先述したように、主権国家同士の条約（Treaty）調印を希望するペリー、一方でそれを拒否する琉球との折衷案がCompactという形で残された。琉球側にも残る「米琉コンパクト」原本にはkingdomという記載を避けたが、アメリカ国内向けの記録や報告書にはそのまま残ったと考えられる。

55 邦訳については、北脇敏和／山岡永知編訳『新版・対訳アメリカ合衆国憲法』（国際書院、二〇〇二年）から引用。三三～三五頁。

56 Holmes v. Jennison, 39.U.S. 540 (1840).

57 Herbert H.Naujoks,"Compacts and Agreements Between States and Between States and a Foreign Power,"*Marquette Law Review*, *vol.36*, Issue 3 Winter 1952-1953.pp.219-247. Abraham C.Weinfeld, "What did the framers of the federal constitution mean by "Agreements or Compacts"?,"*The University of Chicago Law Review, Vol.3,* No.3 (Apr. 1936), pp.453-464. Constitution Annotated, Article I Legislative Branch, Section 10 Powers Denied States, Clause 3 Acts Requiring Consent of Congress. なお、Compact の語源は①com（共に）＋pangere（結ぶ）、②com（共に）＋（契約する＝ラテン語）があり、ここでは後者の Compact である。

58 Christian L. B. Wolff, *Jus Gentium, Methodo Scientifica Pertractatum*, Prostat in officina Libraria Rengeriana, p.297

59 Weinfeld, op. cit., p.463.

60 Emmerich de Vattel, *The Law of Nations or Principles of the Law of Nature , Applied to the Conduct and Affairs of Nations and Sovereigns*, p.192. 英訳については Weinfeld, op. cit., pp.459-460.

61 Weinfeld, op. cit., pp.460-462.

62 *Journal of the Executive Proceedings of the Senate of the United State of America*, Vol.9, p.392, WASHINGTON: Government Priting Office. 1887.

一八五四年十二月十二日

I transmit to the Senate, for its consideration with a view to approval, a compact between the United States and the Royal Government of Lew Chew, entered into at Napa on the 11th day of July last, for securing certain privileges to vessels of the United States resorting to the Lew Chew Islands.

A copy of the instructions of the Secretary of State upon the subject is also herewith transmitted.

The compact between the United States of America and the Royal Government Lew Chew, entered into at Napa on the 11th of July, 1854, was read the first time.

Ordered, That the compact, together with the message and instructions, be referred to the Committee on Foreign Relations and printed in confidence for the use of the Senate.

63 *Journal ibid*., p.411.

一八五五年二月八日

Mr. Mason, from the Committee on Foreign Relations, to whom was referred, the 12th December last, a compact between the United States of America and the Royal Government of Loo Choo, entered into at Napa on the 11th of July, 1854, reported it without amendment.

64 *Journal ibid*., pp.434-435.

一八五五年三月三日（議会における批准）

Mr. Mason submitted the following resolution for consideration:

Resolved(two-thirds of the Senators present concurring), That the Senate advise and consent to the ratification of the compact between the United States of America and the Royal Government of Lew Chew, entered into at Napa on the 11th of July, 1854.

The Senate, by unanimous consent, proceeded to consider the said resolution, and unanimously agreed thereto.

65 *Journal ibid*., pp.356-357.

一八五四年七月十三日（日米和親条約）

To the Senate of the United States:

I transmit to the Senate for its consideration, with a view to ratification, a treaty between the United States and the Empire of Japan, signed at Kanagawa on the 31st day of March last by the plenipotentiaries of the two Governments. The Chinese and Dutch translations of the instrument and the chart and sketch to which it refers are also herewith communicated.

FRANKLIN PIERCE

Washington, 12th July, 1854.

The treaty between the United States and the Empire of Japan, done at Kanagawa, the 31st of March, in the year of our

Lord Jesus Christ 1854, and of Kayei the 7th year, 3d month, and 3d day, was read first time.

一八五四年七月十五日（議会における批准）

Mr. Mason, from the Committee on Foreign Relations, to whom was referred, the 13th instant, the treaty between the United States of America and the Empire of Japan, done at Kanagawa, the 31st day of March, in the year of our Lord Jesus Christ 1854, and of Kayei the 7th year, 3d month, and 3d day, reported it without amendment.

The treaty was read the second time, and considered as in Committee of the Whole; and no amendment being made, it was reported to the Senate.

Mr. Mason submitted the following resolution:

Resolved (two-thirds of the Senators present concurring), That the Senate advise and consent to the ratification of the treaty between the United States of America and the Empire of Japan, done at Kanagawa the 31st day of March, in the year of our Lord, Jesus Christ, 1854, and of Kayei the 7th year, 3d month, and 3d day.

66 *Correspondence*, Commodore Perry to Dobbin. July 19.1854. pp.169-170.

I also entered into a Compact with the royal authorities, which binds the government and people of Lew-Chew to treat with kindness and friendship all Americans visiting the ports of the island, to supply them with whatever they may need, and to succor and protect all shipwrecked persons who may be thrown ashore upon any part of the kingdom; to establish pilots, &c.

67 原文は米国国立公文書館所蔵。 TS 194 AO: Copy of Letter from M. C. Perry to Secretart of the Navy James C. Dobbin Transmitting One of the Three Originals of the Compact.

I have the honor to transmit herewith one of the three originals of the Compact entered into by me with the Royal Government of Lew Chew. One will be taken home by me via Europe, and another will go home with other papers in the Mississippi.

ここで「I have the honor to」という表現に言及すると、「光栄」と翻訳するのは妥当ではない。外交文書によく見られる一般的な敬語の常套句であり、特に「送付することが光栄である」とペリーが認識していたのではない。例えば、Correspondence には「I have the honor to」という表現は少なくとも五十箇所あり、特別にこの琉球に関する案件について「光栄」と言っているのではない。

68 『大日本外交文書』五巻、「米国公使ヨリ副島外務卿宛／琉球合併ニ際シ米国琉球間條約ニ関シ照会ノ件」明治五年十月二十日、三八五～三八六頁。／『大日本外交文書』九巻「米国公使ヨリ寺島外務卿宛／琉球ト日本トノ間ニ新規取極出来ノ有無竝ニ右取極ノ琉球米国間ノ條約ニ対スル影響照会ノ件」明治九年四月四日、四七四～四七五頁。

69 この点に関する史料の紹介及び経緯については、Hunter Miller, *Treaties and other international* acts, Vol.6 においてすでに周知のとおりである。約八〇年前の米国の先行研究において、すでに Compact と琉球併合をめぐる日米外交及び米国国内の政策が明らかにされている。

① 1872 年 11 月 6 日（Mr.De Long to Mr.Fish：寺島宗則外務卿が Compact を継承することを宣言したと伝える）,FRUS, 1873, Vol.1, No.244, pp.553-555 を参照；*Treaties and other international* acts, Vol.6, p.784; ティネッロ前掲書（二〇一七）、二三九～二四二頁で言及。

② 1872 年 12 月 18 日（Mr.Fish to Mr.De Long：Compact が継承されるべき正当性を述べる）,Diplomatic Instructions, Japan, Vol.2, No.137, pp.32-33; FRUS, 1873, Vol.1, No.247, p.564 を参照；Miller, op. cit., p.784; ティネッロ前掲書、二四二～二四四頁で言及。

③ 1875 年 4 月 8 日 /5 月 30 日（Mr.Avery to Mr.Fish：駐清米国公使からの来清琉球人に関する情報を報告する）,FRUS, 1875, Vol.1, No.153, April 8, 1875, pp.313-316; FRUS, 1875, No.158, May 30, 1875, pp.331-332 を参照；Miller, op. cit., pp.784; ティネッロ前掲書、二五四～二五八頁で言及。

④ 1875 年 7 月 29 日（Mr.Fish to Mr.Bingham：Compact が維持されるように確認するよう指示）,Diplomatic Instructions, Japan, Vol.2, No.164, July 29, 1875, pp.274-275 を参照；Miller, op. cit., pp.784-785; ティネッロ前掲書、二五八頁で言及。

⑤ 1878 年 9 月 2 日（Mr.Bingham to Mr.Evarts：同年八月十九日に琉球三司官から受け取った救国請願書の内容，

琉球併合が米国の国益と衝突するという見解を報告）,Diplomatic Despatches, Japan, Vol.38, No.844, September 2, 1878 を参照；Miller, op. cit., pp.753-754; ティネッロ前掲書、二七〇～二七五頁で言及。

⑥ 1878年10月9日（Mr.Seward to Mr.Bingham：琉球併合に対しては日本に抗議をしないように指示する）,Diplomatic Instructions, Japan, Volume.2, No.380, October 9, 1878, pp.455-458 を参照；Miller, op. cit., p.785; ティネッロ前掲書、二七五～二七八頁で言及。

なお、FRUS については https://history.state.gov/historicaldocuments/ebooks (Office of the Historian), https://search.library.wisc.edu/digital/AFRUS（University of Wisconsin-Madison Libraries）のサイトで閲覧できる。FRUS に所収されていない史料については、Diplomatic Instructions of the Department of State 1801-1906 Japan. (The National Archives, Washington:1946./No.77 Roll.104-105) 及び Despatches From United States Ministers to Japan. (The National Archives, Washington:1949./ No.133 Roll.1-82) の史料で確認できる（[日本]国立国会図書館議会官庁資料室所蔵：マイクロフィルム)。

70 最近のグラントの介入に関する研究には、箱田恵子「琉球処分をめぐる日清交渉と仲裁裁判制度」（『史窓』七七、京都女子大学史学会、二〇二〇年）、ティネッロ前掲書（二〇一七）、第三部第二章第三節「グラント調停の再考察」、二八二～二九五頁；ティネッロ・マルコ「グラント調停の視点から「琉球処分」をみる」（『沖縄文化』一二四号、二〇二一年）、八頁がある。

71 我部前掲書、一二六～一三三頁。山下前掲書、二〇五～二一四頁。西里前掲書、三五二～三六〇頁。植田前掲論文、一八九～一九一頁に詳しい。

72 西里前掲書、三六六～三八九頁。拙稿「日清琉球帰属問題と清露イリ境界問題――井上馨・李鴻章の対外政策を中心に――」（『沖縄文化研究』三七、二〇一一年）」を参照。

第二章　米琉コンパクトと琉球併合

1　はじめに

日本では新しい時代の幕開けと共に、明治政府は内政と外交のバランスを保ちながら、幕府時代の末期から明治時代の初期にかけて欧米諸国と締結した条約の改正を喫緊の課題の一つとした。各国との条約には「改正期限」が定められており、明治政府が掲げる条約改正は事実上の「期限内改正」を前提とする交渉となった。片務的から双務的へ、領事裁判権、最恵国待遇、内地通商権、関税自主権、居留外国人に対する日本国内の法律遵守等、当時の国際情勢に照らし合わせると、明治政府にとって解決すべき外交課題は決して容易ではなかった。

条約という観点から見ると、一八七〇年代の琉球問題は日清間の外交案件のみにとどまらず、一八五四年に琉球とコンパクト（compact）を締結した米国にとっても無関係ではなかった。[1] 本章は、一八七〇年代における琉球問題をめぐる日米交渉に焦点を当て、米国にとっての琉球、ひいては米琉コンパクトが琉球問題に与える影響を明らかにすることを目的とする。具体的には、一八七二年の「デロング―副島」、一八七六年の「ビンガム―寺島」間の照会を中心に、米国本国からの指示について、デロング（Charles E. DELONG/ 駐日大使）―フィッシュ（Hamilton Fish/ 国務長官）、ビンガム（John A. Bingham/ 駐日大使）―スワード（Frederick W. Seward/ 国務次官補）・エヴァーツ（William M. Evarts/ 国務長官）の往復文書から米琉コンパクトの対応について明らかにしていく。[2] 後述するが、米琉コンパクトと琉球併合の共通点は、「日本に組み込まれていく」ということである。前章で述べたように、米琉コンパクトとは日本とは treaty を締結したペリーが琉球と締結した契約である。条約（treaty）ではなく、コンパクト（compact）を選択した背景はすでに明らかにした。コンパクトを日本との条約に組み込むことによって、米国としては琉球という場所を補給港として存分に利用できるようになった。琉球と米琉コンパクトは共に日本に組み込まれていくのである。

2　デロングの照会、副島の回答

前章で述べたように、一八五四年七月十一日に米国と琉球間で締結された条約は、米国の史料において Compact between the United States of America and the Royal Government of Lewchew として記録が残されている。一方、日本側の史料においては、外務省外交史料館所蔵の原本には「琉球国米国條約書」と表紙に記載されており、他にも『日本外交文書』には「亜米利加合衆国琉球国政府トノ定約」、「米国琉球国政府間ノ定約」、「米国琉球間ノ條約」、「亜米利加合衆国と琉球国と取結し規約」の名称も確認できる。[3] そこで本章では、米琉コンパクトが日米外交上で初めて公式な場で議論された一八七〇年代に焦点を当て、米国からの照会、それに対する日本側の対応について明らかにする。

一八七二年十月二十日、米国駐日公使デロングは、明治政府の琉球への対応を知り、副島種臣外務卿に照会文を送り、米国と琉球との間の規約に対する明治政府の対応について照会した。[4] [1872.10.20]

［デロング ↓副島　照会文／和訳文］（　）内の英文は筆者による原文からの引用。

此頃日本政府より琉球島王（the King of the Lew Chew Islands）え辞爵譲地を促かされ同人儀日本帝国中の故大名と同格に列せられ華族に敍せられ候旨宜下有之候由　閣下の御しらせにて承知仕候然れは之よりして琉球は合併せられて日本帝國の一部分と相成候 就ては千八百五十四年七月十一日に亜米利加合衆國と琉球國（the former kingdom of Lew Chew）と取結し規約（contract）に閣下の注意を乞ひ申度其ため印行條約書（Bound volume of Treaties）の四枚目を御覧可被下候 随て琉球國一圓の惣地境中右規約の諸條目（provisions）を貴政府にて御維持被下候哉 此段御伺申進候拝具

つまり、ここでは米国と琉球の間で取り決められた「規約」（contract）の有効性について確認が行われている。この照会文では、デロングは米国と琉球が条約（treaty）を締結していたと認識しておらず、あくまでも米琉間双方で取り決めにサインをした程度の認識であった。また、この時点では、まだ琉球国＝kingdomという表現を使っている。

それを受けて、同年十一月五日、副島は次のように回答した。[5]

【副島 →デロング　回答】[1872.11.5]

琉球島の儀に付千八百七十二年第十月二十日附を以御問合の書簡落手致し候　同島の儀は数百年間より我邦の付属に有之　此度改て内藩に定める迄に候　閣下御申越の如く我帝国の一部に候故千八百五十四年七月十一日に貴国と琉球との間に取極めし規約の趣は當政府に於て維持遵行可致候儀勿論の儀に御座候此段回答敬具

副島が米国と琉球との規約については明治政府が「維持」すると回答し、琉球を「改て内藩に定める」ことが米国の不利益にならない旨を伝えている。翌日、デロングは副島から返信を受け取ったことを本国のフィッシュに次のように翻訳して伝えている。[6] [1872.11.6]

【副島→デロング　回答（英語翻訳）】

In reply to your excellency's note of October 20, 1872, regarding the Lew Chew Islands, I beg to state as follows:

The Lew Chew Islands have been dependencies of this empire for hundreds of years, and to them the tittle of Han was recently given.

As you say, the Lew Chew being an integral portion of the Japanese Empire it is natural that the provisions of a compact entered into between the Lew Chew and the United States on the 11th of July, 1854, will be observed by this government.

With respect and consideration,

SOYESHIMA TANE-OMI

ここでの英文翻訳では、規約＝compact、琉球＝the Lew Chew、維持遵行＝will be observed と表現されている。また、琉球の表記については、琉球島＝the Lew Chew Islands、琉球＝the Lew Chew、として副島の日本語を忠実に翻訳し、kingdom という表現は消えている。明治政府はデロングからの kingdom of Lew Chew に対して「琉球国」と翻訳しているが、副島からの返信では「琉球島」「琉球」と明記している。「国」や「王」という表現を排除することで、あくまでも琉球の件については「内藩に定めた」だけであり、日本の一部であることを強調しているのがわかる。これらの副島との往復文書はデロングからフィッシュへの報告書の中に史料として同封されており、報告書本文には次のような記述があった。[7]

【デロング→フィッシュ　報告】[1872.11.6]（ ）内の英文は筆者による原文からの引用。

最近、この帝国の外務大臣から、琉球国（the kingdom of Lew Chew）がついに正式にこの帝国に組み込まれ（had at last been formally incorporated into this empire）、王（King）が元大名の地位に引き下げられ、江戸に住居を与えられ、それを受け入れた（he had accepted）ことを知りました。私は、一八五五年三月九日に大統領が宣言した、わが政府と琉球（Lew Chew）の政府間のコンパクト（compact）について日本政府へ注意を喚起し、その条項が日本との条約（treaty）にはない特権をわが国の国民に与えていることから、日本政府がこれを尊重し遵守するかどうかを尋ねる必要に迫られたと感じました。そこで、私はこのような照会をする書簡（同封No.1）を日本政府に送りました。昨日、日本側から我々と同様にこの件について考慮することに同意する回答（同封No.2）を受け取りました。（筆者翻訳）

デロングの本国への報告は『日本外交文書』で確認できる内容と一致している。ここで興味深いことは、米国と琉球間は compact between our Government and that of Lew Chew, 日本とは our treaty with Japan と明記しており、一人の外交官が一つの報告書の中で compact と treaty を明確に区別していることがわかる。このことからもペリーをはじめ、当時の米国では琉球とは compact を締結し、日本とは treaty を締結したことを明確に使い分けていたことがわかる。また、kingdom（王国）が日本という empire（帝国）に組み込まれること自体に疑問を抱いていないこともわかる。デロングの関心事は、日本との条約にはない特権を維持できるかどうか、この点のみであった。

デロングからの報告に対して、同年十二月十八日、フィッシュは琉球の案件について次のように返答している。[8] この部分はデロングの報告（明治政府が琉球を正式に組み込んだこと）に対するフィッシュの返信である。[1872.12.18]

【フィッシュ→デロング　返信】（　）内の英文は筆者による原文からの引用。

この件に関するあなたの行動は承認されます。ある国（state）が他の国（state）に吸収または編入されたとしても、吸収または編入された国の範囲内で、その国がその吸収または編入の時点で第三国に対して負っていた義務を免除または解除することはできないとされています。（筆者翻訳）

つまり、フィッシュは明治政府が琉球を吸収または併合（absorption or incorporation）したことの正当性については まったく触れず、compact によって琉球が米国に対して果たす義務（obligation）については明治政府が免除又は解除（discharge or release）することはなく、そのまま引き継ぐこと（維持遵行 = will be observed）が自然のことと考えている。デロングやフィッシュのこの国際感覚は米国が培ってきた経験によるものである。特にこのような吸収または併合については当時のドイツで起こっていた。

ここまで見てきたように、米国側の史料を読む限り、デロング及びフィッシュが明治政府の琉球併合については問題視していないことがわかる。米国にとっての焦点は米琉コンパクトによって得られる国益の行方であった。ここで重要な点は、米国と日本とでは琉球に対する認識が一致している点である。当時、ペリーは treaty を締結するために琉球を独立した主権国家と扱おうとしたが、琉球人の反対によりそれは叶わなかった。その歴史的背景については前章で述べた通りである。ペリーはその代替案として、契約の形態を米国憲法では州（state）の規定として使用される compact として扱うことで、なんとか「開港」という成果として残した。つまり、琉球を国家そのものではなく、国家に属する一つの「州」(state)として契約を交わしたのである。その後、compactとして米国大統領の批准を得たが、批准書の交換までは行われていない。この不完全なcompactを明治政府が「維持遵行」することによって、日米間の正式な取り決めとなったのである。琉球併合は米国にとってはまたとない好機となった。琉球を国家に属する一地域として扱うという点については、明治政府が進めている政策と合致しており、なおかつ明治政府としては米国の支持を得る形となったのである。

3　駐清米国公使からの在清琉球人に関する情報

米国にとって琉球は日本の一部となり、その琉球と締結していたcompactが正式な形で明治政府が保証することになった。このような認識で日米外交を進めていた頃、駐清米国特命全権公使のエイブリー(Benjamin P. Avery)[9]から琉球人に関する情報が入ってきた。[10]

【エイブリー→フィッシュ　報告】(　)内の英文は筆者による原文からの引用。[1875.4.8]

最近、北京の駐清日本代理公使である鄭氏と総理衙門の間で、琉球諸島(the Lew Chew Islands)の政治的地位(the political status)に関する問題が生じており、これはおそらく日清両国の間で新たな複雑性をもたらす可能性があります。

日本側はこの島の主権を主張しており、琉球王と呼ばれる(so-called King of Lew Chew)人物は現在日本に滞在中で、帝の客人として(the guest of the Mikado)日本に滞在しているようですが、彼はその上位権威を認識していると言われています。

このような現状を踏まえ、

① 日本が台湾に侵攻したのは、琉球人に対する侵害の救済を得るためであったこと。その日本の行動に対して清朝が適切であると認めたこと。これらを理由に、日本は琉球に対する自国の管轄権を清朝が認めたと解釈している。

② 台湾の事件が起こる以前、琉球は約二世紀にわたり、中国と朝貢関係（sending annual tribute to China）を続けてきた。朝鮮やモンゴルとほぼ同じ方法で皇帝が受け取ってきた。ただし、これは文字通りの依存・主権を忠実に承認するための一種の税ではない。また政治的なものでもなく、一種の知的な敬意を示すための贈り物としての性質を持っているのみである。

として、台湾事件と琉球の主権に対する日本の立ち位置、琉球と中国の関係について説明した。台湾事件以前は、琉球は中国に貢ぎ物を定期的に贈ってきたが、これは琉球が中国に属していることを意味するわけではなく、台湾事件以後は、琉球に対する管轄権が日本にあることを清朝も認めたと考えていること。つまり、日本側の見解として、琉球は形式的には中国と朝貢関係を継続してきたが、現在は実質的な管轄権は日本にある、という主張である。このような状況の中、琉球人が北京に到着した。エイブリーは続けて、日本駐清代理公使・鄭永寧と総理衙門の主張について説明した。

この春、いつものように使節団が到着すると、日本の代理公使は、明らかに主権者に対する建設的な不誠実行為と見なされることに対して、抗議する義務があると考え、その目的のために琉球の民にコンタクトを試みたが、琉球人の宿舎を管理する中国人に阻まれました。鄭氏が総理衙門に訴えた経緯、中国の大臣たちによるかなり軽率な扱い、彼が最終的にこの問題を日本政府に照会したことについては、同封の文書をご覧ください。総理衙門の大臣たちは、琉球が中国に朝貢していると

主張しているのがわかります。（筆者翻訳）

このような総理衙門の行動に対して、エイブリーは「日本の主張に対抗して、この島に対する何らかの主権や管轄権を主張するという重大な目的ではなかったと考えられる」として、中国側が琉球の主権を主張しているわけではないと考えた。しかしながら、総理衙門の対応は「外交的困難の扉を開いてしまい、（台湾事件の）二の舞になることは間違いない」として、外交的な問題に発展すると懸念している。ちなみに、この問題がフランス代理公使によって、イギリスを巻き込み、ロシア、ドイツ、スペインの五ヶ国間で議論される可能性もあったが、会議は開催されることはなかった。[11]

日本側でも動きがあり、鄭代理公使から寺島宗則外務卿へ北京における琉球人の動き、それに対する総理衙門の対応について報告があった。[12] その後、寺島外務卿から鄭代理公使へ返信があった。[13]

[1875.4.28]

琉球貢使清京に赴候一條に付此程中より御申越の件々承知右に付談判の儀暫時御見合可然旨　既に本月十九日附公信及廿三日附電信を以申進候間　疾御承知と存候　就ては此方出張の琉球藩役人共え一体の事情取糾相成候処　別紙写の通申出勿論我許可を得候事には無之候へ共　彼方にては数百年来慣行の旧例を脩候迄にて特別の訳にも無之趣　強て譴責方も無之事に可有之候間　其表取扱振も右に准し候筋故百事先御見逃し被置候様致度内務省於て近々説諭および不遠御処分可相成事に候間其上は改て申進候義可有之候猶此段申進候也

つまり、今回の琉球の行動はたしかに日本政府の許可を取ったわけではないが、数百年来の慣行を行っただけで、この件については近いうちに内務省で対応するから、これ以上追及しなくてもよい、という内容であった。

その後、エイブリーは再びフィッシュに最新の情報を報告している。

【エイブリー→フィッシュ　報告】[1875.5.30][14]

四月八日付の第四七号で、日本の代理公使と総理衙門との間で提起された、琉球諸島の政治的地位に関する問題についてお伝えしましたが、この度、以下の追加事実をお伝えします。鄭氏によると、この問題は江戸で取り上げられ、確実に解決されるという理由で、政府から追求しないように指示されたそうです。

また、琉球人は、朝貢と服従によって中国との限られた定期的な貿易特権を購入する代わりに、日本の領事の保護のもと、日本の他の臣民と同等の立場でこの国と定期的に貿易する権利が与えられるとのことです。

この件に関しましては、間違いなく江戸の公使がより詳細かつ正確な情報を提供するでしょう。しかし、私は鄭氏が表明した見解を簡潔にまとめたこの文章を送るのが適切だと考えました。（筆者翻訳）

米国にとっては、一八七二年にデロングが副島に確認を取ったことで、米琉コンパクトの維持が保証されたはずであった。しかし、このようにその二年後に今度は駐清米国公使から琉球をめぐる日清間の衝突の可能性について問題が浮上してきたのである。仮に、琉球と清朝との関係が重視された場合、あるいは琉球の一国家としての主権が証明されてしまうと、米国にとっては不完全な compact を日米関係に組み込んだ努力が水の泡になってしまうのである。

この報告を受けたフィッシュは、早速駐日米国公使のビンガムに compact が維持されるように確認を取らせた。

【フィッシュ→エイブリー】[1875.7.29][15]

琉球諸島の政治的地位に関する去る五月三〇日付の第五八号通信を受領しました。

この問題に関連して、一八五四年六《ママ》月十一日にアメリカ合衆国と琉球王府との間で締結されたコンパクトを参照してください。このコンパクトは、アメリカ国民および琉球諸島に向かう船舶に一定の特権を与えるものです。

ビンガム氏に注意を喚起します。（筆者翻訳）

【フィッシュ→ビンガム】[1875.7.29][16]

一八七五年四月八日および五月三〇日付で、駐清公使エイブリー氏が本省に宛てた二通の公文書（番号四七および五八）の写しを、参考までにここに送付します。これは、北京の日本公使と総理衙門の間で発生した琉球諸島の政治的地位に関する問題に関連するものです。

一八五四年六《ママ》月十一日にアメリカ合衆国と琉球王府との間で締結されたコンパクトにより、アメリカ市民及びアメリカの船舶に対する琉球諸島への特定の特権が付与されました（10 Stat, at large 1001.）。この問題を調査し、日本によってこれらの島々が統合された場合、日本との条約またはその一部が言及された領土に適用されることが、米国にとってより有利であると判明しない限り、我々のコンパクトが維持されるように配慮することを望みます。（筆者翻訳）

こうして一八七二年にデロングと副島間で確定された米琉コンパクトの有効性は、琉球人の北京での行動によって、再び日米外交において一つの案件となった。

4　ビンガムと琉球人嘆願書

一八七六年四月四日、米国駐日公使ビンガムは琉球の立ち位置について寺島外務卿に照会文を送った。

［ビンガム→寺島　照会文］[1876.4.4][17]

以手紙到啓上候然者客年来貴政府ト琉球国トノ間ニ新規御取設相成候條款有之候哉　且又客年来該国従前ノ権力ヲ貴政府ニ於テ何様ニカ制限或ハ変換相成候義モ有之候哉　我政府ノ命ニ依リ右承知致度存候　尤右ニ付テ千八百七十四年十二月十一日《ママ》我政府該国ト取結タル現約面ニ変換ヲ生スル等ノ儀ハ無之哉　左様ノ儀有之候ハハ如何相変リ候哉　承知致度我政府ノ懇望ニ候間此段及御訊問ニ候速ニ右御返答有之度相願候

［ビンガム→寺島　照会文（本国への報告―英語版）］[18]

我が政府からの指示に基づき、以下の点についてお尋ねします。昨年から今年にかけて日本政府と琉球諸島の政府との間で新たに締結された条約の有無についてお伺いします。また、琉球がこれまで行使してきた特権及び権限が、過去または現在において日本政府によって何らかの形で制限、抑制、変更されたかどうかを教えていただきたく存じます。

一八七四年十二月十一日《ママ》に締結された琉球諸島の政府と米国政府との間にある既存のコンパクトに、何らかの形で違反、制限、変更するようなことが行われていないか、もし行われているとすれば、その変更および制限の具体的な内容についてお知らせいただければ幸いです。閣下からの早急な回答をお待ちしております。（筆者翻訳）

前回と同様に琉球との取り決め（Compact between my government and that of the Lew Chew Islands）への影響の有無を確認している。それに対して、寺島外務卿は大久保内務卿に確認を取り、米国と琉球との条約について影響がない旨をビンガムに回答した。

【寺島→ビンガム　回答[19]】[1876.5.31]

以書簡到啓上候然は四月四日附貴翰を以て昨年来我政府にて琉球藩の為新規取設候條款有之候哉若し有之候はは千八百七十四年十二月十一《ママ》日貴国政府と同藩と取結たる定約面に変換を生する等の義は無之哉否貴政府の命に依り云々御訊問の趣到承知候右は明治五年九月中琉球を内藩に定明治七年以来内務省より官員を差置外国に関する事は総て右を以て管知せしめ同時より東京と該藩との間に郵便船の往復を開き同八年該藩内保護の為兵営差置候旨其筋へ相達置候向後追々改革可致積に有之候に付従来貴国と該藩と取結候定約上のヶ条に難差置変換を生候儀有之候はは尚可及御通知候勿論當政府に於ては既に該藩との結約にて保存相成居候貴国権理に間然到候儀曾て無之自然右申述候様の取計致し候節は預め貴政府と御協議可到と存候此段回答得貴意候

寺島からの返答を受けて、ビンガムは本国のフィッシュ宛に次のように報告している。

【ビンガム→フィッシュ　報告[20]】[1876.6.5]

昨年九月八日に受け取ったNo.164の指示に従い、何度か口頭で問い合わせた後、私は四月四日に日本の外務大臣である寺島氏宛に、琉球諸島に関連する通信を送りましたので、その写しを同封します（同封No.1）。

一日、私は外務大臣から三一日付の私の通信に対する返答を受け取り、その写しをここに添付します

（同封No.2）。

外務大臣は、日本政府は琉球諸島との既存のコンパクト（compact）によって確保された米国の権利を、いかなる形であれ妨げていないと述べています。（筆者翻訳）

このように米国は一八五四年七月にペリーが締結した米琉コンパクトの有効性を二度にわたって明治政府に確認をとった。そのたびに外務卿の副島、寺島からは米国の琉球に対する権利を妨げないとの返答を得た。琉球をめぐる日米交渉は肝心の琉球の意思とは関係なく進められており、琉球には為す術がないかに思われた。しかし、琉球人による嘆願書の提出によって、この問題は再び水面下で動き出すことになる。[21]

『日清交際史提要』には、「該藩ノ法司毛鳳来及馬兼才等」のオランダ宛の嘆願書の日本語訳が残っている。[22]また、英国外交文書には、「Statement of Agent of Loochoo to the Netherlands Representative.」としてオランダ語の原文が記載されている。[23]米国側の史料には英語訳の史料が残っている。[24]

毛鳳来と馬兼才はこの嘆願書で①琉球は一つの国であること（「自ツカラ一国ヲ為シ」）、②同時に明朝・清朝との関係性を証明することで日本よりではないことを強調し（「向ニ外藩ニ列シ中国ノ年号暦朔文字ヲ遵用ス」、「中国ノ外藩ニ列セシヨリ以来今ニ至ルマデ五百余年改メズ」）、③オランダ、アメリカ、フランスと「約ヲ立ツ」、つまり琉球が一つの国として存在している証拠として外国との条約締結を挙げた。また、日本の強行的な対応については、次のように述べている。

・日本ハ則チ舊ト薩摩藩ト往来ス同治十一年即チ一千八百七十二年日本明治五年日本既ニ薩摩藩ヲ廃シ逼リテ敝国ヲシテ改メテ東京ニ隷セシメ我国王ヲ冊封シテ藩王ト為シ列シテ華族ニ入リ事ハ外務省ト交渉セシム

・同治十二年即チ一千八百七十三年日本明治六年日本ハ敝国ガ大荷蘭国大米国大佛国ト立ツ所ノ条約原書ヲ外務省ニ送交セシム
・同治十三年九月即チ一千八百七十四年日本明治七年又強ヒテ琉球ノ事務ヲ以テ改メテ内務省ニ附セシム
・光緒元年即チ一千八百七十五年日本明治八年ニ至リ日本国ノ太政官ハ琉球国ニ告テ曰ク自今琉球国ヨリ清国ニ進貢及ビ清国ノ冊封ヲ受クル事即チ停止ヲ行フト
・又曰ク宜シク明治ノ年号及ヒ日本ノ律法ヲ用ユベシ藩中ノ職官ハ宜シク改革ヲ行ナフベシト

これらのことを日本から一方的に強制され、琉球もそれに対抗しようとしたがあまりにも無力であったことを伝えている（「敝国ハ屢バ書ヲ上ツリ使ヲ遣ハシ泣テ日本ニ求メタレドモ国小ニシテ力弱ク日本ノ決シテ允従セザルヲ如何トモスルナシ」）。

興味深いことは、琉球がペリーと交渉する際には、一つの国家として扱われることに断固として反対し、ペリーが用意した琉球を国家として認めることが明記された前文を削除するように求めたにもかかわらず、二四年後の時を経て、今度は逆に自らを一つの国家として見せるように動いたことである。あたかも琉球が外国と一国家として「条約」を結んだかのように見せ、琉球併合に対する米国・仏国・蘭国の介入を促そうとする琉球人の意図が窺える。

琉球三司官からの嘆願書を受けたビンガムは本国のエヴァーツへ次のような意見と嘆願書（英文）を送った。

【ビンガム → エヴァーツ】[1878.9.2][25]

日本が琉球に対して、（琉球での）すべてのビジネスは日本の外務省で処理されるべきであり、日本の役人は外国とのすべての問題を管理すべきであるという強制的な命令を出していることに初めて気づきました（同封した資料を参照）。このことは、以前の寺島氏の発言とは異なり、日本の対応は米国がこれらの島（Islands）と締結した現行のコンパクトによって確保されている権利に干渉していると考えます。五世紀もの間、完全な自由を認めてきたこれらの島々に対して、ここにきて最高権限を主張し、米国と琉球のコンパクトに同意を表明するのは遅すぎる措置であると思います。ペリー提督の第二三回連邦議会上院行政文書第七九号三六三ページによると、日本政府は、琉球は非常に遠い国であり、その港の開港について私たちが議論することはできない、三六四ページには、日本は限られた支配しかしていない、二二二ページには、提督は琉球の中国への依存を認めたと報告されています。（筆者翻訳）

これら琉球三司官の嘆願書については、米国の先行研究においては早くから指摘されており、一八七八年八月十九日の琉球三司官の嘆願書について、①琉球人の毛鳳来・馬兼才からの米・仏・蘭等への嘆願書の内容、②米国政府として一八七八年十月九日にスワードからビンガムへの「米国の国家利益に負の影響がない限り、米政府として干渉することはない」という指示があった、この二点である。特にスワードからビンガムへの指示は、米国外交の方針が集約されている。

【スワード→ビンガム】[1878.10.9][26]

本省（the Department）の保有する情報によれば、琉球諸島の独立は（the independence of the Lew Chew Islands）、一方では中国と琉球諸島の政府、他方では日本政府の間だけで争われている問題であり、本政府は、論争の関係国のいずれとも条約上の権利が損なわれていない限り、干渉できない問題です。そのため、本省はこれまで琉球諸島が日本と合併した場合に、一八五四年のコンパクト（The

Compact of 1854）への侵害を防ぐよう、この件に関する指示を出してきました。

一八七六年六月五日付第四〇九号で、あなたは日本の外務大臣からのメモのコピーを同封しましたが、その中で、日本政府は琉球諸島（the Lew Chew Islands）との現行のコンパクトによって確保されている合衆国の権利を、いかなる時も妨害しておらず、コンパクトの変更が必要になった場合には、合衆国の大臣に通知されると述べていました。外務大臣のこの宣言は、上記の文書の規定とも、これまで本省に伝えられた情報とも矛盾していないように思われます。

あなたが言及した、琉球におけるすべてのビジネスを日本の外務省で行うべきという強制命令およびその他の同様の命令についてですが、数年前に発令されており、最近になってあなたの目に触れたこれらの命令は、日本政府が琉球諸島に対する支配を主張するために採用した一連の措置の一部であり、以前に報告された同様の行為以上にこの政府との条約規定に反するとは思われません。

このような状況下、琉球諸島の代弁者（in behalf of the Lew Chew Islands）として日本政府に対し、本政府側からいかなる公式な表明を行うことも、別段の指示があるまで差し控えていただくことが望まれます。しかしながら、仲裁が要請された場合には、友好的かつ公式な手段を用いて未解決の紛争の平和的な解決に向けて尽力することは自由です。（筆者翻訳）

スワードからの回答には、①米国は琉球とのコンパクトによる国益を損なってはいけない、②日本の琉球に対する措置は、米国の国益を損なうことはない、③今後は米政府を代表して、この問題に関わることを控えること、以上三点が明記されていた。[27] その後、ビンガムが個人的に琉球に働きかけることはなかった。また、別の観点から見ると、少なくとも当時の米国が経験して培ってきた国際感覚では、日本が琉球を組み込む（incorporate）という行為そのものが、特に問題視されていないことがわかる。

琉球三司官が期待した「米国介入」という思惑は外れ、一八五四年に米琉コンパクトを締結したという事実が、琉球併合を阻止することはなかった。その最大の原因は、やはり米国にとって米琉コンパクトは日米和親条約や日米修好通商条約とは異なり、独立主権国家間の条約ではなかったという点であろう。米国としては、琉球との不安定なコンパクトを維持するよりも、むしろ独立主権国家である日本が保証してくれたほうが国益に繋がると判断した。ペリーとの交渉の際には、琉球は自らが米国によって独立主権国家として扱われることを避け、結果として当時の米国としては珍しいコンパクトという形式で契約を結ぶことになった。時を経て、一八七六年の段階では、今度は逆に米琉コンパクトを使って自らを独立主権国家として扱われるように働きかけた。米国にとっては、ペリーの時代から琉球の立ち位置について明確な答えがあったわけではない。前章で述べたとおり、ペリーは琉球が日本や中国に属しているのか、主権を持っているのか、最後までわからなかった。一八七二年にデロング、一八七六年～七八年にビンガムによって、米琉コンパクトは再び外交の場に登場することになったが、日本が琉球を国内に組み込んでいく過程で、米琉コンパクトの存在が問題になると期待したのは、他でもなく琉球人であった。

5　井上毅の「琉球意見」と米琉 Compact

その後、琉球をめぐる米琉コンパクトに関して、両国で特段の動きはなかった。あるいは水面下で多少の動きはあったかもしれないが、琉球併合を覆すほどの大きな流れにはなっていない。琉球併合を進めていくにあたり、一八七九年に井上毅は「琉球意見」の中で清朝との交渉の進め方に関する報告書を提出している。[28]その報告書の中には琉球がアメリカ・フランス・オランダと締結した「条約」「締約」について懸念されることが指摘されている。

意見書はまず「琉球ノ事ニ就キ支那トノ関係ハ内外ノ一大事ト存候ヘハ身分ヲ踰エ意見ノ次第奉申上候」[29]と、あくまでも対清外交について懸念されること、およびその対応について書かれている。その中で【第一】東京ニ於テ何如璋ト談判スルハ北京ニ派出公使ヨリ総理衙門ト談判スルヲ長策トスルニ若カス（何如璋には実際の権利はない、外務省は以前より何如璋と枝葉の問題でもめている）、【第二】内閣ニ於テ外務卿ト外二三ノ参議ニ取調掛ヲ内命セラルベシ（琉球の案件については「非常ノ争議」「関係重大」であることから失敗は許されない）、【第三】北京ノ談判ニ於テ十分ニ我カ論理ヲ暢達セン事ヲ欲ス（清朝が「琉球ハ半主之国ナリ」を主張すること、欧州の事例を持ち出してくると厄介になる）、と進言した。特に第三について、外国の公論が清朝を支持することを懸念していた。

続いて、「琉球ノ問題ニ就キ一ノ困難ナル事情アルハ彼藩嘉永六年ニ米國ト安政元年ニ佛國ト同五年ニ蘭國ト條約ヲ結ヘル是ナリ」[30]として、「一ノ困難ナル事情」として米琉コンパクトを含むフランス・オランダとの「條約」について触れた。まず「公法家独立ノ国ト属国トヲ差別スルニ　専ラ外国交際権ノ有無ヲ以テス」として、世界の状況を踏まえつつ、独立国と属国の定義として「外国との交際権の有無」があると指摘した。さらに「現今北米連邦ハ各々一国ノ施治ヲ専ラニスルヲ得ルモ　只タ外国ト締約ノ権ナキヲ以テ另ニ一国タルヲ為サズ」として、ここでも外国との「締約」の有無が独立国と属国の境界線になるとした。このような前提を踏まえて、琉球のケースに当てはめ、琉球は薩摩に属していることは瞭然としているが、外交にいたっては「琉球ノ自ラ為ス所ニ任セ之ヲ不問ニ付スル者ノ如シ」として、中国との朝貢・冊封を例として挙げた。しかしながら、このことについては対馬が朝鮮に通じていたことと同じで、「固ヨリ公法ヲ以テ論スベカラズ」として問題とはならないとした。井上にとって問題と考えていたのは、米国・佛国・蘭国との「條約」であった。

唯タ充人、米佛蘭ト條約ヲ訂シテ而シテ當時我カ政府タル者、之ヲ黙許ニ付シタルカ如キニ至テハ甚タ辨解ヲ為スニ困ムモノナリ　而シテ其條約ハ皆咸豊ノ年号ヲ用イ又洋書漢書ヲ以テ文字ヲ成シタリ（・・・中略・・・）即チ條約ノ正當ニシテ其効力ハ充分ナル事ヲ得ル者トス　而シテ各條約ノ第一款ニハ並ニ両国和睦相交ルノ意ヲ掲ケタリ　即平等締約ノ体裁ナリトス　是レ乃チ公法家ニ據リ準則ヲ取ル時ハ充求ハ其内治ノ我レニ属スルニ拘ラズ外交上ニ就テハ自ラ一国ヲ為ス者ニ類似セリ

ここで井上が指摘しているのは、①琉球が米・仏・蘭と条約を締結したことについて、日本は黙認したこと、②条約として効力は十分にあること、③各条約の第一款には和睦が書かれているため、平等な条約であること、以上を理由に外交上においては「自ラ一国ヲ為ス者ニ類似セリ」と結論付けている。しかしながら、ここで井上が誤認していることは、①・②については、そもそも米国とはコンパクト、仏・蘭国にいたっては各本国において政府が批准を拒否したこと、このことにより国際法に照らし合わせても条約としての効力はない、③については「和睦」とは名ばかりで、米琉コンパクトでは琉球が米国人に対して、一方的に友好的に接する義務が明記されているだけである。このような誤認に基づいた意見ではあったが、明治政府が一八七〇年代に条約の効力を追認したことに関する指摘は当を得ている。井上は明治五年と明治九年のデロング・ビンガムの照会について次のように触れた。

（デロングからの照会に対する副島の対応について）

右三国ト締約ノ事ニ付、明治五年琉球ヲ内藩ニ列スルノ後、我政府ヨリ三国ニ何等ノ照会ヲナシタル事ナシ　却テ米国公使「ビンハム」《ママ》ヨリ明治五年九月廿四日ヲ以テ右條約ヲ日本政府ニテ維持スベキヤヲ照会シタルニ因リ　我副島外務卿ハ十月五日ノ書函ヲ以テ琉球ノ定約ハ當政府ニ於テ維持遵行スベキヲ答ヘラレタリ

（ビンガムからの照会に対する寺島の対応について）

其後九年四月四日ヲ以テ米公使ヨリ我政府琉球ノ権ヲ制限変換スルノ事アリヤヲ問ヒ　従テ米政府琉球ト結タル現約ニ変換ヲ生スルヤ否ヲ尋ネタリ　而シテ我寺島外務卿五月三十一日ノ答書ニ琉球内政ハ逐次改革スト雖モ定約ニ変換ヲ生セズ結約ノ権利ヲ間然セザル旨ヲ述ヘラレタリ

井上は、琉球が条約を締結したこと自体は、「其情ヲ知ラズト云モ可ナラン」として、ごまかすこともできるが、「而シテ米国公使ニハ其締約ヲ相続スベキ旨ヲ以テ答ヘタル時ハ　是レ即チ明カニ琉求ノ各国ト締盟シタル条款ハ正当ノ者ト認メタルナリ」として、その後に米国公使に認めたことが問題であると指摘した。後から認めたということは、「是レ即チ明カニ琉求ノ各国ト締盟シタル条款ハ正当ノ者ト認メタルナリ」として、仏・蘭国の条約まで効力のあるものになってしまったと危惧している。つまり、清朝との交渉にあたり一八五〇年代の米・仏・蘭との条約の存在そのものは問題ないが、最近になって明治政府として米国に条約の効力を認めてしまったことが、「巨大ナル障碍物ノ前途ニ横阻スルヲ見ルカ如シ」と認識しているのである。

このように井上毅は米・仏・蘭と「條約」を締結したことそのこと自体が問題ではなく、あくまでもこれ

らの「條約」を明治政府として後から認めてしまったことを懸念しているのである。[31] 米・仏・蘭との「條約」そのものは日清交渉に影響を及ぼさないと判断したことは正しいと言えるであろう。

6　おわりに

以上見てきたように、一八五四年七月、ペリーが琉球とは treaty 又は convention ではなく、compact を締結したことが、後の日米交渉に少なからず影響をもたらす結果となった。そもそも compact として締結した琉球との契約については批准書の交換もなく、その効力は疑わしいものであった。その折、明治政府が琉球を日本に組み込んだことを好機とし、デロングは米琉間の契約事項を明治政府が引き継ぐことを狙った。デロングの思惑通り、副島は compact を「維持」することを約束し、ここに初めて米琉コンパクトが有効化されたのである。つまり、米国が琉球に対する権利を日本が保証する形となったのである。その後、北京での琉球人の動きや米・仏・蘭への嘆願書、ビンガムの報告書など、それなりの紆余曲折はあったものの、最終的には琉球は日本に組み込まれ、米琉コンパクトもまた日米関係の中に同様に組み込まれていったのである。

米琉コンパクトをはじめ、琉球と仏・蘭との契約については、琉球をめぐる日清交渉上ではそれほど大きな問題とはならなかった。何如璋と寺島、李鴻章と竹添、総理衙門と宍戸璣、それぞれの交渉でも影響力はほとんどなかった。日本が米・仏・蘭との「條約」を再保証したことが「巨大ナル障碍物ノ前途ニ横阻スルヲ見ルカ如シ」と言った井上毅の予想は正しかったとは言いがたい。その原因はやはり、ペリーが琉球人との交渉において妥協の産物として締結した compact に集約されるであろう。当時の井上毅が米国大統領の批准書を入手したかは定かではない。しかし、デロングの照会においても、英語では compact と明記していたため、何らかのタイミングでcompactの意味について議論になっても不思議ではない。本来であれば、明治政府としては、ペリーがあえてcompactとして締結したことを日清交渉において前面に出すことで、当時から琉球は日本の一部として認識されていたと主張できたはずである。つまるところ、米・仏・蘭との契約を「條約」と認識し、後追いで米政府に「維持遵行」すると認めたことが、日清交渉に置いて「巨大ナル障碍物」になると懸念していたのは井上毅のみであり、国際的な観点から見ると誤認であったことがわかる。結果的に、井上毅の言うところの米・仏・蘭との「條約」は、琉球併合をめぐる日清交渉、当事者である米国との交渉においてもほとんど影響はなかった。

註

1 先行研究として、豊見山和行「琉球王国末期における対外関係 ― 琉米・琉仏条約締結問題を中心に ―」(『歴史評論』(通号六〇三)二〇〇〇年)、岡部敏和「米・仏・蘭三ヶ国条約と「琉球処分」」(『東アジア近代史』(二三)二〇一九年)、ティネッロ前掲書(二〇一七)等がある。

2 なお、前章で少し触れたように、本章の核となる米国史料中の琉球に関する内容については、Hunter Miller(ed.), *Treaties and other International Acts of the United States of America*, Vol.6, pp.743-786(Document 166, Loochoo:1854), United States Government Printing Office Washington,1942. を参考にした。米国の条約関係を網羅しており、LOOCHOO(RYUKYU):JULY 11,1854 の解説は、米国外交史料に基づいて構成されている。特に本章で扱う①FRUS ②Diplomatic Instructions, Japan ③Diplomatic Despatches, Japan の史料収集・分析については、Hunter Miller に拠るところが大きい。後述するが、デロング、フィッシュ、ビンガム、スワードの報告や指示に関する史料の出所及び内容について詳細な解説があるため、目録のない膨大な手書きの史料の中からも琉球問題に関する部分については、容易にたどり着くことができた。特に No.244,247,153,158,164,380,844 の史料には、米国の琉球問題への対応が明確に記されている。また、幸運なことにそれらの史料も国立国会図書館にマイクロフィルムとして保存されているため、日本国内で収集することができる。

3 このことからもわかるように、当時の日本では近代国際法の枠組みで treaty と compact を区別することができず、単純に「条約」として処理している。当然のことながら、このような国際社会に対する当時の認識不足を基に作成された「条約」という言葉を現代においてもそのまま区別なく「条約」と認識する必要はない。日米和親条約(Treaty)と米琉コンパクト(Compact)の間には、制度上の大きな違いがある。第一章参照。

4 『大日本外交文書』五巻、「米国公使ヨリ副島外務卿宛/琉球合併ニ際シ米国琉球間條約ニ関シ照会ノ件」明治五年十月二十日、三八五~三九〇頁。
なお、『大日本外交文書』とFRUSには英語原文が残っている。1872年11月6日(Mr.De Long to

Mr.Fish）,FRUS,1873,Vol.1, No.244, pp.553-555; Miller, *Treaties and other International Acts,* Vol.6, p.784.

Understanding you to advise me a few days since that the King of the Lew Chew Islands had been called upon by the Japanese Government to resign his tittles and estates, which had been done, letters-patent of nobility issued to him constituting him a member of the nobility of your empire, ranking as do the former daimios, thus incorporating Lew Chew as an integral portion of the Japanese Empire;

I feel called upon to call your attention to a contract entered into between the former kingdom of Lew Chew and the United States of America, on the 11th of July 1854, (See bound volume of Treaties Page 4,) and to ask if the same will be observed in all its provisions by your government within the territorial limits of the former kingdom.

5 『大日本外交文書』五巻、「副島外務卿ヨリ米国公使宛／米国ト琉球トノ條約ニ関スル照会ニ對シ回答ノ件」明治五年十一月五日、三九三～三九四頁。

6 1872年11月6日（Mr.De Long to Mr.Fish）,FRUS,1873,Vol.1, No.244, pp.553-555; Miller, *Treaties and other International Acts,* Vol.6, p.784.

7 同右。

Sir: Upon learning, some time since, from the minister of foreign affairs for this empire, that the kingdom of Lew Chew had at last been formally incorporated into this empire, and the King reduced to the condition of an ex-daimio and assigned a residence at Yedo, which he had accepted, I felt called upon to call the attention of this government to the compact between our Government and that of Lew Chew, proclaimed by the President March 9, 1855, and to inquire if that would be respected and observed by this government, as it, in its provisions, gave to our people certain privileges not embodied in our treaty with Japan. Accordingly, I addressed a note to this government making such inquiry,(inclosure No. 1,) to which, on yesterday, I received an answer,(inclosure No. 2,) by which these authorities agree to regard the same.

8 1872年12月18日（Mr.Fish to Mr.De Long）,FRUS,1873,Vol.1, No.247, p.564.

Your action in this matter is approved. It is supposed that the absorption or incorporation of one state by another does not discharge or release, within the limits of the absorbed or incorporated state, the obligation which it may be under to a third power at the time of such absorption or incorporation.

9 Envoy Extraordinary and Minister Plenipotentiary China 1874–1875. David Shavit, *The United States in Asia A Historical Dictionary,* p.19, 1990.

10 1875年4月8日（Mr.Avery to Mr.Fish：駐清日本公使からの来清琉球人に関する情報を報告する）, FRUS,1875,Vol.1, No.153, April 8,1875, pp.313-316; Miller, *Treaties and other International Acts*, Vol.6, pp.784; ティネッロ前掲書（二〇一七）、二五四〜二五八頁で言及。

[1875.4.8]

SIR: A question has lately arisen between Mr. Tei, the Japanese chargé d'affaires at Peking, and the Tsung li Yamen, relative to the political status of the Lew Chew Islands, which may possibly lead to fresh complications between China and Japan.

The latter country claims sovereignty over the islands, and the so-called King of Lew Chew is said to be now in Japan, the guest of the Mikado, whose superior authority, I am told, he recognizes.

It was to obtain redress for outrages committed on certain Lew Chewans that Japan invaded Formosa, and the subsequent admission by China that the alleged motive of this invasion was a proper one was construed by the Japanese envoy as a virtual recognition of the jurisdiction of his country over Lew Chew.

In face of all these facts the Lew Chewans continue a custom which they have followed for about two centuries, of sending annual tribute to China by the hands of persons who visit Peking for the purpose, and the principals of whom, whatever may be their rank, are received by the Emperor in much the same way as the deputations from Corea and Mongolia.

But this tribute, as in the case of Corea, is not what the word would literally imply, a kind of tax in dutiful acknowledgment of dependence on the one side and sovereignty on the other; it is only in the nature of a complimentary gift, in token of intellectual, not political homage. It is the good-will offering of a small power to a great one; a manifestation of reverence for the religious hardship of the Emperor of China, such as Catholic states in Europe at one time accorded to the Pope.

In return for the presents they bring, and for their grateful homage, the Lew Chewans, like the Coreans, are permitted to fetch into the country, free of duty, certain articles of barter, on which they make a profit during the period of their annual pilgrimage; being also permitted to take Chinese goods home free of export duty; and the deputation while at Peking is treated as the guest of the government.

On the arrival of the usual deputation this spring, the Japanese chargé d'affaires thought it his duty to protest against what he evidently regarded as constructive disloyalty to his sovereign, and for this purpose sought to communicate with the Lew Chewans.

He was thwarted in this attempt by Chinese officers in charge of the premises where the islanders are quartered. The circumstances of his appeal to the Tsung li Yamen, of his rather cavalier treatment by the Chinese ministers, and of his final reference of the matter to his government, are given in the statement inclosed. (Inclosure 1.) The ministers of the Yamen asserted that Lew Chew is tributary to China, but probably without any serious purpose of asserting any sort of sovereignty or jurisdiction over the islands in opposition to the claim of Japan. Yet by refusing a frank acknowledgment of the latter, and permitting a report of their equivocal observations to be made to the Mikado, they have opened the door for a diplomatic difficulty in which they can hardly fail to come out second best. They have not been in an amicable mood toward Japan since the settlement of the Formosa affair, and probably thought they could chaff Mr. Tei with impunity.

Subsequently, finding he treated the subject quite au sérieux, they proposed to adjust the question with him, whereupon he coolly informed them that he had referred it to his government, and should await instructions.

There has been, I am led to suppose, some suspicion on the part of the Chinese that Japan had designs on Corea. The latter country being conterminous with China, any scheme looking to its absorption by Japan would be apt to excite protest, if not resistance, although Corea is practically independent, as the Tsung li Yamen informed Mr. Low, at the time he was preparing for his mission to that country.

I am at a loss to account for the strenuous effort made by the French chargé d'affaires to have Mr. Tei refer this Lew Chew question to the foreign representatives here.

The Japanese chargé evidently did not desire such a reference, although out of deference to the Count de Rochechouart, he reluctantly consented to lay the matter before his colleagues.
The English minister, as dean of the body, circulated a note proposing a conference. Knowing all the facts I declined to go into a conference, as also did the ministers of Russia and Germany, and the chargé d'affaires of Spain; so that none was held, and Mr. Tei is now awaiting instructions from his government.
The course of the Tsung li Yamen in the matter is likely to excite some feeling at Yedo, and for that reason I shall forward this dispatch to Mr. Bingham for his information en route, asking him to regard it as a confidential communication.

11 この点については、ロシア、スペイン、ドイツの史料が確認できていないため、その理由はわからない。各国の国益を考慮したことなのか、それほど重視する問題と捉えなかったのか、今後の課題としたい。ティネッロ前掲書（二〇一七）によると、「清朝側の曖昧な姿勢、英国公使の急な出張、そして特に米国公使の行動により、琉球の運命に重要な影響を与える可能性があった琉球問題をめぐる国際会議が行われなかったのである」（二五七頁）としている。

12 『琉球所属問題』第一（二）、「鄭代理公使ヨリ寺島外務卿宛／琉球進貢使来京ニ付清政府ヘ談判ノ件」明治八年三月二八日、二五～四八頁。「続報」明治八年四月三日、四九～五九頁。

13 『琉球所属問題』第一（四）、「寺島外務卿ヨリ鄭代理公使宛／進貢使ノ儀当分見迯シ置カレ度不遠内務省ニ於テ処置スル筈」明治八年四月二八日、、六〇～六一頁。『大日本外交文書』第八巻、「寺島外務卿ヨリ清国駐箚鄭臨時代理公使宛／琉球貢使ノ入清ニ関シテハ暫ク見逃シ置クヘク且近日内務省ノ處分アルヘキ旨通知ノ件」明治八年四月二十八日、三〇九～三一一頁。

14 1875年5月30日（Mr.Avery to Mr.Fish）,FRUS,1875,No.158,May 30,1875, pp.331-332.
SIR: Referring to my No. 47, of April 8th, in which were given the facts as to a question raised between the Japanese chargé d'affaires and the Tsung-li Yamen concerning the political status of the Lew Chew Islands, I have now the honor to inform you of the following additional facts: Mr. Tei tells me that his government has instructed him not to pursue the matter, for the reason that it will be taken up and definitely settled at Yedo.

He gives me to understand that the complete jurisdiction of Japan over the islands will be asserted, that provision will be made for governing them in all respects like the rest of the empire, and that then the Lew Chewans, instead of purchasing a limited periodical trading-privilege with China, by paying tribute and obeisance, will be entitled to trade regularly with this country on an equal footing with other subjects of Japan, under the protection of Japanese consuls. Doubtless you will be more fully and accurately informed on this subject by our minister at Yedo; but it seemed to me proper to send this brief statement of the views expressed by Mr. Tei.

15 1875年7月29日（Mr.Fish to Mr.Avery）FRUS,1875,No.174,July 29,1875,p.398.

Sir: Your dispatch No.58, of the 30th May last, relative to the political status of the Lew Chew islands, has been received.

In connection with this question I have to refer you to the compact concluded between the United States and the royal government of Lew Chew, on the 11th June, 1854, granting certain privileges to American citizens and vessels going to the Lew Chew Islands.(10 Stat. at Large, 1001)

The attention of Mr. Bingham has been called to the question.

16 1875年7月29日（Mr.Fish to Mr.Bingham：Compactが維持されるように確認するよう指示）,Diplomatic Instructions, Japan,Vol.2, No.164, July 29, 1875, pp.274-275; Miller, *Treaties and other International Acts,* Vol.6, pp.784-785; ティネッロ前掲書（二〇一七）二五八頁で言及。

I transmit herewith for your information copies of two dispatches numbered 47 and 58 dated. April 8 and May 30, 1875, addressed to this department by Mr. Avery, the minister of the United States to China, relation to a question received between the Japanese charged affairs at Peking and the Tsung li Yamen, concerning the political status of the Lew Chew Islands.

A compact was concluded between the United States and The Royal government of Lew Chew. on the 11th June 1854 (to which you are referred) granting certain privileges to American citizens and vessels going to the Lew Chew Islands (10 Stat, at large 1001.)

You will examine into the question and, in the event of any consolidation of those Islands by Japan, see to it that our compact be preserved, unless it should be found more advantageous to this country to apply the treaty with Japan, or such part as may be applicable to the territory referred to.

17 『大日本外交文書』九巻、「米国公使ヨリ寺島外務卿宛／琉球ト日本トノ間ニ新規取極出来ノ有無竝ニ右取極ノ琉球米国間ノ條約ニ對スル影響照会ノ件」明治九年四月四日、四七四～四七六頁。

18 1876年6月5日（Mr.Bingham to Mr.Fish）,FRUS, 1876, No.199, pp.379-380.

In pursuance of instructions from my government I beg leave to enquire what new conditions, if any, were entered into during the last and the current year between His Imperial Japanese Majesty's government and that of the Lew Chew Islands, and also to be informed by Your Excellency whether any privileges and powers heretofore exercised by the government of those Islands have during the past or present year been in anywise limited, restrained or changed by the Japanese government.

I make these enquiries because it is the wish of my government to know whether anything has been done in the premises which in anywise contravenes, limits or changes the subsisting compact between my government and that of the Lew Chew Islands concluded on the 11th of December 1874, and, if so, what those changes and limitations are.

I will thank Your Excellency for an early reply to these inquiries.

19 『大日本外交文書』九巻、「寺島外務卿ヨリ米国公使宛／琉球ヲ内藩トシタル顛末竝ニ琉球米国間ノ條約遵守ノ意嚮回答ノ件」明治九年五月三一日、四八〇頁。米国本国に報告された英語翻訳は次の通り。

1876年6月5日（Mr.Bingham to Mr.Fish）, FRUS, 1876, No.199, pp.379-380.

Sir: I have the honor to acknowledge receipt of your excellency's communication dated the 4th April, 1876, in which your excellency inquires, by instruction of your Government, whether new conditions were entered into during the last and the present year between our government and that of Lew Chew Islands; and, if so, whether anything has been done which changes in anywise the subsisting compact between your Government and the Lew Chew ban, which was concluded on the 11th of December, 1854.

I beg leave, in reply, to inform your excellency that Lew Chew was made a ban under the Japanese government in the ninth month of the fifth year Meiji,(September, 1872.) Since the seventh year Meiji, (1874,) some officials of

Naimusho(interior department) reside there who are authorized to manage all the matters which concern foreign countries. In the same year a mail-steamer began to ply between Tokio and that han. In the next, eight, year Meiji,(1875,) an information was made to that han that a military station will be established there for its protection. I also beg to state that an information will be made to you whenever we have anything which would necessarily cause changes in the compact existing between your Government and the Lew Chew han, as further changes are intended to be made in that han. This government has not at any time interfered with the rights of the United States, as secured by its subsisting compact with the Lew Chew Islands, and before taking such action this government will confer with the Government of the United States.

20 1876年6月5日（Mr.Bingham to Mr.Fish）, FRUS,1876, No.199, pp.379-380.

Sir: In compliance with instruction No.164, received 8th September last, after several verbal inquiries, I addressed, on the 4th of April last, to his excellency Mr. Terashima, the Japanese minister for foreign affairs, a communication in relation to the Lew Chew Islands, a copy of which I have the honor to inclose. (Inclosure No.1.)

On the 1st instant I received a reply from the foreign minister to my communication, under date the 31sb ultimo, a copy of which is herewith inclosed. (Inclosure No.2.)

You will observe that the minister states that the Japanese government has not at any time interfered with the rights of the United States, as secured by its subsisting compact with Lew Chew Islands.

21 植田捷雄「琉球の帰属を繞る日清交渉」一六二頁、(『東洋文化研究所紀要』二、一九五一年)。

22 【　】及び太字は筆者による注釈

【琉球の歴史 ― 中国との関係】

琉球ハ明ノ洪武五年即チ一千三百七十二年ヨリ中国ニ入貢シ永楽二年即チ一千三百九十九年我前王部寧明ノ冊封ヲ受ケ中山王ト為リ相ヒ承ケ今ニ至ル向ニ外藩ニ列シ中国ノ年号歴朔文字ヲ遵用ス惟ダ国内ノ政令ハ其自治ヲ許ス大清以来例ヲ定メ土物ヲ進貢スル二年ニ一度大清国大皇帝ノ登極ニ逢ハバ陪臣ヲ専遣シ慶賀ノ礼ヲ行ナフ敝国ノ国王ガ位ヲ嗣ギ封典ニ膺ルヲ請ハバ大清国大皇帝ハ使ヲシテ嗣王ヲ冊封シテ中山王ト為サシメ又時ニハ陪臣ノ子弟ヲ召シ北京ノ国子監ニ入リ書ヲ読マシム漂船遭風ノ難民アル時ニハ大清国各省ノ総督

巡撫ハ皆ナ優ニ撫卹ヲ加ヘ糧ヲ給シ船ヲ修メ妥カニ国ニ回ラシム**中国ノ外藩ニ列セシヨリ以来今ニ至ルマデ五百余年改メズ**

【オランダと条約を締結する】

前ニ咸豊九年即チ一千八百五十九年日本安政六年**大荷蘭国欽奉全権公使大臣加白良小国ニ来リテ互市シ条約七款ヲ立ツヲ許サレ**条約中ニハ即チ漢文及ビ大清国ノ年号ヲ用ユ諒ルニ貴公使ノ所ニハ案ヲ以テ査考スベキモノアラン大米国大佛国モ亦嘗テ敝国ト約ヲ立ツ

【日本が琉球を組み込む】

日本ハ則チ舊ト薩摩藩ト往来ス同治十一年即チ一千八百七十二年日本明治五年**日本既ニ薩摩藩ヲ廃シ逼リテ敝国ヲシテ改メテ東京ニ隷セシメ我国王ヲ冊封シテ藩王ト為シ列シテ華族ニ入リ事ハ外務省ト交渉セシム**同治十二年即チ一千八百七十三年日本明治六年**日本ハ敝国ガ大荷蘭国大米国大佛国ト立ツ所ノ条約原書ヲ外務省ニ送交セシム**同治十三年九月即チ一千八百七十四年日本明治七年又強ヒテ琉球ノ事務ヲ以テ改メテ内務省ニ附セシム

【朝貢の禁止命令】

光緒元年即チ一千八百七十五年日本明治八年ニ至リ日本国ノ太政官ハ琉球国ニ告テ曰ク自今琉球国ヨリ清国ニ進貢及ビ清国ノ冊封ヲ受クル事即チ停止ヲ行フト又曰ク宜シク明治ノ年号及ヒ日本ノ律法ヲ用ユベシ藩中ノ職官ハ宜シク改革ヲ行ナフベシト敝国ハ屢バ書ヲ上ツリ使ヲ遣ハシ泣テ日本ニ求メタレドモ国小ニシテ力弱ク日本ノ決シテ允従セザルヲ如何トモスルナシ切ニ念フニ**敝国小ナリト雖トモ自ツカラ一国ヲ為シ**大清国ノ年号ニ遵用シ大清国ノ天恩高厚ナル其自治ヲ許ス然ルニ今日本国ハ逼リテ改革セシム

【条約締結国としてオランダから日本に働きかけてほしい】

査スルニ敝国ハ大荷蘭国ト約ヲ立テシニハ大清国ノ年号文字ヲ用ユルニ係ル今若シ大清国封貢ノ事舊ニ照シ挙行スル能ハサレバ則チ前約幾ンド廃紙ニ同シク小国以テ自ツカラ存スルナク即チ罪ヲ大国ニ得ンヲ恐ル且ツ以テ大清国ニ対スルナク実ニ深ク惶恐ス小国弾丸ノ地当時大荷蘭国拒棄ヲ行ナハズ待シテ列国ノ一ト為シ共ニ約ヲ立ツヲ允ルシ今ニ至ルマデ厚情ニ感荷ス今ヤ事危急ニ處ル惟タ仰テ大国ニ仗リ**日本ニ勧諭シ琉球国ノ一切ヲシテ舊ニ照サシムルアリ闔国ノ臣民徳ヲ戴タク極マリ無ラン**別ニ文稟ヲ備ヘ大清国欽差大臣及ビ大

佛国大米国公使ニ求ムル以外ニ貴公使ノ恩准シテ施行セラルルヲ請フ

23　FO881/4718. CHINA: Correspondence, LOOCHOO ISLANDS 1879-1882（以下、LOOCHOO ISLANDS）。本史料は英国国立公文書館（The National Archives）に所蔵されており、英国駐日公使・駐清公使らが琉球の併合問題について、日本と中国で収集した情報を本国に報告した史料である。そのほとんどはIAN NISH(Ed.) *BRITISH DOCUMENTS ON FOREIGN AFFAIRS: REPORTS AND PAPERS FROM THE FOREIGN OFFICE CONFIDENTIAL PRINT, PART1, SERIES E ASIA, 1860-1914, Volume2 Korea, the Ryukyu Islands, and North-East Asia, 1875-1888, Volume22 Chefoo Convention and Its Aftermath 1876-1885.* の二冊の中に分けて収録されている。

24　1878年9月2日（Mr.Bingham to Mr.Evarts：同年8月19日に琉球三司官から受け取った救国請願書の内容，琉球併合が米国の国益と衝突するという見解を報告），Diplomatic Despatches, Japan, Vol.38, No.844, September 2, 1878; Miller, *Treaties and other International Acts,* pp.753-754; テイネッロ前掲書（二〇一七），二七〇～二七五頁で言及。

25　1878年9月2日（Mr.Bingham to Mr.Evarts. 同年8月19日に琉球三司官から受け取った救国請願書の内容，琉球併合が米国の国益と衝突するという見解を報告），Diplomatic Despatches, Japan,Vol.38, No.844, September 2, 1878; Miller, *Treaties and other International Acts,* pp.753-754; テイネッロ前掲書（二〇一七），二七〇～二七五頁で言及。

I beg leave to suggest that what is new for the first time brought to my notice, in the enclosed communication, that Japan has issued compulsory orders to Lew Chew that all business(in Lew Chew) should be transacted with the Japanese Department of Foreign Affairs, and that the Japanese officials should manage all matters with foreign countries, does interfere with the rights of the United States secured by its existing compact with these Islands, notwithstanding Mr. Terashima'S statement.

It seems to me that this Government is too late in asserting supreme authority over those islands after allowing these perfect freedom for five centuries, and manifestly assenting to the action taken by Lew Chew with our own Government in 1854. I beg leave to refer to Commodore Perry's report 23rd Congress Senate Executive Document No 79, page 363, where the Japanese Government is reported to have said that Lew Chew is a very distant country and the opening of its harbor cannot be discussed by us and page 364, that Japan had but limited control on page 222, Commodore Perry recognized the dependence of Lew Chew upon China.

26 1878年10月9日（Mr.Seward to Mr.Bingham：琉球併合に対しては日本に抗議をしないように指示する）, Diplomatic Instructions,Japan,Vol.2,No.380,October 9,1878, pp.455-458; Miller, *Treaties and other International Acts*, p.785; ティネッロ前掲書（二〇一七）二七五～二七八頁で言及。 John Bassett Moore. A digest of International Law Vol.5, pp.347, No.380, Washington:1906. / John Bassett Moore. *History and Digest of the International* Vol.5, p.5046, Washington: 1898.

According to the information in the possession of the Department the independence of the Lew Chew Islands is a matter of dispute solely between the government of China and the Lew Chew Islands on one side and the government of Japan on the other, and is a question in which this government can not interfere unless its rights under treaty stipulations with any of the powers concerned in the contro very appear to be undangered. The Department has consequently hitherto confined its instructions to you upon this subject to directing you to guard against any infraction of the Compact of 1854 with Lew Chew in the event of the consolidation of those Islands with Japan.

In your dispatch No.409 of June 5th 1876, you inclosed a copy of a note from the Japanese minister of foreign affairs in which he stated that the Japanese government had not at any time interfered with the rights of the United States secured by its subsisting compact with the Lew Chew Islands, and that whenever any change in the compact should be come necessary due notice would be given to the minister of the United States. This declaration of the minister of foreign affairs does not appear to be inconsistent either with the stipulations of the instrument above referred to or with any information hitherto communicated to this department.

With reference to the compulsory orders that all business in Lew Chew should be transacted with the Japanese Department of foreign affairs and other similar mandates to which you refer, it appears that these orders which were issued several years since but only recently came to your notice, formed part of a series of measures adopted by the Japanese government in the exercise of its asserted control over the Lew Chew Islands and do not appear to militate with treaty stipulations with this government any more than similar acts heretofore reported.

Under these circumstances it is desired that you should abstain until otherwise instructed from making any official representations on the part of this government, in behalf of the Lew Chew Islands to this government of Japan. You are, however, at liberty to exert your personal friendly official towards an amicable settlement of the pending dispute should your mediation be requested.

27 Miller, *Treaties and other International Acts*, p.785. 参照。

28 山下前掲書、一九七～一九八頁。

29 『井上毅傳・史料篇』第一、一七三～一七四頁。

30 同前、一七五～一七七頁。

31 この点については、山下も同様の指摘をしている。山下前掲書、一九八頁。一方、ティネッロ前掲書では、「明治政府がすでに沖縄県を設置したにもかかわらず、井上は明治政府にとって琉球の主権を主張する際、特に国際的な交渉（＝清朝と明治政府の他に西洋列強を含める交渉）において、琉米・琉仏・琉蘭修好条約が最大の「障碍物」だと考えている」「つまるところ、井上が最も懸念していたのは、琉球の「三条約」が存在していたことから、琉球の所属が国際的な問題になるということである」として、「条約」の存在そのものを重視している。二八七頁。

第三章　琉球問題をめぐる事前交渉と分島・改約案

1　はじめに

近代以後、国家間における領土問題はその重要性と複雑性を増し、現代でもなお国際問題の一つにあげられる。歴史の文脈から見るかぎり、領土とは近代国家にとって構成要素の一つであるだけに、その対応には国家全体の意志が投入される。国家間でその国境周辺での土地あるいは地域をめぐり、利権を争い、幾度の交渉の末に条約締結にいたる場合もある。以下において詳細に検討するように、一八七〇年代の琉球をめぐる日本と清朝のケースも例外ではない。一八八〇年八月から始まる北京での分島改約交渉は次章に詳しく述べるとして、本章では分島改約交渉にいたるまでの経緯に焦点を当て、琉球問題をめぐる事前交渉の全体像を明らかにする。

明朝時代から琉球と朝貢・冊封関係にあった清朝は、明治政府の琉球への措置（琉球処分）に難色を示した。初代駐日公使・何如璋は着任後すぐに琉球問題に着手することになった。何如璋は外務卿・寺島宗則に琉球処分と朝貢・冊封関係の停止を批判する内容の照会文を送った。数次の会談及び往復文書を経て、寺島は何如璋の照会文を「暴言」と批難することで交渉の断裂を図った。明治政府はこの文書に対する撤回と謝罪を求め、交渉は脱線し行き詰ることになる。その折、世界周遊中の米国前大統領グラント（Ulysses Simpson Grant）が清朝を訪問し、清朝側から琉球問題の調停を依頼された。その後日本を訪れたグラントは、明治政府側からも同様に琉球問題の現状を聞くことになる。日清両国の意見を聴いたグラントは、和平維持のために交渉を再開するようにそれぞれの政府に水面下で働きかけ、暗礁に乗り上げていた琉球問題が再び動き始めることになる。

先行研究では、それぞれの事前交渉が時系列的に個別に扱われたのみで、これらの事前交渉の連続性・関係性を繋ぎ合わせたものはほぼ見当たらない。本章では先行研究で明らかになった部分になぞりながら、北京での分島改約交渉にいたるまでの歴史的背景をふまえ、①何如璋—寺島宗則、②グラント—李鴻章、③駐清英国公使・ウェード—李鴻章、④宍戸璣—総理衙門、⑤竹添進一郎—李鴻章、これら五つの会談・往復文書を分析することで、琉球問題の何が「問題」として扱われていたのか、どのような経緯を経て「分島改約交渉」に形を変えていったのか等、事前交渉の全体像を明らかにすることを目的とする。

2　台湾事件と琉球問題の発端

九州のはるか南西に位置する沖縄は、歴史的にもその特殊性が顕著にあらわれている。琉球は一六〇九年から薩摩藩の支配下にありながら、隣国である中国と明朝・清朝時代をまたいで一三七二年以来からの朝貢・冊封関係[1]を築いていた。

一八七一年十一月、一つの事件が起きた。事の発端は宮古・八重山島民が乗った船が漂流し、台湾南部高雄州の沿岸に流れ着き、六六名が上陸したことをきっかけとする。その後、その漂流者六六名のうち五四名が原住民の生蕃人に殺害され、生き残った十二名は一八七二年六月那覇に帰着した。台湾事件[2]とよばれるこの事件を機に、日清両政府の焦点が琉球問題に注がれることになり、その後およそ十年間におよぶ琉球をめぐる交渉が幕を開けることになる。

この台湾事件を明治政府は、「(一) 軍事力の対外移動によって国内不安の要素になっている士族の不満を緩和しようと考えた。(二) 台湾の軍事行動は、戦争における規模も小さく、国際的に紛糾を誘発するおそれも少ないと考えた。(三) 琉球問題は、これまでの説得による琉球王国との交渉にのみ頼っていては、根本的な決着をもたらさなかった。そこで、明治政府は、沖縄地方が政治的社会的に日本国家の一部であることを清国政府に承認させることこそが、琉球王国の支配層を説得する意味でも、先決である」[3]と、国内・国外の諸問題を解決する絶好の機会であるととらえた。一八七二年、駐日米国公使デ・ロング(Charles E. De Long)の紹介により、駐厦門米国領事ル・ジャンドル(Charles William Le Gendre／李仙得)[4]と会見した外務卿・副島種臣は、「遂ニ伐蕃之策ヲ画定」[5]するにいたり、台湾出兵はいよいよ現実味を帯びてきた。その後、明治政府内で台湾出兵に対する反対勢力や、人事異動など不安定な様相を見せたが、一八七四年五月、西郷従道らは台湾に上陸し、同年六月には生蕃人を平定することに成功した。その後、日清間において台湾事件、台湾出兵の事後処理がおこなわれ、同年十月、全権弁理大臣・大久保利通は、駐清英国公使ウェード(Thomas Francis Wade)の斡旋により、清朝と日清両国間互換条款および互換憑単を調印するにいたった。[6]

① 日本国此次辦スル所ハ原ト民ヲ保ツ義挙ノ為メニ見ヲ起ス清国指テ以テ不是ト為サス

② 前次有ル所ノ害ニ遇フ難民ノ家ハ清国定テ撫卹銀両ヲ給スベシ日本有ル所ノ該處ニ在テ道ヲ修メ房ヲ建ル等件ハ清国留メテ自カラ用ユルヲ願ヒ先ツ籌補ヲ議定スルヲ行ヒ銀両ハ別ニ議辦スルノ據有リ

③ 有ル所ノ此ノ事ニツキ両国一切来往ノ公文ハ彼此撤回シテ註銷シ永ク為メニ論ヲ罷ム該處ノ生蕃ニ至ツテハ清国自カラ宜ク法ヲ設ケ妥ク約束ヲ為スベシ以テ永ク航客ヲ保シ再ヒ兇害ヲ受ケシム能ハ

つまり、清朝が台湾出兵を日本の「保民義挙」と認めたかたちになり、遭難者の遺族へ賠償金を支払うことを承諾する結果となった。交渉中、清朝は、琉球とは長年朝貢・冊封関係を築いており、清朝の属国であると強く主張した。しかし交渉の末、清朝は琉球が日本の領土の一部であることを事実上、承認することとなった。

こうして明治政府の琉球に対する措置が足早に動き始めた。琉球もその日本の一部として、一八七二年「琉球藩王冊封」[7]、一八七九年「沖縄県設置」という形で明治政府の中央集権化に組み込まれていくのである。

3　琉球問題をめぐる日清間の不和——何如璋の抗議文

一八七六年、琉球藩王・尚泰は物奉行・幸地親方（向徳宏）を福州に派遣し、明治政府の琉球に対する清朝への朝貢阻止を述べ、助けを求めた。[8]向徳宏は総督・何璟、福建巡撫・丁日昌と面会し、琉球藩王からの書簡を提出し、[9]それを受けた何と丁は、琉球の諸事情をふまえ次のように上奏した。[10]それによると、琉球は朝貢関係において他諸国に比べ「最為恭順」であり、定期的におこなわれていた朝貢が滞ったのは明治政府が原因であると指摘した。琉球国王については、清朝に対する朝貢禁止によってこれまでの信頼関係が崩れていくのを恐れ、明治政府の処分に関し頭を悩ませていると述べた。そのため今回の福州への渡航は、明治政府と事を構えることを避けるため、琉球は「為遭風漂泊」と報告して事実を隠すために用心していると付記した。しかしながら、現実的な問題として琉球は土地は瘠せ、その民は貧しいうえ、地理的側面からすると「孤懸一島」で、もとより「邊塞阨要之地」ではないから、清朝の利益を鑑みると「悍禦（＝防御）邊陲（＝辺境・国境）」の利益がないとした。むしろこのような琉球をめぐっては、隣国すなわち日本との関係が悪化するだけであるからと、琉球との関係よりも日本との関係を重視する姿勢をみせた。しかし同時に、「其恭順二百年餘年不忍棄諸化外」、これまでの琉球の従順な朝貢関係を考えれば、自国の利益のみで化外の地とするには忍び難いと付け加えた。

そこで、これから日本に着任する初代駐日公使・何如璋にはまず琉球問題に当たらせ[11]、駐日西洋諸国の公使（「泰西駐倭諸使」）を集め、「萬国公法」に照らして明治政府のとった行動の正誤を評価させることを提案した。また「趁該国内乱有求於我之時因勢利導庶幾轉圜較易」、日本国内で起きている西南戦争によって明治政府が清朝に援助を求めてくるのであれば、これを利用して、この琉球問題を清朝の有利なように導くことができると述べている。[12] 軍機處から何璟、丁日昌への一八七七年六月二四日（光緒三年五月十四日）の上諭[13]には、やはり明治政府の琉球に対する朝貢禁止処分に対して難色を示しており、何如璋の日本着任後は、直ちにこの問題を処理するよう促している。このように琉球と清朝の間には、明治政府の処分に対する水面下での動きがあり、これらの動きを誘因として琉球問題は外交問題として発展していくこととなる。

一八七七年十二月、何如璋は東京着任後「在東京琉球官吏ト會見シテ種々相談[14]」を受けた。その後、何如璋は李鴻章に書簡を送り、琉球の案件について私見を述べている。[15] それによると、明治政府が琉球と清朝の朝貢・冊封関係を阻止したのは、廃藩置県を遂行するための政策であり、琉球の現状は「琉球寡弱不敵勢如累卵　不能不託庇宇下以救危亡」と明治政府の処分に対抗する力はなく、それゆえ琉球人は清朝に援助を求めてきたのだ、と脱清人及び神戸や東京での琉球人の哀訴をこのようにとらえている。一方で、今後の対日政策として、日本の弱さを強調し、明治政府の朝貢禁止処分に対し詰問していくべきだとする態度をみせた。さらに、今は清朝がこの件に関して開戦する時期ではないことを何如璋自身も熟知しているが、明治政府に対抗する姿勢をみせない自国の対応を婉曲に批判し、一刻も早く強硬姿勢をみせるべきであると提案した。[16]

一八七八年九月三日、何如璋は寺島宗則外務卿と筆談[17]による会談の場を設け、明治政府の琉球処分に対する批判および、琉球と清朝との朝貢関係の存続を要求した。

何　今日罷出候ハ他事ニ非ス　琉球ノ事ニ付相伺度モノ有之　同国ハ近来貴国ノ附属ト相成タル趣ナレトモ　従来弊国ヘモ到納貢候義ハ因ヨリ貴政府ニテモ御承知之事ナルヘシ　然ルニ頃弊国ヘ進貢スル事ニ付厳敷御下命有之由ニテ　同国人甚迷惑之趣ニ候間　右ハ従前仕来之通リ御据置相成候様到度事ニ候

寺島　右ハ小国ノ大国ニ仕ヘル因ヨリ其例有之候ヘトモ　近来ニテハ独立之渉力ヲ保タサル者ハ他国ニ併有セラルルノ患有之　琉球ノ如キ以前ハ其国ニ任セ　他国ト交際ヲナサシメ候ヘトモ　右邊之差支不少ヲ以テ　之ヲ差留メ外国トノ交際ハ都テ我政府ニテ引受候間　最早同国ニテハ外交ヲナスニ不及　尤モ貿易ハ素ヨリ之ニ拘ラス候　但現今独逸国ニ於テ右様之例甚多シ

何　然レハ琉球ハ貴国ノ属地ナリヤ

寺島　然リ

ここでは、何如璋と寺島の意見が正面から衝突しているのがわかる。朝貢関係を築いてきた中国と琉球の関係を強調する何如璋に対して、寺島は、①そのような関係は大国と小国の間では他国にも例がある。②琉球の国力が弱いので、近年は外国との交渉は明治政府が管轄することになった。③なぜなら琉球は日本の属地であるから、と譲らない。それに対して何如璋は、「琉球ハ地理上ヨリ云ヘハ弊国ノ附属ト云フヘシ」と琉球は中国に「附属」していると反論すると、寺島は「今貴説ノ如キ地ノ遠近ヲ以テ其属否ヲ定ムルハ理ニ當ラス」と地理的側面からの属国論を否定した。

琉球の清朝への進貢を再開させることに関して、寺島が何如璋に「然レハ右ハ閣下琉人ノ願ニ依テ御申立被成候事歟　又ハ貴政府ニ代リテ御引合被成候事歟　或ハ又御自分之御見込ニ出ル義歟　如何」と、進貢再開を希望している主体について尋ねた。何如璋は「右ハ琉人ヨリ我政府ヘ申立其證拠ヲ以テ　拙者迄願出候事ニ有之　尤モ此義ハ今日始リタル事ニ無之　先般森公使天津御逗留之時モ李鴻章ヨリ御談到候事モ有之候」と、はっきりと琉球からの申し立てであると回答した。この日の筆談は、相互の意見を交換することができたが、解決の糸口は見つからないままに終わった。

そこで、何如璋と副使・張斯桂が連名のうえ、約一カ月後の同年十月七日、寺島外務卿宛に照会文を提出した[18]。まず、琉球は「明朝洪武五年」より中国に臣服しており、「自治」を許されているのは現在にいたっても改変することはない、と琉球と中国の関係を歴史の視点から述べている。朝貢に関しては「定例二年一貢」おこなわれており、その間は途絶えることはなかった、と琉球の中国に対する従順さを強調している。また琉球が中国に属していることの証明として、米・仏・蘭の三国と「立約」する際には「我年號歴朔文字」を使用していることをあげ、欧米各国でこの事実を知らない国はない、と国際的な背景を引き合いに出し、琉球と中国が確固とした歴史を築いていることを説明した。これらをふまえ、明治政府が琉球に対し「禁止琉球進貢我国」とした措置に対して、隣国（＝中国）に背き、弱国（＝琉球）を欺き、「不信不義無情無理」である、と一方的な朝貢禁止措置によって日清両国における信頼関係に深い亀裂が生じた、と強く批難した。さらに、日清修好条規第一条の両国相互不可侵を示し、今になってもし琉球を欺き、日清修好条規を改約するのであるならば、清朝や琉球と条約を締結している各国にどのように対応するのか、と詰問している。最後に「無端而廃棄條約壓制小邦（＝琉球）」、つまり条約を破棄して琉球を制圧することは、おそらく世界各国の許し難いところであり、明治政府に日清修好条規に背くことなく、かつ琉球との朝貢関係の継続を要請した。この照会文を契機として日清両国に亀裂が生じ、その後の琉球問題に少なからぬ影響を与えることになる。

寺島外務卿はこの照会文から約一カ月半後の同年十一月二一日付の返簡で、反論の意を述べた。[19] 琉球は「数百年来我国所属ノ一地方」の地であり、現在は内務省の管轄内であると説明し、琉球が古今にわたり日本の一部であることを強調した。先の何如璋の照会文については、以下のように述べた。

貴国政府ハ我政府ノ此禁令ヲ発シタル所以ヲ未タ熟知セサルノ前ニ　方テ忽然我政府ニ向テ如斯假想ノ暴言ヲ発ス　是豈隣交ヲ重シ友誼ヲ修ムルノ道ナランヤ　若シ果シテ貴国政府閣下ニ命シ此等ノ語ヲ発スヘシトナラハ　貴国政府ハ已後両国和好ヲ保存スルヲ欲セサルニ似タリ

つまり、日本が琉球に対し朝貢禁止を命じた経過を清朝は熟知していないにもかかわらず、先の照会文にあった「暴言」をもって日清間の外交とするのは、隣交を重んじていないと糾弾した。仮にこの発言が清朝政府の命じたことで、同政府の意図するところであるならば、清朝政府が日清両国の和好を欲していないように見える、と批難した。

こうして寺島外務卿と何如璋の意見の衝突により、日清間の溝は深まることになる。同年十一月二九日、何如璋と張斯桂は寺島外務卿の回答に対して再度酌量することを求めたが、[20] 翌日の寺島外務卿の返答は、「熟商シテ情ニ準ヒ理ヲ酌ミ及御回答置候モノニ付　今更別ニ可申進儀無之候」[21] と、その可能性を完全に打ち消す態度を示した。その後二ヶ月の時を経て、何如璋と張斯桂は翌一八七九年二月二六日、寺島外務卿宛に「琉球案件ニツキ協商申出ノ件」[22]を提出した。琉球は中国の属国であり、明治政府の琉球廃止に対して清朝政府が詰問する背景には、琉球からの懇願があったからで、自国の利益のためにはたらきかけているのではなく、琉球のためであると強調した。また、人情と道理をもって熟慮すれば、清朝と琉球の朝貢関係を阻む政策にはいたるはずはないとし、外交面における友好関係を考慮に入れながら、寺島外務卿と外務省で琉球について再審議することを要請した。

この文書には前回のような激しい口調は見られないが、何如璋と張斯桂に前言の「暴言」を撤回する意思がないことは読み取れる。その後、何如璋と寺島外務卿は、会談の場を二度設けるが、明治政府側は「暴言撤回」を譲らなかった。同時に明治政府は、内務大丞・松田道之に三度目の渡琉を命じ、琉球処分の断行をすすめていた。[23]この明治政府の琉球処分断行に対して、何如璋から「日本ノ琉球派員差止方申出ノ件」（一八七九年三月十二日）[24]、「琉球案件交渉中ナルニ日本政府ニ於テ廢藩置縣ノ処置ヲナシタルハ承認シ難キ旨申出ノ件」（一八七九年五月二十日）[25]といった照会文が提出された。これを受けた寺島外務卿は「萬国交際ニ於テハ　殊ニ禮節ヲ缺クモノニシテ和好ヲ断絶スル日ニ至ルニ非レハ　決シテ云ヒ出スヲ得サル事ナリ　依テ此事ニ対シテ相當ノ御挨拶ヲ要セサルヲ得サルハ　拙者ノ職掌ト存候」[26]として、琉球処分に対する何如璋等の抗議には一切耳を傾けず、一八七八年十月七日（光緒四年九月十二日）付の「暴言」に対する謝罪・撤回を強く要請し、何如璋の要請を一蹴した。

このように両者は譲歩することなく、進展の余地はみられなかった。議論は堂々めぐりになり、ついに琉球をめぐる日清交渉の流れは渇ききったかにみえた。しかし、その後、米国前大統領グラントの一つの提案により、日清交渉は再び流れを取り戻すことになる。

4　グラント―李鴻章、グラント―明治政府

何如璋の暴言問題をめぐり、日清間で琉球問題が硬直していた頃、折しも世界周遊していた米国前大統領グラントが清朝を訪れた。一八七九年五月十六日（光緒五年閏三月二六日）天津に到着したグラントは、恭親王と李鴻章を訪問し、琉球問題への介入を依頼された。李鴻章とグラントとの会談[27]では、次のような会話がなされた。

琉球問題について、グラントが清朝は朝貢体制にこだわっているのかと問うと、李鴻章は、清朝は朝貢の有無にこだわっているのではなく、明治政府の一方的な琉球への措置が国際法に違反していると強く批判の意を述べた。また米国と清朝の通商関係について触れ、米国が横浜を通り上海にいたることから、琉球問題により日清間で一度開戦になれば清朝と米国との関係にも悪影響を及ぼすであろうと、グラントの積極的介入を促している。

それに対してグラントも、日清間の開戦は望むところではないとした。また、琉球はもともと一つの国であるにもかかわらず[28]、日本は一方的に併合している。清朝が問題としているのはその土地であって、朝貢ではないというのは道理にかなっている、今後は特別条項を設ける必要がある、と李鴻章の意見に同調する態度をみせている[29]。こうして何如璋の暴言問題により停滞していた琉球問題がグラントの訪清により静かに動き始めた。

清朝をあとにし、同年六月二一日、日本の長崎に到着したグラントは、その後七月下旬に内務卿・伊藤博文、陸軍卿・西郷従道等とともに日光を遊覧した。日本側の史料によると、その際グラントは、日清間で議論にのぼっている琉球問題について、「他国の事に干渉すべきではない[30]」としながらも、「日清両国の争案に

関し、予の盡力によつて調停することが出来れば、予の栄誉とする所である」と紛議解決に向け前向きな姿勢をみせたことがわかる。

さらに同年八月十日の明治天皇との会見[31]では、「凡そ紛議には両端があつて、日本で知り得た事と清国で聞いた事とは甚だ差異がある」と、まず日清間両国の意見のくい違いを指摘した。それゆえ日清間において相互に誤解が生じているると述べ、「日本は宜しく清国政治家の感觸を酌量して、俠氣と義信に出でた譲與をしては如何かと思ふ。相互に譲與をなすのは両国間の平和を維持する大計である」と述べた。つまり両国で相互に譲歩し、平和裡に解決すべきであると説いている。その具体的な解決案として、「清国では球島間に境界を劃して太平洋に出る廣濶な水路を與へれば承諾する」であろうと私見を述べ、のちの琉球分割案をここで暗に提起している。

またグラントは、日本滞在中に李鴻章へ書簡[32]を送っている。同年八月一日送/同年八月二二日到（光緒五年七月初五日）の書簡には、日本で伊藤博文等と琉球問題について協議したことを述べ、同問題は日清両国互いに歩み寄れば友好的に解決の方向へと進み、第三国による調停の不必要を説いている。グラントの書簡を受けて李鴻章は、翌日の八月二三日（光緒五年七月初六日）に返信している。[33] それによると、「琉球為中国属邦已五百余年　案巻具在　天下各国皆所聞知」と、あくまでも琉球の「中国属邦」論を主張した。日本に対しては、中国への話し合いもなく琉球を侵略し証拠を捏造している、と痛烈に批判した。また先のグラントの書簡にあった「両国應該彼此互議不到失和」の意見に大いに賛同するが、先に過ちを犯した日本が清朝に対して少しも譲歩する様子がないこと、日本の台湾出兵の際には清朝は大いに譲歩し、その対応に対して臣民はすでに不服であること、それゆえこのうえさらに譲歩することになれば国家体制を脅かすことになると述べた。

グラントは続けて李鴻章宛に書簡を送った。[34] そこには明治天皇への意見と同様に、琉球問題について両国の見解の差異を指摘し、日本の実情を「在日人　自謂球事係其應辦　並非無理　但若中国肯寛譲日人　日本亦願退譲中国　足見其本心不願与中国失和」と説明したうえで、日本も平和を希求しているとし、両国共に譲歩することで和解に向かうよう促している。また、前述した何如璋の「暴言」に対しては、清朝として撤回すること、日清間において交渉の場を設け、両国互いに了承し、友好を図ることを勧めた。さらに、先の書簡にもあった日清両国以外の第三国の干渉について再度触れ、日清間の紛争を機に自国の利益のために介入してくる国が出てくることを見通し、注意を促している。

第三国者のグラントの介入により、琉球問題は「和解」を基礎に日清両国間で再び前に進み始めた。グラントが明治政府に提起した解決案と、李鴻章宛の書簡に記された解決案により、交渉への準備は着実に整いつつあった。ちなみに、グラント調停に対する当時の米政府の見解としては、あくまでもグラントは民間人として日清両国から相談を受けているのであり、米政府としての責任は取らないことを強調している。[35]

ここで注目しておきたいのは、グラントが日清両国に対して、第三国の介入について注意を促している点である。特にグラントが意識したのはイギリスの存在である。グラントはイギリスが琉球問題を利用して、日清両国に自国が有利になるような条件を突きつけてくることを懸念していたのである。では、李鴻章はグラントの忠告通りに第三国の介入を避ける行動を取ったのであろうか。次節では李鴻章と英国公使の会談からグラントの影響力を考察する。

5　李鴻章と英国駐清公使ウェードの会談

グラントの忠告とは逆に、李鴻章は英国駐清公使ウェード（Thomas.F.Wade）と会談し、早速琉球問題に対する英国の仲介を依頼した。この琉球問題には英国政府も注視しており、英国駐日公使・駐清公使は密に連絡を取り合いながら、日清間の情勢を探り、①琉球処分に関する日本・清朝政府の動向、②駐日・駐清各国公使の動向、③米国前大統領の影響力の観点から本国に次のように報告している。[36]

李鴻章によれば、中国の難局は次のようなものである。琉球は何世紀にもわたって中国と日本の朝貢国であった。しかし、三年程前に日本が琉球王に対して、今後は中国に貢物を送らないようにと指示したため、朝貢が途絶えたが、日本に中国大使館が設立されてから、その原因が判明した。このことを中国側に伝えた琉球人は、さらに、自分たちの政府が日本によって吸収されたこと、つまり絶滅の危機に瀕していることを述べ、中国側の介入を懇願した。李鴻章によると、この措置は不当であるだけでなく、日清間の条約に明記している、どちらも相手国の従属国に干渉してはならないという規定に反していると、明確に抗議しています。

私の質問に対して、李鴻章は次のように返答した。日本の表向きの目的は地方制度の再分配であるが、実際にはさらなる侵略行為を計画しており、その対象が朝鮮半島であり、その背景にはロシアの扇動があると考えています。また、ロシアは冬に開放される海港をもたらすような朝鮮半島の一部を併合することを視野に入れており、日本が作戦を開始すれば、いつでも割って入るつもりである。日本領土の修正案、それは琉球の併合を伴うもので、李鴻章は薩摩人の仕業だと考えています。駐清公使であった森有礼は、大久保の死後、日本の高官に復帰しているが、薩摩の人間であり、この措置の強力な擁護者である。

李鴻章はミカド自身が秘密裏に反対している可能性があると考えており、琉球問題が仲裁によってどうにかならないかと希望を持っているようである。中国はこの件に関して実質的な利害関係はなかったが、琉球が助けを求めてきたことによって、その名誉や「面子」は多かれ少なかれ気にかけていた。中国としては琉球との朝貢を続けるつもりはなかったが、日本が琉球を独立させることだけが中国の要求である。【筆者翻訳】

まず、李鴻章は明治政府による琉球の中国に対する進貢の禁止、ロシアの扇動が働いている、清朝としては琉球の独立を求める等を述べた。また、李鴻章は英米両国が琉球問題を調停することで、日本の「Mikado」も譲歩すると予測していた。

私はこの点についていくつかの疑問を呈したが、多数の国の調停がミカドに影響を与え、敵対する西側諸国の敵意を中和するという二重の利点（double advantage）を持つ可能性があるとも考えた。ドイツをこの仲裁に参加させることができれば、フランスは取り残されたくないと考えるだろうし、我々四人が共に行動すれば、ロシアは我々と行動しないとしても、李鴻章が批難しているような計画を思いとどまらせることができるはずである。しかし、どのような国であれ、最初の条件は未解決の不満を取り除くことである。おそらく今、最も異論を唱える可能性があるのはドイツであろう。帰国したばかりの彼らの代表は、条約改正の妨げとなるものに苛立ちを覚えていた。私の知る限り、彼の要求は不合理なものではなかった。なぜ清朝はドイツと三年以上もかけている議論を迅速に終結させることで、ドイツを味方につけようと考えないのであろうか？

朝鮮については、この十八年間、私は総理衙門に対して、同様の状況にある国の唯一の安全保障策は、自国をすべての国に開放することであると伝えてきた。コーチシナは排他主義がもたらした顕著な例

であり、朝鮮も同じ運命に向かっているように思えた。［筆者翻訳］

それに対して、ウェードは①確かに、西欧列強の仲介が日本を譲歩の道に動かす可能性があり、②反感を持っている西洋列強同士の敵意を中和する可能性があることを挙げ、この「double advantage」について指摘した。ウェードは、「ドイツが加担すれば、フランスも参加しないわけにはいかなくなり、英米独仏の四カ国が一緒になり、仮にロシアが共同調停を拒否しても、李鴻章が想定しているようなロシアの行動（日露提携）を阻止できる」と述べたが、「前提条件としては、清朝と各国が抱えている問題を解決しなければならない。その中でもドイツが最大の懸念される国であり、ドイツはここ数年、清朝との条約改正の面において不合理な対応を受けていると感じている」と指摘した。中国側史料には次のように記録されている。[37]

ウェード　我想英美両国出来調停　未必能辦成

李　英美両国肯辦　必有九分可成

ウェード　我想徳国巴大臣中国亦可請其従旁調処

李　我們中国辦大事的人原與巴大臣很相好的　但恐中国国家與徳国無此深交

ウェード　徳国巴大臣自咸豊末年即當徳国公使　随員在日本出使有年　後来巴大臣初到中国　曾告我云中国大臣辦事比日本的官既爽快又実在　較與日本官共事容易得多　我告云你且慢講　等待修約時

候你便知道　上年巴又向我云你的話真不錯　中国大臣比日本更難共事　如今修徳約的事　中国総是不理

このようにウェードは李鴻章に対して、手始めにドイツを琉球問題に巻き込むことを提言し、条約改正（特に通商上の方面）の交渉において、清朝としてドイツに「譲歩」することが、琉球問題の調停を有利に進める条件であると伝えた。李鴻章はドイツとは国家間の関係がそれほど良好ではないことを告げると、ウェードは中国がドイツとの条約改正を進めれば、ドイツ公使は喜んで琉球問題の調停を引き受け、それを受けてフランスも調停国として介入せざるを得なくなり、私自身としても本国に許可を取りやすくなり、さらに現段階においてはロシアもまだこのことを知らない（総要将修約之事與巴大臣早為理妥　他心中歓悦　方好調処琉事　即法国亦須約其出頭　乃為好看　我也好写信與本国沙侯　俄国亦未嘗不可預聞此事）[38]、として李鴻章からなんとか外交上の「譲歩」を引き出そうとした。

しかし、李鴻章が清朝の「譲歩」によりこれら「Five powers」（米英独仏露）を琉球問題の調停に関わせるという条件に同意することはなかった。

The Grand Secretary allowed more or less that my Corean policy was sound. He did not entertain with equal favour my proposal to combine the five Powers in a common scheme of mediation. The conciliation of the Minister of Germany he evidently thought next to impossible. As he put it on another occasion, to which I shall presently refer, this last was too high a price to pay for the possible advantage the German Minister's cooperation.

李鴻章は、私の朝鮮政策が健全であることを多かれ少なかれ認めていたが、五ヶ国を組み合わせて共通の調停計画を立てるという私の提案を好意的に受け止めなかった。李は明らかに、ドイツ公使の調停は不可能に近いと考えていた。別の機会に述べたように、ドイツ公使の協力という可能性のために支払うべき代償としては、あまりに大きすぎると考えた。【筆者翻訳】

当然のことながら、当時の清朝が抱えていた外交案件は複数あり、琉球問題を解決するにあたり、他国の介入を受け入れるということはリスクが生じることでもあった。ここでウェードが指摘しているように、李鴻章にとっては、ドイツとの条約交渉で譲歩することは、あまりにもその代償が大きすぎたのである。ウェードとの会談の二日後、李鴻章は総理衙門に次のように私見を述べた。[39]

大到以日本既呑併琉球　必不以琉球而止　事関重大　僅激一二国公評恐難得力　但各国與中国交涉商務現未議定　徳国修約尤要赶辦妥洽　始能與聞外事云云　雖係実情　未必非有挟而求　鴻章遂姑置勿論

李鴻章はウェードとの会談について、英国・ドイツとは条約改正上の問題があることを指摘し、各国に琉球問題の調停を依頼することが難しいことを総理衙門へ伝えた。このように琉球問題の調停国として、少なくともウェードと李鴻章の間では、米英独仏露の五ヶ国が候補として挙がっていたこと、また李鴻章がドイツとの条約改正で「譲歩」することと琉球問題の調停を天秤に掛けて、調停を断念したことがわかる。このように琉球問題の調停にグラント以外の第三国が介入しなかった原因は、グラントによって他国が排除されたのではなく、他でもなく李鴻章の外交的決断であったことがわかる。[40]言い換えると、当時の国際関係から見ると、グラントの意見が米国を代表するわけもなく、また仮に米国を代表すると李鴻章が捉えていたとしても、米清関係においてグラントの意見が清朝や李鴻章に与える影響はほとんどなかったと言える。グラントの訪清・訪日という要素は、あくまでも日清両国にとっては、それぞれの思惑を実現するための交渉開始のきっかけにすぎなかったのである。ただそれでも、暗礁に乗り上げていた琉球問題に流れを戻し、分島案を提起したという点に置いてはグラントが果たした役割は大きいと言える。

6 宍戸公使と総理衙門

一八七九年四月三十日、北京に着任したばかりの宍戸璣公使を総理衙門の大臣らが訪問した。形式的な挨拶の訪問ではあったが、その際に琉球処分に関して総理衙門の沈桂芬らから質問があった。[41] 沈が「頃者、貴政府ニ於テ琉球国ヲ処分サレタリト聞ク　如何」と問うと、宍戸は「球島処分応答ノ件ハ余カ任スル所ニ非レハ　敢テ貴大臣等ト直接応答スルノ権ナシ」と、この件については自身から意見を述べる権利を持っていないことを前置きしつつ、次のように回答した。

然レトモ余カ見ル所ヲ以テ之ヲ言ヘハ　琉球ハ朱明ノ代以来我カ治内ノ国ナリ　故ニ藩治ノ時ハ悉ク皆之ヲ薩摩藩ニ委任シテ之ヲ管轄制御セシメタレトモ　我カ明治ノ初年廃藩置県ノ後ハ之ヲ内務省ニ隷シテ管轄セリ

琉球に対する措置（処分）はあくまでも日本の内政であり、「自国治内ノ国ヲ自国ニテ処分スルハ固ヨリ当然ノ事ナルヘシ」と述べた。それに対して、総理衙門の大臣は「琉球国ハ自ラ独立ノ国ニシテ日本ノミノ隷属トハ心得サル事ナリ　前明以来琉球ハ我国ヘモ往来セリ」として、宍戸の「内政」という発言に対して異論を述べた。このやりとりが宍戸公使と総理衙門の最初のコンタクトである。つまり、琉球は日本にとっては「我カ治内ノ国」であることから、琉球への措置は内政であり、清朝とは無関係であるというのが宍戸の主張であった。一方、清朝にとっては「自ラ独立ノ国」「我国ヘモ往来セリ」の国であり、琉球処分に対しては日清間で話し合いの必要があるというのが総理衙門の主張であった。また、駐日公使の何如璋の日本での交渉も一向に進展がないことを踏まえ、総理衙門としては宍戸公使に琉球処分を外交問題として認識させ、交渉相手となることを望んだ。しかし、宍戸は「予ノ此地ニ派遣セラルルハ全ク右応答ニ関スル特派ノ使節ニアラス」と拒み、そもそも「琉球処分ハ我政府ニ於テ毫モ両国修好条規ニ抵触スル所ナク　又決シテ貴国ニ対シ失敬ノ事ナシト厚ク信シテ疑ハサレハコソ　成規ノ如ク余ヲシテ修好講和ノタメ貴国ニ駐札セシメタリ」として、琉球処分の正当性を主張した。こうして宍戸公使と総理衙門の交渉は互いの主張を述べて幕を開けた。つまり、琉球処分が問題であるかどうか、この議論が出発点であった。

その後、同年五月十三日、宍戸は総理衙門から同年五月十日に送られてきた照会文を寺島外務卿に報告した。[42] 照会文には、琉球については「其自カラ一国タルヲ認ムルナリ」（認其自為一国也）という表現が多用されていることがわかる。[43]「中国並ニ貴国ト約ヲ換ルノ各国モ亦タ琉球ト約ヲ換ル者アリ　各国モ亦タ其自ラ一国タルヲ認ムルナリ」として、中国だけではなく、日本と条約を締結している国々も同様に、琉球を「自為一国」と認めているとした。また清朝と琉球の関係にも触れ、次のように述べた。

琉球既ニ中国ニ服シ　而シテ又タ貴国ニ服ス　中国之ヲ知ル　而シテ未タ嘗テ之ヲ罪ミセサルハ　此レ即チ中国其自ラ一国タルヲ認ムルノ明証ナリ　琉球既ニ中国並ニ各国其自ラ一国タルヲ認ムルト為

セハ　其中国ニ入貢スルノ一層ハ　中国ニ於テ重軽ヲ為スニ足ルナキナリ　今琉球何ンノ罪ヲ貴国ニ得ルアッテ而シテ一旦ニ廃シテ郡県ト為セルカ

琉球既ニ中国並ニ各国其自ラ一国タルヲ認ムルト為セハ　乃チ貴国端ナク人ノ国ヲ滅シ人ノ礼ヲ絶ツハ　是レ貴国ノ中国並ニ各国ヲ蔑視スルナリ

つまり、清朝は琉球が日本と清朝のどちらにも服していることを知りながら、このことを罰していないのは、琉球が「自為一国」であるからに他ならないと主張した。総理衙門は琉球を一つの国と扱い（「自為一国」）、その琉球に対して「国」を廃し、「郡県」とする措置を取った日本を批判するというスタンスを取っている。琉球は日本の一部ではなく、一つの「国」として存在しているのであれば、琉球処分という日本の措置は日清修好条規第一条に抵触し、日清両国の和平を考慮していない、というのが総理衙門のロジックである。最後に、「両国永遠和好ヲ顧全スル大局ノ言タレハ　貴大臣宜シク即チニ貴国ニ知照シ　廃球為県ノ一事ヲ以テ速カニ停止ヲ行ハハ則チ両国和好ノ誼此ヨリ益々敦シテ　而シテ貴大臣ノ前来シ好ミヲ修ルノ意モ亦タ此レヨリ益益顕ハルヘシ」として、日清両国の和好の大切さを説き、琉球処分の停止を求めた。

同年年六月二日、総理衙門の大臣らが日本公館を訪問し、前月の照会文について確認が行われた。[44]二回目となる会談の場では沈桂芬や成林が琉球問題に対する宍戸の意見を求めた。「固ヨリ閣下ノ来ラレシハ修好ノ為メナレハ　夫ノ琉球ノ件ニ付テ宜シク御考ヘアリタシ」、「閣下既ニ修好ノ為メニ来ラレシトナレハ　琉球ノ件モ前日照会ノ如クニ辨理セラレン事ヲ望ム」と、一貫して宍戸をこの案件に関わらせようとした。それに対し、宍戸は自身が琉球問題について回答することを極力控え、「我カ本国政府ヨリ申シ越シ次第御返答ニ及フ可シ」、「我カ一己ノ所見ヲ陳述スルヲ得ス」、「余カ一己ノ所見ヲ以テ御返答ニ及ヒ難シ」、「辨理ニ至テハ我カ政府ノ命ヲ待サルヲ得ス」、「抑モ球島処分ノ義ハ余カ発程以後ニ係ルヲ以テ我カ政府ノ深意ヲ知ル事能ハス」、「修好ノ事ハ固ヨリ余カ本分ナリ　然レトモ此回球島処分ヲシテ貴国照会文ノ如クナラシムル事ハ　余カ敢テ保証スル能ハサル所ナリ」として、その都度明確な回答を回避する態度を取った。また、日本政府の認識については、「夫ノ球島ノ件ニ就キ先日ノ御照会文ヲ一覧セハ我カ政府ハサソ意外ノ事ト思フナルヘシ」、「我カ政府ニ於テハ固ヨリ修好ニ害アル事ナシト思惟スルナルヘシ」として、琉球に対する処分はあくまでも国内の措置であり、日清関係を軽視しているわけでもなく、外交問題に発展するという認識も持っていないと説明した。このように、この日の会談も宍戸は琉球処分を「内政」であり、日清関係を軽視しているわけではないと主張し、総理衙門は琉球は「自為一国」の立場にあるため、琉球処分は日清関係を軽視している、即刻中止すべきであると主張した。二回の会談、一通の照会文の中では、総理衙門は琉球と清朝の関係を強調し、各国の認識や日清修好条規第一条を用いて琉球処分の違法性を主張し、宍戸を通じて即刻中止を求めている。一方、宍戸はこの問題については関与する権限ないことを何度も述べながらも、琉球処分は「内政」であることを主張し続けた。

同年七月十六日、寺島外務卿は宍戸へ総理衙門への「琉球問題ニ関スル説略」[45]を宍戸へ送付した。そこには尚寧と三司官の誓文がそれぞれ転載されており、また清朝が主張する「自為一国」に対する反論や、琉球処分の正当性が記されていた。日清修好条規第一条に関しては、「抑自為一国、則非所属邦土、既為所属邦土、則非自為一国者、二者不相両立、必居一於是矣」として、清朝が展開するロジックに矛盾があると指摘した。寺島外務卿は「沖縄縣事件ニ関シテハ特命アルニ非ラサレハ談判スヘキ特権無之旨ヲ被申入　彼ヨリ何等ノ談ニ渉リ候トモ其言ヲ聴取スル迄ニテ　其答辨ノ際自ラ其責任ヲ不有　一々本国政府ノ命令ヲ待ツ可キトノミ可被相答候」として、この問題に関しては宍戸が回答しないよう指示した。[46]同年八月二日、宍戸公使はこの「琉球問題ニ関スル説略」を総理衙門へ送付した。

その後、同年八月二六日に宍戸は寺島外務卿宛に総理衙門からの照会文（同年八月二二日／「琉球ノ清国属国タル理由ヲ説明シタル照会」）[47]を送付した。[48]その中では、「即與貴国立約之各国　亦有與琉球立約者　且各国與琉球立約之時　貴国各邦尚未易為郡縣　何未聞各国與貴国各邦立約　而独與琉球立約　此非琉球自為一国之明証乎」として、琉球が国際的にも「自為一国」であることを認識されていると強調し、日清修好条規の第一条に反する行為は「貴国蔑視中国　並蔑視各国為已矣」であると強く批難した。総理衙門が琉球問題を国際法あるいは国際的なステージに持って行こうとしているのがわかる。

この照会文に対する回答が同年十月八日に井上外務卿から宍戸公使宛に送られ、[49]同年十月二六日に総理衙門へ提出された。[50]

是則琉球一事　確為我内政　而果與王大臣所引修好条規不相交渉也　若以琉球有與各国換約為自為一国之証　夫特立之国　可以與外国換約　而與外国換約　未必足以得特立之権　当時我国封建末勢　外交之事未有統紀　島人踰分犯義　自求冒小国之列　而各国亦未及審其実　是皆由偶然　不足以為一国特立之証據也

ここでも明治政府の主張が繰り返し展開されており、各国との「換約」がすぐさま「自為一国」の証明にはならないと反論した。明治政府の基本的なスタンスは変わらず、①琉球は日本が征服した、②中国の朝貢は属国とは言えない、③外国との条約締結は「自為一国」の証拠にはならない、④琉球処分は内政である、この四点について両者の間で水掛け論が続いていた。

右照会文が総理衙門へ提出される以前に、総理衙門は日本の外務省に一つの案を申し出た。それは美前大統領・グラントの意向に従い、琉球問題について日清両国で談判の場をもつことであった（同年十月十日受領）。[51]つまり井上外務卿が十月八日に総理衙門への回答を宍戸公使に送った二日後、総理衙門から交渉の場を持つことが提案されたのである。同年十月二二日、井上外務卿は宍戸公使を通して、総理衙門からの提案に「承諾」する旨の回答を送った。[52]

査スルニ前此美国前統領我国ニ遊歴シ我カ諸大臣へ琉事ニ話及セラレシモ　亦和平ヲ以テ言ヲ為スニ非サルハ莫シ　両国員ヲ派シ会商スヘキ説ノ如キハ蓋シ該前統領専ラ貴国ノ為メニ勧説セラレシ事ナラン　琉球藩ヲ廃セシ一事ニ至テハ我国内政ヲ釐革スルヨリ出タレハ屑々問難セラルルハ　竟ニ鄰好ノ美ニ非サル段ヲ本卿大臣前次宍戸大臣ニ核覆セシ咨内ニ詳晰開明シタリ

グラントが提案したとされる「両国員ヲ派シ会商スヘキ」というのは、日本に向けたものではなく、あくまでも清朝のために提案したのではないかと述べながらも、そのことが「微嫌ヲ銷シ盟好ヲ尋ルニ係ラハ　我国固ヨリ願フ所ナリ」として、清朝からの提案に対して承諾の意を示した。これによってようやく日清両国の間で談判の手続きが進むかに見えた。しかしながら、「撤回」と「派遣」について再び問題が生じることになる。

同年十一月十八日、グラントの意向に従って両国派員会商の準備として、これまでの書面や会談での要求の「一洗更新」の必要性に焦点があてられた。[53] 宍戸が「我国於テ今般該島処分ノ理由従前ノ実蹤等委曲申述候処　前統領ニモ了解ノ様子ニテ大ニ貴国ニテ聞ク処トハ差違有之　我処分ニ付十分権利有之旨被申述」、「従前ノ談判ハ一切取消シ更テ両国間ニ公平順良ノ委員ヲ選辨理候方可然トノ趣意ノヨシ共通ニ候哉」として、グラントは日本には琉球処分を行う十分な権利があると認識しているのだから、これまでの書面については一旦取り消し、新たに両国で「派員」の手続きを取ることを提案した。しかし、琉球処分について沈は「貴国十分ノ権利有之トハ無之哉ニ覚居候」と反論し、書面の撤回についても同意の態度を見せなかった。その理由として、「将来便宜ノ辦法有之ヘキ見込候ハハ取消モ可致候得共　右見込無之間ハ矢張従前ノ跡ヲ追ヒ談判候ヨリ外無之候」として、談判の具体的な方法が提示されず、見込がない状態では書面の内容を取り消すことは難しいとした。続けて、「前統領書面中ニ該書ハ一応日本政府ノ諸大臣ニモ相示シ候旨モ有之　両国失和ヲ不望云々モ有之　外国ノ手ヲカリス両国派員辨理ノ旨モ有之候得共　球島処分ニ付貴国ニ十分権利有之トノ意味ハ相見不申」として、グラントは日清両国で交渉することについて提案しているが、琉球処分を肯定しているわけではないと念を押した。最終的には宍戸が「先ツ一洗ノ趣意我政府エ対シ御言明有之候ハハ　我政府ニモ此迄不平ニ存居候廉々モ一掃致シ　胸中一毫ノ凝滞無之　快ク談判モ相成　随テ辨法モ自然ニ出来可致哉ト推察イタシ候」と、これまでの書面の取り消しを再度促したが、沈からはさらに次のように反論があった。

貴政府ノ不平ト被申ハ何等ノ書面ニ候哉　総署ヨリ差出候照会中ニハ決テ左様ノ事ハ無之ト存候　モシヤ何公使ヨリ差出候書面上ノ事ニハ無之哉　此トテモ現在貴政府ノ処置ヲ詆毀事ニハ無之　将来ヲ推論候事ニテ決テ敬礼ヲ失候トモ不被心得候

日本政府はなにをもって我々に対して「不平」と言っているのか、それは総理衙門に対してではなく何如璋のことではないか、そもそも何如璋の照会問題の原因は琉球処分にある等々、交渉において不利な立場に置かれないために、一つ一つ反論した。このように相手の認識を確認しながら、自身が不利にならないように、交渉を有利に進めるための手法は外交の記録を見る限り至極一般的なことであった。例えば、交渉のための人員をどちらが派遣するのかについても、次のようなやりとりが交わされた。

沈　貴国ヨリ全権ノ大員派出可相成哉

宍戸　今般ノ儀ハ我国ヨリ貴政府ニ対シ御尋問可申筋無之　貴政府ヨリ我国エ御尋問有之事故我国ヨリ派出候事ハ有之間敷存候　兎ニ角我政府ノ意即前統領勧説ノ主点トモ被存候間一洗更新ノ御趣意ハ我政府ニ対シ御説明有之候方可然歟ト存候

宍戸の言い分としては、琉球処分はあくまでも日本の内政であり、それに対して照会を提出してきたのは清朝の方であるから、グラントの勧説といえども、清朝の方にその義務があると譲らなかった。こうして、グラントの勧説をきっかけに琉球問題がにわかに進展するかに見えたが、「撤回」と「派員」について、両者は再び膠着状態に陥った。

同年十一月三十日の会談では、[54] グラントが言うところの「一洗更新」が何を指すのか、また交渉人を派遣する義務について話し合いが行われた。まず、「一洗更新」については、宍戸が「前統領ヨリ通知ノ通前議取消シ一洗更新ノ意」について触れると、沈は「新ニ大員ヲ派出候事即前議ヲ棄候意味ニテ詰リ前統領ノ所説ニ不外候」、「前統領書面ノ意ニ基キ彼前議ヲ廃シ可申儀言明候事ハ左程六ヶ敷事ニハ無之候得共　辨法ノ有無ニ関シ矢張前轍ニ帰シ可申ト存候」として、前議を撤回することはさほど難しいことではないが、やはり具体案がなければこれまでと同じ結果になることを懸念していると述べた。それに対して、宍戸はこの点については自身が述べることではないと前置きをしつつ、「前統領書面ニハ前議ヲ廃シ更新談判ノ為メ公平達理ノ大員ヲ選派相成候ハハ　何トカ辨法モソレヨリ相立可申トハ無之哉」として、まずは前議を撤回すること、交渉人を派遣すること、この二点を強調した。

次に「派員」については、沈から次のように提案があった。

第一ニハ球島ノ儀貴国ニテ御処置有之候処　我国ヨリ右次第ヲ御尋問及候モノニ付　貴国ニテハ右御辨明ノ為メ　派員可相成筋ト存候
第二ニハ貴国ニ駐在候我公使何氏ハ和好上ノ公使タルコトハ無論候得共　又球島事件談判ノ事モ委任有之候得ハ　別段人ヲ差シ候ハ不都合ト考候
第三ニハ貴使ニハ兼テ御申聞ノ通リ　右御委任不相成上ハ貴国ヨリ別ニ御派員無之テハ相成間敷ト存候

つまり、琉球に対して処分をおこなったのは日本側なのだから、それに対して清朝は説明を求めており、それを弁明する日本側に派遣の義務がある。また、何如璋がすでに駐日公使として琉球問題にあたっているため、他に人をたてて談判にあたらせるのは不都合であること。最後に、宍戸が琉球問題を担当できないのであれば、やはり他の人を派遣させるべきであるとした。それに対して宍戸は次のように反論した。

第一ニハ今般ノ事我国ヨリ貴国ニ御尋可申事ハ毫末モ無之　勿論内政ノ変革ト相心得居候処　貴国ニテハ同様御考無之随テ御論詰ノ廉モ有之　此レ貴国ヨリ派員可相成筋ニ候

第二ニハ両国平行ノ交誼御座候上ハ　先年我国ヨリ大員派出候事有之　即貴国ヲ敬重候ヨリノ事ニ候右故此度ハ貴国ヨリ御派出相成候ハハ互ニ相敬スルノ意ヲ表候筋ニモ當リ可然

第三ニハ既ニ前議御取消ト相成候上ハ　何公使ニ此程御委任ノ処モ随テ烏有ニ帰可申　別段派員候迠何公使職掌上ニ差障リモ有之間布事ニ候

宍戸の態度は終始一貫しており、琉球処分についてはあくまでも内政のことであり、それについて日本から清朝に尋ねることは何もなく、なにか異論があるのであれば清朝から人を派遣すべきである、と反論した。また、前回は日本から清朝に人を派遣して交渉しているのは「敬重」の気持ちを表しているのであって、今回は清朝がその義務を果たすべきであり、前議を取り消すのであれば、何如璋以外の交渉人を派遣することも不都合ではない、とした。この日の会談では宍戸から総理衙門に対して、①前議を撤回すること、②清朝から交渉人を派遣すること、この二点について要求・確認がなされた。これに対し、総理衙門としては前議を撤回すること自体は難しいことではないが、具体的にどちらが交渉人を派遣するのかについてはグラントも明言していない、そもそも琉球問題は日本側に原因があるのだから、日本から派遣すべきであるとして、この日も決着はつかなかった。このように四月から九月の間、総理衙門は琉球処分の中止を再三求め、これに対して宍戸は琉球処分は日本の内政であることを主張した。九月から十二月にかけては、グラントの提案もあり正式な交渉を開くことで進むが、先述してきたように「撤回」と「派員」について再び衝突することになる。この背景に共通してあるものは、やはり琉球処分の正当性である。琉球がある程度の主権を持っていることについては、日清両国共通の認識として持っていながらも、この「ある程度の主権」＝「近代的な主権国家」と言えるかどうか、この点については両者それぞれが独善的な解釈によって持論を展開することになった。史実と歴史の解釈は必ずしも一致しないが、特に外交の場では国益追従のためにより顕著に現れる。この歴史の解釈を変えながら、対外的には「譲歩」を外交カードとし、国内向けには「譲歩」したことを見せないのが、いわゆる外交である。琉球をめぐる交渉も例外ではない。

同年十二月九日、この日の会談では、ようやく進展が見られた[55]。

まず沈から「撤回」について、「先ツ撤銷致シ候テ派員ノ後　矢張談判不結局候ハハ　我国ニモ諸外国ニ対シ面目ヲ失候事　貴使ニハ如何御考被成候哉」として、前議を撤回した後の交渉が結果を伴わないことにならないか懸念していた。また、「其文面トテモ我等所見ニテハ理ヲ推シ論窮候モノニテ敬礼ヲ失候トハ不被存候得共　貴政府ニハコレヲ失礼ト被見做撤回ノ御談有之　何公使ニモ右撤回ノ儀ヲ頑乎ニ承知不致ト申ニハ無之　辨法ノ有無ニ依リ固ヨリ御同意モ可致心得ニ可有之候」、「両国和好ヲ不失候為ニハ二三文書ヲ撤回候トモ固ヨリ差支無之」と、そもそも何如璋の抗議文についても撤回するほどのことではないと認識していながらも、事態が好転するのであれば撤回もいとわないと説明した。総理衙門の大臣らがしきりに求めている具体的な「辨法」については、宍戸は徹底して「我政府於テ如何ノ辨法可有之哉ハ固ヨリ承知不致」、「最前モ申述候通リ承知不致候」として、明確な回答を避け続けた。最後は次のような会話が交わされた。

宍戸　今般前統領書面中云々ハ同氏当地へ来遊ノ際　貴国政府ヨリ御依頼有之候事ニテ　我政府ニハ同氏ニ依頼候事無之候得共　同氏両国ノ失和ヲ心配候ヨリ貴国へ勧説候事ニ候得ハ　同氏書面ノ趣意ハ貴政府ヨリ御言明可有之筋ニテ　我政府ヨリ可申出順序ニハ無之候

沈王密話少頃

沈　最前ヨリ御談話徹底致兼候様存候処　只今ノ御口上ニテ分明相成候　就テハ此度入御内覧候照会底稿ハ　先ツ相廃シ改テ貴使御名前ヲモ不書入只前統領ノ意ニ据リ球島ノ事辨理致度所存ニ付御同意可相成哉否トノ趣ヲ以テ　貴外務省ヱ御照会可及右御照復御同意ノ趣ニ候得ハ　即前統領書中ノ意ヲ以テ漸次施行ノ運ニ致シ　即公文撤回派員辨理等ノ件ニ及可申存候

基本的には何如璋が寺島外務卿に宛てた照会文の撤回、グラントの意に従い日清両国間で琉球問題について談判の場を設ける、この二点が確認された。こうして宍戸公使らと総理衙門との交渉は一応の決着をみた。宍戸公使と総理衙門の交渉が一段落を迎えた頃、もう一つの事前交渉が始まっていた。竹添進一郎と李鴻章である。

7　竹添進一郎・李鴻章事前交渉——改約分島案の提起

先述したように、グラントの提案を契機として、一八七九年九月二〇日（光緒五年八月初五日）の総理衙門王大臣から外務省へ照会文が提出された。[56] そこにはグラント・ヨングと李鴻章の往復書簡を引き合いに出し「琉球一案已與貴国説明　由両国另派大員会商辨法始有結局」と、日清両国における平和解決の必要性の解釈が述べられていた。本来中国は日本と和を失うことを望んでおらず、あとは「如何彼此派員会商之処希即見復可也須至照会者」とし、すなわち日清双方より人を派遣し、ここに日清交渉をひらくことを申請する内容であった。しかし、この書簡には「肝腎な従前の辯論照会を徹銷する文言」[57]、つまり何如璋等の暴言に対する撤回文はなかった。そこで井上外務卿は同年十月二二日付の返簡[58]で、琉球問題の交渉開始にあたっては、何如璋等の暴言に対する撤回文が前提であることを述べた。清朝の交渉による和解を求める態度に対して、明治政府は依然として撤回文にこだわりつづけた。

明治政府の要求に対し、同年十二月七日の王大臣からの書簡[59]には「本王大臣因将従前弁論各節暫置弗提」と撤回の意がみられ、ようやく琉球問題をめぐる交渉に進展がみられた。このような井上外務卿と総理衙門の交渉の水面下で、竹添進一郎と李鴻章が琉球問題について会談の席を設けた。同年十二月七日の筆談には、琉球問題をめぐる日清間の不和について両者の主張が顕著に現れている。[60]まず竹添は次のように主張した。琉球は古くから日本の支裔であり、隷属であることには確証がある。琉球と中国のような関係においては小国が大国に仕えるのであればそこに「贈献」のやりとりが生じるのは必然であり、このような朝貢関係は国際的にみても属国関係にあたらない。さらに、日清両国が争えば、東洋が壊滅する危機を指摘し、「生民」のためにも争わずに解決すべきであると促した。一見、「和平主義」のようにも見えるこの言葉の背景には、琉球は日本の属国であるという強硬な態度で主張がなされ、いったん事を構えることになれば、日本も武力を用いるというロジックが隠されている。

それに対して李鴻章は、琉球は今も昔も変わらず中国に属している（琉球属中国　自昔已然）と真っ向から竹添の主張を退けた。[61]続けて、日清修好条規第一条を引き合いに出し、「第一条稱所属邦土　実指中国所属之朝鮮琉球等国而言　当時伊達大臣及嗣後換約之副嶋等　皆未向余聲明琉球係日本属邦　今忽謂琉球専属日本　不属中国　強詞奪理　深堪詫異」として、調印・批准時に「所属邦土」がどの地を指すかを明らかにしなかったにもかかわらず、今さらこのような形で琉球日本属国論を主張することに疑問を呈した。また、このような状況において、日本が日清両国の和平を唱えるのであれば、中国を欺慢するに等しいと痛烈に批判した。それに対して竹添は、日清両国が平和的解決の道を歩むことができるかどうかは、両国の要人次第であると述べ、さらにドイツからの外圧が迫っているとの情報を引き合いに出して、李鴻章との妥協点を探った。こうして、竹添と李鴻章は互いの主張を述べて、非公式会談を終えた。この時点での李鴻章の意見は、①琉球は中国の属国である、②日清和平論の主張、の二点に集約される。①については竹添と正反対の主張を述べているが、②については両者一致しているのがわかる。

一八八〇年三月九日（光緒六年一月二九日）、井上外務卿から王大臣に宛てた回答書[62]には、「貴王大臣従前辨論ノ各節ヲ将テ置テ提ケス　本大臣深ク以テ惬フト為ス　前統領勧解之意ヲ照シ務テ和好ヲ保全スルニ至テハ　本大臣モ亦同ク願フ所也」と、ここに日清交渉の準備が整い、いよいよ琉球問題の交渉が始まろうとしていた。

同日、井上外務卿は談判にあたる宍戸公使宛の内信で次のことを強調した[63]。

一　竹添進一郎儀ハ於天津李氏ト昨年ノ続キ有之矢張別紙ノ主義ヲ以テ対話為到候為今度船便ニテ出立為仕候間粗同人ヨリ口気ヲ御通シ申候迄ハ只総理衙門へ此返書御差出シ迄ニテ談判ヲ御開キ不相成方ト存候実ハ竹添ヨリ対話ヲナス時ハ李氏ヨリ総理衙門へ直ニ通シタル後チニ別紙委状ヲ御示シ被成候テ御開談御始メ被成候方都合ヨロシクト推考仕候

一　清政府ノ諱ム廉ハ成丈避ケ候積リニ御座候第一清政府ヨリ使節ヲ出ス是彼ノ不好事第二方今条約改正ヲ望マスシテ増加条約ニナシタル事

一　此便方ハ外国公使等へ必ス洩レヌ様分テ御注意第一ト奉存実ニ外国公使等ノ悪長枝如何ノ事ヲ企テ候哉不可謀又決シテ清政府ヨリモ外国人ノ仲裁等不求様御断置有之度候

一　「グラント」氏ヨリ恭親王并李氏へ送リシ書簡写シモ此度差出シ申候御熟読被下度候
一　応接ノ大意ハ可成丈伝信暗号ヲ以品川ヨリ相通シ候様此度同人マテ機密取扱方申遣シ候間始終同人へ宛大略ハ日々ニテモ乍御煩労御通シ被下度候
一　清政府ト魯ノ事件ハ可成御注意被下候テ御報告有之度奉願候

ここで井上は、①日清修好条規は「改正」ではなく「増加」であること、②日清両国以外の外国公使に交渉の情報を漏らさないようにすること、③交渉中はできるだけ頻繁に日本と連絡をとること、④清露間の情勢には注意して、なにか動きがあれば報告すること、等を宍戸公使に伝えた。

こうして、北京交渉の下準備が着々とおこなわれ、琉球の運命は明治政府の「改約案」の切り札として翻弄されることになる。ここで注目したいのは、井上外務卿の日清修好条規「改約」への執着心であろう。明治政府の近代化への道しるべが、この分島改約交渉に具現化されているといっても過言ではなかった。

明治政府は琉球問題について、以前李鴻章と会談した経験のある竹添進一郎を事前会談にあたらせるため天津に再度派遣した。同年三月二六日（光緒六年二月十六日）、会談の際、竹添は李鴻章に次のような意見書を提示した。[64]

中国大臣果以大局為念　須聴我商民入中国内地　懋遷有無　一如西人　則我亦可以琉球之宮古島八重山島定為中国所轄　以画両国疆域也　二島与台湾最相接近　而距沖縄本島九十里程（大約当中国五百里強）度其員幅　殆琉球全部之半　実為東洋門戸之所存　今以属人　於我国為至難之事　而一面我勉強為此至難之事　以表好意　一面両国奉特旨増加条約　中国挙其所許西人者以及於我商民　我国亦挙所許西人者　以及之中国商民而両国徴税建法一任本国自主

意見書では、琉球の面積の半分にあたる宮古・八重山島を清朝に割譲する代わりに、国内における日本商人の待遇を西洋人と同等にすること＝「利益均霑」を要求した。これはすなわち「分島」と「改約」がセットとなっており、「改約」の対象は一八七三年に批准交換された日清修好条規をさす。[65]この日の事前交渉の中で李鴻章は竹添に対して、グラントはあくまでも日清両国で交渉の場を設け、琉球分割案について話し合うことを望んだのであって、日清修好条規については触れていないと反論した。[66]そしてこのような「改約案」については「今忽増出議改和約　是為節外生枝」と、あまりにも突然で思いがけない事態であると批判した。さらに、両者の間で次のようなやりとりがなされた。

竹添は琉球の帰属について「夫琉球之属隷敝国　前統領亦以為然」と、琉球の日本帰属論はグラントも承知していると述べた。それに対して、李鴻章はグラントはそのようなことには言及しておらず、ゆえに日清両国で交渉をする必然性を説いたのであると返答した。また竹添から改約案について言及がなされ、日本は東洋の平和のために、体面が傷つくのを恐れず自国の領土を割譲したにもかかわらず、中国は通商関係において「西人（欧米人）」に厚く接し、「東人（日本人）」には薄情であると、清朝の態度を批判した。またイリ問題を引き合いに出し、崇厚が自国の領土をロシアに譲渡したことで議論が巻き起こったように、日本でも同様に宮古・八重山諸島の割譲は簡単ではなく、「故ニ中国ニ望ムニ各国人ニ許ルス所ノ便益即チ中国ニ於テ軽重スルニ足ル無キ件々ヲ與フル為メノ条約ヲ増加スルヲ要求シテ　我カ譲地ノ口実ト為シ　以テ体面ヲ損セサラン事ヲ欲スルハ　不相当ノ事ニ非サル可シ」と、領土割譲の見返りとして、内地通商の権利を求めた。李鴻章は「崇氏ノ割地ハ大ニ体例ヲ異ニスルヲ諭シ　而シテ増加条約ハ改正ノ期限ニ至リテ商議スヘキ」、当時の日本は「内地通商」を認めていなかったため、当然清朝としても同様に認めるわけにはいかなかった。これは日本だけに情が薄く、欧米に情が厚いわけではないとし、さらに日本は清朝に脅威を以て改約案を迫っており、分割案と改約案は断じて混同すべきではない、とあくまでも琉球分割案のみの交渉を主張した。[67]

この日の会談では、竹添進一郎・李鴻章の両者ともにグラントが言及している「両国和好」の精神を掲げながらも、分島と改約については双方の主張を述べている。竹添が琉球はもともと日本の領土であったと主張し、イリ問題を事例として挙げ、その琉球の一部を清朝に割譲する見返りとして、日清修好条規の「増約案」を主張したのに対し、李鴻章の主張は「伊犁與琉球又當別論　伊犁久隷我属　未便割土議和　琉球自為一邦　非中土亦非日土　即如尊議亦非割土可比　閣下来意殷懇可敬　但題旨似未認明」とイリと琉球の立ち位置を明確に分け、琉球は本来一つの「邦」であって、清朝でも日本の領土でもなく、日本が琉球の一部を清朝に割譲する見返りとして「今必欲借議球事増改通商章提程　非脅制而何夫」と、日本の要求は脅迫以外の何ものでもないと批判し、「増約案」には一歩も譲歩しない姿勢を見せている。

李鴻章は竹添進一郎との交渉の翌日に総理衙門へ書簡を送った。[68] それによると、琉球分割案については「鄙見琉球南島割帰中国　似不便収管　祇可還之球人　固不能無後患　然事已至此　在日本已算退譲　恐別無結局之法」と、琉球の南島を中国が入手しても、管理が難しいので琉球人に返すだけになるであろう、と領土を得てもメリットがないと認識している。また南島割譲は将来、中国にとって煩わしいことを招くことになるだろうが、日本は割譲することを「譲歩」と見なしているため、グラントが提案したとされる琉球分割案を受け入れるしかないとの見解を述べた。一方、改約案については、当時日清修好条規の交渉の段階で、内地通商と最恵国待遇については問題になったが、今回の機に乗じてこれほどまでも早い段階で再要求してくるとは予想外であった、まさに狡猾であると日本を批判した。つまり、李鴻章はこの段階において、①グラントからの提案である琉球分割案には賛成するほかなく、②改約案については拒否する態度を見せている。

8　李鴻章の琉球三分割案と明治政府の対応

一八八〇年四月四日（光緒六年二月二五日）、李鴻章は竹添との会談で宮古・八重山諸島割譲案に対して、琉球三分割案を提唱し対抗してきた[69]。「美使所称與統領熟商南島帰中国　北島帰日本　中島帰琉球復国立君云云[70]」とする内容で、何如璋からの書簡を提示した。李鴻章は駐日米国公使ビンガム（John Armor Bingham）とグラントが協議のうえ、何如璋に教示したものであるとし、この琉球三分割案の情報には真実味があることを強調した。実際、この李鴻章の琉球三分割案は竹添に対抗するための突発的な発言ではなく、すでに清朝内においても、グラントとビンガムにより琉球三分割案が提起され、ビンガムから直接、何如璋に教示されたものとして注目されていた[71]。何如璋から李鴻章へ宛てた書簡には、「我與統領熟商一辦法　査琉球本分三部　今欲将中部帰琉球復国立君　中東両国共設領事保護　其南部者近台湾為中国必争之地割隷中国　其北部者近薩摩為日本要地割隷日本[72]」とあり、琉球問題にあたっていた何如璋によると、台湾に近い南部を清朝へ割譲し、薩摩に近い北部を日本へ、琉球を本島で存続させるという構想を、ビンガムから教示されたと報告している。当時、李鴻章は総理衙門宛の書簡において、「今閲格蘭忒畳次親筆信函及楊副将函　並未稍露割島分属之説　或若輩背後私議　或与日本密商未経允定　抑或美使以斯言誑子峨　均不可知[73]」と、グラント直筆の書簡とヨング副将の書簡には、「割島分属之説」の件は少しも記載されておらず、自分の知らないところで話が進んでいるのか、あるいはグラントから日本に対してすでに提議されているが日本が承諾しないのか、と何如璋からの情報の信憑性を疑ってはいるものの、三分割案が真実であることを前提に話を進める方針を決めた。

李鴻章の三分割案の提示に対して、竹添は本件についてはこれまで聞いたことがなく、おそらく明治政府もこの件に関して知らないであろうと述べた。しかし李鴻章は背後ではすでにこのように決定しており、竹添のみ知らないのではないかと再度三分割案を強調した。

李鴻章は、会談の翌日にさっそく総理衙門に書簡を送り[74]、ビンガムとグラントが提議したと言われている三分割案は、日本にはいまだ伝えられていないのではないか、実際に何如璋の書簡を見た竹添は本当に知らない様子であったと付け加えた。さらに今回の件で交渉の可能性自体が決裂し、日清両国の間に不和をもたらすことを危惧している。

一方、琉球三分割案は竹添にとってもまったく予想外のことで、「心中甚タ奇異ノ想ヲ為セリ」[75]と動揺する心中を同年(明治十三)四月五日、井上外務卿宛の密信に記している。さらに「日本政府ハ小官ノ未タ聞知セサル所ニ尚一層深奥ノ密意アルヘシ　即チ何如璋ヨリ上申シタル〔グラント〕氏ノ弁法ニシテ　若シ日本政府果シテ此ノ弁法ニ出ツルトキハ　清国ニ於テ敢テ異議ナキノ意ヲ　隠々中ニ小官ニ示喩シ　此ノ意ヲ宍戸公使ニ伝ヘシメントスル者ニ似タリ」と事実の照合を早急に行い、李鴻章の提示した琉球三分割案が真実であるなら、この件に関して臨機応変に対応するべきであると述べた。

この会談から十五日後の同年四月十九日、竹添は李鴻章に琉球存続へ反論する意見書を提出した[76]。三分割案はグラントの考えではなく、また何如璋とビンガムとは「言語不通」なので意思疎通に問題があったのではないか、とあくまでも三分割案提起が米国からなされたとする李鴻章の主張を否定する姿勢をみせた。当然ながら、これはあくまでも竹添個人の考えで、根拠があったわけではなかった。そこで、竹添から三分割案の情報を受けた井上外務卿は、その真相を探るべく、同年四月十九日、ビンガムに照会した[77]。翌日、さっそくビンガムから井上外務卿宛に"I did not recollect any conversation with Mr.Ho-Ju-Chang upon such a proposition, it might be possible that he made mention of such a mode of setllement"との返信[78]があった。つまりビンガムは、何如璋とは琉球三分割案について話し合ったことはないと述べ、何如璋自身が作りあげたものであろうと推測し、琉球三分割案を完全に否定した。

同日、井上外務卿は宍戸公使にビンガムの返答を記載した書簡を送り、李鴻章が提唱した琉球三分割案は「無論無根タルハ明了」[79]であると断言した。これについて三浦は「これは日清談判の開始されんとするに當って会議を有利に導かんが為め一種の牽制策としてグラント氏に託した何公使あたりの宣傳ではなかったか」[80]と推測している。

その後、同年五月十二日、井上外務卿は在米公使・吉田にも訓電[81]して、ビンガムと同様に琉球三分割案についてグラントにその真偽を確認したところ、

清国ニ於テ臺灣島并ニ琉球以南ノ諸島即チ宮古島八重山ヲ占領シ全ク之ヲ管轄スルノ権利ヲ日本政府ニテ是認スル時ニハ即一譲與ニシテ　日本カ日外此等ノ諸島（臺灣宮古島八重山島等ヲ云フカ）ヲ占領セン事ニ関シ清国ノ痛歎ヲ全ク除去スルニ足ルヘキナリ　拙者ノ意見斯ノ如シト雖モ　是迄清国政府ニ贈リタル書翰中未タ曾テ之ヲ掲ケシ事ナシ[82]

と吉田公使を介して返信があった。これによるとグラントは在日の間、分島案を示唆したことは事実であるとしながらも、琉球三分割案については否定し、また清朝には分島案さえも提起していないとした。この点については日本側の史料には「三分案はビンガムもグラントも初めから関知して居らず、全く捏造せられた言説であることが判明した」[83]と記録が残っている。

グラント、ビンガムの証言が決定的となり、井上外務卿は竹添に李鴻章の琉球三分割案に対して再度反対の意を述べさせた。同年八月四日、竹添進一郎は筆談[84]で李鴻章にビンガムの証言を示し、琉球三分割案が事実無根であることを提示した。それに対する李鴻章の反応は「逃避ニ出テ顔色語気共ニ奮ハスシテ　殆ト前日ノ李氏ニ非サルヲ疑ハシムルニ至ル」ほどの態度で、李鴻章としてもこの結果に対して特に異論を述べる

こともなかった。

ただし、李鴻章の反応についてはいずれも日本側の史料からの引用であり、実際の李鴻章の気持ちを判断するには十分な検討がなされてきたとは言えない。後述するが、結果として分島改約交渉が調印・批准にいたらなかった原因の一つとして、まさに日本の譲歩である「分島」と清朝の譲歩である「改約」がセットになったことが挙げられる。つまり、日本の譲歩である宮古・八重山諸島の割譲を清朝が受け入れなければ、それは譲歩としての機能を果たさなくなり、必然的に「改約」も成就することはない。ここで李鴻章が三分割案を提示したのは、琉球存続の場を元々の首里、つまり本島（中部）で行うことが目的であった。それは琉球処分を実質的に無効化するためであり、この無効化によって朝鮮への併合・侵略を阻止できると考えたからである。日本側の史料だけでは、あたかも李鴻章が三分割案を阻まれ、窮地に追い込まれたように映る。しかし、先述したように結果として井上外務卿や宍戸公使の思惑通りに進まなかったことを考えると、李鴻章にとっては三分割案であろうと二分割案であろうと、さほど影響がなかったのかもしれない。この点については、第五章で詳細に検討する。

9　おわりに

本章では琉球問題をめぐる五つの会談から本交渉にいたるまでのプロセスを明らかにした。清朝にとっては、明治政府による琉球処分は見過ごせない問題であった。清朝と朝貢関係にあった琉球が日本に組み込まれることによって、朝鮮や台湾にも波及する恐れがあったからである。何如璋、李鴻章、総理衙門の主張はほぼ一貫しており、琉球は明朝・清朝と朝貢関係にあり、外国とも条約を締結しているため、琉球処分は日清関係のみならず、国際的にも問題があるというものであった。一方、日本はあくまでも琉球処分は「内政」であり、清朝とは無関係であり、外国との関係については日本が管轄すると主張した。ウェード（英国）は李鴻章から相談を受けると、ドイツに条約改正の面で譲歩することを条件に、五ヶ国（米英独仏露＝Five powers）による琉球問題への介入を提案してきた。李鴻章はドイツへの譲歩と琉球問題を天秤に掛け、五ヶ国の介入を諦めることを決断する。グラント（米国）はすでに一線を退いた身であり米国政府を代表するわけではないが、戦争を回避するための助言として、交渉の場を持つこと、互譲の精神で平和的に臨むこと、第三国の介入を避けること等を挙げた。グラントの意向であることを盾に交渉を進めようとしてきた総理衙門に対して、明治政府は交渉を始める条件として、何如璋の照会文にある文言について謝罪・撤回を総理衙門に求めた。「派員」についてもどちらに交渉人を派遣する義務があるのか、議論が交わされた。また、グラントが沖縄本島と宮古・八重山諸島を分けることを提案したため、明治政府としては領土の割譲に見合う「互譲」の対象として、日清修好条規に最恵国待遇を追加する案を提出してきた。しかし、先述したように琉球処分の正当性については日清両国で共通の認識にいたっていないため、なにをもって「互譲」とするのか、そもそも琉球は存続するのか等、事前会談では決着がつかなかった。これらの点については、八月十八日から始まる本交渉で議論の対象となる。

このように本交渉にいたるまでの経緯を整理すると、琉球問題に内包されている「問題」が見えてくる。仮にグラントというファクターがなければ、琉球問題が「分島案」と「改約案」に発展することはなく、正式な交渉の場が設けられることもなかったであろう。しかしながら、第四章で後述するように、本交渉である分島改約交渉は妥結にいたったが清朝側で調印・批准を延期することになり、結果として本交渉で決まったことは琉球問題を解決に導くことはなかった。琉球処分によって琉球が日本に組み込まれるという結果に影響を与えることはなかったのである。さらにその後、琉球問題が直接的な原因ではないにせよ、日清戦争が起こったことを考えると、事前会談でグラントが提起した平和的解決とは真逆の結果になったと言える。これまでグラント調停については、座礁していた琉球問題を交渉の流れに戻したという点に焦点が当てられていたが、分島改約交渉の結果と結びつけた先行研究はほとんど見られない。つまり、日清交渉はグラントが提案した「分島案」を中心に動き始め、その互譲の対象として「改約案」が明治政府から提起される。しかしながら、先述したようにそもそも琉球問題の本質は「琉球の存続」にあり、島を分けたり条項を増加したりするような「互譲」などでは解決できなかったのである。

註

1　朝貢・冊封関係については、濱下武志『朝貢システムと近代アジア』（岩波書店、一九九七年）に詳細に分析されている。また属国・自主の観点からは岡本隆司『属国と自主のあいだ』（名古屋大学出版会、二〇〇四年）、朝貢と互市からの観点からは岩井茂樹『朝貢・海禁・互市』（名古屋大学出版会、二〇二〇年）を代表的な研究として挙げる。

2　台湾事件、台湾出兵については、以下に詳しい。田保橋潔「琉球藩民蕃害事件に関する考察」（『市村博士古稀記念　東洋史論叢』冨山房、一九三三年）、許世揩「台湾事件（一八七一～一八七四年）」（『国際政治』（二八）日本国際政治学会、一九六五年）、中島昭三「台湾出兵」（『国學院法学』七（三）、一九七〇年）、栗原純「台湾事件（一八七一～一八七四年）――琉球政策の転機としての台湾出兵」（『史学雑誌』八七（九）史学会、一九七八年）。川畑恵「台湾出兵についての一考察」（『沖縄文化研究』十六号、法政大学沖縄文化研究所、一九九〇年）、毛利敏彦『台湾出兵：大日本帝国の開幕劇』（中央公論社、一九九六年）、後藤新「台湾出兵と琉球処分――琉球藩の内務省移管を中心として」（『法学政治学論究：法律・政治・社会』第七二号、慶應義塾大学大学院法学研究科、二〇〇七年）、西敦子「台湾出兵にみる琉球政策の転換点」（『史論』第六一号、東京女子大学史学研究室編、二〇〇八年）。

3　我部政男「日本の近代化と沖縄」『岩波講座 近代日本と植民地』一（岩波書店、一九九二年）一〇五頁。

4　一八六六年から一八七二年の間、中国厦門に領事として活躍する。その間、台湾各地を視察しており、台湾情報に長けていた。琉球島民殺害の台湾事件に際しては、その豊富な知識と経験を生かし、日本政府の外交顧問となる。我部政男・栗原純『ル・ジャンドル台湾紀行』全四巻（緑蔭書房、一九九八年）、小林隆夫「留守政府と征台論争――ル・ジャンドル覚書に関する一考察」『政治経済史学』二九六（日本政治経済史学研究所、一九九〇年）参照。

5　『明治文化資料叢書』第四巻「外交編」明治文化資料叢書刊行会編（風間書房、一九七二年）三五頁。

6　『日本外交文書』明治年間追補第一冊、一四七頁。

7　『大日本外交文書』第五巻、「柳原外務大丞等ヨリ尚琉球使臣正使等宛／琉球使臣へ拝謁仰出アリシニ付通知ノ件」、「琉球使臣へ拝謁仰出アリシ旨ノ通知了承ノ件」三七八～三八四頁。なお、「琉球藩王冊封」という言葉については、波平前掲書を参照。「琉球藩王冊封の歴史的意味」一四六～一五二頁、「琉球藩王冊封の歴史的意味・再論」一六六～一七〇頁。

8　これら一連の行動は「救国運動」「渡清行動」「脱清行動」とよばれ、明治政府の琉球処分に対する不満のあらわれである。この行動はその性質上、必然的に国際的問題を包括しており、日本国内で解決することは極めて困難であった。ゆえに中国における琉球人による救国運動は「地方的側面と中央的側面の接点、あるいは両側面を、沖縄地方は最も象徴的に表現していた」ととらえることができる。我部政男「明治初期の政府と沖縄地方―脱清行動と血判誓約書を中心に」八六頁『年報政治学：近代日本政治における中央と地方』三五、日本政治学会編、一九八四年。

9　王芸生『日支外交六十年史』第一巻「第三節 支那の冷淡なる態度」（建設社、一九三三～三六年）一七五頁参照。

10　『清光緒朝中日交渉史料』巻一（二〇）、「閩浙総督何璟等奏據情陳奏琉球職貢日本梗阻摺」光緒三年五月十四日／一八七七年六月二四日、二一頁。【和訳】王芸生前掲書、一七五～一七七頁。

11　同前、二二頁。

12　ちょうどその頃、日本国内では西南戦争が勃発しており、一八七六年に駐日公使に任命された何如璋だが、日本国の内乱のため来日を見合わせていた。西南戦争終了後（一八七七年九月）、同年十二月に来日している。

13　『清光緒朝中日交渉史料』巻一（二一）、「軍機処寄閩浙総督何璟等上諭」、光緒三年五月十四日／一八七七年六月二四日、二一～二二頁。

14　『日本外交文書』明治年間追補第一冊、二二七頁。

15　『李文忠公全集』譯署函稿巻八、「何子峩来函」光緒四年四月二八日／一八七八年五月二九日、二～四頁。【和訳】王芸生前掲書、一七八～一八一頁。

16　李鴻章の対応については、第五章で詳細に述べる。

17　『日本外交文書』第十一巻、「寺島外務卿清国公使應接筆記／琉球ニ關スル件」明治十一年九月三日、二六九～二七一頁。

18　『日本外交文書』第十一巻、「清国公使ヨリ寺島外務卿宛／琉球ハ元來清国ノ藩屬自治ノ国ナルニ何故日本ハ其進貢ヲ差止メタルカ質問ノ件」明治十一年十月七日、二七一～二七二頁。『世外井上公伝』三（原書房、一九六八年）、四〇一～四〇二頁。

19　『日本外交文書』第十一巻、「寺島外務卿ヨリ清国公使宛／琉球ハ従前我所屬ニシテ現ニ我内務省管轄タル旨回答并ニ前件ノ申出ノ文言意ニ愜ハザル旨質問ノ件」明治十一年十一月二一日、二七二頁。

20　『日本外交文書』第十一巻、「清国公使ヨリ寺島外務卿宛／琉球案件ニツイテ再考ヲ促ス旨申出ノ件」明治十一年十一月二九日、二七二～二七三頁。

21　『日本外交文書』第十一巻、「寺島外務卿ヨリ清国公使宛／琉球案件ニツイテ再考申出ニ対シ回答ノ件」明治十一年十一月三十日、二七三頁。

22　『日本外交文書』第十二巻、「清国公使ヨリ寺島外務卿宛／琉球案件ニツキ協商申出ノ件」明治十二年二月二六日、一七六頁。

23　山下重一「琉球処分概説」『国學院法学』二七（四）（国學院大学法学会、一九九〇年。のちに『琉球・沖縄史研究序説』御茶の水書房、一九九九年所収）参照。

24　『日本外交文書』第十二巻、「清国公使ヨリ寺島外務卿宛／日本ノ琉球派員差止方申出ノ件」明治十二年三月十二日、一七六～一七七頁。

25　『日本外交文書』第十二巻、「清国公使ヨリ寺島外務卿宛／琉球案件交渉中ナルニ日本政府ニ於テ廢藩置縣ノ處置ヲナシタルハ承認シ難キ旨申出ノ件」明治十二年五月二十日、一七九～一八〇頁。

26　『日本外交文書』第十二巻、「寺島外務卿ヨリ清国公使宛／琉球所屬ノ由来説明竝ニ前年來翰文言ノ辨明猶意ニ愜ハザル旨回答ノ件」明治十二年六月、一八一～一八二頁。

27　『李文忠公全集』譯署函稿巻八、「与美国格前総統晤談節略」光緒五年四月二三日／一八七九年六月十二日、四一～四四頁。【和訳】王芸生前掲書、一九一～一九六頁。

28　「一国」という表現の真意については、第五章参照。本節ではとりあえず琉球問題をめぐる各国の動きとして、グラント・李鴻章会談を取り上げるに留める。

29　このことに関して、三国谷は「琉球帰属に関するグラントの調停」（『東方学報』一〇（三）、京都大学人文科学研究所紀要、一九三九年）の中で、「李鴻章はグラントの天津滞在中直接グラントに琉球問題調停を明白に依頼したとはいへないにしてもグラントの意を打診する位のことはしたと考へられる」と指摘し、「而してグラントは北京着後恭親王から直接に公式に琉球問題に関して日清間の調停を依頼されたのであった」と述べている（三二〜三三頁）。また、清朝がグラントだけではなく、諸外国に依頼することの可能性を期待はしていたが、積極的ではなかったと述べている。その理由を「諸外国が調停に當ることとなれば、勢ひ利権要求が附随するであろうことを知つていたからである」と述べ、グラントなら現役を退いた「一旅行者」にすぎず、かつ前任の影響力を期待できると清朝がグラントに依頼した背景を詳細に分析している（三四頁）。

30 『世外井上公伝』三、四〇八頁

31 同前、四〇九〜四一〇頁。

32 『李文忠公全集』譯署函稿巻九、「訳美前総統格蘭忒来函」光緒五年七月五日／一八七九年八月二二日到、三二〜三三頁。

33 『李文忠公全集』譯署函稿巻九、「覆美前総統格蘭忒」光緒五年七月六日／一八七九年八月二三日、三五〜三六頁。

34 『李文忠公全集』譯署函稿巻九、「訳美前総統来函」光緒五年七月二一日／一八七九年九月七日、三九〜四〇頁。
【和訳】『日本外交文書』明治年間追補第一冊、二四二〜二四四頁。王芸生前掲書、一九七〜二〇〇頁。また『沖縄県史』十五巻・資料編五、一四八〜一五三頁には、英語の原文、日本語、中国語の翻訳文が掲載されている。『沖縄県史』に掲載されている英文には「August 13th 1879」、日本語訳文には「明治十二年八月十三日」と記載されているが、『李文忠公全集』に掲載されている中国語への翻訳文には「西暦八月二十三日」、『日本外交文書』外務省編「明治年間追補第一冊」の日本語訳文にも「西暦八月二十三日」と記載されていることもここに記しておく。

35 FRUS, Mr. Blaine to Mr. Angell, No. 82, April. 4, 1881.

36 ここでは、会談の内容について正確を期するために、英国側と清朝側の二つの史料を比較しながら使用する。英国側史料 -*LOOCHOO ISLANDS*, Confidential Sir T.Wade, Interview with Grand Secretary. Statement of the Loochoan difficulty. Project of united mediation by Representatives of foreign Powers. No2, July. 3, 1879. pp.1-3.　なお同報告書は下記の史料にも収録されてぃる。Ian, Nish, ed. *British documents on Foreign Affairs Report and Papers From the Foreign Office Confidential Print Part1 Series E Asia, 1860-1914 Volume2 Korea, the Ryukyu Islands, and North-East Asia,*

1875-1888. pp.59-61./ 中国側史料『李文忠公全集』譯署函稿九巻、「與英国威使晤談節略」光緒五年五月初六日／一八七九年六月二五日、一～六頁。

According to the Grand Secretary, China's difficulty is as follows: Loochoo has been for centuries the tributary of China as well as of Japan; but some three years ago Japan directed the King of Loochoo to send no more tribute to China. Tribute accordingly ceased to come, but it was not until a Chinese Mission was established in Japan that the cause of this cessation was discovered. The Loochooans, who informed the Chinese of it, farther represented that their Goverment was threatened with absorption by Japan—as they term it, extinction; and they have implored the intervention of the Chinese, who indeed protest against the proceeding, said the Grand Secretary, not only as unjust in itself, but as contravening a provision in the Treaty between China and Japan, to the effect that neither should interfere with the dependencies of the other.

In reply to my questions, the Grand Secretary added that the ostensible purpose of Japan was a redistribution of her provincial system; but that she really contemplated farther acts of aggression, notably in the direction of Corea, to the invasion of which she was being instigated by Russia.

Russia, again, had in view the annexation of such portions of Corea as would give her sea-ports that might be open in winter. She would step in whenever Japan commenced operations.

The proposed modification of Japanese territory, which involves the annexation of Loochoo, he ascribed to the Satzuma people. Mori Arinori, lately Minister in China, but since the death of Okubo recalled to high office in Japan, he observed, was a Satzuma man, and he believed a strong advocate of the measure.

The Mikado himself, he had reason to think, was secretly opposed to it, and on this he based his hope that something might be done by mediation. China had no material interest in the matter, but her honour, or "face," was more or less concerned, particularly as the Loochooans had appealed to her. She was quite ready to forego tribute for all time to come. All that she required was that Japan should leave Loochoo independent.

（省略）

The Grand Secretary was none the less confident that, if England and America would unite as mediators, the Mikado of Japan would give way.

I expressed some doubt on this point, although I thought it possible that the mediation of a large number of Powers might have the double advantage of influencing the Mikado, and of neutralizing the hostility of any Western Power that might be hostile. If Germany could be brought to join in the work, France would not like to be left out; and if we four were associated together, Russia, if she did not act with us, would be deterred from such designs as the Grand Secretary was attributing to her. But a first condition with any Power appealed to would be the removal of outstanding griefs. The Power, perhaps, most to be feared as a dissident at this moment was Germany, whose Representative, just returned had been irritated by the hindrances thrown in the way of Treaty revision. His demands, so far as I knew, were not unreasonable. Why not win him over by frankly and promptly closing a discussion that had been open more than three years? As to Corea, I could only repeat what I had been teling the Tsung-li Yamen any time these eighteen years, that the one safeguard of States similarly circumstanced is to open their country to all nations. Cochin China was an eminent instance of the consequences of exclusivism, and Corea appeared to me to be destined to a similar fate.

37 『李文忠公全集』譯署函稿巻九、「與英国威使晤談節略」光緒五年五月初六日／一八七九年六月二五日、二〜三頁。

38 同前、三頁。

39 『李文忠公全集』譯署函稿巻九、「述威使論修約」光緒五年五月初八日／一八七九年六月二七日、一頁。

40 この点において、先行研究では「グラントの調停案では琉球問題をめぐる清朝と明治政府の交渉に西洋列強を参加させないよう強く勧められているからである。実際に、清朝・日本両国がグラントの忠告に従い、西洋列強を交渉に入れなかったのである」「従来、グラント調停は主として、琉球問題をめぐる清朝と明治政府の直接交渉の開始を促すことに成功した出来事として見做されていた。だが実は、グラント調停により琉球の主権問題が清朝と明治政府の「二国」間のみに限る問題とされたので、琉球の独立性を証明できた「琉米・琉仏・琉蘭修好条約」の法律上の価値をなくさせたといえるだろう」（ティネッロ前掲書、二九四〜二九六頁）とある。しかしながら、第一章で明らかにしたように、「琉米修好条約」という用語は、締結国である米国から見たときには

treaty（条約）ではなくcompact（規約・契約）として認識されていたこと、本章においては李鴻章がグラントとの会談の直後に、ウェードに琉球問題の調停を相談していることから、グラントが日清の「二国」間のみに限る問題にすることを提唱したことは、全く李鴻章の聞き入れるところではなかったことがわかる。琉球問題に他国が介入しなかった背景には、清朝と各国の条約改正問題と連動していたのが最大の原因であった。つまり、グラントが「西洋列強を参加させないように強く勧めた」ことは、李鴻章にはほとんど影響がなかったのである。

41 『琉球所属問題』第一（三二別紙）、「宍戸公使総理衙門大臣ト対話記事／琉球問題ニ関シ清官ヨリ開談ノ件」明治十二年四月三〇日、二三七～二四三頁。

42 『琉球所属問題』第一（三三別紙）、「総理衙門大臣ヨリ宍戸公使宛（琉球ノ廃藩置県ヲ停止セラレ度キ件照会」明治十二年五月十日、二四六～二五二頁。寺島への報告書には「右照会訳文」が添付されている。漢文と比較してみたが、翻訳には特に誤訳はなかったため、本文では訳文を引用する。

43 当然ながら、総理衙門が主張している「一国」が主権国家に相当するかは別問題である。

44 『琉球所属問題』第一（三七別紙）、「宍戸公使総署大臣ト対話記事／琉球問題ニ関シ総署大臣ヨリ申出ノ件」明治十二年六月二日、二六六～二七六頁。

45 『琉球所属問題』第一（四四別紙）、「説畧」明治十二年七月十六日、三三一～三三八頁。

46 『琉球所属問題』第一（四四）、「寺島外務卿ヨリ宍戸公使宛／琉球問題ニ関スル説略清政府ヘ呈示セラレタキ件」明治十二年七月十六日、三二八～三二九頁。

47 『琉球所属問題』第一（四七別紙）、「総理衙門ヨリ宍戸公使宛／琉球ノ清国属国タル理由ヲ説明シタル照会」明治十二年八月二二日、三五二～三五七頁。

48 『琉球所属問題』第一（四七）、「宍戸公使ヨリ寺島外務卿宛／八月二十二日総理衙門ヨリ琉球ハ清国所属ノ旨照会ノ件」明治十二年八月二六日、三五〇～三五一頁。

49 『琉球所属問題』第一（五一）、「井上外務卿ヨリ宍戸公使宛／八月二十二日総理衙門ヨリノ照会ニ対スル回答」明治十二年十月八日、三九一～三九六頁。

50 『琉球所属問題』第一（五七）、「宍戸公使ヨリ井上外務卿宛／十月八日付外務卿ノ回答ハ二十六日総署ヘ進達ノ件」明治十二年十月二八日、四〇八～四〇九頁。

51　『琉球所属問題』第一（四九）、「同年十月十日受　総理衙門ヨリ外務省宛／グラント将軍ノ意ニ従ヒ両国派員会商シタキ旨申越ノ件」明治十二年九月二十日、三六一～三六三頁。

52　『琉球所属問題』第一（五六）、「井上外務卿ヨリ総理衙門宛／グラント将軍ノ意ニ従ヒ両国派員会商ノ義承諾ノ件」明治十二年十月二二日、四〇六～四〇七頁。

53　『琉球所属問題』第一（六〇別紙）、「宍戸公使総署大臣ト対話記事／従前ノ談判ハ此際一洗更新スルヤ否ヤ尋問ノ件」明治十二年十一月十八日、四一七～四二七頁。

54　『琉球所属問題』第一（六一別紙）、「宍戸公使総署大臣ト対話記事／談判一洗更新並ニ派員ノ義ニ関スル件」明治十二年十一月三〇日、四三〇～四四〇頁。

55　『琉球所属問題』第一（六五）、「宍戸公使総署大臣ト対話記事／グラント将軍ノ意ニ従ヒ我政府へ照会ノ件」明治十二年十二月九日、四四九～四六〇頁。

56　『日本外交文書』十二巻、「清国総理各国事務王大臣ヨリ外務省宛／琉球案件會商ニ關スル件」明治十二年九月二〇日、一八七～一八八頁。【和訳】『日本外交文書』明治年間追補第一冊、二四四頁。

57　『世外井上公伝』三、四一一頁。

58　『日本外交文書』十二巻、「井上外務卿ヨリ清国総理各国事務王大臣宛／琉球案件會商ニ關スル申出ニ対シ回答ノ件」明治十二年十月二二日、二〇〇～二〇一頁。『琉球所属問題』第一（五六）「井上外務卿ヨリ総理衙門宛／グラント将軍ノ意ニ従ヒ両国派員会商ノ義承諾ノ件」明治十二年十月二二日、四〇六～四〇七頁。

59　『琉球所属問題』第一（六七）、「総理衙門ヨリ我外務省宛／グラント将軍ノ意ニ任セ商議シタキ旨申越ノ件」明治十二年十二月七日付、同十三年一月十五日受、四七四～四七五頁。【和訳】『日本外交文書』明治年間追補第一冊、二四五頁。

60　『李文忠公全集』譯署函稿巻十、「与日本竹添進一筆談節略」光緒五年十月二四日／一八七九年十二月七日、十三～十五頁。『琉球所属問題』第一（六三）、「竹添進一郎李鴻章対話中ノ一節／李鴻章ノ所説」明治十二年十二月七日、四四三～四四五頁。

61　ただし、ここで言う「属」が現代的な「属国」に完全に当てはまるわけではない。この点については第五章で詳しく述べる。

62 『日本外交文書』第十三巻、「三月九日付井上外務卿ヨリ清国総理各国事務王大臣宛回答書」明治十三年三月九日、三七一頁。

63 『琉球所属問題』第一（七五）、「井上外務卿ヨリ宍戸公使宛／琉球問題解決方ニ関スル内信」明治十三年三月九日、五〇八～五一三頁。

64 『琉球所属問題』第一（七三）、「竹添進一郎李鴻章ト談話スル為メノ意見書」、五〇二～五〇四頁。『李文忠公全集』譯署函稿巻十、「日本竹添進一説帖」光緒六年二月二六日到、三二一～三二三頁。王芸生前掲書、第六節／「竹添進一郎分島改約の議を進む」、二〇二～二〇三頁。

65 この竹添進一郎の提示を王芸生は『日支外交六十年史』の中で、宮古・八重山諸島は貧弱な不毛の土地であり、これら両島を清国に割譲して、その見返りとして条約改正にこぎつけるのは「その謀や狡猾と謂ふべきである」と批判している。王芸生、同前、二〇三頁。

66 『李文忠公全集』譯署函稿巻十、「与日本委員竹添進一筆談節略」光緒六年二月十六日／一八八〇年三月二六日、二七～三二頁。『琉球所属問題』第一（七七）、「竹添氏ヨリ井上参議宛／李鴻章ト琉球案件ニ付内談ノ状況」明治十三年三月二八日、五一五～五二一頁。

67 また『琉球所属問題』第一（七七）、「竹添氏ヨリ井上参議宛／李鴻章ト琉球案件ニ付内談ノ状況」明治十三年三月二八日、五一五～五二一頁に掲載されているこの日の会談内容は、李鴻章が「条約増加ヲ以テ我朝ヲ脅制スルハ〔グラント〕氏ノ云フ所ニ非ラス是ハ他日別途ニ商議スヘキモノナリ」、「増加条約ハ改正ノ期限ニ至リテ商議スヘキ」と主張したとあり、『李文忠公全集』の内容と一致する。

68 『李文忠公全集』譯署函稿巻十、「議球案結法」光緒六年二月十七日／一八八〇年三月二七日、二六～二七頁。

69 『李文忠公全集』譯署函稿巻十、「与日本委員竹添進一筆談節略」光緒六年二月二五日／一八八〇年四月四日、三五～三八頁。『琉球所属問題』第一（七八）、「竹添氏ヨリ井上参議宛／琉球三分説」明治十三年四月五日、五二二～五三〇頁。

70 他にも下記の史料に記録が残っている。王芸生前掲書、二〇三頁。「球地本分三島議將北島帰日本中島還琉球南島帰中国」（『清光緒朝中日交渉史料』巻二（四三）、「総理各国事務衙門奏請派員商辦琉球案摺」光緒六年六月二四日／一八八〇年七月三十日、一頁）。

71 『清光緒朝中日交渉史料』巻一（三五）、「総理各国事務衙門奏美統領調處琉球事摺」光緒五年七月二一日／一八七九年九月七日、三三頁。
72 『琉球所属問題』第一（七八）、「竹添氏ヨリ井上参議宛／琉球三分説」明治十三年四月五日、五二六頁。
73 『李文忠公全集』譯署函稿巻九、「密論何子峨」光緒五年七月二三日／一八七九年九月八日、四四～四五頁。
74 『李文忠公全集』譯署函稿巻十、「勧竹添進京」光緒六年二月二六日／一八八〇年四月五日、三四～三五頁。
75 『琉球所属問題』第一（七八）、「竹添氏ヨリ井上参議宛／琉球三分説」明治十三年四月五日、五二七頁。
76 『李文忠公全集』譯署函稿巻十、「日本委員竹添進一来書」光緒六年三月十一日／一八八〇年四月二十日、四十～四一頁。
77 『琉球所属問題』第一（八四）、「米国公使ヨリ井上外務卿宛／琉球三分説ニ関シ〔グラント〕将軍ト相談シタルコトモ清国公使ヘ話シタルコトモナキ旨回答」明治十三年四月二十日、五六二～五六三頁。なお、引用文中の「Ho-Ju-Chang」とは「何如璋」のことを指す。
78 『琉球所属問題』第一（八四）、「米国公使ヨリ井上外務卿宛／琉球三分説ニ関シ〔グラント〕将軍ト相談シタルコトモ清国公使ヘ話シタルコトモナキ旨回答」明治十三年四月二十日、五六四～五六七頁。
79 『琉球所属問題』第一（八五）、「井上外務卿ヨリ宍戸公使宛／琉球三分説ハ無根ノ義ナル旨内信」明治十三年四月二十日、五六八～五七二頁。
80 三浦前掲論文、一三七〇頁。
81 『琉球所属問題』第一（八九）、「井上外務卿ヨリ吉田駐米公使宛／琉球三分論ハ〔グラント〕将軍ノ意志ナリシヤ探問方ノ件」明治十三年五月十二日、五八八～五九五頁。
82 国学院大学『梧陰文庫』A1580、「在米吉田公使ヨリ六月二三日発郵便ヲ以テ差越シタル克蘭土氏ノ回答書訳文」明治十三年六月三〇日。『琉球所属問題』第一（九二）、「グラント将軍ヨリ吉田駐米公使宛／琉球問題ニ関スル〔グラント〕将軍ノ内意」明治十三年六月十九日、六一四～六一七頁。
83 『世外井上公伝』三、四一七頁。
84 『琉球所属問題』第二（一〇一）、「竹添天津領事ヨリ井上外務卿宛／李鴻章ニ面会琉球三分説ハ〔グラント〕将軍ノ意志ニ非サル旨陳述」明治十三年八月四日、二二～二五頁。

第四章　分島改約交渉と日清両政府の対応

1　はじめに

一八七〇年代、清朝は海防と塞防をめぐり外交問題が生じていた。本章で扱う海防とは日本との琉球問題であり、塞防とはロシアとのイリ問題を指す。本章では、前章で述べた琉球問題をめぐる事前会談をふまえ、本交渉に焦点を当てる。一八八〇年八月、日清間で始まった分島改約交渉では、主に宮古・八重山諸島の割譲（分島案）及び日清修好条規の増約（改約案）が議論の中心となった。数次にわたる交渉の末、同年十月、特命全権公使・宍戸璣等と総理衙門との間で琉球分割条約を議定するにいたり、日本はこの交渉により、日清修好条規の増加条款として最恵国待遇を清朝に認めさせた。同時に、清朝には宮古・八重山諸島を割譲し、日本は今後、一切干渉しないことを約した。しかし、交渉終了後、琉球分割条約に対し清朝内で批判が高まり、北洋大臣・李鴻章、詹事府右庶子・陳寶琛、詹事府左庶子・張之洞等の反対意見により、総理衙門は宍戸公使に調印の遷延・再交渉を伝えることになる。交渉が順調に終了し、残すは調印・批准のみと考えていた明治政府にとって、総理衙門のこのような態度は予想外であった。遷延という手段をとった総理衙門に対し、宍戸公使は度々条約の調印・批准を催促した。しかし総理衙門は取り合わず、一貫してその態度を変えなかった。史料によると、その後宍戸公使は憤然と帰国したとされており、結局琉球分割条約は調印・批准されることはなかった。

前章では本交渉、つまり分島改約交渉にいたるまでの五つの事前会談を分析することで、琉球処分が琉球問題に発展していくプロセスを明らかにした。本章では全八回にわたる交渉過程の全体像を描き、日清両国の主張及びその対応に焦点を当てる。[1] 特に前章で明らかにした事前会談から本交渉への流れを確認し、第一回交渉における日清双方の主張から、最終的に第八回で決定した事項を比較し、日本側と清朝側の「譲歩」の程度及びその背景を分析する。一般的に外交では自身の国益を追求するが、当然ながらそのすべてが通るわけではない。相手国もまた同様に国益を抱えて交渉に臨み、往々にしてその国益同士は衝突するからである。このような場面でそれぞれの主張を後押しするのが、いわゆる「外交カード」である。当時、日清両国にはどのようなカードが手元にあったのか、あるいは相手に突かれたくない弱点はあったのか、そもそも双方の主張は対等であったのか等、以上のことを明らかにしていく。なお、琉球問題に対する清朝側の李鴻章、日本側の井上馨の外交に関する分析については、第五章及び第六章で詳細に述べる。

2　日清修好条規の期限内改正と琉球分割案

本節では、まず分島改約交渉の「改約」にあたる日清修好条規について触れる。日清修好条規は日本と清朝の間で結ばれた条約である。[2] 明治四年七月二九日（一八七一年九月十三日）に天津において日本側の伊達宗城全権大臣代表団と清朝側の北洋大臣・李鴻章が交渉し「日清修好条規」（全十八条）、「通商章程」（全三三条）、「海関税則」を調印した。その後、明治六年三月九日（一八七三年四月三十日）、日本側が外務卿副島種臣を特命全権大使に任命し天津に派遣、李鴻章との間で正式に批准書が交換された。[3]

第一条

（日本語）

大日本国ト大清国ハ彌和誼ヲ敦クシ　天地ト共ニ窮マリ無ルベシ　又両国ニ属シタル邦土モ各禮ヲ以テ相待チ聊侵越スル事ナク永久安全ヲ得セシムベシ

（中国語）

大清国大日本国倍敦誼與天壌無窮即両国所属邦土亦各以禮相待不可稍有侵越俾獲永久安全

「日清修好条規」はこのように始まるが、「両国ニ属シタル邦土」と「両国所属邦土」に関して、一見すると日本語と中国語の翻訳上では同じ意味を指しているように見えるが、朝鮮、ベトナム、琉球といういわゆる清朝にとっての「朝貢国」が「属」という漢字の意味に当てはまるかで、後々に問題を引き起こすことになる。

また、両国相互に認めた外交使節と領事の駐在については

第四条

両国秉権大臣ヲ差出シ其眷属随員ヲ召具シテ京師ニ在留シ　或ハ長ク居留シ　或ハ時々往来シ内地各処ヲ通行スル事ヲ得ベシ　其入費ハ何レモ自分ヨリ拂フベシ其地面家宅ヲ賃借シテ大臣等ノ公館ト為シ並ニ行李ノ往来及ヒ飛脚ヲ仕立書状ヲ送ル等ノ事ハ　何レモ不都合ナキ様世話イタスベシ

と定め、外交使節の往来は認めているが西欧諸国のような商人の往来は認められていない。また領事裁判権の認可については、

第八条

両国ノ開港場ニハ彼此何レモ理事官ヲ差置キ自国商民ノ取締ヲナスベシ　凡家財産業公事訴訟ニ干係セシ事件ハ都テ其裁判ニ帰シ　何レモ自国ノ律例ヲ按シテ糺辦スベシ　両国商民相互ノ訴訟ニハ何レモ願書體ヲ用ユ　理事官ハ先ツ理解ヲ加ヘ成丈ケ訴訟ニ及バザル様ニスベシ　其儀能ハザル時ハ地方官ニ掛

合ヒ雙方出會シ公平ニ裁断スベシ　尤盗賊欠落等ノ事件ハ両国ノ地方官ヨリ召捕リ吟味取上ケ方致ス而已ニシテ官ヨリ償フ事ハナサザルベシ

と定めており、西欧諸国がアジアに持ち込んだ自国に有利な治外法権の一種が反映されている。日清修好条規及び通商章程、海関税則は日清両国にとって対等な内容であったが、この条約には日本が要求した最恵国条項がなく、日本にとって悲願の内地通商権が認められなかったことから、西欧諸国並みの待遇を目指していた日本は調印当初から不満を抱いており、一八七一年の調印から約二年後の一八七三年にようやく批准書を交換した。

日本は日清修好条規の調印後も、機会を見ては調印内容を変更しようと試みた。しかし、そのたびに交渉は決裂し、その望みは叶わなかった。そこで調印から七年後、琉球問題を絶好の機会と判断し、条約改正に注力することになる。井上外務卿は三条実美太政大臣宛に、「琉事存案」[4]を送っている。琉球分割案は、そもそもグラントの提案による「互譲ノ主旨」に基づくもので、ここでいう「互譲」とは、日本が琉球を廃して沖縄県を設置する代わりに、宮古・八重山諸島を清朝に割譲するという「琉球分割案」を指している。しかし、「克蘭氏ハ清政府ニ向テ大使派遣ヲ慫慂スト雖モ彼レハ専ラ之ヲ避ケント欲スルノ色アリ」とグラントが清朝側から大使を派遣させることに難色を示していた背景がある。なぜなら「弁法若シ妥協ニ至ラサル時ハ　全局忽チ破裂シテ其ノ任ニ当タル者責ヲ内外ニ得ルノ恐レアルヲ以テナリ」と、グラントは清朝側から大使を派遣させて、万が一交渉が決裂した場合、その責任の所在を内外に求め、すでに大統領という一線から身を引いたグラントに米国政府としての責任が及び、事態が複雑になることを危惧していたからである。井上外務卿も「我モ亦強ヒテ彼レノ好マサル所ニ出ツルヲ要セス」と、この場はグラントの意向を汲み取るためにも、「宍戸公使ニ委任シテ弁法ヲ商議セシムルヲ穏当ノ処置トス」と交渉には宍戸公使を派遣するとした。

しかし、グラントの意向は「単ニ琉球処分上ニ就キ勧説シタルモノニシテ　之ヲ他事ニ波及スルノ意ニ非ス」と、あくまでも日清間で問題となっている琉球問題に関する解決案であることを認めながら、「更ニ一歩ヲ進メ互譲ノ報酬トシテ　彼ニ辛未年定ムル所ノ条約ヲ試行期限内ニ改正シテ　我カ一般改約ノ日ニ当タリ異議ヲ立テサルヲ要求シ　更ニ我カ商民ヲシテ西洋ノ各商ト清国ニ於テ同一ノ権利ヲ得セシムル事ヲ允許スルヲ望マントス」とした。つまり、清朝内の通商関連事項において、清朝が西洋諸国に与えている条件を日本の商人にも適用させる旨の条項を日清修好条規に組み込むこと、これを「互譲の報酬」として要求することを提示した。言い換えると、日本が琉球の一部である宮古・八重山諸島を日本から清朝へ譲渡する代わりに、通商方面において清朝から日本へ便宜を図るよう要求するというものである。グラントの「互譲」とは、先述したように沖縄県設置に対する「互譲」であったが、井上馨にとっては本来日本に属している琉球に沖縄県を設置することはあくまでも内政のことであるというのが交渉の前提であり、琉球処分は「互譲」の対象ではなかった。井上が描いたのは、あくまでも宮古・八重山諸島の割譲に対する「互譲」として、日清修好条規の改約を提案するという物語であった。当然のことながら、この物語の前提については、清朝が大いに反対することを予想しており、井上外務卿も清朝がそう簡単にこの条件を呑むとは考えておらず、「条約ノ改正タルヤ事体最重大ニ渉リ　且未タ其ノ期限ニ至ラサルヲ以テ清政府ハ容易ニ之ヲ肯ンセサルヘシ」と交渉が難航すると考えている。よって「条約改正ノ名ヲ避ケ　特ニ其ノ実利ノミヲ得ル為メニ条約ノ追加ヲ要求セハ　其ノ事体稍ヤ鄭重ノ姿ヲ免カレ或ハ清政府ヲシテ応諾セシムルヲ得ヘシ」と、日清修好条規を期限前に「改正」するのではなく、あくまでも「増加」するという名目で交渉を進め、実質的な「条約改正」をカモフラージュしようとした。以下のように、その具体案を提示した。

因テ仮リニ追加条約ヲ以テ甲案ト定メ　別ニ竹添進一郎ヲ派シ密ニ李鴻章ニ面晤シ其応答ヲ察セシメ　一面ニハ宍戸公使ニ委任状並ニ内訓条ヲ送付シ　進一郎ヨリノ通知ヲ待テ　宍戸公使ハ直ニ総

理衙門ニ向テ論説ヲ尽クシ　其甲案ヲ獲ルヲ以テ目的ト為サシム

前章で述べたように、井上外務卿は交渉の前に竹添進一郎から李鴻章へこの「甲案＝追加条約案」を打診させ、李鴻章から了承を得たうえで、宍戸公使が総理衙門との交渉に臨むように指示した。それでも清朝が追加条約案に承諾しないことを想定し、「清政府ニ於テ我カ甲案ヲ応諾セサルトキハ如何」と題して、日清修好条規の交渉時、李鴻章が内地通商の件を条約に組み込むことを断固拒否した背景を踏まえ、次のことを述べた。当時の李鴻章は

日清ノ両国ハ相去ル較ヤ近キヲ以テ　両国ノ商民互ニ相往来スルヲ得　彼ノ西洋諸国彼レヨリ来ル事有テ我レヨリ往ク事ナキ者ト迥カニ差別アリ　故ニ両国ハ必ス互相ノ条約ヲ結フヘシ　内地通商ノ件ハ元来西人ニ威逼セラレ已ヲ得ス承允シタル者ニシテ　他年条約ヲ改正スルノ日之ヲ停止センド欲ス　且日清ノ両国各々開港場ニ乏シカラス　通商ノ便利ハ彼此開港場ヲ限リトシテ十分ノ生活ヲ得ルニ足ルヘシ

と、①西洋諸国と日本ではその距離が異なり、西洋諸国が清朝に来て通商することはあっても、清朝から西洋諸国に行くことはないが、日清両国の場合はお互いの商人が頻繁に行き来するため必ず相互平等でなければならない、②西洋諸国に与えた内通通商は情勢上仕方がなく認可したもので、条約改正の際には停止する予定であると、このようなロジックで明治政府の要求を退けていた。

井上外務卿は今回も李鴻章が同じようなロジックで「追加条約案」を拒否することを想定し、もし話が折り合わないときは「我レモ亦互譲ノ議ヲ止メ和好ヲ破ルニ決心セン」と強硬姿勢を見せている。その理由として

内地通商ハ固ヨリ我カ商民ニ利アリト雖トモ　今日ノ実況ニ就テ之ヲ観察スルニ　我カ国ノ産物ハ彼レノ通商地ニ於テ悉ク之ヲ售清スルニ足ル　而シテ其ノ内地ニ消費スルハ皆清商ヨリ運販スルモ

ノニ係ル　清商ハ大概狡猾ニシテ関卡ヲ偸漏シ納税ヲ免カルルノ術ニ熟ス　故ニ内地ニ輸入シテ利ヲ得ルヲ多シトス　今我カ商民躬カラ内地ニ運販スルヲ得ルモ　関卡ノ厘金運送ノ費用等ヲ通算スルトキハ　之ヲ開港場ニ在テ售清スルニ比較シ　未タ巨大ノ利ヲ加ユルヲ見ル能ハス

と現状から清朝との内地通商のメリットとデメリットを述べたうえで、「内地通商ノ件ハ以テ国家和戦ノ決ヲ為スニ足ラサルナリ」とし、もし「甲案終ニ志ヲ遂クル能ハサルニ帰スルトキハ已ム事ヲ得ス」と、上記に述べた要因を考慮した場合、「追加条約案」が成功しなくてもある程度は想定内であるとしている。

しかしながら、「我国ニ於テ西洋各国ト条約ヲ改正スルノ日ニ当タリ　外人ニ施行スル所ノ法律税則ハ辛未ノ条約試行年限中ニ在ルニ拘ハラス　清国必ス之ニ俯就ス可キノ約ヲ結フニ止マルヘシ」、「今西洋各国ト新ニ条約ヲ改正セントスルニ当タリ　独リ清国ハ仍ホ試行ノ期限中ニ在リ　辛未ノ年ヨリ数ヘ明治十六年ニ非サレハ改正ヲ要求スルヲ得ヘカラス」、「清国独リ改正ニ漏ルルトキハ　他ノ西洋各国ト改正スルモ貿易出入ノ際　西商ハ清商ヲ仮テ以テ名ヲ託シ称ヲ冒シ税則ヲ脱漏スルノ地トナシ　姦詐輙スク其間ニ行ハレ　我レニ於テ実利ヲ失フノミナラス　或ハ交際上紛議ヲ醸生スルノ媒トナランモ亦未タ料ルヘカラス」と述べ、①日本が清朝に対して西洋諸国と同等の内地通商の権利を獲得する、②日本と西洋諸国が条約改正をした際には、その変更された通商に関する法律を清朝にも適応する、この二点の内、たとえ①が実現できなくても、②に関しては譲歩せずに必ず清朝に要求するとした。

いずれにしても日清修好条規の期限内改正を実現しなければならず、「今日ニ在テ此ノ葛藤了局ノ機会ニ乗シ　必ス辛未ノ年定ムル所ノ試行期限ヲ破リ　清国ヲシテ我カ一般改約ノ時ニ至リ　独リ異議ヲ立テサラシメン事ヲ要ス」と今回の琉球問題に乗じて日清修好条規の期限内改正に執着していることがわかる。さらに「此ノ事亦清国ニ於テ多少抗論アル可シト雖トモ　我レニ在テハ実ニ最大緊要ノ事ニシテ　発論ノ後一歩モ退譲ス可カラス以テ必成ヲ期スルノ極点トス」、「此ノ議猶ホ成ラサルニ至ルトキハ　断然我カ互譲ノ議ヲ

停メ　更ニ好意ヲ保全スヘキノ道ナキヲ表明スヘシ」と強硬な姿勢がうかがえる。ここからわかることは、明治政府にとって喫緊の最重要課題はあくまでも日清修好条規の期限内改正であり、宮古・八重山諸島の割譲はそのための外交カードの一つにすぎなかったということである。

その後、井上外務卿は正式に宍戸璣に「特命全権公使」を任命する内訓条を送り、総理衙門との交渉における基本的なスタンスを示した。[5]

まず琉球処分については、「琉球ノ一案ハ固ト我政府自主ノ公権ニ依テ処分スル所ニシテ　毫モ他邦ノ干渉ヲ容ル可キニ非ラス」と内政としての琉球処分の正当性を主張し、清朝から干渉されることではないとした。しかしながら、「美国前統領ノ従中勧解ノ旨趣ニ基ツキ妥議ニ渉ラン事ヲ開陳セリ　我政府ハ初メヨリ両国ノ和好ヲ保全スルヲ以テ主義トス　清国既ニ前統領ノ勧解ニ従ヒ以テ無事ニ局ヲ結ハントスルハ我カ満足スル所ナルヲ以テ　即チ今回総理衙門ニ照覆シ我政府ノ同意スル旨ヲ述ヘタリ」と米国前大統領グラントの勧めによって、清朝としても日清両国の平和を望む意思を表明したこともあり、今回の交渉に同意したことは了承しているが、交渉の課題としては、「其照弁ノ法如何ト云ニ至テハ清政府ニ於テ未タ揚言スル所アラス　而シテ我亦甚タ難ンスル所ナリ」を挙げ、具体的な解決案を総理衙門から提示されていないことを指摘している。

次に最重要課題である日清修好条規の期限内改正については、「抑両国現存ノ条規ニ拠ルニ他ノ各国人民ニ准許スルモノ　却テ両国ノ間ニ准許セサルモノアリ　甚タ其ノ平ヲ失ヘリトス」、「西人ト我人民ト清国ニ得ル所ノ便否ヲ比較スレハ　大ニ相逕庭セリ西人ニハ内地通商ノ准許アリ特恵潤及ノ明文アリ　我人民ハ独リ制限アルヲ以テ常ニ西人ノ為メニ壟断ヲ占メラレ　我邦ノ貨物ハ自ラ市場外ニ駆逐セラルルノ勢アリ　此レ最モ和好善隣ノ友誼ニ背馳セルモノニシテ　我人民此ヲ以テ往往不快ノ念ヲ抱クニ至ル　其ノ両国修好ノ本意ヲ失フ亦タ甚シ　故ニ我政府ハ切ニ清国ヨリ西人ニ准許スル所ノモノヲ挙テ我人民ヘモ均シク准許セラレン事ヲ請求スルナリ」と日本が清朝内における通商で西洋諸国と差別されている現状を述べ、最恵国待遇の追加の正当性を強調した。その交換条件として、「清国ニシテ我カ請求ニ応セラレハ　我政府ハ親睦ヲ将来ニ厚スルカ為メニ　琉球ノ内清国地方ニ接近シタル宮古島八重山島ノ二島ヲ以テ之ヲ清国ニ属シ　以テ両国ノ界域ヲ画定シ彊場ノ紛紜ヲ永遠ニ杜絶スヘシ」と「宮古島八重山島」の割譲を提示している。「抑琉球廃藩ノ挙ハ大号已ニ発シ中外人ノ皆知ル所ニ係ル　今琉球全部ノ殆ント一半ヲ占ムル所ノ二島ヲ挙ケ以テ清国ニ属スルハ　我国ニ於テ最モ至難ノ事タリ」と日本は自国の領土である琉球の半分を占める二島を清朝に譲渡するという極めて難事を処理しようとしているのであり、その一方で清朝は「而シテ清国ニ於テハ既ニ数年来他ノ各国ニ許可スルモノヲ以テ今我人民ニ及ホスモ固ヨリ其国ニ取リテ軽重スル所ナシ」とすでに西洋諸国に許可している権利を日本にも同様に許可するだけの簡単なことであり、「我レ勉強シテ其ノ至難ノ事ヲ為シ以テ好意ヲ表シ　清国ニ其ノ軽重スル所無キノ准可ヲ望ムハ　決シテ不相当ニ非サルヲ信スルナリ」と清朝にとって通商上の条約改正は決して難しいことではなく、分島と改約を「互譲」の対象とすることは決して「不相当」ではないと述べている。

井上外務卿のロジックに照らし合わせると、次のようになる。現状の日清修好条規では日本側が大いに損害を被っており、西洋人には「内地通商」を許しておきながら、日本にはそれを許さないことは、「和好善隣ノ友誼」に背くことになる。つまり、西洋に許している内地通商を日本に与えないことは、そもそも日清修好条規の精神に反しており、一刻も早く改善しなければならない。また、宮古・八重山諸島の割譲については、すでに日本のものとなっているにもかかわらず、それらを清朝に割譲することは日本にとって「最モ至難ノ事」である。すでに清朝が西洋に与えている内地通商を日本にも同様に与えることとは比較にならない。このように、井上外務卿は内地通商と領土割譲をセットにすることで、国益の獲得に乗り出した。

3　分島改約交渉――第一回～第四回

一八八〇年六月二九日（光緒六年五月二二日）、井上外務卿は総理衙門・王大臣宛に琉球問題は宍戸公使に任じる旨を伝えた。[6]それから同年八月五日（光緒六年六月三〇日）をもって総理衙門より井上外務卿宛に宍戸公使と会談する意志がある旨の返事により両国の琉球問題をめぐる交渉は火蓋を切った。[7]これ以降、日清間において同年八月十八日を皮切りとし、同年十月二一日まで計八回の交渉が行われた。日清両国は一八八〇年八月十八日（光緒六年七月十三日）、明治政府は宍戸璣を特命全権公使とし、通訳として石崎次郎太、中田敬義、筆記官として田辺太一、そして井上毅が列席した。総理衙門は沈桂芬、景廉、麟書、王文韶、崇礼がこの交渉に臨んだ。[8]第一回会談では主に三点について話し合いが進められた。

沈が「我国ノ辨法ト被申候ハハ球島ヲ存候ノ外別ニ意見ハ無之候」と、琉球存続こそが清朝の望むところであると主張すると、宍戸は「今球島ヲ存候様ニテハ貴国ノ面目ハ相立可申候得共　我国ノ面目ハ相立不申決テ行レ可申事ニ無之候」として、琉球存続案は清朝の面目は立つが、日本の面目は立たなくなると反論した。それに対して、沈が「存球ノ外ハ無之候　辨法ハ右ノ外ニ有之事ニ候ヘハ　即貴使ノ御方寸ニ存シ可申候」として、琉球存続以外で方法があるのならば、それは日本側から提案すべきであるとし、さらに王からは次のような理論が展開された。

球島ハ貴国征服ノ地ト被申候モ固無拠ノ論ニ無之　我方ニモ封王納貢ノ旧典モ有之　且法美各国ト該島トノ条約ニモ我年号相用候抔我属国ノ徴明白ニ有之　各国モ承知到居候事　此又決テ無稽ノ説ニハ無之候　右故此度ノ儀モ敢テ貴国内政ニ干渉候心得ニハ無之候

つまり、日本と清朝の持論にはそれぞれ根拠がないわけではなく、清朝としても決して日本の内政に干渉しているつもりは毛頭ない、とした。そのため「和親」をベースに交渉を進めなければならないと念を押した。それに対して、宍戸は琉球処分の正当性を主張しながら、「然ルニ意外貴国ノ嫌疑ヲ来シ候処　美国前統領ノ忠告モ有之旁改テ辨法御談判可及トマテ運来候事ニ付　右辨法ノ見込ハ貴国ニコソ可有之儀ニ候」として、グラントの意向もあって、このような交渉が行われることになったのであるから、琉球存続以外の解決案の提案は清朝にあると譲らなかった。ここまで両者の議論は「何をもって辨法とするのか」が争点となっており、日本側は「琉球は日本の征服の地」であることを主張し、清朝側は「琉球を存続させる」ことが「辨法」となっていた。しかしながら、双方が主張しているように、このような「辨法」では体面が保持できないため、別の方法を模索しなければならず、それを提案する責任の押し付け合いが繰り広げられていたのである。当然ながら、これは単に責任を回避しているのではなく、外交交渉における相手の出方を伺っているのであって、交渉のボトムラインの探り合いをしているのである。最終的には沈・王から次のような提案が出された。

此方ニテ固ク前議ヲ執候筋ニハ無之　只従来属国ノ旧典モ有之　今般ノ如キ御処分ニテハ甚面目ヲ損シ候事ニ付　黙止致カタク旧慣通致度旨御談オヨヒ候得共　御承引無之上ハ　別ニ好思案ハ無之間　貴国ノ御見込承知致度ト申事ニ候　左様ニ御聞取ニテハ竟ニ物別レニ相成可申候得共　決テ其辺ノ主意ニハ無之候　畢竟此方ニテハ辨法モ盡果候間　貴国ノ辨法相伺度トノ事ニ候　尤今日ハ先此ニテ退散致異日参館候歟　又ハ来裔ヲ煩シ可申歟　猶御相談申度候

ここで王・沈からは、琉球存続に固執しているわけではないが、現状ではただ清朝の体面が潰されており、「和親」の精神に則って進めるのであれば、やはり別の方法を考えるしかない、と譲歩とも取れる発言があった。しかし、宍戸は別の方案を考えることについて「頗ル当惑イタシ候　此方ニテ一辨法考へ出シ可申トノ事ハ更ニ胸臆中ニ無之事　甚難儀ニ候」と、やはり別案を出すことに難色を示す態度を取った。ここで注目すべき点として、この時点で宍戸には「分島改約案」が手持ちの外交カードとしてあったということである。別の方案を出すことに難色を示すような態度を取り続けることが、宍戸にとっては今後の交渉を有利に進める手段であったと考えられる。このような宍戸の発言に対して、王はやはり日本側の宍戸が別の方案が出すべきであると考えており、「球島ハ既ニ貴国ノ手中有之候モノニ候得ハ　其辨法モ自然貴国ノ方ニ存スヘキ理合ニ候」として、琉球がすでに日本の「征服ノ地」と言うのであれば、清朝の体面を傷つけないような方案を提案する責任は日本側にあるとして、日本の主張を逆手に取る形で反論した。続けて、

兎ニ角貴方ニテハ如何ノ御措置有之候テ我国ノ体面ヲ不傷哉ト御勘考有之度　我方ニテハ亦何様ノ辨理イタシ貴国ノ体面ヲ不損哉ト熟慮可致　決テ物別レノ御談判致候訳ニ無之候　何レノ国ニテモ和好ヲ要候事第一ニハ候得共　殊ニ貴国トハ特別ノ国柄別テ和不傷様イタシ度　篤ク御勘辨有之候度

「和親の精神」に則って双方の体面を保持するための別案を出すこと、その案を提案する責任はやはり日本側にあること、この点が確認された。

第一回交渉では、①琉球の所属、②両国の体面を保持する別の方案、③別の方案を提案する責任の所在、以上三点について議論がおこなわれた形となった。まず、①の琉球の所属については、宍戸公使は「球島ハ従来我征服ノ土地」として、総理衙門は「我属国」と主張した。次に、②の体面を保持する方案については、双方が自らに責任はないとして提案を拒んだ。最後の③については、双方ともに明確な回答を避けて交渉を終えている。

第二回交渉は同年八月二四日（光緒六年七月十九日）におこなわれた。[9] この交渉では、前回の交渉で課題となった具体案に焦点が絞られた。宍戸公使からは「貴国允各国商民以内地通商之利、而敝国商民独不得被其恵、最非善隣之交所宜有、方今、各国有無懋遷、結為友邦、其立約、大抵以一体享受為例、莫有此厚彼薄之偏、敝国於各国所允之利、所予之恵、必均潤而普及之、所擬新定条約」及び「敝国亦可以琉球南部宮古八

重山二島定為貴国所属、以画両国疆域、二島与台湾相接近、実為東洋之門戸、海道之形勝、以此相譲、即所以表明敝国之好意無他也」[10]と別紙節略に書き記してあるように、明治政府は中国国内における内地通商の権利を獲得するための条約改正を達成するために、日清修好条規改約及び琉球列島南西部に位置する「宮古島八重山二島」の割譲案を具体的に提示した。

該案互譲ノ辨法此方ニテハ今日書面ニテ仲陳候外ハ無之　右御不同意ノ上ハ已前ニ立戻リ双方理論ニ募リ候様可相成候　左候得ハ前統領書面中ノ意ノ如ク一国ニ就テ仲裁ヲ乞候様ニ帰シ可申候得共　貴国ハ宇内ニ於テ堂々タル一大国ニ有之　我国トテモ独立ノ一邦ニ候得ハ　裁ヲ他国ニ仰候事ハ大ニ面目ニ拘リ尤好マシカラス存候　貴国ニモ必御同意ニ可有之候間御同前御相対ノ談判ニテ了結候様致度候

宍戸公使はこの分島改約案以外には「互譲」の案はなく、これを清朝が断るのであれば、グラントが危惧していたように他国に仲裁を依頼することになり、日清双方共に一国としての面目に関わってくることになると述べた。これに対し、沈は「承知致候　何レニモ王爺初熟商ノ上御答可及候」と応対している。

その頃、井上外務卿は竹添進一郎に今後の方針として「尚貴下ニモ天津ニ於テノ要務相済次第北京へ趣キ井上毅ト協議シ　宍戸公使へ力ヲ添へ　同公使訓令面ニ従ヒ　総理衙門ニ向テ充分強ク遂談判候様御尽力有之度候」と、迅速な対応に欠ける宍戸公使と協力して交渉を一刻も早く進める旨の内信を送った[11]。また、以前に竹添が井上外務卿に提言した琉球王の「復封」については、再度強調してその必要性がないことを説いた。

七月十一日附密件第一号[12]ヲ以テ貴下ヨリ御申出相成候件々　即チ万一支那ヨリ条約ノ改正ヲ承諾シ其面目ヲ立ルカ為メ領受スル所ノ二島ヲ以テ尚泰ヲ復封スヘシトノ議ヲ発シ候節ハ云々　又支那ヲシテ琉王ヲ二島ニ封スルヲ得セシメンヨリハ　我ヨリ尚泰ヲ沖縄県令ト為スニ如カス云々等ノ義ニ付テハ　既ニ七月二十八日附[13]ヲ以テ右ノ諸件ハ生ニ於テ其得策ニ非ルモノト思考候旨ヲ委

細ニ申進置候義ニ付疾ク御承知ノ事ト存候　帰京後更ニ内閣ニ於テ遂評議候処右ノ諸件ハ迚モ難被行事ト相決候間其廉々ハ此上貴下ニ於テモ念頭ニ不止総テ抛棄被到度候

ここで注目すべきは、井上外務卿の強硬な姿勢である。竹添は李鴻章との事前会談の中で、清朝が琉球王の「復封」を持ち出してくることをある程度予想したうえで井上外務卿に提言した。実際に清朝にその身を置き、李鴻章とも顔を合わせてきた竹添の提言であるにもかかわらず、井上外務卿は琉球王の「復封」を実現するのは「難題」「難問」と婉曲に回答し退けた。[13] 井上外務卿が用意した物語では、外交の主導権を握っているのはあくまでも日本であり、ロシアとのイリ問題を抱えている清朝ではない。このような有利な状況に加え、すでに宮古・八重山諸島の割譲という外交カードを差し出す準備もしており、この上さらに琉球処分によって一度日本に組み込んだ琉球王を日本から切り離し「復封」させるまでもないと考えていたことがわかる。

第三回交渉は、同年九月三日（光緒六年七月二九日）におこなわれた。[14] 総理衙門は熟考した結果、前回交渉時の具体案を進めるには「条約改正ノ期ハ不遠候事ニテ　貴意ニ随ヒ候テモ今日ヨリ逐条商議ヲハシメ候ハハ　矢張来年マテハカカリ可申事ニ候」として、性急な妥結にいたるのを回避する方針を示した。総理衙門から提出された節略に内地通商の一件について、

貴大臣既以此条為中国所施之西洋各国者　亦應施之貴国　本王大臣亦不謂為必不可行　惟就修好条規各条而論　中国即以此条施之貴国　貴国亦應以此条施之中国

として、日本が西洋と同じように中国国内における内地通商の権利を獲得するのであれば、日本もまた清朝に日本における内地通商の権利を与えなければならないというロジックを展開した。さらに、この件については、「至謂会商酌加条約一層　拠本王大臣之意　自應俟修約届期　彼此再行商議」として、期日を待ってそれから再度話し合うべきであると答えた。それに対し宍戸公使は日清修好条規の不都合の部分は「是非トモ昨今ニ改約」したいと述べ、その理由を欧米諸国との条約改正にあたり、日清修好条規を早急に改約する

必要があることを次のように述べた。

我国ニテハ各国トノ条約改正ノ期ニ当タリ候間　貴国而已其旧ニ據リ候事多少ノ不都合有之　是非トモ昨今ニ改約候半テハ不相成事ニ候　且改約ニ及候迚逐条改正候事ニハ無之候　右逐条ノ改正ハ期ヲ以テ挙行候トモ無妨候得トモ　我国ニテ現在各国ト新修可及条約ニ對シ不都合ノ廉無之様均霑ノヶ条御承諾相成候ハハ宜敷事ニテ　即先般書面ニモ酌加ト認置候通一二ノ個条ヲ加度迄ニ候　右草稿ハ認置候間　御覧ニ入候テモヨロシク候

宍戸は明治政府が各国と条約改正を進めていく上で、どうしても日清修好条規の内容が不都合な部分があるとし、「改正」というほどの大げさなものではなく、あくまでもただ条項を加える「酌加」であることを強調した。

一方、宮古・八重山諸島の割譲について、王大臣は「御分割可相成両島ハ里程戸口等御調有之候哉　此方ニテモ一応人ヲ差シ為取調度ト存候」とこれら諸島の調査を要求している。ここに総理衙門がなるべく分島改約交渉を持ち越そうとしている態度が窺える。このような総理衙門の要求に対して宍戸公使は、

分割ノ儀ハ先般書面中ニモ申陳候通　我政府特別保和ノ意思ニ出候儀ニ候間　成約ノ上ハ兎モ角モ可相成候ヘトモ　其前貴国ヨリ派員等有之　其事皇張候ハハ忽チ物議沸騰イタシ　如何様ノ難事ヲ慫出シ可伸哉モ難計候　此方ヨリ申上候処ヲ御信用受付ノ手続相成候テモ　固ヨリ詐偽ヲ搆ヘ候様ノ事ハ無之候

として、協議前に事前調査することは日本国内において反感を買う恐れがあり、事を荒立てるので難しいと返答している。このように、第三回交渉では宍戸が日清修好条規に「酌加」する必要性を再度強調し、総理衙門はそれには時間が必要と回答し、宮古・八重山諸島の割譲については、事前調査を申し込むという形となった。

第三回交渉では、日清双方の琉球に対する前提が大きく異なっていることがわかる。つまり、何をもって和親の精神に則った「互譲」とするかである。宍戸のロジックは、琉球は日本の征服の地であることを前提としているため、そもそも琉球処分は日本内政の事であり、このような交渉の場を持つこと自体に懐疑的な立場を見せている。それでもなお、グラントの体面もあるため、宮古・八重山諸島の割譲という大きな「譲歩」を提案したのだから、その見返りとして日清修好条規に「酌加」することを提案している。それに対して、清朝は「琉球我属国」という立場を取っており、宮古・八重山諸島の割譲も本来なら受け入れる条件ではない。しかしながら、イリ問題を抱えている清朝としては、なるべく日本を刺激しないためにも、両島割譲を受け入れるが、本島ではなく離島であること自体が「譲歩」であるため、そこに琉球を存続させることは当然の見返りであると考える。つまり、この時点で「互譲」は完結しているのであって、日清修好条規の改約は「互譲」からは外れることになる。後述するが、最終的に分島改約交渉は妥結後に清朝側が再交渉を要求し、破綻することになる。交渉は双方にメリットがなければ成立し難いが、それでもなお清朝側にとってはデメリットの多い分島改約案が一応の妥結をみたのは、イリ交渉の情勢の影響が大きかったことがわかる。

交渉終了後、九月七日には「田辺太一ヲ総理衙門ニ遣リ　均霑ノ意義ヲ辯明セシメ」[15]、九日には宍戸から「専均霑加約ノ球案辦法ト分岐スヘカラサルノ意趣ヲ述フ」として節略を手渡した。続く第四回交渉は同年九月十一日（光緒六年八月七日）におこなわれた[16]。王、沈両大臣が「貴公使ニハ専ラ期限ニ届ルコトヲ不待改約被成度御見込ト存候」と日清修好条規の期限以前の改約の必要性を問うと、宍戸公使は「左様ニ候　僅ニ両三年間ノ事ニテ此方ニハ多少ノ都合相成候事故　是非加約御相談到度候」として、「改約」と問われたのをあえて「加約」と答えつつ、なるべく早めに交渉を進めたいと要望した。また、「均霑」「相酬」の解釈について、総理衙門から確認がおこなわれた。具体的な内容については、田辺書記官から次のような説明があった。『琉球所属問題』と『台湾琉球始末』の内容をそれぞれ示す。

『琉球所属問題』

此国別有相酬之条項始與彼国以便宜者、他国若欲沾其便宜則須遵守相酬之条項、此一体均沾中有特約者、今所要於貴国者、非特約之謂、貴国所與他各国之便宜、我国亦要均沾、我国所與他各国之便宜、貴国亦要均沾、是以均沾酬均沾者、自與前項不同、要之、我国與貴国訂約之際、遣斯一款、今祇欲補其遺耳、故後来貴国或有以特約與他国便宜、我倘不愿遵其約、則不望均沾也

『台湾琉球始末』

均霑ニ相酬特約ナルモノアリ　我カ貴国ニ要スル所ハ特約ノ謂ニ非ス　貴国ノ他国ニ與フル所ノ便宜ハ我カ国モ亦其均霑ヲ要セント欲スルノミ[17]

田辺からの説明で強調しているのは、清朝が日本以外の国に与えている内地通商の権利を日本にも与えること、同時に日本も清朝以外に与えている権利を清朝にも与える、というものであった。この点については後々問題になるが、日本は内地通商の権利を外国に認めていなかったため、この内容では清朝のみが日本に内地通商の権利を与えることになる。

その後、宍戸公使からは「各国トノ条約擬案抄訳第一条ヲ示」した。

徳国允中国如有與他国之蓋彼此立有如何施行専章　徳国既欲援他国之蓋使其人民同霑　亦允於所議専章一体遵守[18]

それに対し、沈桂芬は「但其約係另有相酬條款纔予特優者　両国如欲均霑　當遵守其相酬條款」を示し、「均

沾ノ約ニハ必此条ヲ添ヘ不申候テハ完全ナルモノニ無之候」と指摘した。宍戸公使は「右条ヲ添候トモ各国均沾ノ事実サヘ挙リ候ハハ異存無之候」と応え、問題ないように見えた。しかし、実際には沈桂芬が提案した「相酬條款」と、宍戸公使のそれとは理解が異なっていた。つまり、沈桂芬が言うところの「相酬條款」は、仮に日本が西欧諸国同様に中国国内において内地通商の権利を獲得した場合、日本は清朝にも同様に内地通商の権利を与えなければならないというものであった。この点については、第五回交渉で問題となる。[19] 宍戸公使は井上外務卿に次のように報告している。[20]

彼ヨリ添加ノ儀請求ニ及候事殊ニ事理於テモ相当ニ有之候間　一体均霑ノ事実ニ無差支候ハハ可然トノ主意ヲ以　右添加ハ承引致置候然処右ノ一段添加致候上彼方ニテハ相酬ト申処ニ附会候テ　彼国民共我内地通商ヲ被許度杯牽強ノ説申出　其節辨論ノ次第ハ十分可有之候得共　右ヲ一難題ト致シ

最後に、宍戸から総理衙門に対して次のような発言があった。

現在両国間聊異言有　之ハ各国ニモ承知ノ事故　各国ノ内ニハ益々コレヲ離問セシムヘキ方略ヲ以テ　彼是ト我政府ヱ申入候モノ有之　其実煩ニ不堪候　此事妥速了局候ハハ右等ノ面倒ハ無之候間　是非共至急結局ヲ望申候

これは明らかにロシアとイリ問題を抱えている清朝に「日露提携」を想起させる発言であり、早急の妥結を促したものであった。

このように第一回から第四回をまとめると、①琉球についてはそれぞれが自国の属国であることを主張、②日清双方にとって「面目」を保つための具体的な解決案が必要、③宍戸公使から分島改約案を提起、④総理衙門は分島案に対しては現地調査を申し入れ、改約案についてはなるべく時間を掛けようとする、⑤改約案に関する事項で、「均霑」「相酬」について相互に誤解が生じたため宍戸側から詳細に説明、分島案に関する現地調査については断る、以上のような流れになる。

4　分島改約交渉――第五回〜第八回

これまで宍戸公使はその徹底した応対で交渉に臨み、井上外務卿の策略にもあるように露清関係を考慮すると、交渉は明治政府にとって順調にみえた。しかし、同年九月二五日（光緒六年八月二一日）の第五回交渉[21]では総理衙門は改約案に反対の意をみせてきた。

王　我国貴国トノ条約ハ他各国ト其精神ヲ殊ニシ　毎事両々相対訂約候事ニテ既ニ内地通商ノ儀モ双方共ニ不許候事　通商章程第十四款ニ掲明候事ニモ有之　右ニ付今般相許候節ハ　矢張旧日ノ精神ニヨリ双方トモニ相許候事ニ無之テハ不都合ニ候

公使　均霑トハ他各国ヲ通候一体ノ名称ニテ　彼此両辺ノ語ニ無之　シカシ両国同様均霑ヲ差允候ハハ　矢張両々相対候精神ニハ不都合ノ事有之間敷候　且右様御説ニテハ先般節略ノ主意ト齟齬有之候様ニ存候

との会話があった。つまり総理衙門は日清修好条規と、性質を異にする他国との条約を比較することは困難であり、明治政府の提案した改約案に異議を唱えた。また、この日の交渉では「一体遵守ト両辺相酬トノ差別[22]」にも論点が注がれた。つまり、日清間においてのみ最恵国待遇を認める「相酬」と、欧米諸国と同様の待遇を日本も同様に得ることができ、清朝には日本における最恵国待遇を認めない「一体遵守」に両国の認識の誤差が生じたのである。ここに「両国の根本的對立があり、幾度会談を繰返すも、交渉は容易に成立しさうにもなかった」[23]のである。

公使　両々不相対候事ハ無之候　則貴国ニテ他国人ニ許候丈ケハコレヲ我国人ニ許シ　我国ニテ他国人ニ許候丈ケハコレヲ貴国人ニ許候ニ付　毫モ不相対事無之候

王　均霑トハ各国一体ノ名称ニ候共　其原ハ矢張両辺相対候ヨリ出候儀ニテ　其利益ヲ各国ヨリ均霑ヲ望候事ニ候

宍戸は続けて、「現今内地通商ヲ差許候事ハ決テ不可行段ハ本大臣茲ニ断言致候」と、現段階においては日本が内地通商の権利を外国に認めることはないと再度強調した。それに対し、沈は「左候テハ両々相対不申最前条約ノ主旨ニ悖リ候」と日清修好条規の精神に反すると反論した。宍戸は「左様ニハ無之候　互ニ均霑ヲ約シ候ヘハ即相対候事ニ無之候哉　且ツ内地通商ノ儀各国ニ被許候モ　如何ナル報酬有之被差許候哉」として、相互に均霑を認めることこそが和親の精神にも則っており、日清間で不平等なことはないとした。

宍戸　我国ニテハ他外国人ニ不許ノ特典ヲ貴国人ヘ與ヘ　貴国ニテハ他国人ニ既ニ許サレタル事ヲ我国人ニ與フヘシトノ事ニテハ　矢張両々不相対候　右故最前ヨリ両々均霑ヲ約候ヘハ　異日我国ニテ他各国人ニ内地通商ヲ許候節ハ同ク貴国人ニモ均霑スヘク　将又貴国ニテ他日他国人ノ内地通商ヲ被禁候様ノ事有之候節ハ　我国人モ同様其益ヲ不得モノト相成候筋ニ有之

つまり、日本としては外国に認めていない権利を清朝のみに認めて、清朝としては外国に認めている権利を日本のみに認めない、これは明らかに対等の関係とは言えないと批難した。また将来を見据えて、均霑条項を加えておくことによって、日本が外国に内地通商の権利を与えれば、当然ながら清朝も享受することができるし、逆に清朝が外国に認めてきた内地通商の権利を禁止することになれば、日本も同様にその権利はなくなる。このように考えると「現今将来トモ双方ノ都合宜布可相成事ニハ無之候哉」と説得した。これに対して、沈・王は「既ニ他国ニ許候事故必貴国ニノミ許シ不申トノ訳ハ無之　且ツ貴国ニテ現在内地通商ヲ難被許事情ハ能々承知致候　乍去此ヨリ申陳候処モ全ク無理トハ御心得被成間敷候」として日本の事情にも理解を示しながら妥協する姿勢を見せた。

このように第五回交渉は、第四回に続き「相酬」「均霑」の概念について議論が交わされ、何をもって「互譲ノ精神」「和親ノ精神」とするのかが焦点となった。最終的には宍戸の「双方に均霑を認める」ことが日清両国にとっての互譲・和親になることで落ち着いた。

こうして迎えた同年十月七日（光緒六年九月四日）の第六回交渉では、新たな進展がみられた。同年九月二五日（光緒六年八月二一日）に宍戸公使から総理衙門に提出された底稿[24]ついて沈大臣は「第壱ハ両島ノ事第二ハ均霑ノ条ニテ　右文字上ニハ猶商量可及ケ処モ有之候得共　主意ノ処ハ充ツ御同意ニ候[25]」と一応の是認する返答をした。特に均霑に対しては大きな譲歩となった。これにより分島改約交渉はにわかに進展をみせた。それから具体的な協議に入り、宍戸公使から宮古・八重山諸島の面積及び人口調査について地図を使って説明がなされた。この清朝の一変した態度の背景は後述するように、露清間のイリ問題が絡んでいたことが予想できる。この日の会談は主に「琉球の存続」に関する案件に議論が集中した。つまり、総理衙門としては、琉球を存続するにあたり琉球旧王またはその子孫を王にする可能性に関心があった。しかしながら、宍戸は「万一本国ニ罷在候旧王ノ子孫貴国エ御渡シ可申トノ事ニ候ハハ　条理上決テ不被行事ニ有之候」としてその可能性を否定した。沈も「左候テハ此方本来ノ主意ニ戻リ不本意ニ候」と反論した。それに対し、宍戸は「既ニ日本ニ編籍候モノニ候得ハ御渡シ申兼候」とやはり譲らなかった。

沈　旧王ハ勿論其長子ハ世ヲ襲可申候モノニ付　御渡シ出来兼候ハ御尤ニ候　乍然其庶子又ハ血筋ノ者モ可有之ト相伺候事ニ候

公使　此事ハ此ニテ御答出来不申候　結約調印済ノ上ニテ拙者迄御懸合モ候ハハ本国政府ヱ承リ合セ候様ニモ可致候

ここで沈は旧王や長子以外の者でもいいから血縁者をなんとか立てられないかと述べている。清朝としては、琉球旧王を救うことが目的ではないため、とりあえず琉球が琉球として存続することを優先させるためには、新王が旧王の血縁者でも良かったのである。こうして第六回交渉では、清朝の目的である琉球存続の手段として琉球王の後継者について議論が進められた。総理衙門の懸念事項としてはただ一つ、宍戸が述べた調印後に後継者問題を解決するという点である。元々、改約についても「琉球ノ事ヲ除キ候テハ　貴国ニ譲リ候事多ク」と考えていた総理衙門は、旧王でもなくその長子でもない庶子や血縁者でも良いと譲歩していると捉えていたため、琉球存続については確証が欲しかったのは言うまでもない。

北京で分島改約交渉が進んでいる中、井上外務卿は同年九月二九日、宍戸公使に四つの観点から以下の機密信を送っている。[26]

一．情勢の利用――清朝による日露提携疑惑

此度清魯葛藤ノ日ニ際シ　我邦ト清国トノ間ニ琉球問題ノ未タ局ヲ結ハサルモノ有之候ヨリ　清政府ニ於テハ深ク疑心ヲ懐キ　日魯両国相約シテ前後ヨリ一ノ清国ニ迫リ　果シテ有事ノ日ニ至レハ日本ハ其喉ヲ扼シ　魯国ハ其背ヲ折ツノ密約有之モノノ如ク妄信致シ候ヤニ被相考申候（中略）　然ルニ我邦ノ

タメニ計ルニ　當時清政府ヲシテ斯ノ如キ疑惑ヲ懐カシムルハ　却テ我便益ノ大ナルモノナル可シ　寧ロ此儘ニ放却致シ置キ彼ヲシテ疑心暗鬼ヲ生セシメ　我ハ之ニ藉テ我欲スル所ヲ達スルノ道ヲ求ム可ク

故ラニ彼カ疑団ヲ解キ我乗ス可キノ釁ヲ失フカ如キハ　策ノ得タルモノナラスト相考候

二．最優先課題――日清修好条規の増加条約妥結

琉球談判モ追々捗取ルニ従ヒ　清政府ニテハ増加条約ト琉球事件トヲ並提論辯致シ先ツ琉球事件ヲ片付ケタル後　増加条約ノ件ニ取掛ル手段ニ候処　貴君ニテハ之ニ反シ　先ツ増加条約ノ件ヲ片付ケ　追テ琉球事件ニ及ス可キ方略ノ趣　如何ニモ御同意ノ至ニ候　始終此主義ニ従テ御談判相成度候

三．可能性の否定――中山王による琉球国再建

唯尚泰ハ當時既ニ我邦ノ華族ニモ被列日本人ノ一名タル身分ナレハ　今更之ヲ清国ニ転籍シ　再ヒ中山王ニ冊立致度様申出候共　無論拒絶致ス事ニ候得共　其他ニ就キ向徳宏ナリ又ハ他ノ一清人ナリ　之ヲ冊立シテ中山王ト為スハ清政府ノ考次第　我政府ニ於テハ其邊ニ異論ハ無之候

四．要求の拒否――宮古・八重山諸島の実地調査

清政府ヨリ両島ノ戸口里程等調査ノタメ派員致候義ハ飽迄拒絶可被成　公然タル派員ニ致セ一個ノ遊歴人ニ致セ　成約ニ至ルマテハ一切承知難致候

以上、井上外務卿は四つの観点から交渉を進めるよう伝えている。つまり、同じように対清領土問題を抱える日本とロシアによる清朝を仮想敵国とした軍事提携説を危惧させ、交渉を有利に進めること。[27] また、清朝

が日清修好条規の期限内改正に警戒していることを想定し、この案件を領土問題よりも優先して解決すること。宮古・八重山諸島を清朝に割譲し、そこで琉球国を再建するのは自由だが、すでに日本の華族に列した中山王を琉球王に戻すことだけは譲るべきではない。不毛の土地である宮古・八重山諸島を本格的に実地調査した場合、その土地の価値が下がり外交カードとしての役割を果たさない。そればかりかその調査に時間がかかり、イリ問題がその間に解決してしまう。以上のことを交渉上の重点とした。

交渉から三日後の十月十日、総理衙門は先述した懸念事項について照会文を送った。[28]

中国之意　必将宮古八重山両島　中国如何措置　彼此証明　方能定議　初非貪土地之心也　中国此意始終不渝　貴大臣諒早知之　如此事不能照辦　則両月以来彼此議論　必到空費筆舌　此実不能不先行言明者　除一面商議各件外　応請貴大臣迅速転報貴国外務卿　並迅賜答復　以便早日畫押定議　本大臣等実有厚望焉　須至照会者

ここで総理衙門は第六回交渉で曖昧になっていた新たな琉球王の人選について、一刻も早く日本の外務卿に確認を取ることを要求している。さもなければ、これまでの交渉が水泡に帰する可能性もあることを示唆した。

第七回交渉は同年十月十二日（光緒六年九月九日）におこなわれた。[29]最初に十月十日の宍戸から総理衙門の照会文に対する回答があった。「本大臣固謂二島既帰干中国之後　以二島之人置二島之君長　不過以貴国之人経理貴国之土地　我国不相干預」「我国編籍之人以為二島之君長　我国理不得不相渉」「我国編籍ノ人御渡中候儀ハ節略中認置候通」、つまり調印後に清朝が宮古・八重山諸島の者を琉球王として置くこと自体は問題ないが、調印前に旧琉球藩王やその長子を琉球王に置くことを本交渉において約束してしまうと、「我国一而廃琉球一而立琉球　自相矛盾成何体面」として、日本の体面に影響が及ぶと反論した。ただし、琉球王を置くことを完全に否定したわけではなく、「一体琉球ニハ向馬翁毛ノ四大族有之　馬翁毛ノ三族ハ旧藩王ト婚姻ノ家柄ニテ　向氏ハ王家ノ一族即同姓ニ候　右同姓即向氏ノ族ハ両島中ニモ可有之ト存候」として、他の候補者、特に「向」の姓を持つ者の存在をほのめかした。また、総理衙門の照会文を本国に送っていない背景として、次のように説明した。

此程御談判申候ハ成約後ニ御懸合相成候ハヽ　御受合ヲ不到候得共　本国エ聞合ハ可到存候旨申述候儀ニ候処　成約不相成已前如此御照会ニ被及候テハ　此ヲ本国ニ転致候テハ忽物議ヲ生シ竟ニ九仭虧一ノ場合ニ至リ可申候如何ニモ遺憾ニ存候

このような琉球王の人選問題については「成約後」と「成約不相成已前」を明確に分け、後者の場合は本国で必ず問題となり、この交渉自体が水泡に帰する可能性があると示唆した。つまり、琉球王については両島にいる「向」の姓を持つ一族から選ぶことを勧めながらも、この問題については調印後に話し合った方が良いと説明した。

両島ノ人ヲ以テ両島ノ処分ヲ被施候ハ　此方於テ決シテ干預不致事ニ候　左候得ハ如何様トモ御処分方ハ可有之相考候然ルヲ如是御照会御座候ハ　其易キモノヲ捨テ却テ難キ事ヲ被要候訳ニ御座候

このように宍戸は総理衙門からの照会文について、簡単に解決する問題をあえて難しくしようとしていると批判した。

翌日の宍戸公使から井上外務卿に宛てた内信[30]には、交渉が順調である旨を述べる一方で「未タ半途ナルハ只支那ニテ　二島受取候後ノ処分ニテ　即チ球王血統ノ一軒ニ有之」と新たな琉球王の人選について、まだ最終的な折り合いがついていない、と難航状況も同時に述べている。しかし、この琉球復国に関して井上外務卿は先述したように同年九月二九日、旧琉球藩王はすでに「日本人ノ一名タル身分ナレハ　今更之ヲ清国ニ転籍シ　再ヒ中山王ニ冊立致度様申出候共無論拒絶致ス事ニ候」と清朝の要求は拒否するべきであるとした。つまり明治政府にとってこの時点で旧琉球藩王・尚泰はすでに東京在住を命じられており、旧藩王による琉球復国の見込みは極めて低かった。

最終交渉となる第八回交渉は同年十月二一日におこなわれた[31]。この日の会談では、擬稿の細かい調整がおこなわれ、その都度書き入れられた。例えば、分島と改約の順番については、沈から「加約ノ儀モ畢竟球案ヨリ起候事ニ付加約施行ノ期ハ両島交付ノ後ト致シ度候」と提案があり、宍戸も同意した。実際の擬稿には「交割両島後之次月　開辦加約事宜」と加筆された。他には宍戸が「加約均霑」については後で誤解が生じないように、注釈を付けることを提案したが、沈からは「均霑ノ二字ニテ分明ニ付爾後決テ紛議無之筈」として却下された。最後に調印については沈から「此先キ十日程御猶豫有之度候」と期限を設け、批准については宍戸から「調印ノ後二ヶ月内ニ批准交換ヲ約シ候様可致候」と提案があり、実際の擬稿には「現今条約　応由両国御必批准於三個月限内在大清国都中互換」「現今所立加約　応由両国御必批准於三個月限内在大清国都中互換」が書き加えられた。

こうして一八八〇年八月十八日から合計八回に渡って進められた交渉は、同年十月二一日に幕を閉じた。宍戸公使は井上外務卿宛に（一）両島交付酌加条約専条（二）増加条約（三）憑単（予約ノ件）（四）附単（両島交付手続ノ件）、「以上四通ノ書面交換此一条了結候事ニ議決候萬政府御趣意ノ通ノ結果ヲ得候」と報告した[32]。その後、井上外務卿は井上毅から条約に関する具体的な報告を受け、それを三条実美太政大臣へ上申した[33]。

（一）「球案条約擬稿」

大清国大日本国以専重和好故、将琉球一案所有従前議論、置而不提、大清国大日本国公同商議、除沖縄島以北、属大日本国管理外、其宮古八重山二島、属大清国管轄、以清両国疆界、各聴自治、彼此永遠不相干預、大清国大日本国現議酌加両国条約、以表真誠和好之意、茲大清国欽命総理各国事務王大臣大日本国欽差全権大臣　各憑所奉上諭、便宜弁理、定立専条、画押鈐印為拠、現今条約、応由両

国御筆批准、於三箇月限内、在大清国都中互換、光緒七年正月明治十四年二月交割両島後之次月、開弁加約事宜

（二）「加約擬稿」

大清国大日本国辛未年所訂条約、允宜永遠信守、惟以其内条款有須一二変通、是以大清国欽命総理各国事務王大臣大日本国欽差全権大臣勲二等宍戸、各遵所奉諭旨、公同会議、酌加条款、所有議定各条、開列於左

第一款

両国所有与通商国已定条約内載予通商人民便益各事、両国人民、亦莫不同獲其美、嗣後、両国与各国如有別項利益之処、両国人民、亦均霑其恵、不得較各国有彼厚此薄之偏、但此国与他国立有如何施行専章、彼国若欲援他国之益、使其人民同霑、亦応於所議専章一体遵守、其係另有相酬条款、纔予特優者、両国如欲均霑、当遵守其相酬約条

第二款

辛未年、両国所定修好条規、及通商章程各条款、与此次増加条項有相碍者、当照此次増加条項施行現今所立加約、応由両国御筆批准、於三箇月内、在大清国都中互換

（三）「憑単擬稿」

両国通商事宜、有与他通商各国随時変通之処、彼此預為言明、嗣後、此国有将与他各国現行条約内管理商民、査弁犯案各款、暨海関税則更行酌改、俟与他各国訂定後、再行彼此酌議、因此預立憑単、画押為拠

（四）「附単稿」

一　大清国応派員以光緒七年正月明治十四年二月、到八重山嶋地方、与大日本国所派官弁、各呈示憑拠、将宮古八重山群島土地人民、一併交受

一　宮古八重山群島民人、在交付之際、大日本国弁応先期加意戒飭暁諭、使其安分、以免紛擾、既交付之後、両界民人、各遵其国法例、不互相干犯

「球案条約擬稿」について、「琉球ノ中宮古八重山ニ島ヲ以テ清国ニ属シ以テ二国ノ疆界ヲ清メ　従テ日清条約ヲ増加シ以テ和好ヲ表明スルノ専約トス」と、琉球の「宮古八重山二島」を清朝に属することを認める代わりに、日清修好条規を期限内に改正することで平和友好を保つことを明記されている。つまり、日本は「領土」を失う代わりに、期限内に条約を改正する「前例」と通商上の「利益」を得たのである。「加約擬稿」は第一款では、日清両国それぞれが第三国に与えた最も良い待遇（通商、入国、営業等）をお互いに与え合うこと（最恵国待遇）を定め、第二款では、今回の増加条項と以前締結した日清修好条規及び通商章程が内容上衝突する場合は、増加条項に従うことを定めた。つまり、日清修好条規締結交渉時に争点となっていた「内地通商」のことを指している。交渉中に議論の争点となった「均霑」と「相酬」については、結局のところ総理衙門の方が妥協する形となった。この背景には先述したように、イリ交渉の情勢が影響を与えていたと考えられる。

同上申書の附属書類の一つである井上毅による「加約説明」によると、「此時伊達大使ハ彼レノ固執一朝ニ説破シ難キヲ以テ姑ク其議ヲ認メ　遂ニ通商章程第十四十五款ニ於テ　日本ノ商民ハ内地ニ通商スルヲ許サズ　違犯スル者ハ其貨物ヲ没入スベシトノ明文ヲ掲載スルニ至レリ」と、日清修好条規で「内地通商」と

いう最も重要な部分で日本が譲歩していることを指摘した。また、「西洋商民ハ特ニ自ラ内地諸部ニ入リ外貨ヲ売リ内貨ヲ買フノミナラズ　又清国商民ニ託シ洋貨ヲ運スルニ洋商ノ名ヲ以テシ　以テ内地厘金ノ厚税ヲ免ルルノ便ヲ得」ていると清朝の欧米諸国に対する便益について述べ、「是レニ反シ　日本商民ハ已ニ内地ニ運売スル事ヲ得ザル故ニ　又従テ日本ノ貨物ハ同ク厘金ノ厚税ヲ課セラレ甚シキハ　或ハ二重ノ税ヲ課セラルルニ至ル」と、清朝の日本と欧米に対する待遇の違いを「内地通商」の角度から説明している。さらに、「西洋貨物ハ税ヲ免ルル故ニ　其価モ亦廉ナルコトヲ得」ており、「我国ノ貨物ハ重税ヲ負フ故ニ　其価モ亦不廉ナラザルコトヲ得ズ」という結果を招いており、「我国ノ商民ハ永久清国ニ於テハ　他ノ各国商民ト市場ニ競争スルコトヲ得ザル下流ノ位置ニ居ルコトヲ免レズシテ　其結果ハ遂ニ我国ノ富源ニ重大ナル不利ヲ与フルニ至ルハ理ノ必然ナリ」と、これまでの中国市場における圧倒的不利を説いた。

そのため、「今度ノ増加条約ニ於テ　均霑ノ一条ヲ設ケ及辛未条約ノ此条ト抵触スル者ヲ廃棄シタルハ設クル所一二条ニ過キズト雖モ　其旧条約ノ精神ヲ一変シテ以テ各国ト併行ノ列ニ入リ　内地通商ノ利ヲ獲テ以テ　将来永遠ノ大益ヲ占メタル者ナリ」と増加条約が既存の日清修好条規が持つ通商上の障害を改善するものであると結論を述べている。つまり、「内地通商」を結果として導くことになる「最恵国待遇」は、明治政府にとって中国市場における通商上の利益を増大させるためには必要不可欠な事項であると認識していたのである。また、明治政府にとって喫緊の解決案件である「欧米諸国との不平等条約の改正」を進めるためにも、「期限前」に条約を改正する前例を作ることが最優先事項の一つであった。この「加約擬稿」に対して、井上外務卿は「即チ我政府ノ要求スル所ニ叶同シタル者ナリ」と明治政府が要求していたことが実現したと高く評価している。

「憑単擬稿」は、「我カ各国ト条約改正ノ機会ニ際シ　清国ト現行条約改正ノ年限ハ仍ホ数年ノ後ヲ待ツヲ以テ　其年限ヲ短促スルノ要求ニ対シ　彼レヨリ承認ノ證憑トシテ　両国ノ大臣ノ間ニ取換スヘキノ文単ナリ」とあるように、日清両国が第三国と条約改正の際には相互に事前予告し、第三国との条約改正後に日清両国で討議し合うことが定められた。最後の「附単稿」は、「二島ヲ交割スルニ就キ　期限及手続ヲ示ス為ノ約束ナリ」とあり、二島を清朝に割譲した後の具体的な手続きを示しているが、本交渉は井上外務卿にとって日清修好条規の期限前改正による内地通商の獲得と、その前例を作ることが最大の目的であったと言えるであろう。

5　北京交渉後の清朝政府内における動向

以上述べてきたように、総理衙門と宍戸璣全権公使等との間で行なわれた北京交渉は、一八八〇年十月二一日（光緒六年九月十八日）、琉球分割条約を清朝が受け入れるという形で議定し[34]、残すは同年十二月北京での調印・批准を待つのみとなった。

では、この交渉で議定された琉球分割条約は清朝内において、どのように評価されていたのであろうか。それを明らかにするにあたり、まずは総理衙門・恭親王奕訢の上奏文[35]を考察する必要がある。交渉終了後の同年十月二八日（光緒六年九月二五日）には「況揆諸現在事勢中國若拒日本太甚日本必結俄益深」として、日本の要求を拒絶することになると、日本が露清間におけるイリ問題に乗じて、露国と関係を結ぶことを懸念している。また、日清交渉中に詹事府・張之洞は王文韶大臣に日露関係に注意を向けさせ、「宜速聯絡日本所議商務可允者早允[36]」と速やかに日本と協議妥結にいたることを勧め、日清両国で相互に援助しあえば露国の勢力を抑止することが可能であると説いている。ここに総理衙門の交渉中における方針を鑑みることができる。

また、李鴻章は宮古・八重山諸島が「枯瘠」の土地であることを述べ[37]、清朝にとって利益がないことを指摘した。そしてこれらの諸島を清朝がもらい受けるのではなく、琉球を復国するための土地にすることを提案し、「若球王不復南島枯瘠不足自存中國設官置防徒增後累」とした。つまり、たとえ不毛の土地が原因で琉球王国の復国が可能でなくても、煩雑を残すことになるから清朝が関与すべきないと忠告している。このように日本と敵対することなく琉球問題を処理することにより「不至於俄人外再樹一敵」として、露国が清朝を敵国として認識することはない、と露国を意識する発言があった[38]。それに対し、南洋大臣・劉坤一は「南両島重立琉球俾延一綫之祀庶不負存亡繼絶初心」とし、本島ではなく、宮古・八重山諸島という離島ではあるが、清朝の当初の要求であった琉球復国という条件に適うのであるから、問題ないと述べている[39]。このような各々の見解の違いに対して、恭親王奕訢は総理衙門との間にも論争はあるが、根底にあるのは「存球祀」であり、「兩島地方荒瘠要可惜爲存球」とし、宮古・八重山諸島が不毛の土地であるとしても、その基幹にあるのは琉球の復国にあると述べた。故に今回の日清交渉を「此擧既以存球並以防俄」と捉えている。つまり、日清交渉妥結がもたらすのは、琉球の復国と同時に露国からの脅威を抑止することができるため、有意義であるとの考えを述べている。また、「惟日本條規逐條皆從兩面立論今雖稍予通融仍應預防流弊且既一體霑受其益必須一體遵守其章將來辦理庶歸一律」と、すなわち両国同様に利益を潤っているのであるから、今後の日本は法規を遵守し、将来の処理方法もスムーズに行なわれるであろうと予想している。今回の交渉で両国が歩み寄ることがない場合は、日本は欧米諸国と違い内地通商の権利を有しないから、いずれにせよ日清修好条規の期限が迫ると改約案を持ち出してくるであろうと先見の意見を述べた。つまり、これまでのように日本の要求を拒むと、「球案必無從辦結」、つまり琉球問題に解決の道はないであろうとした。そして、交渉にあたり日清修好条規に新たに「一體均霑」を加えることを認め、「加關税管商民兩事」に関しては焦って議定する必要はないと判断し、緩急を区別し遷延した結果にいたったと述べた。このように清朝内においても様々な意見が飛び交っていた。

交渉から八日後、詹事府右庶子・陳寶琛は上奏文[40]で、不毛の地である宮古・八重山諸島を清朝に譲り、旧琉球藩王による琉球復国がなし得ず、さらには日清修好条規に「改約二條」を加えることを内容とする琉球分割条約の議定に疑問を投げかけた。日本のこのような強気な態度には、清朝が露国とのイリ地方をめぐって、リバディア条約改約に切迫している背景があると指摘している。加えて「俄以一伊犂餌吾改約　日本又以一荒島餌吾改約　是我結倭驩以防俄　而重受其紿倭乘俄衅挾我而坐享其利（中略）一面飭下總理衙門與日本使臣暫緩定義　一面將臣疏密寄李鴻章左宗棠等詳議以聞是否有當」と、リバディア条約改約とイリ問題、日清修好条規改約と琉球問題を争点として指摘している。このような日本と露国との板挟になっている清朝の苦境に、日本が乗じて清朝を利用しようとしているという見解をあくまで強調している。

このような情勢の中にあるにもかかわらず、琉球分割条約を議定した総理衙門を「臣聞之且疑且愕以爲分琉球一誤也因分琉球而改舊約又一誤也分島之誤近于商於六里之誑因分島而改約之誤近於從井救人之愚」と、つまり琉球分割条約を議定することは、一里を六里と錯誤するのと同様であると、皮肉を込めて批難している。故に陳寶琛は琉球分割条約批准の遷延を示唆し、李鴻章、左宗棠に意見を求めるよう総理衙門に促がしている。この陳寶琛の上奏文に対し、醇親王奕譞等は「宜照總理各國事務衙門所奏辦理業經允准旋[41]」と、総理衙門が議定した琉球分割条約を、このまま批准する立場をとった。これにより、いよいよ「日本ノ提案ガ成就セント[41]」するかに見えた。しかし、詹事府左庶子・張之洞は「日本商務可允球案宜緩[43]」とし、日清修好条規の改約は妥協してもよいが、琉球分島問題に関しては遷延すべきである、とさらなる見解の違いをみせた。この張之洞の反論に対し、醇親王奕譞等は「以日本與俄深相邀結　又與福建江浙最近今若更動已成之局未必甘心　且恐各國從而搆煽　卒至仍歸前説　或併二島而棄之益所輕等語」と、日本と露国が協定を結ぶこと、又福建省をはじめいくつかの省が日本と近接していることを危険要因として指摘している。琉球分割条約に関しては、一度議定した条約を、もしも今また修正するのであれば、日本のみならず各国からの非難も免れないとしている。その結果、清朝は宮古・八重山諸島を手に入れることさえも放棄しなければならないであろう、と慎重な態度をとっている。以上のように陳寶琛、張之洞、醇親王奕譞等のいずれも異なる見解をみせた。

以上みてきたように、両国間で一度議定された条約が、清朝内で議論の対象となり、内幕ではせわしい動きがあった。こうした動きから、清朝において琉球分割条約が如何に、重要な鍵を握っていたかがわかる。このような混乱した状況の中で、ついに清朝は同年十一月六日（光緒六年十月初四日）、北洋大臣・李鴻章に意見を求めた。[44]

同年十一月十一日、李鴻章が今後の対日政策に関する上奏文を提出した。[45] その内容は大きく三つに分けることができる。[46]

① 日本が清露葛藤（イリ問題）を利用していることは明らかで、琉球帰属問題はロシアとの条約締結後に再開すること

② 日清修好条規の中に「内地通商」を引き出す「最恵国待遇」条項の追加を回避すること

③ 不毛の土地である宮古・八重山諸島の割譲には清朝にとって価値がないこと

以上の三点を踏まえ、李鴻章は領土割譲問題、条約改正問題、外交上の平和路線、清朝が置かれている状況、これらを考慮して批准か拒否の二者択一ではなく、その中道の「延宕＝遷延」という手段を提案した。

6　宍戸全権公使の抗議と総理衙門の対応

交渉後、宍戸公使は総理衙門に琉球分割条約の調印につき「度々催促及候趣[47]」を申し入れていた。その頃清朝内では、琉球分割条約に対し、様々な意見があったが、しかし全体としては概ね遷延策の方向に傾いていた。一八八〇年十一月十七日（光緒六年十月十五日）、総理衙門が宍戸公使に「南北洋大臣等妥議具奏[48]」として延期する旨を伝えた後、明治政府側は予期せぬ事態に慌しくなった。

これに伴い宍戸公使は二日後の同年十一月十九日（光緒六年十月十七日）、早速総理衙門に面談の申し入れをおこない、翌日本件について沈桂芬、麟書、王文韶、崇礼、夏家鎬のメンバーと会談した。明治政府側は井上毅が列席していない事以外は本交渉と同様のメンバーで臨んだ。会談では[49]、終始宍戸公使が総理衙門を「両洋大臣等ニ御下問ノ上決定可相成論旨ヲ被奉候トノ儀ハ実ニ駭異ノ至リ候」と批難した。また、王大臣等に全権委任の有無について「今日ニ至リ猶両洋大臣等ノ意見ヲ被要候トノ事ニ候テハ各大臣全権ノ名ハ其実無之モノニテ最早各大臣ト事ヲ議候トモ了結可致見込無之ト存候」と、同年八月十八日から二ヶ月に及んだ会談の成果を見込みがないと厳しく糾弾した。それに対し次の会話がなされた。

王　沈　右趣ヲ以テ御照覆有之可然候我々共於テハ決テ中変ノ見込ハ無之候

公使　各大臣中変ノ御見込無之トモ爾後両洋大臣等ノ申立ニ寄リ如何様変換ニ可至モ難計候処其節ニ至リ万一モ先日来御相談置候処ト聊ニテモ異常有之候ハハ本大臣於テハ最早此一案ニ付テノ御相談ハ承リ兼候尤其段ハ本国ニモ報明致候事ニ候

総理衙門は宍戸公使に対し、これまでの会談で取り決められた事が両洋大臣をもってしても今更、変更することはないと確言している。しかし、宍戸公使は一抹の懸念を抱いており、王大臣の「中変トノ御疑念ハ御無用」であるとの発言に対しても、「本大臣ニハ全ク侮弄を受」けたとして、一貫して厳格な態度をみせた。

宍戸公使は同年十二月一日（光緒六年十月二九日）井上外務卿宛の機密信[50]に

球案決議ノ節迄ハ總署ニテモ急速ニ了局到見込ノ處其後俄都ヨリ曾紀澤談判ノ様子ヲ報知シ先ハ

平和ニモ可相成哉ノ模様相見ヘ候處ヨリ俄カニ球案ノ決ヲ中沮イタシ兩洋大臣等ヘ下問云々ヲ以テ暫ク我國ヲ釣リ付ケ置キ來春迄遷延スルノ策ヲ一決シ清俄葛藤了局ノ模様ニ因テ球案ノ結不結ヲ決シ候主意歟ト被察候

と述べている。つまり宍戸公使は露国にてリバディア条約改約にあたっている曾紀澤の現況を警戒し、琉球分割条約は露清間の解決次第であろうと推察している。しかし、両国の代表が数度の交渉を経て一旦議定した条約を、再度国内で検討する措置は「総理衙門と宍戸全権との間で妥結した条約案の調印批准を事実上無期延期することにほかならなかった」[51]と言うしかあるまい。

宍戸公使は、再度同年十二月二七日（光緒六年十一月二六日）、総理衙門に催促の照会文を提出している。[52]これによると、宍戸公使は「則前日之事　不異於姑為仮冐以欺弄我国　是豈和好之国所宜有也耶」とし、前回と同様に清朝の急変した対応に非を鳴らし、清朝の出方を窺っている。これを受けた総理衙門の翌年一八八一年一月三日（光緒六年十二月四日）の返答[53]によると「本大臣等　既奉商弁球案之旨」と、宍戸公使の批難を物ともせず、要請に応じる態度はみられなかった。

同年一月五日（光緒六年十二月六日）の宍戸公使からの総理衙門への返答[54]には、「両国有違言　特簡大使会商　意見既同　而一使中沮　自謂無専対画押之権　是為欺弄他国　不得謂意在和好」との批難の後に「自棄前議矣　自今之後　理当永遠無復容異焉」とし、つまり清朝側の対応が起因となり、談判が破裂した旨の内容を書き記し、清朝の責任を追及する構えをみせた。

こうして同年一月十六日（光緒六年十二月十七日）、宍戸公使が帰国する旨を伝えるため、総理衙門を訪問した。そこでは先に、駐日清朝公使・許景澄と対談し、次の会話がなされた。[55]宍戸公使は、

貴國ニテハ總署王大臣ニ全權ヲ被命雙方談判ノ上既に兩意協同イタシ候場合ニ迄立至リ候ニ付テハ　必雙方秉權大臣ノ畫押爲據ノ一段可有之ハ當然ノ事ニ候　然ルニ猶南北洋大臣ノ妥議具奏ヲ

待ヘシトノ云々御報知有之　右ハ既ニ萬國公法ニアラス　又大統領勸説ノ意ニアラス　貴國最前
言明被到候處ト相背キ　即チ本大臣ヲ侮弄シ前議ヲ棄ラレ候

と述べた。宍戸公使と総理衙門の間で、琉球分割条約を議定したにもかかわらず、南北洋大臣によって再度議論するため、条約批准を延期することに、ここでも宍戸公使は憤然の態度をみせた。これに対し、許は「條約ナトノ事ハ各國ニテモ上下議院ニ下シ議セシメ候事有之ヨシ　我國ニテ其筋ノ大臣ニ妥議セシメラレ候モ同様ノ筋ト存候（中略）延稽候事ハ各國ニモ其例有之候事ニテ約成ノ後批准ニ手間取候事不少様存候」と、琉球分割条約に対する清朝の対応は、批難されることはなく、他国においても条約批准に時間がかかるのは少なくない、とあくまでも清朝側に落度はないと主張している。反対に、宍戸公使の帰国に対して「今日ハ南北洋大臣妥議具奏ノ上成約通可相成候哉否未タ相分リ不申際ニモ候ヘハ使事不成ヲ以御復命トハ太早計ニハ有」と未だ決定事項が提出されていない状況で、帰国の途に着くのは、あまりにも早すぎる決断であると批難している。これに対し、宍戸公使は、

秉權大臣ニ是權ナキヲ以テ權アリトシ　他ノ一方ノ使臣ヲ欺キ候モノニ同シク卑職其侮弄ヲ甘受イタシカタク候　尤右ハ貴國慣例ノヨシニ候ヘハ貴國ノ慣例トハ一國ノ私法ニテ萬國會商ノ通義ニ無之上　貴國ノ屬國ハイサ知ラス對頭ノ國ニ對シ可被申陳儀トハ不被心得候

と、日本と清朝が対等の立場であることを強調し、属国ではない日本に対して、このような態度は日本の受け入れるところではないと怒りを顕わにしている。こうして許との会話には、何ら進展はみられなかった。

宍戸公使は次いで王文韶と会談し、ここでは次のような会話がなされた。[56]

公使　夫ハ貴國限リノ御取扱振ニ付　對頭平行ノ國エ被對候テ御主張ハ出来申間敷　是我國ヲ屬國視セラルルモノニ候

王　決シテ左様ニハ無之　既ニ本大臣當衙門ニ出仕以來　西班牙獨逸近頃米利堅ト條約ノ際モ一應

内諭ヲ俟候テ　然ル後畫押イタシ批准ヲ請候ハ具文同様ニ有之候　即チ貴國今般ノ取扱ト一様ニ有之候

ここでも宍戸は、「對頭平行」と「屬國」を強調し、王に対しても清朝の態度を詰問している。宍戸のいう「對頭平行」関係は、対等条約として締結した日清修好条規が裏付けされていることは言うまでもない。これに対し、王は日本を属国と扱っていることを否定した。またスペイン、ドイツ、アメリカの例を述べ、清朝の正当性を主張している。つまり「萬國公法」にも、今回の清朝のように、一度議定された条約を国内で再度議論するという、同じ例があることを強調した。しかし、宍戸は「右ハ御内輪ノ事ニ有之　右故ソノ爲故障サヘ無之候ハハ　夫ニテモ相濟可申候　且今般ノ儀ハ最前美國前總統ノ勸説ニ由リ兩國各大員ヲ派シ辨理セシメ候手續ニ相成候儀ニテ御申聞ノ數國トハ其關係ノ其本大ニ相違イタシ居候」と今回の日清交渉は米国前大統領グラントの斡旋により、日本と清朝の代表が集い、琉球分割条約を議定したのであって、前述の他国の例とはケースに明らかな相違があるとした。このように、両国互いに正当性を主張し、議論は終始前へ進まず水掛論になった。

翌日、宍戸公使が総理衙門・王大臣宛に、「貴王大臣一加自省則知是貴國果自棄前議而非本大臣絶於貴国也耳」[57]とし、今回の交渉が決裂にいたった責任は清朝にあるとの主張を曲げず、これをもって最後の通告とした。その後、宍戸公使は同年一月二十日（光緒六年十二月二十日）、北京をあとに帰国の途に着いた。

一方、イリ問題につき曾紀澤を露国に送って、談判に当たらせた左宗棠は一八八一年三月一日（光緒七年二月初二日）に次のように上申[58]している。この上奏文によると、これまでの各々の上奏文は、「中俄和局未定」を前提とした内容であって、このような情況下では対外、国内においても議論が紛紛するのは避けられない、と清朝の現況を分析している。当時は、露国とのリバディア条約改約とイリ地方の領土問題が、未だ解決しておらず、ゆえに国内の議論が行き詰るのも無理はないと述べた。しかし、現在に至っては「茲據曾紀澤所發電報商務界務漸有成説」と漸く露国との交渉が落着を迎え、宍戸公使が清朝に責任をかぶせ、帰国した時と状況が変わってきている。また明治政府が琉球を廃したことについては「中國頻相詰問日本守意自如」と、清朝が度々詰問したにもかかわらず、聞く耳を持たなかったと批難している。一方で、グラントの分割案には好意を示し、清朝の要求である「復琉球存禋祀」と合致するが、明治政府の分割案は琉球を廃し、不毛の土地を清朝に割譲し、さらに日清修好条規の改約を重んじている。このような不道理な条件を突きつけ、清朝が批准を延期するのは当然のことであると述べている。琉球復国が絶望的であるにもかかわらず、明治政府は「改約一體均霑」を掲げているが、実際には琉球分割条約で平等かつ両国均等に利益を得ることは無理であると述べた。また宍戸公使の帰国に対し憤りを示しているが、一方で宍戸公使が帰国したのは露清間のイリ条約を調印する前であり、改めて露清間の事情を知れば、明治政府の要求も緩和されるであろうとしている。この左宗棠の上奏文に明らかなように、清朝は露国とのイリ問題が解決したことにより、非常に有利な立場で琉球問題を進められると判断していたのがわかる。強気な態度で琉球分割条約を批難し、さらにはイリ問題解決が明治政府の対応にも波及すると見越している。

さらに二日後の清朝皇帝の上諭[59]には次のことが書き記されていた。

前因總理各國事務衙門奏擬辦球案一摺　當論李鴻章劉坤一等妥籌具奏　茲據該督等先後覆陳　覧奏均悉　原議商務一體均沾一條　爲日本約章所無　今欲援照西國約章辦理　尚非必不可行　惟此議因球案而起　中國以存球爲重　若如所議劃分兩島　於存球祀一層　未臻妥善　著總理各國事務衙門王大臣　再與日本使臣　悉心妥商　俟球案妥結　商務自可議行欽此

つまり琉球分割条約中の日清修好条規改約案には均霑の一条は無く、日本の為にあると言っても過言ではないと、改約案に対する見解を述べている。それ故、最近になって条約締結にいたった露国とのイリ条約を引き合いに出して、日本と再度交渉する方針を打ち出したが、デメリットとして琉球の存在を挙げた。琉球分割条約というのは、日清修好条規改約と琉球分島案を内容とする。清朝としては、琉球復国に重要性を置いているので、琉球分割条約の内容では、復国という可能性は極めて低い。故に再び、宍戸公使と交渉の場を設け、分割案の批准は延ばす方向に促し、改約案の話を進めるように総理衙門に命じた。

7 おわりに

これまで見てきたように、明治政府が遂行した琉球処分は日本国内のみならず、清朝、アメリカ、ロシアと関わりながら、外交案件としての琉球問題にその姿を変え、また日本の対外条約改正政策における外交カードの一つとして国際関係の枠に組み込まれていった。

一八八六年、井上外務大臣は欧米諸国との条約改正を最優先課題と掲げながら、日清修好条規の期限内条約を水面下で進めていた[60]。北京での分島改約交渉が決裂し、琉球問題との連動に失敗した井上はその後も諦めることなく、引き続き清朝との条約改正交渉に力を注ぎ、清朝駐剳公使の鹽田三郎を特命全権公使に任命し、日清修好条規改正の任務にあたらせた[61]。また同日付で送られた内訓には全二二条と附約からなる「日清修好条規通商章程改正草案」が附属書として明記されていた[62]。日清修好条規の調印当初から、改正を切望していた日本にとって最も大きな壁は「改正及び期間に関する規約」であった。改正草案ではこの部分が変更され、その第二一条では「本条約ハ両国君主批准ノ日ヨリ満五ヶ年ヲ以テ期限トス　訂盟両国ノ一方ニ於テ改正ヲ要スルカ又ハ期限ニ随ツテ本条約ヲ終了セント欲スルトキハ　一ヶ年前互相ニ之ヲ他ノ一方ニ予報ス可シ　若シ其予報ナキトキハ満五年ノ後ト雖モ一ヶ年間ハ仍ホ期限ヲ継続シタルモノトス」と、現行条規では特別に明記されなかった「改正」に関する事項を設けた。しかし、幾度の交渉の末、総理衙門は「税目施行」に関する項目と「条約改正期限」に関する項目については「不同意」を表明したため、一八八八年九月、日本側から清朝駐箚鹽田公使を通じて総理衙門へ条約改正談判の中止を申し入れた[63]。こうして明治政府の長きにわたって進められてきた対清朝「条約改正」政策は目的を果たせないまま幕を閉じた。

琉球問題と日清修好条規の期限内改正が解決に到らなかったのには、これまで見てきた通りいくつかの要因が絡み合っている。あえて、最大の要因を一つ挙げるとすれば、この二つの問題を「分島改約」という形で一つにしたことであろう。つまり、琉球問題が解決しなければ、おのずと改約も水泡に帰するという形を作ってしまったことにある。井上外務卿はグラントの介入により、琉球問題について日清交渉を開かなければならなくなった。本来、琉球処分を内政と主張している日本にとって、琉球処分を琉球問題として外交案件に取り上げること自体が不本意なところであった。しかし、この不本意な交渉を逆手に取り、一八七一年の調印時から懸案事項であった最恵国待遇問題を解決に導こうと考えた。分島を譲歩のカードとして使い、清朝にはその見返りとして改約を迫った。一方、清朝としてはそもそも琉球処分に対してクレームをつけているのであり、分島そのものを日本の譲歩とは認めていなかった。あくまでも琉球存続が前提であり、分島と改約を分けて考えようとしていた。交渉の中でイリ問題の情勢を考慮して進めていく内に、次第に分島と改約が切り離せなくなってくる。このような中で、イリ情勢の好転が清朝の決定に大きな影響を与えたことは容易に想像できる。外交案件としての琉球問題をめぐる分島改約交渉が一度は正式交渉の場で妥結に至り、「問題」「交渉」「妥結」へと近代システム上の外交プロセスを経たが、清朝側の調印・批准の拒否によって明治政府の狙いは達成することはなかった。

註

1　我部政男『明治国家と沖縄』（三一書房、一九七九年）一二六〜一三三頁。山下重一『琉球・沖縄史研究序説』（御茶の水書房、一九九九年）二〇八〜二一四頁。西里喜行『清末中琉日関係史の研究』（京都大学学術出版会、二〇〇五年）、三五二〜三六〇頁。箱田恵子「琉球処分をめぐる日清交渉と仲裁裁判制度」（『史窓』七七号、二〇二〇年）

2　代表的な研究として、以下を挙げる。藤村道生「明治維新外交の旧国際関係への対応―日清修好条規の成立をめぐって―」（『名古屋大学文学部研究論集』四一、一九六六年）、藤村道生「明治初年におけるアジア政策の修正と中国―日清修好条規草案の検討―」（『名古屋大学文学部研究論文集』四四、一九六七年）、津田多賀子「明治10年〜11年の双務主義の日清条約特約交渉」（『歴史の理論と教育』八二、一九九一年）、森田吉彦「日清関係の転換と日清修好条規」（岡本隆司・川島真編『中国近代外交の胎動』東京大学出版会、二〇〇九年）、五百旗頭薫「隣国日本の近代化：日本の条約改正と日清関係」（岡本隆司・川島真編前掲書）、白春岩『李鴻章の対日観：「日清修好条規」を中心に』成文堂、二〇一五年、岡本前掲書『中国の誕生』第二章「明治日本の登場―日清修好条規から「琉球処分」へ」六四〜七一頁。

3　『大日本外交文書』四巻、「清国トノ修好条規並ニ通商章程」明治四年九月十三日、二〇三〜二二一頁。

4　『琉球所属問題』第一（六九）、「井上外務卿ヨリ太政大臣宛／琉事存案」明治十三年三月四日、四八六〜四九二頁。

5　『琉球所属問題』第一（七二）、「井上外務卿ヨリ宍戸公使宛／内訓状　特命全権公使従四位勲二等　宍戸璣」明治十三年六月二九日、四九七〜五〇一頁。なお、附属書の註によると「訓条及内訓条ハ一旦三月九日付ヲ以テ竹添氏ニ托シ発送シタルモ竹添氏李鴻章ト会談ノ上変更ヲ要スルモノト思料シ持帰リタル為メ更ニ六月二十九日附トシテ竹添氏ニ托シ送付シタルモノナリ」としている。『日本外交文書』十三巻、「井上外務卿ヨリ清国駐箚宍戸公使宛／章程改正并琉球案件開談ニ関シ内訓ノ件」、附属書三「宍戸公使へ内訓条并増加条約案」、明治十三年三月九日、三六九〜三七三頁。

6　『琉球所属問題』第一（九四）、「井上外務卿ヨリ総理衙門宛／琉球問題ハ宍戸公使ニ商弁方命シタルニ付交渉セラレタキ件」明治十三年六月二九日、六二三〜六二四頁。

7 『琉球所属問題』第二(一〇二)、「総理衙門ヨリ井上外務卿宛／宍戸公使ト交渉ノ件了承ノ旨回答」明治十三年八月五日、二六〜二七頁。

8 『琉球所属問題』第二(一〇三)、「宍戸公使ヨリ上野外務大輔宛／【附属書】宍戸公使総署大臣ト対話記事」明治十三年八月十九日、二九頁〜三七頁。『台湾琉球始末』巻七、一〜三頁。

9 『琉球所属問題』第二(一〇四)、「宍戸公使ヨリ外務卿代理宛／【附属書】八月二四日於総理衙門宍戸公使対話筆記」明治十三年八月二五日、四二〜四五頁。

10 『琉球所属問題』第二(一〇四)、「宍戸公使ヨリ外務卿代理宛／明治十三年八月二十四日示総理衙門諸大臣節略」明治十三年八月二五日、四六〜五〇頁。『台湾琉球始末』巻七、三〜六頁。

11 『琉球所属問題』第二(一〇六)、「井上外務卿ヨリ竹添天津領事宛／宍戸公使ト協力シ談判ニ尽力セラレ度旨」明治十二年八月三一日、五三〜五五頁。

12 『琉球所属問題』第二(九六)、「竹添天津領事ヨリ井上外務卿宛／尚泰ヲ沖縄県令ト為スノ案」明治十三年七月十一日、一〜四頁。

13 『琉球所属問題』第二(九八)、「井上外務卿ヨリ竹添天津領事宛／尚泰ヲ沖縄県令ニ任スルハ考慮ヲ要スル件」明治十三年七月二八日、七〜十一頁。

14 『琉球所属問題』第二(一〇八)、「宍戸公使ヨリ井上外務卿宛／【附属書】宍戸公使総署大臣ト対話記事(明治十三年九月三日)」明治十三年九月八日、六一〜六六頁。

15 『台湾琉球始末』巻七、九頁。

16 『琉球所属問題』第二(一一三)、「宍戸公使ヨリ井上外務卿宛／【附属書】宍戸公使総署大臣ト対話記事(明治十三年九月十一日)」明治十三年九月十五日、九一〜九六頁。

17 『台湾琉球始末』巻七、十頁。

18 『琉球所属問題』第二(一一三)、「宍戸公使ヨリ井上外務卿宛／九月十一日総署大臣ト会見ノ状況ニ関スル件」明治十三年九月十五日、八七〜九〇頁。

19 このような総理衙門の認識及び対抗策については、箱田前掲論文に詳しい。「では、総理衙門は最恵国待遇を骨抜きにするこの対抗策をどのようにして考えついたのだろうか。実は、これは李鴻章がブラジルとの交渉で用いた策だった。（中略）ブラジルが均霑できる範囲を制限したと、総理衙門に報告していた。李鴻章の報告は九月一日付であり、時期的に見ても総理衙門が参考にしたのは間違いなかろう。」十九〜二〇頁。

20 『琉球所属問題』第二（一一三）、「宍戸公使ヨリ井上外務卿宛／九月十一日総署大臣ト会見ノ状況ニ関スル件」明治十三年九月十五日、八七〜九〇頁。

21 『琉球所属問題』第二（一一六）、「宍戸公使ヨリ井上外務卿宛／【附属書】宍戸公使総署大臣ト対話記事（明治十三年九月二五日）」明治十三年九月二九日、一一七〜一二四頁。

22 『琉球所属問題』第二（一一六）、「宍戸公使ヨリ井上外務卿宛／九月二十五日総署大臣ト会見ノ状況ニ関スル件」明治十三年九月二九日、一〇七〜一一一頁。

23 植田捷雄「琉球の帰属を繞る日清交渉」一九〇頁（『東洋文化研究所紀要』二、一九五一年）。

24 「底稿」については『琉球所属問題』第二（一一八）、「宍戸公使ヨリ井上外務卿宛／条約案ヲ総署大臣ヘ交付シタル件」明治十三年十月一三日、一三三頁〜一四二頁に掲載。甲号は第一款から第五款からなる条約案、乙号は甲号第二款の最恵国条款の注釈、丁号は憑単稿案、戊号は附単である。

25 『琉球所属問題』第二（一一九）、「宍戸公使ヨリ井上外務卿宛／【附属書】十月七日総理衙門大臣来館対話筆記」明治十三年十月十三日、一四三〜一五五頁。

26 『琉球所属問題』第二（一一五）、「井上外務卿ヨリ宍戸公使宛／対清政策及中山王冊立ニ関スル件」明治十三年九月二九日、一〇〇〜一〇六頁。

27 分島改約交渉とイリ交渉の連動性については、第五章と第六章で日清双方の角度から詳細に分析する。

28 『琉球所属問題』第二（一一九）、「十月七日総理衙門大臣来館対話筆記／【別紙己号】」、明治十三年十月十日、一五六〜一五八頁。『台湾琉球始末』巻七、二三〜二四頁。

29 『琉球所属問題』第二（一二〇）、「宍戸公使ヨリ井上外務卿宛／十月十二日於総理衙門宍戸公使対話筆記」、一六二〜一六六頁。

30 『琉球所属問題』第二（一二二）、「宍戸公使ヨリ井上外務卿宛／二島分割後清国側ニ於テ王ヲ冊立スル一義ニ関スル件」明治十三年十月一三日、一六七〜一七〇頁。

31 『琉球所属問題』第二（一二三）、「宍戸公使ヨリ井上外務卿宛／【別紙】十月二十一日於総理衙門宍戸公使対話筆記」明治十三年十月二二日、一七五～一八一頁。『台湾琉球始末』二六～二七頁。

32　『琉球所属問題』第二（一二二）、「宍戸公使ヨリ井上外務卿宛／琉球問題落着近日調印ノ運トナリタル件」明治十三年十月二二日、一七一～一七四頁。『日本外交文書』十三巻、「清国駐劄宍戸公使ヨリ井上外務卿宛／総理衙門ニ於ケル談判結了ノ模様報告ノ件」明治十三年十月二二日、三七六頁。「四通」については、『日本外交文書』明治年間追補第一冊、「球案條約稿等都合四通ノ議定」、二五一頁。『台湾琉球始末』二七～二九頁。

33　『琉球所属問題』第二（一二六）、「井上外務卿ヨリ太政大臣宛／井上毅ノ持帰リタル条約案及附属書類」明治十三年十一月十三日、一八六～二〇七頁。条約案の内容については他にも『日本外交文書』十三巻、「清国駐劄宍戸公使ヨリ井上外務卿宛／総理衙門ニ於ケル談判結了ノ模様報告ノ件　附記「球案専條」」明治十三年十月二二日、三七六頁にも記載されている。なお、中国側の史料『清光緒朝中日交渉史料』、『清季外交史料』には交渉の経過と「球案条約底稿」、「加約底稿」、「憑単底稿」が合わせて記載されている。『清光緒朝中日交渉史料』巻二（五三）、「総理各国事務衙門奏与日本使臣議結琉球案摺」光緒六年九月二五日／一八八〇年十月二八日、八～九頁、『清光緒朝中日交渉史料』巻二（五三）、「附件一　総理各国事務衙門録呈球案条約底稿」光緒六年九月二五日、九頁。『清光緒朝中日交渉史料』巻二（五三）、「附件二　総理各国事務衙門録呈加約底稿」光緒六年九月二五日、九～十頁。『清光緒朝中日交渉史料』巻二（五三）、「附件三　総理各国事務衙門録呈変通商約憑単底稿」光緒六年九月二五日、十頁。『清光緒朝中日交渉史料』巻二（五三）、「附件四　総理各国事務衙門申明議結球案情形片」光緒六年九月二五日、十頁。『清季外交史料』巻二三、「総署奏日本廃琉球一案已商議辦結摺」光緒六年九月二五日、十五～十七頁。『清季外交史料』巻二三、「総署奏琉球南島名属華実属日不定議無以善後片／附球案条約憑単擬底」光緒六年九月二五日、十七～十九頁。

34　元々、琉球分割条約は前米国大統領グラントの案に拠るところが大きい。改約案に関しては、明治政府が後から付け足したものである。当時の露清関係の情況を考慮すると、清朝が日本に対して強気な態度に出ることは難しかったと考えられる。故に「受け入れた」とする表現が妥当であろう。

35　『清光緒朝中日交渉史料』巻二（五三）、「總理各國事務衙門奏與日本使臣議決琉球案摺」光緒六年九月二五日／一八八〇年十月二八日、八～十頁。【和訳】王芸生『日支外交六十年史』第一巻、第七節分島改約の交渉、二〇四～二〇七頁。

36　『清光緒朝中日交渉史料』巻二（五三）、八頁。

37　李鴻章は脱清人の向徳宏から宮古・八重山諸島が不毛の土地であることを知る。
38　『清光緒朝中日交渉史料』巻二（五三）、八頁
39　『清光緒朝中日交渉史料』巻二（五三）、八頁。
40　『清光緒朝中日交渉史料』巻二（五四）、「右庶子陳寶琛奏倭案不宜遽結摺」光緒六年九月二六日／一八八〇年十月二九日、十～十三頁。【和訳】『日本外交文書』明治年間追補第一冊、二五二～二五六頁。
41　『清光緒朝中日交渉史料』巻二（五八）、「軍機處寄直隷總督李鴻章上諭」光緒六年十月初四日／一八八〇年十一月六日、十四頁。【和訳】王芸生前掲書、二〇九頁。
42　『日本外交文書』明治年間追補第一冊、二五六頁。
43　『清光緒朝中日交渉史料』巻二（五八）、十四頁。
44　「李鴻章係原議條約之人於日本情事素所深悉著該督統籌全局將此事應否」（『清光緒朝中日交渉史料』巻二（五八）、十四頁。李鴻章は日清修好条規を締結した経緯があり、清朝内において日本事情に詳しいとの認識を受けていたという背景がわかる。
45　『清光緒朝中日交渉史料』巻二（五九）、「直隷總督李鴻章覆奏球案宜緩允摺」光緒六年十月初九日／一八八〇年十一月十一日、十四～十七頁）。『清季外交史料』巻二四、「直督李鴻章奏日本議結琉球案牽渉改約暫宜緩允摺」光緒六年十月初九日、三～八頁。『日本外交文書』十三巻、「天津在勤竹添領事ヨリ井上外務卿宛／李鴻章ノ意向情報ノ件」附記「光緒六年十月初九日李鴻章奏議」、三八〇～三八三頁。
46　李鴻章の琉球問題への対応については、次章で詳しく述べる。
47　『日本外交文書』十三巻、「清國駐剳宍戸公使ヨリ井上外務卿宛／清國政府ニ於テ日清新約書調印拒否申出ノ件」明治十三年十月十八日、三七九頁。
48　『日本外交文書』十三巻、「清國駐剳宍戸公使ヨリ井上外務卿宛／【附属書】總理衙門照会書」明治十三年十月十八日、三八〇頁。
49　『琉球所属問題』第二（一三四）、「宍戸公使ヨリ井上外務卿宛／十一月二十日総署大臣ト面談ノ件」明治十三年十一月二四日、二三六～二五二頁。
50　『日本外交文書』十九巻、「琉球問題今後ノ措置ニ關スル件」明治十三年十二月一日、二三八～二四〇頁。

51　山下重一前掲論文、二一八頁。
52　『琉球所属問題』第二（一三六）、「宍戸公使ヨリ総理衙門宛／上諭ニ関シ清国政府ノ処置ヲ責ムル照会」明治十三年十二月二七日、二六四～二七〇頁。『日本外交文書』十三巻、三八六～三八八頁。
53　『琉球所属問題』第二（一三四）、「宍戸公使ヨリ井上外務卿宛／別紙甲号　一（明治十三年一月三日）」明治十三年一月八日、二七五～二七六頁。
54　『琉球所属問題』第二（一三四）、「宍戸公使ヨリ井上外務卿宛／別紙乙号（明治一三年一月五日）」明治十三年一月八日、二七九～二八一頁。
55　『日本外交文書』十四巻、「琉球案件調印ニ關スル件　一月十六日總理衙門於テ告別對話筆記」明治十四年一月十六日、、二七五～二七八頁。
56　『日本外交文書』十四巻、「琉球案件調印ニ關スル件　一月十六日總理衙門於テ告別對話筆記」、二七五～二七八頁。
57　『日本外交文書』十四巻、「球案破約ハ清國側ノ責任ナル旨通告ノ件」明治十四年一月十七日、二八三～二八四頁。
58　『清光緒朝中日交渉史料』（七六）、「左宗棠説帖」光緒七年二月初四日／一八八一年三月三日、三七頁。【和訳】王芸生前掲書、二一七～二一九頁。
59　『清光緒朝中日交渉史料』（七七）、「上諭」光緒七年二月初六日／一八八一年三月五日、三八頁。【和訳】『日本外交文書』明治年間追補第一冊、二六三～二六四頁。
60　津田多賀子「日清条約改正の断念と日清戦争」（『歴史学研究』歴史学研究会編、一九九三年）参照。
61　『日本外交文書』十九巻、「井上外務大臣ヨリ清国駐箚鹽田公使宛／日清修好条規通商章程改正提議ニ関シ内訓ノ件」附記「御委任状案」明治十九年三月三一日、一二一～一二四頁。
62　『日本外交文書』十九巻、「井上外務大臣ヨリ清国駐箚鹽田公使宛／日清修好条規通商章程改正ニ関スル件」明治十九年三月二一日、附属書「日清修好条規通商章程改正草案」、一二四～一二九頁。
63　『日本外交文書』二一巻、「清国駐箚鹽田公使ヨリ大隈外務大臣宛／総署ヨリ専条不同意ノ回答接受ノ件報告並ニ談判中止ノ前税目施行ト修約期限ノ二点ヲ交渉スヘキヤ伺ノ件」明治二一年八月二四日、一〇三～一〇五頁。『日本外交文書』二一巻、「清国駐箚鹽田公使ヨリ大隈外務大臣宛／改正談判中止方総署ニ申入レタル次第報告ノ件」明治二一年九月十四日、一〇六～一〇七頁。

第五章　琉球処分をめぐる李鴻章の外交基軸——琉球存続と分島改約案

1　はじめに

明治政府が断行した琉球処分は、日本と琉球に限定された問題ではなく、琉球と冊封・朝貢関係を築いていた清朝外交にも影響を与えた。これまで述べてきたように、明治政府による琉球の中国への朝貢禁止命令をきっかけに、清朝の初代駐日公使・何如璋は明治政府に抗議文を送った。また、何如璋は清朝にも報告し、日本の琉球併合による朝鮮・台湾への影響の懸念を伝え、清朝として対応すべきであると論じた。琉球処分は日清間のみならず、さらに米国前大統領の介入、清露間のイリ問題勃発による日露提携説、日清修好条規の改約案（「一体均霑」の追加）と、徐々にその影響が波紋状に拡がっていった。

これまでの先行研究において、明治政府の観点からみた琉球処分、[1] 日清間における琉球帰属問題、[2] 琉球側からみた琉球併合と、[3] 比較的多くの成果が残されてきたと言えるであろう。[4] 琉球問題をめぐり北京で総理各国事務衙門（以下、総理衙門と略）と宍戸璣全権公使の間で交渉が始まり、その議題は主に分島＝清朝への「宮古八重山二島」の割譲、改約＝日清修好条規に「一体均霑」の条項を加える、この二点に集約された。全八回にわたる交渉の末、分島改約案は妥結した。宍戸公使としては十日後の調印を待つのみとなり、総理衙門としては清朝内で確認するということで、交渉は終了した。その後、清朝内では議論が高まり、最終的には清朝の決断として調印の延期、再交渉することになった。

このような清朝の対応に対して、先行研究では「中変」「急変」「豹変」と評し、その原因を同時進行していたイリ交渉に求めたり、[5]あるいは在清琉球人による請願運動に求めたりしている。[6]いずれにせよ、清朝内における対日外交については李鴻章の影響力が大きく、当初は分島改約案に賛成していたにもかかわらず、妥結直前あるいは妥結後に反対に転じたとする点において、先行研究はほぼ一致している。つまり、交渉が終了した一八八〇年十月二一日から調印予定日までのわずか十日間に清朝の「中変」の原因を求めている。しかしながら、清朝側の史料を確認する限り、この十日間で国策を変更するほどの出来事は確認されない。[7]このような総理衙門や李鴻章の対応を「中変」と批判したのは当時の明治政府側のロジックであり、清朝側のロジックに照らし合わせると決してそうとも限らない。これまでほとんどの先行研究が清朝の調印拒否については「変化」と看做しているが、琉球問題に対して李鴻章が展開する外交基軸の一貫性についてはほとんど論じられていない。

本章では、李鴻章の書簡や会談における発言に注目し、まずは「中変」が史実として認められるかを検討する。たしかに総理衙門は宍戸との八回にわたる交渉の中で、分島改約に関する条約案を作成し妥結した。先行研究も示しているように、その後は本件について清朝内で議論が巻き起こり、最終的には李鴻章の上奏文に基づき、分島改約交渉で妥結した条約案の調印拒否という判断が下された。総理衙門が宍戸に対して、「再度議論する必要がある」と調印の延期及び再交渉を求めたことに対して、明治政府は「中変」と批判した。では、琉球問題が浮上してきた時から、最終的に調印を拒否するまで、李鴻章はどのように変化したのであろうか。この点について、明治政府側の観点から分島改約交渉を見ていると、李鴻章の変化と一貫性を見落としてしまう。

次に、いわゆる日本側からみた「中変」と、清朝における外交情勢の変化に伴う李鴻章の政策変更を比較する。ここで一つ重要なことは、分島改約案が竹添進一郎から李鴻章に提示された時から、李鴻章が一度でも日本側が提示する「分島改約案」に全面的に賛成の意向を示したかという点である。この点について、先行研究では日本側が提示した「分島改約案」と、李鴻章が考える「分島改約案」には大きな齟齬があること、また李鴻章は「分島改約案」と「分島改約交渉」を分けて考えていたことがほとんど検証されてこなかった。日本側はグラントからのアドバイスにより米清貿易ルートを確保させるために、「宮古八重山二島」を清朝に割譲することを提案した。一方、李鴻章は琉球処分を朝鮮・台湾侵略への足がかりにさせないためにも「琉球存続」を条件とした。つまり、日本側：分島＝貿易ルートの確保、李鴻章：分島＝琉球存続という構造が水面下に出来上がったのである。そのため、改約案については、日本側は貿易ルートの確保の見返りとして「一体均霑」の追加を求めていたのに対し、李鴻章はあくまでも日清修好条規の期限が来た時点で再度交渉するというスタンスを取った。これまでの先行研究が示してきたように、一見すると李鴻章は竹添との事前交渉で期待していた三分割案をグラントから否定されたことによって意気消沈し、イリ問題から生じる日露提携説の外交危機を排除できないまま、日本側が要求する分島改約交渉に仕方なく応じたように映る。しかし、史料が示すように、李鴻章は竹添との会談後も総理衙門には一貫して琉球存続ありきの分割案の受け入れ、改約案については拒否することを言い続けてきた。また、李鴻章にとっては日本との分島改約交渉は竹添が提示した「分島改約案」を受け入れることを意味しているのではなく、あくまでもイリ問題解決までの時間稼ぎでもあった。この点において、日本側の「分島改約案を実現するための分島改約交渉」と、李鴻章の「琉球存続と時間稼ぎのための分島改約交渉」を分けて考えなければならない。

条約草案は総理衙門と宍戸との交渉で作成され、①宮古・八重山諸島を清朝が管轄する、②日清修好条規を改約する（一体均霑の追加）ことを主な内容として、交渉を終了している。一方、李鴻章の発言に注目すると、何如璋、グラント、竹添、総理衙門等への書簡、一八八〇年十一月十一日の上奏文では、この分割案と改約案の二つをセットにして日本と条約を締結することを推進したことはなかったことがわかる。イリ問題で緊迫した情勢の中でも、李鴻章は琉球存続が前提の分割案、改約案には反対、この点を総理衙門に強調してきた。

従来の研究では、分島改約交渉の結果、一度妥結した条約草案の調印・批准を拒否し、再交渉を要請してきた清朝側の対応を「中変」「豹変」「急変」と論じてきたが、それはあくまでも当時の宍戸や井上毅が清朝側に対する批判と日本国内に対する説明を報告書に残しているに過ぎない。李鴻章に関する史料を読む限り、少なくとも李鴻章がこの二つをセットにした条約の調印・批准をすることに積極的に賛成したことは一度もなかったことがわかる。

本章では、李鴻章の琉球問題に対する外交基軸を関係人物との書簡・会談の中から見出し、琉球問題に対する政策の変化と一貫性について明らかにする。

2 李鴻章の琉球存続案

一八七八年、日本へ赴任した何如璋は早速琉球問題にあたり、李鴻章と総理衙門に同様の内容を報告している。[8] 何如璋の主張は次の三点にまとめられる。

① 日本が琉球の清朝に対する朝貢を阻止したことは非常に重大なことであり、日本の琉球併合の次は朝鮮に及び、たとえ今回の琉球の一件について清朝が譲歩しても、結局のところ紛争は避けられない。

② 清朝が琉球のような小さな土地について日本と争っている場合ではないが、我々が「弾丸之地」については争わない、という認識を日本側が持つことになる。

③ このような方法で解決するかはわからないが、日本が少しでも気後れするようなことがあれば、その

間は琉球が存続することができるから、やはり何も言わないよりは争ったほうが得るものは多い。ここで何如璋は日本が琉球を併合したことよりも、その先を見据えて、このような併合の行為が朝鮮にまで及ぶことを最も危惧している。この危機を乗り越えるための手段として、日本の朝貢阻止にもの申し、琉球を存続させていくことを最も重視しているのがわかる。

何如璋からの報告を受けた李鴻章はこの問題に対して、次のように述べている。

① 琉球の朝貢から得られる利益はないが、琉球のような朝貢国を失えば他の国から軽く見られてしまう。[9]

また総理衙門にも同様に朝鮮への影響について述べている。

② 琉球からの朝貢がなくなっても特に問題はないが、日清修好条規第一条にあるように「邦土」を侵すような例を作ってしまうと、朝鮮に及んでしまっては黙っていられない。[10]

つまり、李鴻章は琉球の朝貢についてはあってもなくてもよいと考えており、琉球からの朝貢の存続そのもの自体はさほど重視していないが、日本の琉球併合が今後朝鮮にまで及ぶ可能性を危惧している。また、何如璋が提案した「上中下三策」についても触れ、武力で事を運ぶのではなく、交渉を重ねていくことで日本も簡単には廃藩置県を進めることはなく、琉球も存続できるであろうし、下策とはいっても、今日においては適切な方法であるとして、武力ではなく交渉によって琉球の存続を基軸にした対日外交を進めようとしているのがわかる。

このように李鴻章は何如璋と総理衙門にそれぞれ今後の琉球問題への対策を講じており、琉球からの朝貢から得られるものはさほどないこと（何如璋には「中国受琉球朝貢本無大利」、総理衙門には「琉球地処偏隅、尚属可有可無」）、清朝の外交において琉球問題は軽視できないこと（何如璋には「若受其貢而不能保其国、固為諸国所軽」、総理衙門には「設得歩進歩援例而及朝鮮、我豈終能黙爾耶」）等を述べている。つまり、琉球問題によって事を荒立てて戦争勃発を招いたり、諸外国から朝貢国を保護できない国として認識されるデメリットを掲げながらも、朝貢阻止については譲歩しても良いが、「琉球の存続」はけっして譲歩してはならないとしたのである。李鴻章はこの時点ですでに「琉球存続」を対日外交の基軸としており、戦争ではなく交渉によって対応していくことを決めている。その後、総理衙門は日本による「廃球為県」に関する内容を上奏し、正式な形で清朝内では琉球問題に関する対日外交を進めていくことになる。[11]

3　琉球存続のための「自為一国」「nation」論

次に、李鴻章と前米国大統領・グラント（Ulysses S. Grant）の会談を検討していく。[12] 周知の通り、グラントは世界周遊の折に中国と日本を訪問し、李鴻章らから琉球問題について事情を聞くことになり、日清交渉の調停を依頼された。[13] 従来の研究では、主に中国側の史料を基に李鴻章―グラントの会談が描かれ、琉球分島案の出発点として描かれてきた。しかし、清朝の史料に限ったことではないが、報告形式の史料の性質を考慮すると、そこに記載されている内容が真実とは限らない。翻訳の問題もあれば、意識的に修正されている可能性もある。李鴻章とグラントが会談の場を設けたということは、当然のことながら米国側の史料も検討の対象となる。そこで、本節では中国側と米国側の両方の史料から李鴻章の対琉球問題の外交基軸を検証する。

まず、中国側の史料では、李鴻章との会談の中で、グラントからは中国と琉球の歴史的な関係、琉球王は三十六姓に入っているのか等の基本的な事実に加え、日本の朝貢阻止に対する清朝の対応が確認された。李鴻章からは①琉球は中国に臣事してきたし、米国とも通商章程を結んでいる↓中国のみならず、米国の面子もつぶしている、②日清開戦の可能性の示唆 ↓米国と清朝の通商関係に影響を与える可能性がある、③琉球処分は中米条約第一条に抵触する↓米国としても介入する理由がある、④日清修好条規第一条に抵触する↓国際的に見ても条約に違反しているのは日本の方である、⑤清朝としては朝貢の有無については言い争うつもりはない（貢之有無無足計較）等を述べた。これに対してグラントからは「琉球は一国をなしているのに、日本は領土拡大のため、これを滅ぼし併合しようとしている。中国は土地を争おうとしており、朝貢だけを争うのでないなら、理にかなったこと。将来は別途、特別な条項を設けなくてはならない」という言葉を引き出したとしている。[14] 清朝側の史料を見る限り、李鴻章が日本による琉球の滅亡は日本国内の問題でもなく、また日清間のみの問題でもなく、米国とも深く関わる国際的な問題であると指摘したことに対して、グラントが李鴻章の意向に添うような発言を述べたことが記録されている。

では、次に米国側の史料を見てみる。[15] 特に、グラントが「琉球自為一国」と発言したとする箇所について検討する。李鴻章はグラントに米国が琉球を independent Power として扱っていることから、日本による琉球処分は国際法に違反している可能性があると指摘した。それに対して、グラントはこのロジックの正当性を認めつつ、清朝としては日本に対して琉球を independent Power として交渉していくつもりであろうと考えた。[16] このようなグラントの考えに対し、李鴻章は琉球が independent Power であることを肯定しながらも、実際には「a semi-dependent Power」であると付け加えた。[17] さらに清朝の属国でありながらも、琉球に対しては主権を行使したことはなく、あくまでも琉球の自立性を認めている、と述べた。

ここで興味深いのは、清朝側の史料にはグラントが琉球を「自為一国」と発言したとされているが、米国側の史料では李鴻章が琉球を「independent Power」でもあるし、正確には「semi-dependent Power」と発言しているということである。また、米国側史料では李鴻章が琉球を併合される以前の状態に戻すことを訴え（＝琉球存続）、そうでなければ世界は一国（＝nation）の消滅を目の当たりにするであろうと発言したとされている。[18] 世界がこのような状況を黙認するのであれば、国際法にどれほどの価値があるのか、とあくまでも国際法の観点から琉球の存続を前提にして話していることに注目すべきである（「If that could be done of what value is international law?」）。

両方の史料を見る限り、どちらが琉球を一国とみなすと発言をしたのかはわからない。あるいは双方共にそのように解釈される発言をした可能性もある。また李鴻章自身が発言したとされる「independent Power」と「semi-dependent Power」の違いについても、漢文テキスト（当事者側）と英文テキスト（第三者側）の比較だけではっきりしない。また、李鴻章の「一国」とグラントの「independent Power」という概念が必ずしも一致しているわけではない。しかしながら、両方の史料には「一国」、「nation」を意識した発言が記録されており、李鴻章自身が日本の琉球処分に対して不当性を訴えて、「日清修好条規第一条」、「中美条約第一条」、「(琉球）與美国立有通商章程」を引き合いに出して、琉球の存続にこだわっていたことがわかる。

その後、グラント一行は日本へ行き、明治政府に琉球問題について清朝側の意図を伝えながら、李鴻章と書簡を通じて連絡を取り合い、日本での状況を伝えた。しかしながら、グラントから琉球問題を解決するための具体的な策は提案されず、絶えず日清和平を訴え、そのためには①基本的にお互いが譲歩すること、②何如璋の文書を撤回し、交渉の場をもつこと、③英国に介入させてはならない、主にこの点にのみ注意を促していた。[19] ちなみに、グラントに対する当時の米政府の見解としては、あくまでもグラントは民間人として日清両国から相談を受けているのであり、米政府としての責任は取らないことを強調している。[20] この点について、米国側の会談記録にもグラントは自身が米国政府を代表して発言する権限はないと明言している。[21]

このように、李鴻章とグラントの会談の記録は清・米両国に史料が残っており、どちらが琉球を「一国」あるいは「nation」「independent Power」と発言・認識したかは明確ではないが、いずれにせよ李鴻章はグラントの会談や往復書翰において、常に日本の琉球処分に対して国際的な観点から不当であることを訴え続け、琉球存続の道を模索していたことがわかる。

4　分島改約案と「譲歩」の外交

グラントの清・日訪問及び琉球問題への提言によって、日清間の交渉は再び動き出した。井上外務卿は琉球分島案と一体均霑の追加の策をセットにして清朝との交渉を進めることを決めた。[22]この決定に伴い、明治政府は竹添進一郎を天津に派遣して、李鴻章との事前交渉にあたらせた。[23]三回にわたって行われた交渉の論点は次の点に集約される。①琉球の属国論については双方ともに譲らず、②日清和好を交渉の基軸とする、③「宮古八重山二島」を清朝に割譲、④日清修好条規に「一体均霑」の項目を追加する、⑤李鴻章からグラントが琉球三分割案を提案していると反論、これらの点をめぐって竹添と李鴻章は議論を交わした。李鴻章は琉球南部二島の分割案がグラントからの提案であることを知っていたため、竹添からの提案に対しては無下に反対することができず、総理衙門への書簡の中で、南部二島を中国がもらっても仕方がないので、琉球人に返還することを述べている（「琉球南島割帰中国、似不便収管、只可還之球人、固不能無後患」[24]）。事前交渉を俯瞰的に見ると、あたかも竹添が日露提携をちらつかせながら分島案を餌にして改約案を提案し、李鴻章の三分割案を論破し、李鴻章が分島改約案を認めざるをえなくなったように映る。[25]しかし、日本側が分島案の見返りに改約案を認めさせようとしたということは、逆の角度から見ると、分島案が成立しなければ改約案まで座礁することになるという状況を日本が自ら作ってしまったとも言える。[26]李鴻章はこの点を見逃さなかった。その後も、李鴻章は日本との交渉を進めるように指示するが、あくまでも琉球存続という条件付きであった。つまり、日本側が提案したのは分島案（宮古・八重山諸島の割譲）＋改約案（日清修好条規に一体均霑の条項を加える）であったのに対し、李鴻章は分島案＋琉球存続案をセットにして、改約案は延期するように総理衙門に建言していくのである。李鴻章はグラントの影響を受けている分割案を受け入れつつ、そこに本来の目的である琉球存続を忍び込ませ、なおかつグラントが口にしなかった日清修好条規の期限内での改約案については断固拒否する姿勢をとった。分島案を利用しようとした日本側の提案に対して、李鴻章は琉球存続のための道具として分島改約案を利用するのである。

このように李鴻章は琉球問題に対して、「琉球存続」という外交基軸を掲げて、何如璋、グラント、竹添、総理衙門とのやりとりの中で、常に情勢をコントロールしていた。その後、琉球問題は日清間で正式な交渉の場を設けることになり、総理衙門と宍戸公使一行との間で、いわゆる分島改約交渉が開かれることになる。[27]

5 「琉球存続」という外交カード

日清間で分島改約交渉が始まる約二週間前の一八八〇年八月四日（光緒六年六月二九日）、曾紀澤はペテルブルクにおいてロシア側と会談し、崇厚が調印したリバディア条約に対して清朝としては批准できない旨を伝えた。ロシア側も一度調印にいたった条約を相手の都合で簡単に修正するわけにもいかず、正式な交渉を始めようとしなかった。[28] 曾紀澤がロシア側を説得し、正式交渉を始めることができたのは、それから十九日後の同年八月二三日であった。[29] しかし曾紀澤が提出した清朝側の草案をみたロシア側は、崇厚と調印した条約がすべて水泡に帰し、今回の交渉ではさらにどれくらいの時間がかかるかわからない、非常に不満である（「如此是将従前之約全行駁了」、「崇宮保在此与我商議尚用年余、此番商議不知更用若干年也」、「我説句実話、今日貴爵与我所言甚不満我意也」）として、交渉地を北京に移し、この交渉自体を破談にしようとした。[30] その頃、北京ではすでに分島改約交渉が始まっていたが、この時点ではイリ交渉は安定どころか、一触即発の危機を迎えていたのである。

一方、李鴻章はグラントとの会談、竹添との会談、イリ問題によるロシアとの軍事衝突の可能性という一連の外交事案を考慮しつつ、同年八月二八日、総理衙門には宮古・八重山諸島南部二島での「琉球存続」を堅持し、日清修好条規の改約案については「延期すること」を述べ、このような方法であれば、現在緊迫しているロシア以外で他に敵を作ることはないとした。[31] 前述したように、李鴻章は日本による琉球処分が今後朝鮮や台湾に及ぶことを危惧していたため、琉球問題に対しては琉球処分を完全に否定する効果を持つ「琉球存続」を実現することが前提であった。また、期限前の改約という前例を作らせないためにも、改約は期日をもって再度話し合うこともう一つの前提であった。ここで李鴻章にとっての一つの譲歩は、宮古・八重山諸島という復封の「場所」であった。本来、明治政府の琉球処分を完全に否定するためには、琉球本島での琉球存続が最も優先されるべき形であった。それにもかかわらず、分割案がグラントの影響を受けていること、またイリ問題によるロシアとの開戦あるいは日露提携の可能性が棄てきれなかったことも譲歩の大きな理由であった。この日、総理衙門への同書簡にはイリ問題のことにも触れられており、リバディア条約を調印した崇厚を免罪にしたものの、条約修正交渉がもつれてしまうことによって、交渉地がロシアから北京へと移ることを懸念していた（「窃慮劼剛商及改約、駁議太多、俄必艴然変計、另派専使来京、彼時更難了局」）。つまり、すでに分島改約交渉第二回会談（同年八月二四日）が終了した段階においても、イリ問題はまだ開戦の可能性を抱えた大きな外交問題であったことがわかる。

李鴻章が南部二島での琉球存続の必要性、改約拒否の堅持を総理衙門に建言した日から六日後の同年九月三日、今度は李鴻章自身がイリ問題の解決に光が見えてきたことを総理衙門に伝えた。[32] 曾紀澤からはすでに正式な交渉段階に入ったこと（「已遞国書、開議条約」）、ロシアでは曾紀澤との会談が友好的に進められていること（「俄国新報現在中俄有和好之意、曾大臣已面晤俄君等語」）、ドイツ公使からはイリ交渉が平和に終結するという情報を得た等々（「頃接徳国巴使二十七日洋文函、称此事可望平安了結」）、清露開戦、日露提携の可能性を大きく否定する情報であった。このことは当然ながら、李鴻章の対琉球問題の対応にも影響を与えた。前回の書簡では琉球の存続に関する具体的な進め方については記載されていなかった。しかし、今回は東京にいる琉球王を釈放し君長として琉球に戻すとなると、この件は日本の外務省の管轄であり、容易ではないことを示唆した。[33] つまり、李鴻章がここで示しているのは、改約案を受け入れるかどうかは清朝側で調整すべき事項であるが、東京にいる琉球王を釈放して冊立させるのは、日本側の調整事項であり、琉球王の冊立に関しては清朝として絶対に譲歩してはならないと強調しているのである。九月三日の総理衙門宛の書簡において、李鴻章は琉球存続の現実的な問題を述べて、分島改約交渉自体がいかに難しい案件であるか、いかに時間を掛けなければいけない案件であるか、国内調整を求められているのは清朝ではなく日本であることを再言しているのであり、決して分島案の肯定から否定へと意見を変えたわけではない。

しかし喜びもつかの間、イリ交渉が再び難航し、ビュツオフ来清の可能性の電報を受け取ったのは、それからわずか四日後の九月七日のことであった。[34] その後、曾紀澤の懸命な交渉により、ビュツオフはロシアに戻され、交渉地が引き続きロシアで行われることになったことが伝えられたのが、同年九月三十日。[35] 同年十月十二日、李鴻章は総理衙門に対して、この機会に妥協してでもロシアで交渉をしたほうがいい、ビュツオフが北京に来ることになると清露関係の緊張がさらに高まり、外交面で多くのものを失うことになるとして、イリ交渉では譲歩することを強調した。[36] このように、李鴻章にとっては十月十二日までがイリ交渉のピークであったことがわかる。その時まさに、分島改約交渉が終了する九日前である。

この書簡から一週間後の十月十九日、李鴻章は総理衙門に分島改約交渉を延期するよう伝えた。ここで李鴻章は分島改約交渉の第七回における宍戸の発言を取り上げ、①南島二島を中国に譲る見返りとして改約案を求めていること、②琉球王及び子嗣らは渡せないが「尚」の代わりに「向」なら可能性があると言うが、それは明らかに天津にいる向徳宏を指していると指摘した。[37] 特に球王に関しては「向姓」を冊立するという日本からの代替案による分島案成立の可能性を排除するために、すかさず宮古・八重山諸島については、土地が枯瘠していて琉球が自立して存続することは不可能であるとして、「人」の問題から「場所」の問題へと焦点を移した。[38] 元々、李鴻章の外交基軸は琉球処分を白紙に戻すために琉球を存続させることが大前提であったため、グラントの介入が影響を受けている南部二島分割案を大々的に否定せずに、琉球王冊立という「人」の問題に焦点を当て、イリ交渉が危機を乗り越えるまでの時間稼ぎを考えていた。しかし、交渉の場が再びロシアに戻されたこと、宍戸が「向姓」という代替案を出してきたことを踏まえ、南部二島を否定するカードを切ったのである。これらの事情を踏まえ、総理衙門にはいまだ宍戸と妥結していないのなら、交渉の結論を引き延ばしたほうがいいと建言したのである（「尊処如尚未與宍戸定議此事、似以宕緩為宜」）。しかし、総理衙門は十月二一日、宍戸公使との交渉を終え、（一）両島交付酌加条約専条、（二）増加条約、（三）憑単、（四）附単、以上の条約草案が作成された。

その後、総理衙門が上奏しているように、劉坤一、張之洞、李鴻章らの意見をまとめながら、「琉球存続」の点においては皆同じ意見を持っていることを述べ（「皆以存球祀為重、與臣衙門争論、此事本意相同」）、日本とロシアを敵に回さないためにもこの条約案を調印・妥結にもっていくことで、琉球存続の実現、ロシアの脅威も防ぐことができると述べた（「中国若拒日本太甚、日本必結俄益深、此挙既已存球並已防俄、未始非計」）。[39] 総理衙門の上奏文を見る限り、この時点で総理衙門は「中変」「豹変」していないことがわかる。つまり、総理衙門は宍戸との交渉で妥結にいたった「球案加約」に調印・批准することで、現状の危機を乗り越えようとしたのである。交渉の地がロシアに戻されたことでイリ交渉が好転したと判断した李鴻章とは異なり、情勢が二転三転と変化するイリ交渉が安定していると判断できなかったのであろう。しかしその後、清朝内でさらに議論が高まり、[40] ついには李鴻章に最終的な意見を求めることになった。

同年十一月十一日、李鴻章は琉球問題に関して次のように上奏した。[41]まず李鴻章は、日本が琉球を併合し（「日本廃滅琉球」）、その後グラントの介入によって分島案が出たことをふまえ、次のように述べている。総理衙門に「琉球存続」のために宮古・八重山諸島の分割案を受け入れ、琉球人に還すことを最良の案として勧めていたが（「臣與総理衙門函商、謂中国若分球地、不便収管、只可還之球人、即代為日本計算、舍別無結局之法」）、当時はまだ宮古・八重山諸島の土地が痩せていることを知らなかった（「此時尚未知南島之枯瘠也」）。ただ、琉球併合の時は、清朝が抱える情勢（イリ問題）もあってすぐに対応できず、現在はまさにそのイリ交渉が佳境を迎えている（「臣愚以為琉球初廃之時、中国以体統攸関、不能不亟與理論、今則俄事方殷、中国之力暫難兼顧」）として、当時と現在の状況の違いついて触れた。現状を鑑みると、日本からの要求を呑むと多大な損害を被り、拒むと敵を作ってしまう、つまり交渉の引き延ばしこそが最良の方法であるとした（「且日人多所要求、允之則大受其損、拒之則多樹一敵、惟有用延宕之一法最為相宜」）。また以前総理衙門に送った書簡（十月十九日）についても触れ、①琉球人の向徳宏からの情報により、南島二島では琉球が自立することが難しいこと、②日本が琉球王及び血族を釈放するとも限らないこと、③この琉球問題はもっと時間をかけたほうがいいとして、[42]その背景を述べた。

先述した八月二八日（「商改俄約兼論球案」）と九月三日（「俄防漸解並議球事」）のタイトルからもわかるように、この時点になってもイリ交渉と分島改約交渉は連動していた。前者は緊迫したロシア情勢＋南島琉球存続＋日清修好条規改約の拒否、後者は緊迫が解けたロシア情勢＋琉球王の釈放は難航すると予測＋日清修好条規改約の拒否という内容であった。この二つの書簡だけでもイリ問題と琉球問題が連動しつつ、琉球存続と現時点での条規改約の拒否という点については一貫していることがわかる。[43]

このように、李鴻章は一貫して日本の琉球処分を否定するための「琉球存続」を外交基軸としており、分島改約交渉が終了した時点では、宮古・八重山諸島の割譲を受けても、土地も瘠せていて、琉球王も釈放されないのであれば、琉球存続の意味をなさないため、この議は引き延ばしたほうがいいとしたのである。李鴻章としては、分島改約交渉の開始前後は、そもそもイリ交渉が正式な交渉として始まるかの不安が払拭できなかったことは否めない。曾紀澤からイリ交渉が始まったこと、一時はビュツオフがロシアから北京に派遣されたが再びロシアに戻されたこと等の危機を乗り越え、ようやく落ち着いてきたのが十月十二日。イリ交渉に安定の兆しを見出し、日本との交渉を遷延するように建言するのである。これまでの先行研究では清朝の「中変」、李鴻章の「豹変」を前提として分島改約案が調印・批准に到らず、その原因としてイリ交渉の好転と琉球人の救国運動が挙げられていた。しかし、上述してきたように、分島改約交渉が終了した直後の十日間でイリ交渉が好転したわけでもなく、この十日間で李鴻章が在清琉球人から起死回生の新情報を得たわけでもなく、李鴻章自身が「豹変」したわけでもない。李鴻章にとっては、①崇厚が調印したリバディア条約を変更するための再交渉の開始、②露公使ビュツオフ来清可能性の消滅、この二点が外交上の転換点となった。[44] 清朝の外交という観点から見ると、分島改約交渉とイリ交渉は確実に連動しており、また李鴻章が向徳宏らの在清琉球人をうまく利用して、日本との交渉に臨んでいたと言えるであろう。[45]

6　日本の最終譲歩案と李鴻章の最終要求

ここまで見てきたように、李鴻章の琉球問題をめぐる外交基軸は、①琉球処分の朝鮮への影響を未然に防ぐために琉球を存続させる、②日清修好条規の改約は期日後に再度話し合う、③他国の干渉を促し公法に基づいて処理する、④イリ交渉をめぐる清露情勢をコントロールしながら、「清露開戦」「日露提携」の可能性を最小限にする、以上四点であった。この四点を軸にして改めて李鴻章の動きを見ると、琉球問題に対して一時的な妥協による折衷案（分島割譲による琉球存続）は確認されるが、「琉球存続」という判断が変化したことはない。分島改約交渉が一旦は妥結したことを日本側の脈絡で見ると、清朝の態度は確かに「中変」と映るかもしれないが、それは清朝にとっても同じとは限らない。特に崇厚が調印したリバディア条約を批准せずに交渉の場を再度設けるという外交を展開する清朝にとって、調印にも到っていない分島改約交渉はまだ交渉段階と判断しても過言ではない。

分島改約交渉では、具体的に琉王の選出についでは曖昧なまま終了した。実際に井上外務卿も九月二十九日の段階で、尚泰はすでに日本人となっているから再び琉球王として冊立するのは良くないが、向徳宏あたりの誰か別の者を立てるなら特に問題はない、として琉球の存続については折衷案のようなスタンスをとった[46]。また、宍戸は交渉終了直前にも「九分九厘迄ハ相運候ヘトモ未タ半途ナルハ只支那ニテ二島受取候後ノ處分ニテ即チ球王血統ノ一件ニ有之[47]」として、最後の問題としてやはり誰を琉球王として立てるかについては決着がついていない。その後、清朝内でいくつかの意見が飛び交い、李鴻章が宮古・八重山諸島には琉球存続が難しいことを理由に妥結の内容を認めず、ロシアとのイリ交渉の決着を待ってから再度取り掛かるべきだとして、遷延することになったのは前述の通りである。

李鴻章の狙いが最初から琉球存続＝琉球処分の否定にあったことは、その後の竹添との会話の中で如実に現れている。一八八一年十二月十四日、竹添が李鴻章を再度訪問し、琉球問題について話し合いの場を持った[48]。分島改約交渉が途中で座礁したことに対して、李鴻章が帰国した宍戸を責めると、竹添は「宍戸公使ニハ少シモヤリソコナイ無シ、総理衙門ヨリ一旦結成シタル約定ヲ違背ニ相成リタルニ付、公使ノ引上ケニナルハ当然ナリ」と反論し、そもそも清朝が「中変」したのであり、その根本には李鴻章の「横矢」が原因ではないかと推察した。それに対して、李鴻章は「約定ハ予ノ破ル所ナリ」とあっさりと認めながらも、「併ルニ決シテ不条理ニ非ラズ」、「最初ヨリ不承知ノ事ヲ閣下ニ明言シタルニ非スヤ、一体貴国ノ談判実ニ条理無シトス、予カ不承知ナル以上ハタトヒ総理衙門ニテ議決スルトモ天子ヨリ必ス我レニ御下問有之事故、予ガ出来ヌト云フ事ハ決テ出来ル事ナシ」として、たとえ総理衙門との間で一旦妥結したとしても、この件に関する最終的な決定権は李鴻章自身に委ねられていると述べた。李鴻章が日本に求めるところは「貴国ヨリ舊ニサヘ復スレハ中国ニ於テ異議ナシ」と琉球存続であることを主張し、それに対する竹添の回答は「只今舊ニ復スル義ハ政体上ニ於テ決シテ出来サル譯ニ有之到底我政府ニテ承知ナリ難シト愚考候也」として、琉球処分によって一度決定したことを覆すことになる琉球存続は難しいと述べた。しかし、李鴻章は「一体均霑」の追加はあくまでも琉球存続が条件として引かなかった。また、「只小サクトモ琉球王ヲ置ク丈ケヲ望ム迄ノ事ナリ」として琉球の存続を再度強調しながら、宍戸を再度交渉にあたらせるように述べた。興味深いことは、このような交渉のあり方について、李鴻章はイリ交渉を引き合いに出し、交渉で妥結したことを政府間で再度話し合うことはよくあることであり、「宍戸ノ引上ケタル位ハ実ニ小事ナリ」として、勝手に帰国した宍戸に非があり、もう一度宍戸を呼び戻して再交渉することを勧めた。

一見すると、本会談は水掛け論に陥り、双方一歩も譲らない実りのないように映るが、李鴻章が発言した「只小サクトモ琉球王ヲ置ク丈ケヲ望ム迄ノ事ナリ」という考えを引き出せたことが、竹添にとっては大きな収穫であった。つまり、日本が宍戸を再度派遣して条件を満たせば、「一体均霑」の件についても可能性があることがわかったのである。

これを受けて、井上外務卿は竹添に次のような指示を出した。

彼レノ意若シ當政府ノ更ニ琉球王ヲ封立セン事ヲ望ムニ在ラハ　是レ一旦廃シタル藩王ヲ再立シ廃藩置県ノ挙ニ悖リ　現今我国ノ政体上不可行ノ事ヲ要望スルモノニ有之候　且其封立スヘキ人ノ如キモ必ス尚泰ヲ要スルニ至テハ甚タ困難ノ儀ニ有之候

併シ此儀ハ不得已ハ一時尚泰ニ暇ヲ賜ヒ琉球ニ墳墓ノ地ヲ見舞フニ託シ　夫ヨリ彼ノ切望ニ依テ清国ニ転籍セシメ候上ニテ清政府ノ之ヲ封立スルヲ黙認スルカ如キ事ニ致シ候ハヽ　或ハ不可ナル無カルヘシト雖トモ　是レハ万不得已ノ手段ニシテ　可成ハ尚泰ノ子ヲ封立スルヲ以テ満足セシメ候様致度　左スレハ其者ヲ清国ニ転籍セシメ清政府ヲシテ之ヲ封立スルノ便宜ヲ得セシメ候様可致ト存候　且ツ如斯シテ封立候上ハ其国ハ全ク清政府ノ保護ノ下ニ立チ　其附庸タルニ於テ毫モ異議無之候[49]

ここで井上は大きく譲歩し、「万不得已ノ手段」として尚泰自身を転籍させてでも、李鴻章の条件をクリアしようとした。この譲歩によって「一体均霑」の追加を進める準備を始めたのである。

一八八二年三月三〇日の李鴻章・竹添会談において、[50]双方の最終案が出された。竹添は「我国ヨリハ二島ヲ中国ニ割與シ中国ヨリ尚氏ヲ冊封シテ以テ中国ノ体面ヲ全シ　中国ヨリハ各国均霑ノ条ヲ我国ニ許シ以テ我国ノ体面ヲ全ス　是ヲ公平ノ辨法ト存候」として、尚氏を琉球王として冊立するという大きな譲歩を示す。しかし、李鴻章はそれに対して、次のように述べた。

二島ハ狭少ニシテ自立スルニ足ラス　固トヨリ琉王ノ受ケ肯ンセサル所左スレハ中国ハ復封ノ虚名ヲ取ルノミニシテ体面ニ於テ欽ク所有リ　而シテ貴国ハ独リ均霑ノ実利ヲ得ルモノナリ　中国人無シト雖トモ豈此ノ理ヲ知ラサンヤ

（中略）

琉王ハ早クヨリ二島ノ冊立スルニ足ラサルヲ申出タリ　今改テ問糺スルニ及ハサルナリ　且ツ中国ハ琉球ノ祭ヲ存スルノ主意ナリ　然ルニ琉王ノ先墳ハ皆首里ニ在リ　今其ノ先墳ヲ守ル事能ハサルハ琉王ノ実心好マサル処ナリ　夫レヲ無理ニ冊封スルニ於テハ体面ヲ全スルト云フ可カラス

最終的に李鴻章は南部二島では復封が難しいため、首里に琉球を存続させることを条件に出してきたのである。日本側から見ると、そもそも琉球処分が国内の問題であるとして清朝との交渉を断ってきたにもかかわらず、グラントの介入により米清の貿易ルートを確保しないわけにはいかなくなり、宮古・八重山諸島を割譲することになった。ただし、琉球処分は内政であり、理由もなく日本領土を清朝に割譲するわけにはいかないため、貿易ルート確保に相当する内地通商権の確保を「一体均霑」から得ようとした。分島改約交渉では尚氏を琉球王に冊立するという要求に対して一度は否定したものの、改約にこぎつけるために、ほとんど琉球処分の否定とも取れる譲歩案を打ち出したところで、最終的には李鴻章から「首里での復封」を要求された形となった。

7　おわりに

一八七八年の何如璋への返信から、李鴻章は一貫して朝鮮・台湾への影響を懸念して「琉球の存続」を主張してきた。曾紀澤がロシアでイリ交渉を始め、ビュツオフがロシアに戻され、交渉が落ち着き始めたのが一八八〇年十月十二日。その一週間後の十月十九日、李鴻章は総理衙門に「宮古八重山二島」では存続が不可能であることを理由に、分島改約交渉の延期を建言する。在清琉球人らが南部二島は枯痩な土地であるという現地の情報を与えたという点、あるいは彼らが天津にいたことで「琉球現地の情報」という真実味が増したことを考えると、李鴻章にとって向徳宏の存在は大いに役に立ったと言えるであろう。李鴻章は朝鮮防衛のために琉球処分を否定する材料を探しており、その一つが「琉球の存続」であった。同時に琉球の存続が日本にとっては難しいことも理解していたため、竹添との事前交渉では日本側が清露間のイリ問題につけ込んで改約案を入れてきたが、李鴻章は分島案と改約案の関係を逆手に取り、分島案に琉球存続を条件とする外交基軸に軌道修正したのである。

本章は李鴻章の琉球問題に対する外交基軸の変化と一貫性に注目した。日本側から提示された分島案を拒否する理由については、球王冊立問題から南部二島枯瘠問題へと枝葉の変化がある中で、琉球処分が朝鮮・台湾へと波及しないように琉球の存続にこだわるという根幹部分は一貫していた。枝葉の変化の背景には、①イリ交渉の好転、②日本側の「尚姓」ではなく「向姓」での球王冊立という譲歩の提案、③在清琉球人の存在があった。李鴻章はイリ交渉が好転したと判断し、琉球人からの情報という説得力のある材料で南部二島枯瘠問題を提起し、日本との交渉を遷延する方向で進めようとした。奇しくも同時期に対応を迫られたイリ交渉と分島改約交渉を分断するために、前者は譲歩してでも早期妥結を指示し、後者は情勢の変化に応じて譲歩のボーダーラインを変更しながら遷延する選択をしたのであった。

先述したように、従来の琉球処分に関する研究において、一度は妥結した分島改約交渉が清朝において調印・批准を得られなかった原因としてイリ交渉の好転と琉球人による救国運動が挙げられていた。しかしながら、このような観点は明治政府側の「中変」という視点をそのまま踏襲しており、実際に清朝の態度が具体的にどのように急変したのかという点について目が行き届いていない。本章では琉球処分に対する李鴻章の対応に焦点を当て、李鴻章自身は一貫して琉球処分を崩すために琉球の存続を主張し続けたこと、イリ交渉の動向を見ながら総理衙門に指示を送っていたこと、結果として李鴻章の態度には根本的な「中変」も豹変も存在しないことを明らかにした。

また、李鴻章は分島改約案には反対であったが、分島改約交渉の実施そのものには賛成していた。李鴻章は琉球問題について「案」と「交渉」を明確に分けており、分島改約案に対しては、①琉球存続が実現できないのであれば、ゆくゆくは朝鮮や台湾にまで侵攻が及ぶ、②日清修好条規に「一体均霑」を加えることによるデメリットが大きい、この二つの理由から反対していた。この姿勢は北京で分島改約交渉が行われている間も変わっていない。宍戸との交渉中、総理衙門は李鴻章から三度の連絡を受けている。一つは、南部二島で琉球を存続させること、改約については延期すること、もう一つは、日本にとって琉球の存続はそもそも難しいことであるが、清朝としてはこの琉球存続というボトムラインだけは死守しなければならないと再度強調した。最後は、枯渇している南島二島では琉球の存続は難しいため、琉球問題の解決を引き延ばすように指示したこと。このような流れでみると、表面的には李鴻章が変化しているように見えるが、実際はその根底には琉球存続と時間稼ぎを基軸にして分島改約交渉を見ていたことがわかる。このような意味においては、分島改約交渉という名称は日本側からの視点、あるいは交渉で妥結した文面だけを反映させたものであり、李鴻章にとって北京での宍戸公使と総理衙門との交渉は「琉球処分の否定＝琉球存続／イリ交渉の好転までの時間稼ぎ」であったことがわかる。本章では琉球問題をめぐる李鴻章の外交基軸を外交史の観点から再考した。外交史の実証研究においては、一方の史料のみに頼らず、双方の史料を突き合わせることが必要であることは言うまでもない。特に琉球問題のように、関係国が複数いる場合は史料もそれぞれの国に及ぶため、各国の史料に残っている言葉にも細心の注意を払わなければならない。明治政府側からの視点（琉球処分、分島改約交渉、中変等）に加え、清朝やアメリカ、イギリスにおける調停、仲裁、併合、国家、条約等の言葉の使われ方や視点の検証にも注意を払わなければならない。

註

1　日本外交史の観点から見た研究として、我部政男『日本近代史のなかの沖縄』（不二出版、二〇二一年）、山下重一『琉球・沖縄史研究序説』（御茶の水書房、一九九九年）、五百旗頭薫『条約改正史 ― 法権回復への展望とナショナリズム』（有斐閣、二〇一〇年）、塩出浩之「北海道・沖縄・小笠原諸島と近代日本 ― 主権国家・属領統治・植民地主義」（『岩波講座　日本歴史』第十五巻所収）がある。

2　代表的な研究として、西里喜行『清末中琉日関係史の研究』（京都大学学術出版会、二〇〇五年）、植田捷雄「琉球の帰属を繞る日清交渉」（『東洋文化研究所紀要』二、一九五一年）がある。

3　近年の代表的な研究として、波平恒男『近代東アジア史のなかの琉球併合 ― 中華世界秩序から植民地帝国日本へ』（岩波書店、二〇一四年）がある。

4　当時の東アジア情勢を翻訳の観点から読み解いた研究として、與那覇潤『翻訳の政治学』（岩波書店、二〇〇九年）がある。また、米国・英国・仏国側の琉球処分に関する史料を扱った最近の研究として、ティネッロ・マルコ『世界史からみた「琉球処分」』（榕樹書林、二〇一七年）が参考になる。二二七〜二九五頁。

5　この点については、植田捷雄前掲論文、我部政男『明治国家と沖縄』（三一書房、一九七九年）をはじめ、多くの先行研究が論じている。しかし、具体的に清朝側の史料とロシア側の史料を突き合わせて、分島改約交渉との関連性を導きだしている研究はない。曾紀澤のイリ交渉については、IMMANUEL C. Y. HSÜ, The Ili Crisis: A study of Sino-Russian diplomacy 1871-1881, Oxford, 1965, pp.153-170, Chapter 8. The Opening of the Negotiations in St. Petersburg. 李恩涵『曾紀澤的外交』第三章第三節「談判的進行與改訂新約」一九六六年、李之勤「中国与俄国的辺界」下（呂一燃主編『中国近代辺境史』上　四川人民出版社、二〇〇七年）に詳しい。また、拙稿「日清琉球帰属問題と清露イリ境界問題 ― 井上馨・李鴻章の対外政策を中心に ―」（『沖縄文化研究』三七、二〇一一年）において、明治政府がイリ問題の情報を収集した史料『伊犁地方ニ於ケル境界問題ニ関シ露清両国葛藤一件』（外務省外交史料館所蔵）を使って、時系列で分島改約交渉との関連性を導き出した。しかし、あくまでも日本側の史料であるため、今後はロシア側史料の検証が必要である。岡本隆司「駐欧公使曾紀澤とロシア――『金軺籌筆』を読む」(岡本隆司・箱田恵子・青山治世著『出使日記の時代――清末の中国と外交――』名古屋大学出版会、二〇一四年)では、ロシア側の研究・史料と『金軺籌筆』を比較してイリ交渉の会談内容を詳細に分析している。一三七〜一四七頁。

6　西里前掲書。西里は「李鴻章は調印予定日を一〇日も過ぎた一一月一一日の時点でも、伊犂問題をめぐる清露関係はまさに緊張のただ中にあると認識していたからこそ、「延宕の法」つまり調印引き延ばし戦術を採用すべしと主張しているのであって、条約案の妥結後に清露関係が急に緩和の方向へ向かいつつあるとは認識していなかったのである。換言すれば、李鴻章は清露関係が緊張しているために分島改約案を締結する必要があるとは考えていなかったばかりでなく、清露関係の緊張が急に緩和したために分島改約案の調印引き延ばしが必要であるとも考えていなかったのである。当面、亡命琉球人＝向徳宏の泣訴に応え、宗主国としての義務を尽くすための方策を模索することこそ、李鴻章の課題であった。」(三八〇〜三八一頁)として、李鴻章の豹変や清朝の政策変更の原因に在清琉球人らによる救国活動を結びつけている。ただし、在清琉球人からの請願書と清朝の対応の連動性については明らかになっておらず、例えば西里自身も「蔡大鼎は林世功の自決を総理衙門へ報告するとともに、林世功の認めた前掲請願書を提出した。しかし、総理衙門が受理したかどうかは、明らかではない。」(三八五頁)としている。清朝側に請願書が届けられたのか、畢竟するに琉球人による救国活動の清朝への直接的なインパクトについてはなお検討の余地がある。

7　西里前掲書。西里はこの点について、「要するに、琉球問題をめぐる日清間の正式交渉の期間(八月一八日〜一〇月二一日)には、清露関係も既に緊張のピークを過ぎて外交交渉の段階に入っており、分島改約交渉が妥結した一〇月二一日以後の一〇日間に清露関係が緊張から緩和へ急変したという事実は確認されないのである。」(三二一〜三二二頁)としている。

8　『李文忠公全集』譯署函稿巻八、「何子峩来函」光緒四年四月二八日／一八七八年五月二九日、二〜四頁。また、岡本隆司「琉球問題に関する李鴻章への書翰　何如璋」(『新編原点中国近代思想史第二巻　万国公法の時代――洋務・変法運動』所収、一六五〜一六九頁、岩波書店、二〇一〇年)にも解題及び日本語訳がある。

9　『李文忠公全集』譯署函稿巻八、「復何子峩」光緒四年四月二九日／一八七八年五月三十日、四〜六頁。「中国受琉球朝貢本無大利、若受其貢而不能保其国、固為諸国所軽、若専恃筆舌與之理論、而近今日本挙動、誠如来書所謂無頼之横、猘狗之狂、恐未必就我範囲、若再以威力相角、争小国区区之貢、務虚名而勤遠略、非惟不暇、亦且無謂」

10 『李文忠公全集』譯署函稿巻八、「密議日本争琉球事」光緒四年五月初九日／一八七八年六月九日、一～二頁。「琉人近日更畏之如虎、即使従此不貢不封、亦無関於国家之軽重、原可以大度包之、惟中東立約第一条首以両国所属邦土不可稍有侵越、琉球地処偏隅、尚属可有可無、設得歩進歩援用例而及朝鮮、我豈終能黙爾耶」

11 『清光緒朝中日交渉史料』巻一（三二）、「総理各国事務衙門奏日本梗阻琉球入貢情形摺」光緒五年閏三月初五日／一八七九年四月二五日、三十頁。

12 『李文忠公全集』譯署函稿巻八、「與美国格前総統晤談節略」光緒五年四月二三日／一八七九年六月十二日、四一～四四頁。

13 そのプロセスやグラントの役割についてはすでに先行研究で詳細に検証されている。三国谷宏「琉球帰属に関するグラントの調停」（『東方学報』第十冊第三分、一九三五年）をはじめ、「調停」という観点でほぼ統一されていた。最近の研究では、箱田恵子「琉球処分をめぐる日清交渉と仲裁裁判制度」（『史窓』（七七）、京都女子大学史学会、二〇二〇年）が仲裁裁判という角度から李鴻章の「私擬公評」という表現について詳細に検証しており、当時の国際的背景を反映させて周旋、仲介・調停、仲裁裁判等の言葉の使われ方を明確に分けている。

14 「琉球自為一国、日本乃欲呑滅以自廣、中国所争者土地不専為朝貢、此甚有理、将来能另立専條纔好」

15 The Papers of Ulysses S. Grant Vol.29, pp.161-168. /New York Herald, Aug. 16, 1879, AROUND THE WORLD: General Grant's Mediation Between China and Japan, p. 4. 同箇所の比較については、岡本隆司『中国の誕生 ― 東アジアの近代外交と国家形成 ―』（名古屋大学出版会、二〇一七年）、九二～九四頁に詳しい。また、岡本は「清朝がそこで最後まで譲らなかったのは、「屬國」琉球の復活であり、日本側はそれを受け入れることはできなかった」、また李鴻章が日清修好条規第一条を援用したことについて、英文テキストでは「李鴻章がとりあげた日清修好条規は、グラントから相手にされなかった、というほかあるまい」、「日清修好条規第一条の完全な無効化である」と指摘している。また、與那覇は両テキストを比較して翻訳から琉球処分を分析し「この意味において正しく、「琉球処分」時点の東アジアの国際秩序は、国境線と帰属住民の境界とを一致させるというナショナリズムの論理を、未だ翻訳することができなかったのである」と指摘している。（與那覇前掲書、一〇五～一〇六頁）。

16 General Grant said the argument seemed to be sound, but it belonged to diplomacy. From the fact that the Viceroy quoted a treaty in which the United States acknowledged the Loochoo Islands as an independent Power he supposed that China in dealing with Japan was also willing to regard them as an independent Power.

17 The Viceroy said as an independent Power, certainly. But to be entirely accurate Loochoo should be described as a semi-dependent Power. China had never exercised sovereignty over the islands, and did not press that claim. But China was as much concerned in the maintenance of the independence of a Power holding toward her coasts the reiations of loochoo as in the integrity or her inland territory.

18 Loochoo was made an integral part of the Japanese Empire, and unless something is done to restore things to their former position the world would see the extinction of a nation with which other nations had made treaties for no fault of its own, and not as an act of war.

19 『李文忠公全集』譯署函稿巻九、「訳美前総統幕友楊副将来函」光緒五年六月十一日／一八七九年七月二九日、十～十四頁／「訳美国副将楊越翰来函」光緒五年六月三十日／一八七九年八月十七日、三〇～三二頁／「訳送楊越翰来函」光緒五年七月初一日／一八七九年八月十八日、二九～三〇頁／「訳美前総統格蘭忒来函」光緒五年七月初五日／一八七九年八月二二日、三二～三三頁／「訳送格蘭忒来函」光緒五年七月初五日、三二頁等がある。

20 FRUS, Mr. Blaine to Mr. Angell, No. 82, April. 4, 1881.

21 *The Papers of Ulysses S. Grant Vol.29, pp.199-209.*

22 『琉球所属問題』第一（六九）、「井上外務卿ヨリ太政大臣宛／琉事存案」一八八〇年三月四日、四八六～四九二頁。

23 西里前掲書、三三五～三五二頁。拙稿「琉球帰属問題からみる李鴻章の対日政策」（『琉球・沖縄研究』三、二〇一〇年）。

24 『李文忠公全集』譯署函稿巻十、「議球案結法」光緒六年二月十七日／一八八〇三月二七日、二六～二七頁。

25 西里前掲書、西里は「かくて、表向きの上奏文において分島改約案反対の態度を示しても、李鴻章・総理衙門には分島改約案を受け入れる用意があったと見なければならない」と指摘している。三四八頁。

26　この点については、第三章で述べた通りである。
27　『清光緒朝中日交渉史料』巻二（四四）、「軍機処伝知総理各国事務衙門辦理琉球事件上諭片」光緒六年六月二四日／一八八〇年七月三〇日、二頁。
28　『金軺籌筆』（台湾商務印書館、中華民国五五年）、一～六頁。IMMANUEL C. Y. HSÜ, 前掲書、李恩涵前掲書、李之勤前掲論文、岡本隆司「駐欧公使曾紀澤とロシア ―『金軺籌筆』を読む」（『出使日記の時代 ― 清末の中国と外交 ―』一三九頁）を参照。
29　『金軺籌筆』、六～八頁。
30　一度調印した条約を白紙に戻すための交渉を開始することをイリ交渉の「第一波」とすると、曾紀澤が交渉で清朝の条約草案を提出して、ロシア側が憤怒して交渉の場を北京に移すとして交渉が座礁を迎えた時点を「第二波」と看做すことができる。この時点で、イリ交渉をめぐる清露関係の緊張はピークを迎えた。
31　『李文中公全集』訳署巻十一、「商改俄約兼論球案」光緒六年七月二三日／一八八〇年八月二八日、二八～二九頁。「似応由中国仍将南部交還球王駐守、藉存宗祀、庶両国体面稍得保全」、「至酌加条約、允俟来年修改時再議」、「倘能就此定論作小結束、或不于俄人外再樹一敵」
32　『李文中公全集』訳署巻十一、「俄防漸解並議球事」光緒六年七月二九日／一八八〇年九月三日、三一～三二頁。
33　同右。「置立君長官吏一節、隠寓辦法在内、自須待其外務省復准始能定議」、「琉王羈留東京、恐難放還、若另立酋長択賢置守亦大不易」
34　『清季外交史料』巻二二、「総署奏據曾紀澤電稿俄外部拒絶交渉另派使赴北京商訂摺」二〇～二三頁。拙稿「日清琉球帰属問題と清露イリ境界問題 ― 井上馨・李鴻章の対外政策を中心に ―」（『沖縄文化研究』三七、二〇一一年）。
35　『李文中公全集』電稿巻一、「曾候由彼得堡来電」光緒六年八月二六日／一八八〇年九月三〇日、二頁。
36　『李文中公全集』訳署巻十一、「俄事議請退譲並請假曾使便宜」光緒六年九月初九日／一八八〇年十月十二日、三七頁。「尊論布策能留與否為緊要関鍵、若該使去而復来、尤為危険関頭」「如課布使回俄、議約不成、仍復来華、勢将決裂」「與其潰敗之後再行議約、所失更多、何如和好之時豫存退譲、補救不少」
37　『李文中公全集』訳署巻十一、「請球案緩結」光緒六年九月十六日／一八八〇年十月十九日、三七～三八頁。「宍戸議論球案僅能帰我南島、仍許彼加約二条。詢以球王及子嗣、堅称不能交出、乃謂球王宗族避尚姓為向姓、向之人各処皆有云云、似明指在津之向徳宏而言」

38 同右。「然所称八重宮古二島、土地貧瘠、無能自立」、「若照現議、球王不復、無論另立某某、南島枯瘠、不足自存、不数年必仍帰日本耳」

39 『清季外交史料』巻二三、「総署奏日本廃琉球一案已商議辦結摺」、十五～十七頁。この点において、西里は「不思議なことに、総理衙門はこの上奏文において、李鴻章の同年八月二八日付書函と同年一〇月一九日付の書函を引用しながら、この二つの書函を張之洞・劉坤一の妥結賛成論と同様にみなし、「本意は相い同じ」などと断じている。たしかに、李鴻章の八月二八日付書函は妥結賛成論を主張しているけれども、向徳宏の泣訴を伝えた一〇月一九日付書函は妥結延期を要請していたこと、前述の通りである。恐らく妥結後に一〇月一九日付の李鴻章の書函を受け取った総理衙門は、李鴻章の豹変に当惑しながらも、いったん妥結した以上、上奏しないわけにはいかず、李鴻章の妥結延期論をもカムフラージュして、妥結賛成論であるかの如く引用したものと思われる。」とあるが、「皆以存球祀為重」という点においては李鴻章も一致しており、たしかに妥結延期を促してはいるが根本的には琉球存続を堅持しているという点においては「本意相同」とみなすことができる。

40 西里前掲書、三七五～三七九頁。

41 『李文中公全集』奏稿巻三九、「妥籌球案摺」光緒六年十月初九日／一八八〇年十一月十一日、一～五頁。

42 同右。「近接総理衙門函述日本所議、臣因伝詢在津之琉球官向徳宏、始知中島物産較多、南島貧瘠僻隘、不能自立、而球王及其世子日本又不肯釈還、遂即函商総理衙門、謂此事可緩則緩、冀免後悔」、「此議結球案尚宜酌度之情形也」

43 箱田前掲論文、箱田はこの両書簡の違いを李鴻章の意見が変わったとし、その背景について「なぜわずか数日で李鴻章の意見が変わったのか、はっきりとした理由は分からない。・・(中略)・・日露両方面での危機を避けるため「分島」を受け入れ、それを琉球復活という清朝の主張とすり合わせようとしていた李鴻章としては、ロシアとの緊張が解けるなら、急いで琉球復活につながるかどうか怪しい「分島」を受け入れる必要はない。(中略)李鴻章としては琉球復活の原則を堅持し、イリ問題が落ち着くまで交渉を引き延ばすしか手はなかっただろう」と指摘している。十八～十九頁。

44 拙稿「日清琉球帰属問題と清露イリ境界問題 ― 井上馨・李鴻章の対外政策を中心に ―」(『沖縄文化研究』

三七、二〇一一年）

45 ただし、李鴻章と向徳宏の会話記録は管見の限り残っていない。在清琉球人らによる救国運動のインパクトについては、清朝側の史料を検証する必要がある。

46 『琉球所属問題』第二（一一五）、「井上外務卿ヨリ宍戸公使宛／対清政策及中山王冊立ニ関スル件」、一八八〇年九月二十九日、一〇五頁。

47 『琉球所属問題』第二（一二一）、「宍戸公使ヨリ井上外務卿宛／二島分割後清国側ニ於テ王ヲ冊立スル一義ニ関スル件」、一八八〇年十月十三日、一六七頁。

48 『琉球所属問題』第二（一五〇）、「竹添天津領事ヨリ井上外務卿宛／琉球問題ニ関シ李鴻章ト談話ノ概略」、一八八一年十二月十五日、三八〇～四〇五頁。

49 『琉球所属問題』第二（一五二）、「井上外務卿ヨリ竹添天津領事宛／琉球問題ニ関シ李鴻章ノ意見探知方ノ件」、一八八二年一月十八日、四〇九～四一〇頁。

50 『琉球所属問題』第二（一五四）、「竹添領事ヨリ井上外務卿宛／李鴻章ノ琉球問題解決方ニ関スル意向」、一八八二年三月三十一日、四六八～四六九頁。

第六章　琉球問題とイリ交渉の連動性——井上馨の外交政策を中心に——

1　はじめに

前章では、琉球問題をめぐる李鴻章の一貫した「琉球存続」の姿勢を明らかにし、分島改約交渉に与えるイリ交渉の影響について、清朝側、とくに李鴻章の視点からまとめた。そこからわかったのは、李鴻章が「琉球存続」という姿勢については、一度も揺らいだことはなく、日清修好条規の改約についてはイリ交渉の情勢を見ながら総理衙門に提言していたということである。曾紀澤が交渉にあたっていたイリ境界問題は順風満帆とはいかず、分島改約交渉が始まった八月十八日以降も緊張が続いていた。そのような中、曾紀澤からの報告を受けながら、李鴻章や総理衙門は分島改約交渉にあたっていたのである。では、日本政府はイリ境界問題の存在を知っていたのであろうか。仮に知っていたのであれば、どのように情報を入手していたのであろうか。また、その情報を使って分島改約交渉をどのように有利に進めようとしていたのであろうか。本章ではこれらの点について日本側の未刊行史料『伊犂地方ニ於ケル境界問題ニ關シ露清兩國葛藤一件　明治十二年~明治十四年』[1]を使って、琉球問題とイリ境界問題の交渉過程に注目し、分島改約交渉前後の時期とつき合わせることで客観的にその関連性を引き出してみたい。

　これまでの琉球処分に関する研究において、分島改約交渉が妥結したにもかかわらず、清朝がその態度を急変して遷延策をとった最大の原因として、ロシアとのイリ境界問題の影響が通説となっていた。しかし日本国内においては、日清間の琉球帰属問題と清朝の内政・外交を直接的に結びつけた研究は多いとは言えない。その原因として清露間の外交問題としてのイリ境界問題に対する史料が十分ではなく、欠落していたことは否めない。[2]その点において中国国内では、イリ境界問題を対露外交、辺境問題、曾紀澤の外交手腕をテーマにした研究は比較的多く、[3]史料も豊富である。これまでイリ境界問題の好転が分島改約交渉の結末に影響を与えたという可能性が通説となっていたにもかかわらず、どのタイミングで、どのような好転があったのかについては、ほとんど触れられてこなかった。

本章では、当時の駐天津領事竹添進一郎、駐上海総領事品川忠道、駐露代理公使西徳二郎・柳原前光、そして北京に滞在していた駐清公使宍戸璣等による井上馨外務卿とのやりとりから、イリ境界問題をめぐる清露情勢を明らかにし、交渉過程と往復書簡・電報の時間的近接性にもとづく相互作用を中心に日清・清露の両外交問題の密接性を論じる。さらに、中国国内におけるイリ境界問題の一次史料および先行研究に照らし合わせながら、日本駐清・露外交官の情報の正確さ、およびこれら史料の価値を見いだすことにも焦点をあてる。なぜなら、外交交渉の過程に注目した際、当然ながら当事国・当事者に関係する史料にその歴史が刻み込まれているが、さらに当事者である相手国の史料やコミットしている第三者（国）の同時期に存在する史料を検討することも必要であると考えるからである。

清露外交と日清外交をつき合わせてその関連性を引き出すには、以下の点にその重要性が絞られるであろう。つまり、①露国駐清公使ビュツオフ（Eugenie Butzow）の来清談判の可能性が浮上した時期、及び②その可能性が消滅した時期、③清露間談判の情勢を井上馨と李鴻章がいつ、どの段階で知り得たか、である。後述するが、当時ビュツオフは駐清公使で、イリ境界問題をめぐる清露談判にあたり露都ペテルブルグに帰国していた。しかし、曾紀澤との交渉が難航するや談判地を北京に移す意思を表明することで、清朝を動揺させて清露交渉に多大な影響を与えた。この点については、第五章ですでに述べているため、本章ではあくまでも日本側の視点に焦点を当てる。この時期を明治政府、とりわけ井上馨がどのように観察していたかを明らかにすることで、イリ交渉が日清間の分島改約交渉に与える影響力が浮き彫りになってくると考える。その理由として、対日、対露外交を同時に抱えていた清朝にとって、「日露提携説」の可能性の有無が極めて重要なウェイトを占めていたからである。李鴻章は「日露提携説」の可能性を懸念しており、分島改約交渉は清露交渉の経過と結果によって左右されると考えていた。

2　分島改約交渉――琉球分割条約、イリ交渉――イリ条約

中国北西部に位置する新疆地区の回族の乱を口実に露国が中国新疆北西部のイリ地方に出兵、占領した。このことをきっかけに清露間でイリ地方をめぐる領土問題が浮上する。一八七五年に清朝は左宗棠を欽差大臣に任じ新疆問題にあたらせ、一八七八年には新疆全域に及んだ回教徒の乱を沈静することに成功した。その後のイリ地方返還交渉では崇厚が露国に派遣され、一八七九年リバディア（Livadia）条約を結ぶにいたった。しかし、崇厚が調印した同条約は清朝にとって不利な条件が多く、賠償金（五〇〇万ルーブル）と露国への大幅な領土割譲に清朝内では批判が高まり、清朝皇帝の批准が得られなかった。清朝は再度交渉の場をつくるために、曾紀澤を露都に送ることになる。清露間の交渉では、崇厚が結んだリバディア条約を「修正」するのか、あるいは崇厚との交渉を一度白紙に戻してあらたに曾紀澤と交渉するのかが焦点になった。露国は当然ながら自国に有利なリバディア条約を基盤に修正することに固執したが、曾紀澤も譲らなかった。そのため、曾紀澤にとっては露側の担当者を交渉のテーブルにつかせることが最初の解決しなければならない問題であった。その後、交渉場所や賠償金問題の衝突を経て、一八八一年露都ペテルブルグにおいて締結されたのがイリ条約である。[4]

一方、一八八〇年八月から日清間で始まった北京交渉では、主に分島案及び改約案が議論の中心となった。計八回にわたる交渉の末、特命全権公使・宍戸璣等と総理衙門との間で琉球分割条約を議定するにいたった。日本はこの交渉の成果として、最恵国待遇を日清修好条規の増加条款として追加した。また領土面においては、清朝には宮古・八重山諸島を割譲し、条件として日本が一切干渉しないことを取り決めた。交渉終了後、清朝内ではこの琉球分割条約に対して批判が高まり、主に李鴻章、詹事府右庶子・陳寶琛、詹事府左庶子・張之洞等の反対意見により、総理衙門は「調印の遷延」という手段を選択することになったのは前章までで述べたとおりである。一度交渉を終えたはずの条約が清朝内で論争が巻き起こり、再度交渉する方向に流れるという意味においては、琉球分割条約とイリ条約は酷似していると言えるであろう。宍戸公使にとって、総理衙門のこのような態度は予想外であった。宍戸公使は総理衙門に対して、条約の調印・批准を度々催促した。しかし総理衙門は取り合わず、一貫してその態度を変えなかった。[5] 日清間に浮上した琉球帰属問題は二ヶ月にわたる交渉の末に一度は妥結にいたったが、総理衙門の調印の拒否、宍戸公使の帰国によって解決にいたることはなかった。

次節から詳細に述べるが、琉球分割条約に対する清朝の遷延策の背景には、露国との外交交渉が繰り広げられていたことが起因している。先述したように一八七〇年代から一八八〇年代にかけて清朝内においても、日本以外とも早急な解決を必要とする外交問題が生じており、他国との兼ね合いも分島改約交渉に大きな影響を及ぼしている。清朝のイリ交渉への対応を巧みに利用しようとした明治政府の対外政策を見ていくことにする。

3　井上馨のイリ境界問題への対応

ここではまず明治政府のイリ境界問題に対する外交スタンスについて、日本側の史料により検討していくことにする。とくに、北京での日清間における分島改約交渉前後の時期に絞り、明治政府とりわけ井上馨外務卿の駐清公使への指示に注目してみたい。

一八八〇年八月十八日、日清談判の第一回交渉が始まってからまもなく、井上外務卿の同年八月三一日の宍戸公使宛書簡[6]には「清露葛藤」の情勢を利用し、今こそ弱点を抱えた清朝にたたみかけ、この好機を逃してはならないと指示している。

総理衙門諸大臣等ノ多事困難モ想察被致候　就テハ此好機会ニ投シ我方ヨリ可成手強ク談判ニ及ヒ候節ハ或ハ我企図スル如ク速ニ結局ニ可至ト存候間　貴君ニ於テモ目下彼ノ弱点ニ乗シ毫モ猶予ヲ与ヘス衙門ニ迫リ御切論有之我方略ノ必成ヲ期セラレ候様致冀望候

ここには、井上外務卿の強気な外交スタンスが色濃く現れている。特に「彼ノ弱点ニ乗シ毫モ猶予ヲ与ヘス衙門ニ迫リ」という表現からもタイミングを逃さないように指示していることがわかる。また同時に、竹添進一郎に対しては「清政府モ魯トノ決局模様ニ因リ吾トノ事件談判ノ緩急スル略アルハ本然ニ候」と井上自身の見解を示し、「井上毅ト倶ニ宍戸公使へ協力」するように指示している。[7]

第四章で述べたように、分島改約交渉は日本にとって順調に進んでいるように見えたが、第五回（同年九月二五日）[8]の会談では、総理衙門が日清修好条規の「改約案」に対して難色を示す態度を見せた。

王　我国貴国トノ条約ハ他各国ト其精神ヲ殊ニシ毎事両々相対訂約候事ニテ既ニ内地通商ノ儀モ双方共ニ不許候事通商章程第十四款ニ掲明候事ニモ有之右ニ付今般相許候節ハ矢張旧日ノ精神ニヨリ双方トモニ相許候事ニ無之テハ不都合ニ候

公使　均霑トハ他各国ヲ通候一体ノ名称ニテ彼此両辺ノ語ニ無之シカシ両国同様均霑ヲ差允候ハハ矢張両々相対候精神ニハ不都合ノ事有之間敷候且右様御説ニテハ先般節略ノ主意ト齟齬有之候様

ニ存候

つまり総理衙門は日清修好条規と、性質を異にする他国との条約を比較することは困難であり、明治政府の提案した改約案に異議を唱えている。これを受けて、宍戸公使は井上外務卿宛の書簡において、この日の交渉では「一体遵守ト両辺相酬トノ差別」[9]に論点が注がれた、と報告している。つまり、「相酬」と「一体遵守」に両国の認識の誤差が生じたのである。

この日の報告が宍戸公使から送られた同日、井上外務卿は品川上海総領事宛に次のような訓令[10]を送った。

目下琉事談判中ハ魯国人士殊ニ官員ニ接セラレ候節ハ　成ル可ク厚ク意ヲ用ヒテ款待セラレ　外面ニ示スニ日魯関係親密ノ情勢ヲ以テシ　暗ニ清政府ヲシテ他日緩急事アルニ当リ日魯合従ノ嫌疑ヲ懐カシメ　伊犁問題了局ノ前ニ於テ　速ニ我要求ニ応セシメ候様誘導致候

井上外務卿は品川に、露国人と親密に接するように指示し、「日露提携説」を以て清朝を惑わし、分島改約交渉を有利に導き、なるべく早期妥結に至ることが最善の策と説いている。井上外務卿は品川だけではなく、宍戸公使にも同様に、[11]

既ニ竹添領事カ先般北京滞在中　張之洞宝廷ノ両人ニ面話ノ節モ前段ノ疑心有之ヨリ頻ニ推問致候ニ付　同領事ニ於テハ言ヲ尽クシテ弁解致シ為ニ彼ノ疑団モ氷解致シタリトノ事ニ候　然ルニ我邦ノタメニ計ルニ　当時清政府ヲシテ斯ノ如キ疑惑ヲ懐カシムルハ却テ我便益ノ大ナルモノナル可シ　寧ロ此儘ニ放却致シ置キ彼ヲシテ疑心暗鬼ヲ生セシメ　我ハ之ニ藉テ我欲スル所ヲ達スルノ道ヲ求ム可ク故ラニ　彼カ疑団ヲ解キ我乗ス可キノ釁ヲ失フカ如キハ策ノ得タルモノナラスト相考候　依テ直ニ本月二十五日別紙写ノ通リ品川総領事ヲ経テ貴君并ニ竹添領事ヘ電報差立タル事ニ候　尚此辺ノ主意篤ト御領得自今外人ヘ交際ノ節其事跡言辞ヲ曖昧ニ附シ　如何ニモ日魯合縦ノ実アルモノノ如ク清国吏人ヲシテ益其疑団ヲ固結セシムル様御仕向ケ可被成候

と、清朝に対しては「日露提携説」の是非を「曖昧」にして「疑心暗鬼」を持たせながら、分島改約交渉を有利に進めるように指示している。井上外務卿の外交政策は清露間の葛藤を利用することに徹底しており、「改約」（日清修好条規の増約）に執着しているのがわかる。

一八八〇年八月十八日から開始された日清交渉は、同年十月二十一日の第八回最終交渉を終えて一応の実を結び幕は閉じられたかに見えた。ここで「一応」としたのは、先述したように、このような井上外務卿の苦肉の策も清朝の「遷延」という手段により、分島改約交渉は開花を待たず朽ちることになるからである。一度妥結にいたったにもかかわらず、このような事態に陥ったことに対して、宍戸公使は井上外務卿宛の報告[12]に「球案決議ノ節迄ハ総署ニテモ急速ニ了局可致見込ノ処　其後俄都ヨリ曾紀澤談判ノ様子ヲ報知シ　先ハ平和ニモ可相成哉ノ模様相見ヘ候処ヨリ　俄カニ球案ノ決ヲ中沮イタシ」とイリ交渉が曾紀澤によって解決する見込みがついたこと、つまり「清露情勢の好転」が最大の原因であると分析している。また、今後の分島改約交渉の行方として「両洋大臣等ヘ下間云々ヲ以テ暫ク我国ヲ釣リ付ケ置キ　来春迄遷延スルノ策ヲ一決シ清俄葛藤了局ノ模様ニ因テ球案ノ結不結ヲ決シ候主意歟ト被察候」と、自力での復談の可能性は低く、今後のイリ交渉の情勢に期待するしかないと半ば諦めている。

本来、二国間の外交問題というのは、当然のことながらその当事者に直接的な利害関係が生じる。しかし、ここまで見てきたように井上外務卿は清朝と露国の間に生じたイリ境界問題に対して執拗にその情報を収集し、かつ分島改約交渉に及ぼす影響を計算していた。それは明治政府にとって「清俄葛藤」の結果が自国の利害関係に多大な影響を与えると認識していたからである。それでは、日本にその身を置きながら、宍戸、竹添等にイリ境界問題への対応を指示していた井上外務卿はどのようにその情報を得たのであろうか。次章では、日本駐露公使等による井上外務卿宛の「清俄葛藤」の情報及び彼らの分析を史料『伊犂地方ニ於ケル境界問題ニ關シ露清兩國葛藤一件　明治十二年－明治十四年』を通して明らかにしてみたい。

4　イリ境界問題の趨勢と日本駐清・駐露外交官の洞察

ここでは、井上外務卿がどのように清露情勢を知り得たかを検討する。同時に、先述したビュツオフ来清の可能性が清朝の外交に与える影響力を考察する。一八七九年十二月三日付の西徳二郎駐露代理公使の井上外務卿宛の書簡から、一八八一年二月二五日付の柳原駐露公使の井上外務卿宛の報告まで、この時期のイリ境界問題に関する往復文書は確認されるかぎり少なくとも計二二通にのぼる。

先述したように、イリ境界問題に対して崇厚が調印したリヴァディア条約は、清露国境の領土を露国側に割譲するという点で問題が多く、調印後に清朝の中で物議を醸した。その結果、崇厚が調印した条約は「違訓越権之處」が多く見受けられ、清朝としては承認し難く、そのため崇厚の代わりに「熟悉中外交渉事件」と清朝内において外交手腕に評価の高い曾紀澤（当時、駐英公使）を露国欽差大臣に任じ、再度露国との交渉にあたらせた。[13] 一八八〇年七月三十日に曾紀澤は露都ペテルブルグに到着し、同年八月四日に露政府外交部と接触した。[14] このあたりから、清露間は徐々に緊張が高まってきた。なぜなら、一度調印にいたった条約に対して再度談判を試みることは、当時の国際情勢に鑑みても外交交渉としては少なからず危険をはらんでいたからである。このことからもわかるように、清朝が調印・批准を拒否するケースは琉球問題の分島改約交渉のみならず、清露間においても前例が確認できる。

このようにイリ境界問題が再度動き始めたなかで、井上外務卿は柳原前光駐露代理公使に一八八〇年九月十四日、「Watch closely Sokitaku's Negotiation and report by telegraph」[15]と、曾紀澤の談判交渉状況についての情報を報告するよう求めている。同日、柳原は次のように報告している。[16]

It seems Ili questions shall be negotiated at Pekin on paeifle way but preparatione not neglected. Butsoff the Russian Minister left here and proceeds slowly to Pekin.

Sokitaku will start for London but will return next November.

柳原の報告によると、露都ペテルブルグでおこなわれていた交渉が、ここでは北京に移されることが明記されており、ビュツオフは談判地を離れ北京へ、曾紀澤はロンドンへ向かう予定である、とそれぞれ露都を離れることがわかる。この時の現地情勢、清朝の対応の詳細は後述するが、その後の清朝においてビュツオフ来清の可能性が外交上において重要な位置を占めることになる。またここで注目すべき点は、柳原の収集した情報の正確さであろう。

　その後、清朝がイリ境界問題に対して妥協案を提出することで、ビュツオフは露国へ戻り、曾紀澤と談判が再開されることになる。それについて、井上外務卿は同年九月二六日に「I Heard Butsoff has been ordered St. Petersburg what is the matter ? Is Sokitaku negotiating on Kuldjia question ? Answer by telegraph immediately.」[17]と早速ビュツオフが露国に引き返した真相を確かめている。この井上外務卿の書簡への回答ではないが、同年十月四日、柳原は次のような清露情勢の分析を送っている。[18]

「清露関係事件ハ双方共平和主義ヲ唱ヘ　露公使ビュツヲフハ北京ニ向ヒ既ニ出發ノ處　此節瑞西國ヨリ引返シ　清國公使モ已ニ英國ヘ去ラントシテ猶滞留　昨今又候談判中ノ由何カ必ラス變事アル事ト相見ヘ候ニ付　昨日曾紀澤ニ面晤ノ節相尋候處」と、これまでの談判過程について、柳原は曾紀澤に直接面会して訊ねている。そこで知り得た情報によると、露政府は「北京ニ於テ條約再修セント事ヲ欲シ」ており、一方清国は「當地ニ於テ談判セン事ヲ要シ」ており、「此等ノ看込違ヒヨリシテ今ニ何レトモ談判結局ニ至リカタシ」と両国の意見が衝突し、一時は談判が難航したことがわかる。さらに、尤清國ニ於テモ先般崇厚ノ調印セシ條約ヲ全ク廢棄スルノ意ニアラス　只其中清國ニ於テ實施シカタキ箇條ヲ少々修正セン事ヲ望ム迄ナリ云々　尤外交秘密ハ公使ヨリ言外セサレトモ　先般一段落後本國ニ於テ變故アリタル事ト相見ヘ　當地ヲ去ラントシタルトキ　其書記官一名復命ノ為メカ本國ヘ出發シ既ニマルセール迄至リシ處　俄カニ喚返シタリ（原註。コノ書記官ト云フハ崇厚大使ノ書記官ニシテ　同氏當地ヲ去ルニ臨ンテ臨時代理公使トシテ在留セシモノニシテ　曾公使當府ニ来着迄ハコノ儘ニアリタリ）猶當地政府内算ヲ傳聞スルニ　彼ノ清國政府ハ毎事優柔不斷當地ニ於テ　其使節ニ談判スルモ容易ニ結局ニ至リカタク　且又後ハ如何ノ變状ヲ生スルモ計リカタシ　故ニ其全權ヲ北京ニ遣シ根本請大臣ト直ニ談判シ　若シ事急ニ協ハスンハ其使節ハ直チニ引上ケ　兼テ東方ニ豫置シタル艦隊ヲ以テ威力ニ依テ其結果ヲ得ルニ如カストノ趣

と、曾紀澤から外交機密については「言外」することはなかったものの、清朝としては崇厚が結んだリバディア条約を完全に破棄するのではなく、受け入れ難き条項について「修正」を要求するように努めていることがわかる。ここに清朝の対イリ境界問題の姿勢が集約されていると言える。またビュッオフが来清のために露都を離れた経緯としては、曾紀澤との交渉では談判がいつ終局にいたるかわからず、その後の事態が悪化する恐れもあるので、露政府は早めに北京にて直談判するにいたったのではないかと推察している。

同年十月十二日、井上外務卿は北京で談判中の宍戸公使宛[19]に「去ル五日魯公使ヨリ極内ニ承及候ニハ去月初旬魯京出發北京赴任ノ途中ニ有之候　魯国公使ビュッソフ氏ニハ俄ニ魯京ニ召還ノ電報ヲ接シタル」と清露情勢に急展開が生じたことを伝えている。この内容は同年十月五日の柳原駐露公使からの電報を指している。同年十月五日、柳原は「Affairs between Russia and China are changed recently, Butaoff returned from way and Sokitaku stopped here.」[20]と同年十月四日に報告した内容をここでは省略し、これまで膠着状態であった清露情勢に再度動きが見られたことを報告している。この情報を受け、井上外務卿はこれまで慎重に進めてきた

日清間の分島改約条約が「一朝水泡」の結果を招くのではないかと危惧している。

そこで、井上外務卿はより詳細な事実を入手するため、再度柳原に訓令を発した。[21] おそらく、この時は同年十月四日の柳原からの書簡は未だ井上外務卿の手元に届いていないと思われる。[22] その二日後、柳原は前回に引き続き清露情勢の現状について返電[23]しているが、同年十月四日の書簡に比べると、詳細さを欠いている。

その後、柳原は現地の英国代理公使を訪れて、清露情勢について「探偵」している。その報告書[24]によると、まずイリ境界問題については、「秘密ノ事ニ付容易ニ確タル義ハ探知致シカタク候」、それ故、「去十日英國代理公使ヲ訪ヒ同使ノ見込ヲ尋候處」、しかしそれでもやはり確説は容易には得難く、ただ「同使ノ考察ニハ清ハ當地ニテ談判セン事ヲ欲シ　露ハ北京ニ於テセン事ヲ望」んでいる。清朝が北京ではなく、露都ペテルブルグでの談判にこだわったその理由として、「一旦露ノ望ニ應シ北京ニ於テスル見込ニテビュツオフモ出立シタル所　近頃露ノ艦隊東洋ニ聲威ヲ張リ　頗ル威壓ノ景況アルヲ以テ　今北京ニ於テ開談スル時ハ艦隊ノ威壓ニ屈スルノ嫌アルヲ以テ　清ニ於テ其鋒ヲ避ケ」たいからであると分析している。続けて、清朝の要求として、「且清ノ請求スル所ハ　先般崇厚ノ調印セル條約ニ於テ　露ヘ譲リタル土地ノ中テケ（地名）山隘」を領土回復することであって、なぜなら「最モ要害ナル地方故　之ヲ維持セントスル」ためで、清露両国は「双方共平和ヲ望ミ開戦ハ容易ニアルマシトノ事ニ有之候」と清露開戦の可能性は薄いと分析した。このことからもわかるように、清朝は露政府のビュツオフ来清による直談判という手段を回避することで、外交交渉を少しでも優位に導くことができたと認識している。北京での交渉を回避したことは、清朝にとって対露外交の大きな転機であったと言えるであろう。

以上見てきたように、日本駐露外交官の「探偵」によれば、イリ境界問題には一つの大きな波があったことがわかる。つまり、ビュツオフ来清による北京談判の可能性である。この大きな波の時期と日清間の分島改約交渉の時期が重なることはこれまで述べてきたとおりである。清朝という共通の交渉相手を持った日本、露国が同時期に北京に集うことは、李鴻章をはじめ、清朝としては何としても避けなければならなかったことは容易に想像できる。では、次に清露談判情勢の変化によって、清朝内においてはどのような影響が表出していたのか。とりわけ、李鴻章の書簡および上奏文を中心に見ていくことにする。さらに、次節では本節で取り上げた柳原の報告と清朝側の史料を照らし合わせることによって、柳原の得た情報の正確さ、及び洞察力の鋭さを計ることができると考える。

5　ビュツオフ来清の可能性と李鴻章

これまで述べてきたように、イリ交渉は曾紀澤が露都ペテルブルグで談判を開始した一八八〇年八月四日以降も、露公使ビュツオフ来清談判の可能性によりなおも緊張が続いていた。日本駐露公使の柳原は、ビュツオフが来清談判を取りやめ、露都に戻り談判を再開したことは、清露情勢におけるターニングポイントであると報告している。では、実際に当事者である清朝は、この事態にどのように対応しようとしていたのであろうか。また、ここでは分島改約交渉後の総理衙門に影響を与えたと考えられる李鴻章の同年八月二八日と十月十九日の書簡の変化に注目し、とりわけこの時期の清露情勢と照らし合わせてみたい。なぜなら、この二通の書簡には李鴻章の琉球問題と日清修好条規の改約に対する見解の決定的な違いが具現されているからである。なお、李鴻章の分島改約交渉に対するスタンスについては、すでに前章で述べているので、ここではより具体的にイリ交渉への対応に焦点を当てる。

露都でイリ交渉、北京で分島改約交渉が始まった頃、李鴻章はそれぞれについて今後の対応方法を一通の書簡で同時に述べている。それによると、イリ交渉は「竊慮劼剛商及改約駁議太多　俄必艴然變計另派専使

来京　彼時更難了局」[25]として、崇厚が締結したリヴァディア条約を改約することは難しく、ましてや露政府が北京に談判地を移す要求をしてくると、状況はさらに悪化すると危惧している。この段階では未だビュッオフ来清の可能性が浮上していないにもかかわらず、李鴻章がその可能性を予想していたことは注目に値する。さらに、分島改約交渉については「此事中国原非因以為利　如准所請　似應由中国仍将南部交還球王駐守　藉存宗祀　庶両国体面稍得保全　至酌加條約　允俟来年修改時再議　儻能就此定論作小結束　或不於俄人外再樹一敵　是否有當尚祈卓裁」として、竹添進一郎天津領事との事前会談で提起された二島分割案を以て解決するよう述べている。ここで注目すべき点は、二つ挙げることができる。一つは、両国の体面保全のために二島分割案には妥結してもよいが、日清修好条規の改約は来年まで待つように指示していること。もう一つはイリ交渉をめぐる談判地変更により自国が被る不利益と、分島改約交渉における二島分割案賛成論が同時に論じられている点である。このことから、李鴻章自身がイリ交渉と分島改約交渉を同時期の問題ととらえ、その関連性を意識していたことがわかる。

要するに、李鴻章は同年八月二八日の段階では、日本との分島改約交渉において、「分島案」は妥結しても良いが、「改約案」には来年の期日まで待つよう引き延ばす趣旨の書簡を総理衙門に送っている。改約案に反対する李鴻章のこのような姿勢は、竹添との事前会談から一貫して変わっていない。李鴻章は同年三月二六日の竹添との筆談のなかで[26]「条約ヲ増加スルハ【グラント】氏書中ノ意ニ無之　全ク節外ニ枝ヲ生シタルニテ　畢竟清政府ヲ脅制スルニ在リ」、「条約増加ヲ以テ我朝ヲ脅制スルハ【グラント】氏ノ云フ所ニ非ラス　是ハ他日別途ニ商議スヘキモノナリ」、「増加条約ハ改正ノ期限ニ至リテ商議スヘキ」、とたびたび「改約案」に対して断固反対する姿勢を貫いていた。

李鴻章が「分割案」に賛成しているのは、イリ交渉の最中に日本を刺激して「日露提携説」が実現するようなことがないようにするためであり、せめて「琉球存続」が叶うのであれば「分島」もやむを得ないと考えていたからである。つまり、①同書簡で述べられているように露人の来清の可能性を危惧していたこと、②この段階では宮古・八重山諸島が不毛の地という情報を得ておらず、後に李鴻章が指摘するように、「南部二島」における琉球存続が清朝にとってメリットがないとは認識していなかった。

総理衙門がビュツオフ来清の可能性を報告したのは同年九月九日であった。[27] 上奏文には「曾紀澤電報内稱接外部復文大致謂伊犁割地　推廣商務均須照辦嫌澤節略　将要務全駁無可和衷　已派使速赴北京商訂」[28] として、曾紀澤からの電報によると、露国との交渉が難航し、露政府は北京にビュツオフを派遣して談判する旨を総理衙門は伝えている。

この情勢変化に対して、総理衙門は一八八〇年九月二一日「布策挟兵船而来必且於十八條之外　更多無理要求應之則貽患　尤甚拒之則兵衅立開　深恐大局不可收拾」[29] として、ビュツオフが北京に来ると、崇厚が結んだ十八条以外にも更なる要求を突きつけられ、それを拒むと清朝としてはより不利な状況に追い込まれることになると述べた。これらの理由から曾紀澤には露国で談判を再度要請するように求めさせ、「在十八條之内　将来奏到時　應請允予批准」と、つまり崇厚が締結したリヴァディア条約十八条以内なら、調印するように指示した。要するに、清朝はビュツオフ（布策）が来清することで生じる軍事的圧力、日露提携という最悪の状況を徹底して避けようとしたことがわかる。そのため談判においてはある程度の妥協をしても、なんとしてもビュツオフの来清を拒みたかったと考えられる。これは先述した柳原が曾紀澤から得た情報「清政府ハ當地ニ於テ談判セン事ヲ要シ」と一致する。

この清朝の妥協案によって、露政府が露都での談判再開に応じたことが李鴻章の同年九月三十日の総理衙門宛の書簡[30]から確認できる。

本日酉刻又由上海税務司寄到劼剛十九日電信　譯鈔呈覽　俄允召布策暫回　此是極好機會　能如釣意在俄定議最妙　鴻章竊念事関国家安危大計　當此一刻千金　時不可失

ここで「十九日」というのは、一八八〇年九月二三日にあたり、実際に同年九月二二日にビュツオフは露都に呼び戻されている。李鴻章はビュツオフの帰国を絶好の機会と判断し、露都で談判することを最善の策と考えた。さらに続けて、同年十月十二日、李鴻章は「如果布使回俄　議約不成　仍復来華　勢将決裂」[31]として、もしビュツオフが露国に引き返しても談判が成立しなければ、再度来清の可能性があることを示唆した。また「吉根本重地　兵将皆単　軍器不精　決非俄人之敵　設有疏失　大局何堪設想　與其潰敗之後再行議約　所失更多　何如和好之時豫存退譲　補救不少」と、軍事力では露国に勝つ見込みがなく、敗北後に露国と交渉を再開するとその損失は計り知れないものになるであろうと述べている。故にビュツオフが露国に引き返したこの機会を利用し、露政府に譲歩することを力説している。この総理衙門への書簡は、後に李鴻章が分島改約交渉の「遷延」策を提案する同年十月十九日の一週間前、分島改約交渉が終了する同年十月二一日の九日前に提出されたものである。このことからも、ビュツオフの「露都への帰国」という情報が李鴻章の判断に大きな影響を与えたことがわかる。

このような清朝の妥協案、露国に対する譲歩を駐露代理公使・長田銈太郎は、後に次のように分析している。[32]

露公使ビュツオフハ一時當府ヲ辞シ北京ニ赴カント致候テ　瑞西ジエネバニ相止候儀ハ　今マ愚考ニ據レハ露政府ノ一ノ政略ニ出テ飽マテ同政府北京ニ於テ開談結約スヘキノ状ヲ示シタルナルヘク　然ルニ前便ニモ申上候通リ　清ハ是非コノ地ニ於テ曾紀澤ヲ以テ開談ニ取掛リ度旨請求シタルヨリ　然ラハ其點ニ於テ覺書（メモランドム）ヲ外務卿代理ニ差出スヘシトノ答アリタレハ曾紀澤ハ十月初旬頃之レヲ差出シタルヨリ　右覺書ニツキビュツオフハ外務卿代理ノ顧問者ニ可相成役柄ニモ有之　且露政府ハ幾分歟平穏ニ局ヲ結ハントノ意アルヨリ　直チニ同人ヲ召還シタルナルヘクト推察仕候

つまり、長田はここで露政府がビュツオフを北京に派遣すると曾紀澤に伝えたのは、あくまでも清朝に脅威を与えて、談判を優位に運ぶことが最大の目的であったと指摘している。清朝にとってビュツオフ来清の可能性が消滅したという情報は非常に重要な意味を持っており、このことが清露間の情勢を一変させたことはこれまで述べてきた通りである。同年十月十二日の書簡からわずか一週間後の十月十九日、李鴻章は総理衙門宛の書簡[33]において次のように述べている。「尊處如尚未與宍戸定議此事　似以宕緩為宜」として、もしまだ宍戸と議決に至っていないのならば、最終的な決断を引き延ばすよう促した。書簡には李鴻章に対する脱在清琉球人・向徳宏の懇願の様子を伝えながら、遷延策の具体的な理由として、「即使俄人開釁　似無須借助日本　而日本畏忌俄人最深　其隠衷亦難與合従」をあげ、たとえ清朝と露国が開戦にいたったとしても、日露が提携することはないと述べている。また、「南島枯瘠　不足自存　不数年必仍帰日本耳」として、向徳宏からの情報をもとに宮古・八重山諸島が瘠せた土地であること、そのために一国として自立することは不可能であること、さらに存続が不可能になればゆくゆくは日本に帰属することになるであろうから、清朝にとっては何ら利益がないことを述べている。このように、李鴻章は同年八月二八日に総理衙門に送った書簡の二島分割案賛成論をも否定することになった。ただ、この十月十九日の書簡が北京の総理衙門に届けられたのが、分島改約交渉の終了日である十月二一日前であったかは検討の余地がある。西里は「当時の天津と北京の間の交通事情からすれば、どちらの可能性も想定し得るけれども、総理衙門が李鴻章の要請を敢えて無視して妥結したとは考えられないので、恐らく一〇月二一日の妥結後に、総理衙門は妥結延期を要請する李鴻章の書函を受け取って当惑したものと思われる」[34]と分析している。これは当時の総理衙門が外交部として明確にその役割を担っていたのではなく、あくまでも外国との交渉を処理する機関として一時的に成立しており、李鴻章等に助言を求めていたことからも、西里が指摘するように不慣れな外交に当惑したことも大いに考えられる。この点について、張は妥結の前に総理衙門が李鴻章の来書を受け取ったかどうかではなく、十月二八日の総理衙門による交渉妥結に関する上奏文に着目し、「九月一四日の劉坤一の来書、及び一〇月一九日の李鴻章の来書はいずれも琉球復活の困難を強調しており、それらが総理衙門の琉球問題妥結の根拠にならないことは明らかであるが、このとき総理衙門は劉、李の来書を都合よく解釈したのである。（中略）一〇月一九日の李鴻章の来書が総理衙門の論理の障害となるが、総理衙門は外面を取り繕うことだけに腐心し、その論理の矛盾を顧みなかった」と、李鴻章と総理衙門の関係性、総理衙門の清朝内での立場等を分析している。[35]

琉球問題をめぐる分島改約交渉は計八回に及ぶ談判の末、一八八〇年十月二一日に（一）両島交付酌加条約専条、（二）増加条約、（三）憑単（予約ノ件）、（四）附単（両島交付手続ノ件）、以上四つの議定書が交換された。[36] しかしこれまで述べてきたように、分島改約交渉の結果は清朝内において、批准派と遷延派に分かれ、さまざまな意見が飛び交い、ついには暗礁に乗り上げることになる。最終的に李鴻章が分島改約交渉の結論を遷延することについて論じることになるが、内容は前述の十月十九日の総理衙門宛書簡にあった「遷延策」を再度強調し、露国とのイリ境界問題を先に解決すべきことを述べている。

その李鴻章の上奏文[37]において「旋聞日本公使宍戸璣屢在総理衙門催結球案　明知中俄之約未定　意在乗此機會　圖佔便宜」と、ここでは宍戸公使が清露葛藤を利用して日清談判を有利に進めようとしていたことを批判している。これは上述してきたように、これまで井上外務卿が駐清公使に執拗に伝えていたスタンスであり、李鴻章もまた見抜いていた。また、琉球問題とイリ境界問題については「臣愚以為琉球初廢之時　中國以體統攸關　不能不亟與理論　今則俄事方殷　中國之力暫難兼顧　且日人多所要求　允之則大受其損　拒之則多樹一敵」として、これら両問題を同時に対応することを避け、清朝が直面している現状と自国の国力を考慮した結果、「惟有用延宕之一法最為相宜」と提議し、最終的に分島改約交渉の遷延策を再度力説している。

特に注目すべきは「今則俄事方殷　中國之力暫難兼顧」の個所である。つまり、現段階において、露国とのイリ境界問題交渉は山場を迎えており、中国の力では日本と露国の二カ国を同時に対応することは難しいとはっきり述べている。そして重要な遷延策の具体案として「俟俄事既結再理球案」と述べ、露国との問題解決後に分島改約交渉に再び着手するように強調している。これは、ビュッオフ来清を回避したことでイリ境界問題が解決する見通しがついたと李鴻章自身が認識していたと予想される。外交面においては「夫俄與日本強弱之勢　相去百倍」と日本よりも露国を脅威とみなしていた李鴻章は、ビュッオフ来清可能性の消滅によってイリ交渉が成功すると判断し、結果として分島改約交渉を棚上げにして、未だ交渉中であったイリ交渉を優先したと考えられる。「日露提携論」の可能性の消滅は、ビュッオフ来清を回避したことによる清露交渉の好転が大きな原因であると言えるであろう。ここに李鴻章の対日・対露外交スタンスが集約されている。

その後、分島改約交渉の終了から約三ヶ月が過ぎ、その間宍戸公使が帰国することを知った李鴻章は「是即棄前議　不過将球案擱起　於両国和局正不相妨[38]」と日本の対応を非難しながらも、「球案」は停頓したに過ぎず、このことが日清両国の関係を妨げるものではないと総理衙門宛に書簡を送った。また「遷延策」については「凡各国結約未経畫押　即不能作為定議　況必須奉旨批准為断」と条約締結においてはまず「花押」がなければ調印にはいたったとは言えず、さらに批准には皇帝の決定が不可欠であると、あくまでも清朝の「遷延策」の正当性を主張した。また「俄事既已定約　彼固無可挟制之処」と露国とのイリ交渉はすでに妥結にいたっており、日本が弱みにつけこんでくることはなくなった、と国際情勢の変化を強調している。宍戸公使の帰国については「宍戸即暫回国　仍令田辺署理　亦是虚疑恫喝慣技　無足為慮」と宍戸が帰国して田辺太一が職務代行に就いても、虚偽・恫喝を常套手段として用いるだろうから、心配には及ばないと述べ、総理衙門には「力持定見為幸」と譲歩しないよう促した。つまり、李鴻章は露国とのイリ交渉が順調に終える見込みがついたことで、日本との交渉を有利に進めようと考えていたことがわかる。

6　おわりに

これまで見てきたように、清露間のイリ境界問題は曾紀澤が露都に到着して、交渉を始めてからも緊張のピークは過ぎておらず、また談判終了の時点まで常に緊張が続いていたというわけでもなかった。それは、ビュツオフ来清の可能性に集約されるであろう。これまでの時間の流れを要約すると次のようになる。①一八八〇年八月四日　イリ交渉事前会談、②同年八月十八日　日清間における分島改約交渉の開始、③同年八月二三日　イリ交渉の開始、露側から交渉地を北京に移すことを示唆、④同年八月二八日　李鴻章の総理衙門宛の書簡（二島分割案賛成論及び改約案延期）、⑤同年九月九日　総理衙門によるビュツオフ来清の可能性を伝えた上奏文、⑥九月十四日　柳原から井上馨へイリ交渉の交渉地が北京へ移動する可能性、⑦同年九月三十日　李鴻章の総理衙門宛の書簡（ビュツオフ帰国の情報に対する意見）、⑧同年十月五日　柳原から井上馨へビュツオフが露都へ戻ったことを伝える、⑨同年十月十二日　李鴻章の総理衙門宛の書簡（露国とのイリ交渉においては「譲歩」することで交渉を円滑に進めるように指示する）、⑩同年十月十九日　李鴻章の総理衙門宛の書簡（二島分割案否定論および分島改約交渉の遷延策）、⑪同年十月二一日　分島改約交渉の終了、⑫同年十一月十一日　李鴻章の上奏文（⑩の内容を再度強調）。

このようにビュツオフ来清可能性を含む清露間におけるイリ交渉は、日清間における分島改約交渉に関わる判断にも影響を及ぼしていることがわかる。ビュツオフ来清の可能性は清朝のみならず、分島改約交渉を進めていた明治政府もまた執拗にその動向を追っていた。なぜなら、井上外務卿は分島改約交渉の成果は、清露談判の結果如何と認識していたからである。また、日本側の井上外務卿が日本駐清・露外交官から得た情報によって、絶えず駐清外交官、とりわけ分島改約交渉にあたった宍戸公使に「清露葛藤」を利用するよう指示を与えていたことは、明治政府の対外政策を研究するうえで大いに参考になる。

清朝の「遷延策」に対して、井上外務卿は次のように認識していたことが宍戸宛の内訓状案よりわかる。[39]

如此反覆ノ挙動ト及遷延ノ詐術トハ清国政府常用ノ手段ニシテ目前其近例ヲ見ルコト少カラス　今我レヨリ之ヲ緩慢ニ付スルカ又ハ徒ラニ文字口舌ノ間ニ争フトキハ終ニ時日ヲ曠久シテ結局ノ期ヲ見難キニ至ランモ亦知ルヘカラス

井上外務卿の認識では、清朝の今回のような遷延策は「常用ノ手段」であり、このままだと明治政府が望むような結論に至ることができないと宍戸に警戒を促している。井上は清朝の「遷延ノ詐術」をある程度予測していたのだろう。それ故に、清露間におけるイリ交渉の情勢から絶えず目を離さず、あたかも当事者の如く情報収集に余念がなかったのである。[40]

本章では、これまでの「琉球処分」研究において定説であった清露間におけるイリ境界問題の趨勢が与える分島改約交渉の結末への影響について、日本側の未刊行史料を使って日本、清朝、ロシアの三カ国を結ぶ両問題の時間的近接性にもとづく相互作用の角度から再考した。「琉球処分」を学術的な研究対象としてみる際、より多くの史料に当たることは言うまでもないが、それら史料の国際性に琉球が歩んできた歴史の特殊性が表出することも見落とせない。本章では、『日本外交文書』、『琉球所属問題』等を中心に、中国側の清朝外交史が集約されている『清季外交史料』、『清光緒中日交渉史料』、『李文忠公全集』、加えて日本駐清・露外交官の清露情勢を分析及び報告した『伊犁地方ニ於ケル境界問題ニ關シ露清兩國葛藤一件　明治十二年〜明治十四年』の史料から琉球処分が包括する国際性を論じることを試みた。我部政男もまた「沖縄の帰属問題に関する清国政府の内部を見た場合、この問題がいかに国際的環境＝対露交渉と密接な関係があったかということに逢着する。もしも露清間の伊犁境界問題をめぐる交渉が不調に終結していたならばあるいは【琉球分割条約】は成立し、宮古・八重山諸島は分割されていたであろうことは十分に予想されることである。」[41]として、琉球問題の国際性を強調している。当時、西からの近代化の波が押し寄せる東アジアにおいて、琉球という小さな島国が大国間の外交に巻き込まれ、その運命が翻弄されていく姿に、李鴻章が同情した可能性は否めない。しかし、グラントとの会談、竹添進一郎との事前会談、総理衙門への書簡を見る限り、やはり李鴻章が固執したのは、「琉球存続」と国益のバランスであったと考えられる。

註

1　外務省外交史料館所蔵

2　これまでの研究成果については、前章註5に挙げた以外にも、日本国内においては窪田文三『支那外交通史』(三省堂、一九二八年)、吉田金一『近代露清関係史』(近藤出版社、一九七四年)がある。また、清朝の新疆統治体制については、片岡一忠『清朝新疆統治研究』(雄山閣出版、一九九一年)に詳しい。

3　中国側の先行研究としては、王建華・孫君琪「曾紀澤与中俄伊犁交渉」(『安徽師大学報』(哲学社会科学版)第二期、一九九〇年)、季雲飛「曾紀澤使俄談判与李鴻章使日談判之比較研究」(『安徽史学』第三期、一九九二年)、董蔡時「略論曾紀澤・李鴻章関係」(『蘇州大学学報』(哲学社会科学版)第一期、一九九三年)、馬小梅「略論曾紀澤与《中俄伊犁条約》」(『固原師専学報』第四期、総第六六期、一九九八年)、張新革「試論中俄《伊犁条約》簽訂的国際・国内背景」(『伊犁師範学院学報』第三期、一九九九年)、蔣躍波・李育民「試析曾紀澤伊犁交渉成功原因」(『湖南教育学院学報』第四期、第十八巻、二〇〇〇年)がある。また、中国側の伊犁地方に関する史料と先行研究をまとめた論文としては、佟克力「伊犁資料与研究総述」(『伊犁師範学院学報』第一期、二〇〇五年)や、ロシア側の先行研究をまとめた論文としては、華可勝(ロ)著/李連相　訳「研究総述」(『中国辺疆史地研究』第二期、一九九七年)が参考になる。

4　窪田前掲書、吉田前掲書、HSÜ前掲書を参照。

5　『日本外交文書』十三巻、「清国駐劄宍戸公使ヨリ清国総理各国事務王大臣宛/新約書調印方照会ノ件」明治十三年十二月二七日、三八六～三八八頁。『日本外交文書』十四巻、「総理各国事務王大臣ヨリ清国駐劄宍戸公使宛/琉球案件ニツイテ南北洋大臣ノ意見ヲ徴スルハ上諭ノ旨趣ニシテ強イテ案件ヲ淹留スル所以ニ非ザルヲ辨ズルノ件」明治十四年一月三日、二七一頁。詳細は『日本外交文書』十四巻、「清国駐劄宍戸公使・総理各国事務王大臣対話書/琉球案件調印ニ関スル件」明治十四年一月十六日、二七五～二八二頁を参照。

6　『琉球所属問題』第二(一〇五)、「井上外務卿ヨリ宍戸公使宛/清魯葛藤ノ好機ニ投シ談判方ノ件」明治十三年八月三一日、五一～五二頁。

7 『琉球所属問題』第二（一〇六）、「井上外務卿ヨリ竹添天津領事宛／宍戸公使ト協力シ談判ニ尽力セラレ度旨」明治十三年八月三一日、五三～五五頁。

8 『琉球所属問題』第二（一一六）、別紙「宍戸公使総署大臣ト対話記事」明治十三年九月二五日、一一七～一二四頁。

9 『琉球所属問題』第二（一一六）、「宍戸公使ヨリ井上外務卿宛／九月二十五日総署大臣ト会見ノ状況ニ関スル件」明治十三年九月二九日、一〇七～一一六頁。

10 『琉球所属問題』第二（一一四）、「井上外務卿ヨリ品川上海総領事宛／魯国人士ニ厚ク接スルニ意ヲ用ユヘキ様訓令」明治十三年九月二九日、九九頁。

11 『琉球所属問題』第二（一一五）、「井上外務卿ヨリ宍戸公使宛／対清政策及中山王冊立ニ関スル件」明治十三年九月二九日、一〇〇～一〇六頁。

12 『琉球所属問題』第二（一三五）、「宍戸公使ヨリ井上外務卿宛／琉球問題今後ノ措置ニ関スル件」明治十三年十二月一日、二五五～二五九頁。

13 『清季外交史料』十九巻、「大清國大皇帝到俄國聲明崇厚所議條約違訓越権窒礙難行國書」光緒六年正月初十日／一八八〇年二月十九日、三頁。

14 第五章、参照。

15 『伊犁地方ニ於ケル境界問題ニ關シ露清兩國葛藤一件　明治十二年～明治十四年』（以下、『伊犁地方』）（四四）、「井上外務卿ヨリ柳原駐露公使宛／曾紀澤談判模様査報方訓令」明治十三年九月十四日、一七五頁。

16 『伊犁地方』（四五）、「柳原駐露公使ヨリ井上外務卿宛／第四四号ノ答申」明治十三年九月十四日、一七六頁。

17 『伊犁地方』（四七）、「井上外務卿ヨリ柳原駐露公使宛／談判経過査報訓令」明治十三年九月二六日、一七九頁。

18 『伊犁地方』（五〇　別信第四号）、「柳原駐露公使ヨリ井上外務卿宛／談判経過」明治十三年十月四日、一九二～一九四頁。

19 『琉球所属問題』第二（一一七）、「井上外務卿ヨリ宍戸公使宛／増加条約締結ノ必要アル理由説明」明治十三年十月十二日、一二五～一三二頁。

20 『伊犁地方』（五二）、「柳原駐露公使ヨリ井上外務卿宛／談判経過（清露間形成一變セリ）」明治十三年十月五日、二〇一頁。

21 『伊犁地方』（五三）、「井上外務卿ヨリ柳原駐露公使宛／談判経過ニ付査報方（第五十二号中形成一變ノ語ノ意義。和戦何レソ。ビュツオフ引返事情其他談判現況査報方）重ネテノ訓令」明治十三年十月八日、二〇二頁。Word change in your telegram what does it mean ? War or peace ? Report why Butaoff returned and also conditions of negotiation by Sokitaku.」

22 ちなみに、「五四文書」の題目には「第五十號要領」と説明が付け加えられている。

23 『伊犁地方』（五四）、「柳原駐露公使ヨリ井上外務卿宛／第五十三號答申（第五十號要領）」明治十三年十月十日、二〇三頁。Chinese Government wishes to settle Ili question here while Russian Government wishes to settle it at Pekin; Chinese Government wants only trifling alterations in treaty but it is not yet come to any agreement all above I heard from Sokitaku directly . Butaoff started intending to settle it at Pekin but（不明）he returned. I consider affairs changed but war will not likely break out for the present.

24 『伊犁地方』（五六）、「柳原駐露公使ヨリ井上外務卿宛／談判経過（英代理公使ノ看測ニ由ルブツオフ引返ノ事情。又同氏ノ看測ニ由レハ條約ニ付キ清ノ修正要求ノ主意ハテケ山隘ノ要害ヲ保持セントスルニアリ。併兩國共平和ヲ欲シ開戦ハ容易ニアルマシトノ事）」明治十三年十月十七日、二〇九～二一〇頁。

25 『李文忠公全集』譯署函稿巻十一、「商改俄約兼論球案」光緒六年七月二三日／一八八〇年八月二八日、二八～二九頁。

26 『琉球所属問題』第一（七七）、「竹添氏ヨリ井上参議宛／李鴻章ト琉球案件ニ付内談ノ状況」明治十三年三月二八日、五一五～五二一頁。

27 柳原駐露公使から井上外務卿宛にビュツオフ来清の可能性が伝えられたのは、同年九月十四日である。

28 『清季外交史料』巻二二、「總署奏據曾紀澤電稱俄外部拒絶交渉另派使赴北京商訂摺　附原電及上諭」光緒六年八月初五日／一八八〇年九月九日、二〇頁。

29 『清季外交史料』巻二二、「總署奏中俄換約日期已届請飭曾紀澤和衷商辦片」光緒六年八月十七日／一八八〇年九月二一日、二六頁。

30 『李文忠公全集』譯署函稿巻十一、「述電覆曾使」光緒六年八月二六日／一八八〇年九月三〇日、三六～三七頁。

31 『李文忠公全集』譯署函稿巻十一、「俄事議請退讓並請假曾使便宜」光緒六年九月初九日／一八八〇年十月十二日、三七頁。
32 『伊犁地方』(六〇)、「長田駐露代理公使ヨリ井上外務卿宛/談判経過」明治十三年十一月二九日、二二一~二二七頁。
33 『李文忠公全集』譯署函稿巻十一、「請球案緩結」光緒六年九月十六日/一八八〇年十月十九日、三八頁。
34 西里前掲書、三七四~三七五頁。
35 張天恩「琉球問題をめぐる日清交渉と清朝外交の制度運用:分島改約案の運命と総理衙門の外交」九一頁、(『東アジア近代史』(二五)、二〇二一年)
36 『琉球所属問題』第二(一二二)、「宍戸公使ヨリ井上外務卿宛/琉球問題落着近日調印ノ運トナリタル件」明治十三年十月二二日、一七一~一七三頁。
37 『清光緒朝中日交渉史料』巻二(五九)、「直隷總督李鴻章覆奏球案宜緩允摺」光緒六年十月初九日/一八八〇年十一月十一日、十四~十七頁。『日本外交文書』十三巻、「天津在勤竹添領事ヨリ井上外務卿宛/李鴻章ノ意向情報ノ件(附記一)」、三八一~三八三頁。
38 『李文忠公全集』譯署函稿巻十一、「俄約已定兼論球案」光緒六年十二月十六日/一八八一年一月十五日、四五~四六頁。
39 『日本外交文書』十三巻、「井上外務卿ヨリ清国駐劄宍戸公使宛/清国政府ノ結約調印拒否ノ態度ニツイテ詰問方訓令ノ件」明治十三年十一月三十日、三八四~三八六頁。『琉球所属問題』第二(一三三)「井上外務卿ヨリ宍戸公使宛/宍戸公使へ内訓状送付ニ関スル件」【附属書】「宍戸公使へ内訓状案」明治十三年十二月一日、二二八~二三五頁。
40 坂野は清末外交の清国官人の行動様式として、いくつかあげているが、その中に「いろいろな手段をもちいて交渉を遷延させてゆく」、「ことさらに曖昧なことを言う」、「故意に相手の論点をはずす」、「自己にその権限なしとする」とある(坂野正高『近代中国外交史研究』(岩波書店、一九七〇年)第Ⅲ章参照)。分島改約交渉前後の清朝の態度を見ると、妥結後の調印拒否は「豹変」というよりはむしろ「常套手段」のようにうつる。
41 我部政男「明治十年代の対清外交——『琉球条約』の顚末をめぐって——」(『日本史研究』一一九、日本史研究会、一九七一年。後に『明治国家と沖縄』一四九頁、三一書房、一九七九年所収。

終章

1　二つの条約　ペリーから李鴻章まで

一八五四年七月、江戸幕府に琉球の開港を断られたペリーは、琉球を主権国家と認める形で条約締結にこじつけようとしたが、琉球は中国との関係を理由に条約草案の前文に明記されていた主権国家の証を拒否した。一八七〇年代には、琉球は日本に組み込まれていく中で、清朝、アメリカ、オランダ、フランスに渡した救国請願書の中で「琉球＝自ツカラ一国ヲ為シ」を全面的に主張し介入を促したが、一八七九年には琉球に沖縄県が設置された。本書では、十九世紀に琉球から沖縄県に変遷していく過程の中で、日本、清朝、アメリカの外交に焦点を当て、「琉米修好条約」と「琉球分割条約」、二つの「条約」がもつ歴史的意義を分析した。「琉米修好条約」については、従来の研究が積極的に「条約」としての価値を与え続けてきたことに鑑み、本書では米国側の原文を忠実に再現するために、「米琉コンパクト」という名称がふさわしいという立場を取った。同時期に締結された日米和親条約とは明らかにその意義と性質が異なるにもかかわらず、同じ「条約」と翻訳され続けてきたことで、語られるべきはずの史実が歴史の深い闇に潜ったままになっていたからである。史実を明らかにするために、いくつかの疑問を提起した。第一に、なぜペリーは琉球と条約締結に関する交渉を直接行ったのか。従来の研究では、琉球の独立性を強調する傾向があり、ペリーが琉球を主権国家と認識していることが前提になっており、この点については簡単な叙述に留まり、注視されることはなかった。本書では、ペリーが琉球よりも先に江戸幕府に琉球の開港を要求していたことに注目し、ペリーの琉球認識を再検証した。日米和親条約の交渉中、ペリーは琉球の開港も要求の一つに入れていたが、江戸幕府からは「遠方」を理由に開港の要求は退けられた。しかし、ペリーは江戸幕府が要求を回避したことが、琉球との直接交渉を断念する理由にはならないとし、江戸を離れた後に琉球との交渉に入る。つまり、ペリーは琉球を主権国家と認識していなかったからこそ、最初に江戸幕府と琉球開港について交渉したのである。琉球と直接交渉したのは、あくまでも江戸幕府との琉球開港に関する交渉が決裂したためであり、ペリーが琉球を主権国家と認めていたわけではなかった。第二に、ペリー はなぜ compact として本国に報告書を提出し、議会及び大統領も compact として承認したのか。ここで問題になるのが、「琉米修好条約」という名称の出所である。管見の限りこの名称は史料には残っておらず、現代の研究者による造語であることがわかっている。序章でも述べているが、造語そのものを否定しているわけではない。歴史研究において造語によって、その解釈や現代的意義が明瞭になることもある。反対に史料に記されている言葉だけでは、その史実の本質が見えないこともある。「琉球処分」がまさにその例であろう。歴史学によって他の言葉に置き換えることで、当時の時代背景や歴史的文脈が見えてくることも大いにある。しかしながら、このようなメリットを考慮しても、やはりCompact between the United States of America and the Royal Government of Lew Chewを「琉米修好条約」と翻訳するのは明らかな誤訳であり、歴史的文脈を大きく読み外すことになる。江戸幕府に琉球の開港を断られ、琉球との直接交渉しか残されていないペリーにとって、最も大きな壁が本国から命令されている「主権国家との条約締結」であった。言い換えると、日本以外の周辺国家との条約調印による開港地の開拓は推奨されるが、それはあくまでも「主権国家」という縛りがあった。主権国家以外との条約締結は、米国にとって管理責任や他国からの批難という点において、非常にリスクの高い行為に当てはまる。そもそもペリーは琉球を主権国家とは見なしてはなく、日本あるいは中国に従属していると考えていた。だからこそ、ペリーは江戸幕府に琉球開港を認めさせる必要があった。ここにペリーが江戸幕府との交渉を琉球よりも先に進めた理由がある。しかしながら、結果として琉球は清朝との関係を理由に、ペリーが提案した条約案に書かれている主権国家を意味する表現の削除を要求した。十九世紀の米国が締結した条約に目を通すと、前文の中に双方が主権国家であることが明記されていることがわかる。ペリーは清朝との関係を理由に前文からその箇所を削除するよう琉球から求められ、残された滞在期間で清朝と交渉するわけにもいかなかった。しかしながら「開港」という成果を残さなければならないため、前文すべてを削除し、条項もなく箇条書き程度に抑えた契約書に調印させたのである。調印後、ペリーは本国にはcompactに調印したことを報告している。十九世紀においては後にも先にも米国政府として外国と締結したcompactは琉球のみであることも注目に値する。第三に、compactは十九世紀米国外交においてどのような位置づけであったのか。この点については、先行研究において実証的な検証はおこなわれてこなかった。本書では、米国憲法の第一条にある「州(State)」に関する規定に明記されていることに注目した。要約すると、「州」はtreatyやconventionを独自に外国と締結することは出来ないが、compactとagreementについては議会の承認を得れば締結できるという内容である。ペリーや米国議会は琉球を米国における「州」に相当すると捉えることで、なんとかして開港地を確保しようとした。日米和親条約との比較で言うと、批准書の交換の有無も見逃せない。第一章で述べているように、当時の米国外交において米琉コンパクトのように、前文がなく、箇条書きで記され、双方が主権国家であることが明記されず、批准書の交換もないという条約は琉球の一件のみである。compactの調印・批准は、その後の日米外交において琉球の扱いについて重要な意味を持ってくる。米国は一八七二年に日本が琉球藩王を封じたタイミングで、compactの引き継ぎに関する照会を送り、日本側から日米関係において継承する確約を得た。一八七二年十月二十日の段階で、米国駐日公使・デロングから外務卿・副島種臣への照会文には「contract」とあり、それに対する副島の回答には「規約」と明記されており、「琉米修好条約」という表現も、そのような意味を含む表現は見当たらない。その後、デロングから米国本国への報告にはすべてcompactが使用されており、同時に日米和親条約をtreatyと明記していることから、明らかに日本と琉球との締結を区別しているのがわかる。このような史実に基づき、ペリーが銃剣をもって威圧的に首里城に入ったこと、compactの内容を読む限り「修好」ではなく琉球側の「義務」が明記されていること、treatyではなくcompactであることも鑑み、歴史を正確に叙述するために「米琉コンパクト」とした。

琉球分割条約については、以下の三点に焦点を当て、史実を再検証した。第一に、なぜ総理衙門は分島改約交渉で妥結した案を調印・批准せずに、宍戸公使らに再交渉を提案したのか。この点については、従来の研究ではイリ問題の影響と在清琉球人による嘆願の影響が指摘されてきた。前者については、イリ問題に伴うイリ交渉の具体的な内部事情、つまり交渉内容および時期に関する研究がなく、「イリ交渉の影響」のみが抽象的に強調されてきた。また後者については、西里がイリ交渉の影響を否定し、在清琉球人の影響を提起した。これにより、その後の研究も西里研究に倣い、在清琉球人の影響を定説とする傾向になった。本書では、両者の論をより実証的に検証するため、実際にイリ交渉に臨んだ清朝側の外交官である曾紀澤の日記から交渉内容と時期を明らかにし、イリ交渉が緊張のピークを迎えた時期、曾紀澤が交渉成功の確信を得た時期、李鴻章や総理衙門がこれらの情報を得た時期、この三点の時期について明らかにした。そこからわかったことは、やはり分島改約交渉とイリ交渉は密接に連動しており、イリ交渉の成果が分島改約交渉の結果に影響を与えたという点である。第二に、李鴻章は琉球分割条約に対して賛成から反対へと豹変したのか。分島改約交渉後、清朝政府内では議論が分かれ、最終的には李鴻章が清議派を押すように「遷延」する内容を上奏した。その結果を総理衙門から伝えられた宍戸公使は、清朝のこのような態度を「中変」と痛烈に批難した。従来の研究では、「中変」の原因をイリ問題と在清琉球人のいずれかに絞っていた傾向がある。本書では、そもそも李鴻章は「中変」、態度を急に変えて調印拒否という結論を提案したのかという点について検証した。李鴻章は分島については琉球存続を条件とし、改約については当初から反対の姿勢を貫いていた。李鴻章がイリ交渉の情勢に応じて変化していたのは、あくまでも琉球存続に関わる人や場所であり、分島改約交渉の産物である「琉球分割条約」に対して賛成から反対に豹変したわけではなかった。従来の研究では、在清琉球人の暗躍により李鴻章の中変や豹変を導き、琉球人自身が清朝外交を動かしたという、なかばドラマティックに描かれてきた感は否めないであろう。実際に李鴻章のそのような心の動きはあったのかもしれないが、現存する史料から実証的に判断するのは難しい。最後に、イリ問題に対する明治政府側の対応である。井上馨がイリ問題に関する情報収集に余念がなかったという事実は、従来の研究では触れられてこなかった。なおかつ、それに関する史料もなかった。本書では、日本側のイリ問題に関する新たな史料を紐解き、分島改約交渉とイリ交渉は日清両国にとって密接に関わっていたことを証明した。

これらの二つの条約に対する実証的な検証を試み、史料を読み解き、史料と史料を結びつけ定説とは異なる史実を提起したことに本書の意義があると考える。なぜなら、琉球がペリーと主権国家として条約を締結したという定説の否定、在清琉球人の嘆願によって李鴻章の心が動かされたという定説の否定、これら二つの定説の再検証は、琉球の歴史に現代的意義を結ぶ付ける際に重要な作業であると考えるからである。

2 歴史と歴史叙述

本書は歴史を扱った研究である。本書で提起した内容がはたしてどのような社会的意義をもたらすのか、あるいは歴史学そのものが何の役にたつのか。同じ出来事を同じ史料を使って、歴史学という学問を通して叙述するにもかかわらず、なぜ歴史家によって語る内容が異なってくるのか。最後に本章において「歴史と歴史叙述」という観点から、先人たちが残した書物から知恵を借り、本書のテーマである琉球をめぐる国際関係史に引きつけて考えてみたい。

かつてハーバート・ノーマンは、「クリオの顔」で歴史研究における研究者の研究範囲について、次のように述べている。

歴史を小さな問題にわけるために、ときには書物の脚注一つさえも博士論文の題目になりうるというような事情のもとでは、歴史のなかに本来そなわっている人間性の多くが行方不明になってしまうのを避けられない。それればかりでなく、専門化が進むにつれて、われわれは雄大な構想のもとに書かれた歴史の広々とした展望を失ってしまうかもしれない。細部にかかわりすぎることの危険は、歴史のおもな筋道や方向を見失う危険であり、これは古諺にいう木を見て森を見ないたぐいである。もちろん、現代の歴史家たちが取りあつかう主題の範囲が広くなってきていることは喜ぶべきでこそあれ、悲しむべきではない。歴史には見のがされ手入れされないままに草蓬々になった脇道といったものがいくつもあり、それを切り開くときは、古い問題についても魅力ある、思いがけない側面が明らかになる場合がある。しかし、題目がどれほど専門的なものであっても、円熟した歴史の名匠はその主題を歴史の主流に関連させて述べることができるであろう。[1]

ここでノーマンは歴史研究の対象が矮小化して、歴史本来の役割を果たせなくなることに警鐘を鳴らしている。細部にかかわることは、言い換えると扱う研究対象そのものの範囲が広くなっているとも言える。しかしながら、それはまた同時に支流に身を委ねすぎて、主流を見失うことになりかねない。いわば諸刃の剣でもある。そもそも歴史の主流を見極めること自体が容易いことではない。主流と思っていた場所が、支流の一つに過ぎなかったことも多々ある。このようなことを回避するためにも、歴史研究においては今自分自身がどこにいるのかを明確に判断する地図のような、あるいは常に全体を見渡す力が必要である。ノーマンは

「ただ煉瓦をむやみに積みあげても家ができあがらないと同様に、事実に関する知識をやたらに並べても歴史はできあがらない。歴史とは本来関連した事実を選び出して、その相互関係を評価することである」として、歴史学の方法を示している。ここで重要な指摘は、「事実を選び出す」という点である。[00] 歴史研究において、大量の史料の中から一部の史料を選び出すことは、一つの大切な作業である。なにが重要で、なにがそうではないか。史料を一つ一つ丹念に検証していく。ここに歴史叙述の内容が歴史家によって異なる原因がある。史料が歴史を語るのではなく、史料を扱う歴史家の知識や経験によって歴史は語られるのである。同じ史料を用いても、歴史家によって重要度の認識が異なってくるため、結果的にある一つの史実について、歴史として語らなかったり、過度な意味づけをおこなったり、あるいは、史料に書かれている内容を批判もせずに鵜呑みにしてしまうかもしれない。出発点の小さな誤差は、叙述という着地点において歴史を大きく塗り替える。

時代を遡ること約六〇〇年、イブン＝ハルドゥーンは『歴史序説』の中で、歴史家らがある事件を物語るにあたり、「誤りを犯すことはよくあることである」として、その原因は「多かれ少なかれ歴史的情報をただ伝達されているという点だけで容認してしまう」ことにあると指摘した。

歴史的情況の底に流れる原理でもって、それらの資料を照合することも、類似の資料と比較することもせず、また、哲学の尺度や、存在物の性質を知ることによって、あるいは、思索や歴史的洞察力の助けで、それらを吟味することもしなかった。その結果、彼らは真理の道を踏みはずし、空想と錯誤の砂漠に迷い込んだのである。[2]

琉米・琉仏・琉蘭修好条約という認識がこれまで批判もされずに一人歩きしてきたのは、直筆署名がある条約書が実物として紙媒体で存在し、これらにまつわる史料が記録・保存されてきたからである。まったく影も形も存在しないものをねつ造したわけではない。交渉過程も史実として記録され、現物も現代に残っている。しかし、米国におけるcompactや、仏・蘭での批准却下という国内記録にまで研究の範囲が届かなかったのは、やはり琉球がかつて主権国家として、米・仏・蘭と交渉を重ね、対等な立場で外交を展開していたという物語が、ある一部の人々にとっては魅力的に映っていた可能性も否定できない。「修好」という言葉についても、議論が必要である。米・仏・蘭から強制的に調印を迫られた背景や調印内容を考えると、果たして「修好」という言葉で着飾って良いのか。能動的主体と受動的主体の観点から見ると、琉球の立場は火を見るより明らかである。斉藤孝は『歴史と歴史学』の中で「集められた史料が自ら歴史を語るのではない。史料が歴史の事実の証拠となるための手続きがそこに必要とされるのである」と史料の批判について述べている。

言語・文字すなわちシンボルによる史料は事実が人間の心的作用を媒介として伝えられているものである。人間の報告は誤謬を生むこともあり、意識的に虚偽を述べることもある。もともと報告者は、或る事件の意味を、歴史家が見るような意味において見ているわけではない。この事実と史料との間の報告者の心的作用が再生されなければ、事実に到達することはできない[3]。

史料がそこに存在するだけでは、史実を紡ぐことはできない。史料が自ら何らかのメッセージを発信するわけではない。現代の人間によって過去の人間の行為が記録されている史料が発見され、史実と史料が繋がってはじめて歴史として叙述される。正確な歴史を紡ぐためには、史料を批判的に観察し、その史料の歴史としての価値を審議する必要がある。斉藤は「史料の批判とは、この建築材料の吟味にほかならない。偽造史料や誤った事実によって歴史は構築されることはできないし、歴史家はフィクションを構想したり、主観的恣意的な予断に合った都合のよい事実だけを拾い上げることもあってはならない」、「こうして史料の批判とは、史料への質問なのである。このように史料に訊ね、史料の内側に立ち入ってその信頼性を吟味することが内的批判の作業である[4]」として、史料を批判的に見て価値を計ることの重要性を説いた。これこそ史実に近づくための最も重要な作業の一つであると言えよう。

歴史叙述において、何を語るのか、何を対象とするのか、その出来事の本質や現代的意義をどのように語るのか。ハルドゥーンは歴史研究の対象について、次のように述べている。

> 歴史家は現在の状態と過去の状態との類似点と相違点を比較しなければならないし、類似の原因と相違の原因についても知らねばならない。また彼は、諸王朝とか宗団とかの起源や創始についても、またそれらを成立せしめた原因や動機、それらを支持した人々の情況や歴史についても知らねばならない。歴史家は最後に、あらゆる出来事の原因とあらゆる事件の起源について精通するまでにならねばいけない。さらに伝えられた情報を、歴史家が理解している基本的原則と対比して、もしその情報が基本的原則に適合すればそれは正しいし、逆に適合しなければ、その情報を疑って廃棄する必要がある。[5]

ハルドゥーンは『歴史序説』の中で歴史家の仕事の難しさを何度も強調している。その中には、研究範囲の決定や史料の検証を挙げている。現在と過去、類似と相違の原因、起源や創始、歴史家はあらゆる原因と起源にも範囲を拡げなければならない。テーマを狭め、「一般的包括的な歴史」を書かない歴史家を批判し、「彼らはとくに自分の時代について書いたり、自分の地域に関する歴史的報告をできるだけ詳しく伝えようとしたり、彼ら自身の王朝とか都市とかの歴史に限って書く」ことを批判している。

古今東西、歴史叙述や歴史研究について数多の歴史家の言葉が残されているが、やはり主題を狭めることと、史料に対する無批判な態度に否定的であることがわかる。ましてや一方の歴史のみを強調したり、史料に書かれていることを鵜呑みにしたり、数ある史料の中から歴史家の主張と合致する一部の史実のみを取り上げ、過剰に評価をして叙述したりすることの障碍については、言を俟たない。

歴史対象の矮小化は、歴史認識にも直接的な影響をもたらす。歴史を研究するということは、常に不足の部分（＝歴史叙述の限界）があることを認識しながら、自らの想像力と高揚感を抑えながら、ある程度自分を律して歴史を解明していかなければならない。つまり、残されていない歴史の「空白」を「空想」で埋めてはならない。色川大吉は、

結論がわかっていて、原因もある程度見えているようなものは、どうしても結びつけたくなる。そこに個人的な恣意の感情が働くわけで、そういう個人的な勝手な意志をおさえる歯止めとして、歴史理論は役立つ。そういう理論や方法論の厳しさがないと、研究者でさえ素人の好事家みたいに、勝手に歴史を解釈するようなあやまちに陥るだろう。だからこそ私たちは自らに歯止めをかけたい。その歯止めの一つとして方法論や理論を考えるわけである。[6]

として、歴史学はあくまでも理論的に科学的に検証されなければならず、そこに歴史小説との境界線を見出している。歴史小説にはフィクションとノンフィクションが明確に入り交じっている。登場人物の細かい動作やセリフ、街の情景、衣装の色、人々の感情や表情等々、歴史小説でしか鮮明に描けない魅力を持っている。しかし、歴史研究では史料にないものを、あるいは主体と客体を無視した一方的な想像に基づいて、過去を再現し歴史を叙述してはいけない。当然ながら、起こったことすべてが歴史として記録されているわけではないことも、念頭に置く必要がある。当時、その出来事を記録することのできる人々が意図をもって記録し、さらにその中から後世の歴史家が史料を選び出し、歴史として叙述していく。このように「二段階の濾過装置」によって多くの史料が史実として認定され、その認定された史実の中から歴史叙述に必要な史料が選ばれていくのである。

ヘイドン・ホワイトは『歴史の喩法』で、歴史叙述について次のように述べている。

或る所与の歴史的状況がどのように形象化されるかは、或る特殊的なプロット構造を歴史家がそこに特別な種類の意味を付与したいと思っている出来事の集合とうまくマッチさせる歴史家の手腕にかかっている。これは、本質的に文学的な操作、つまりはフィクションをつくりあげる操作である。そして、そ

れをそのように呼んだからといって、けっして或る種類の知識を提供するものとしての歴史的ナラティヴの身分を低下させることにはならない。それというのも、フライやほかの元型的な批評家たちが示唆しているように、出来事の集合が特別の種類のストーリーとして構成されるさいに土台となる、前総称的な〔類いに先立つ〕プロット構造が数において限られているだけでなく、出来事の集合をそのようなプロット構造のかたちでコード化することは個人的および公共的な過去を意味あるものにするために文化がもっているやり方のひとつであるからである。[7]

ホワイトによると、ある歴史の扱い方、語る方法についてはその歴史家個人に委ねられているため、多種多様、十人十色の歴史叙述が存在してもなんら不思議ではない。現代の歴史家が琉球を主権国家とみなすか否か、国際法の主体とみなすか否か、琉球処分を国際法に照らし合わせて違法とみなすか否か、compactを「条約」とみなすか否か。その時代に合わせて必要な歴史叙述があり、またそのような歴史学の成果がその社会の発展に寄与してきたのも事実である。しかし、同時にホワイトが提起するこの前提に立つと、事実とは異なる、否、事実を本質的に描いていない歴史叙述が存在することも否定できない。過去に起こったある出来事に関する史料を探しだし、これらの史料の真偽性を検証し、その中から出来事を正確に再生するための史料を選び出し、歴史として叙述していく。これらの行為は、やはりあくまでも科学的であることを目指し、客観性に近づくことを前提として描かれなければならない。たしかに、誰かによって意図的に記録された史料を用い、数ある史料の中から歴史家が客観性を担保できると判断した史料を用いることとその行為自体が、フィクションの要素を持っていることは否めない。しかしながら、少なくとも歴史家は同時代の関連するいくつもの史料を比較して真偽性を検証しながら、事実として積みあげた史料に基づいて歴史を叙述し、史実を再現することに厳格でなければならない。

一方、ハルドゥーンは歴史家が常に誤ることを前提にして、歴史の中に「虚偽」が伝達されることは「必然的」と断言している。その理由を七つ挙げ、①特定の意見や学派への傾倒、②資料の伝達者に対する盲信、③事件の意義に対する無知、④事件の真実性に関する根拠のない憶説、⑤事件の様相を曖昧に把握し、それに伴う人為的なこじつけ、⑥高位高官の人々に近づくために、事件の模様を美しい言葉で飾りたて、賛美と賛辞によってその人物の名声を広める等を挙げた。最後に最も重大な理由として、「文明に起こるさまざまな状態が如何なる性質を持っているか、という点について無知なこと」を挙げ、次のように続けた。

およそ如何なる事件も、本質に関連したものであれ、ある行為の結果としてであれ、かならずその本質なり、派生的に起こった諸様相なりに特有の性質を持っている。もし聞き手が事件の性質や存在世界の諸情況とか必然性とかを知っていれば、歴史的情報を批判的に調査するにさいして、真実と虚偽とを区別するのに役立つ。これは批判的調査にさいし、もっとも効果的な手段となるものである。[8]

仮に時代のどこかの時点で歴史に「虚偽」の情報が入ってきたとしても、その後の歴史家が「事件の性質や存在世界の諸情況とか必然性」に熟知しておれば、なにが歴史として「真実」なのか、「虚偽」なのかを批判的に区別することができる。歴史叙述にクリティカルな思考が求められる所以である。時には読んだことのない史料についても、先人たちの研究の成果を鵜呑みにして、それを前提に論を展開することも起こってしまう。ハルドゥーンによると、歴史を紡ぐ者にはそれ相応の力量が必要であり、史料と真摯に向き合うだけではなく、史料を批判的に読む姿勢も不可欠であると述べている。この点を踏まえて、歴史家と歴史学のあり方について、ハルドゥーンは次のように定義している。

歴史学は、無数の資料とさまざまな知識を必要とする。またよき洞察力と実証性を必要とする。それは歴史家を真理に導き、過失と誤謬から守るものである。もし歴史家が、ただ伝達されているということだけで歴史的情報を信じ、習慣の持つ原理や政治の基本的法則、文明の性質、人間社会を支配する諸条件などについて正しく判断せず、そのうえ、直接目撃した人による情報と伝聞による情報と、あるいは過去の資料と現代の資料とを比較して評価しないならば、歴史家はしばしばつまずき、踏みはずし、真理の公道から逸れてしまうであろう。[9]

歴史家は歴史を通して真理を追求し、この社会をより良いものにしていく責務がある。後者を優先するあまり、歴史家が真理の公道から外れ、一部の人々にとって「そうであって欲しい」という物語の結末を先に決めてしまうことも少なくない。空想の結末に向かって、無数にある史料の中から都合の良い史実を選択し、つぎはぎし、時には着色することさえ起こる。現在もなお数多の歴史認識問題が解決をみない原因でもある。

歴史が歴史学という学問によって叙述される時、当然のことながらそこには客観性が期待される。歴史を叙述する人ごとにその歴史に対する解釈が大きく異なると、読み手が方向性を見失うからである。しかし、これまで述べてきたように現実はそう簡単ではない。リン・ハントは、「解釈をめぐる大きな変更がなされることは、歴史的真実というものの実現可能性に疑問を投げかける。歴史家は常に個人史や社会的文脈によって規定される観点から歴史を記述しているので、その叙述が完全に客観的だと主張することはできない」[10]と客観的に歴史を叙述する難しさを指摘し、歴史的真実を構築することそのものに対して猜疑的で、実際に起こった出来事と歴史叙述が一致していない可能性を示唆している。たしかに、いま歴史的真実として蓄えられてきた成果は、それが絶対的であることを保証しない。そもそも記録されていない出来事もあれば、まだ発見されていない史料もある。新たな史料が発見されて、歴史が書き替えられることもある。「勝者と敗者」の定義が変わるかもしれない。一つの国家の存在が消えたり、現れたりするかもしれない。歴史というのは性質上、常に後世の人によって描かれるため、時代の変遷や価値観の多様化とともに変わっていく可能性があるのも事実である。これまで、あるいは現在目の前にある歴史として語り継がれているものは、あくまでも暫定的な真実であり、明日にでもその事実・解釈が変わる可能性を十分に秘めている。つまり、これまで史実として語られてきた歴史叙述に対して、「これまで史実として語られてきた」ということを理由にして、そこに停頓し続ける意味はない。

また、ハントは近代において歴史叙述が国民国家システムの構築に欠かせないことであったことを指摘し、歴史家たちは、長らく国民の卓越したアイデンティティの語りを提供することによって、国民的な一体性を支えてきた。そうした叙述を読めば、書かれた当時には気づかれなかった不完全性が明らかとなる。この愛国主義のもつ盲目作用は、ヨーロッパや西洋に限られたものではない。それは世界のいたるところで発生している。しかし、自己満足的に過去の解釈に対する優越性に浸る前に、やがて私たちの歴史が同じように不完全なものとして見えてくることを認識しなければならない。[11]として、歴史が歴史を紡ぐ側にとって都合の良い方向に解釈されている可能性を吟味し、自己満足的・独善的な歴史解釈から脱却し、私たち一人一人が常に歴史を考える視座を持つことを促している。このような指摘は、ある意味において歴史と歴史学の性質そのものを表現していると言えよう。

私たちは時間を巻き戻してその時代にタイムスリップすることはできない。歴史研究は現代という時間軸にいながら、過去から現代に残された史料を読み解き、まだ未開封の歴史を紐解き、これまでの歴史と紐付けていく作業である。そこに個人の思惑、理想、空想、妄想と先入観による見方が入ると、それは歴史を叙述しているのではなく、「着色」や「歪曲」という歴史に対する越権行為となり、自身の主義主張を正当化するための道具として扱っていることになる。だからこそ、歴史家は自分が偏見をもって歴史に着色していないか、歴史を歪曲していないか、都合の良い妄想の世界を創造しようとしていないか、慎重に自分を律する必要がある。歴史に客観性が求められる所以である。

一方で、ホワイトは歴史家による歴史叙述の中にフィクションが入り込むことを前提にして、歴史家は歴史を紡ぎ、読者はそれを前提に歴史を読むことを提唱した。

もし歴史家たちが彼らのナラティヴのなかにフィクショナルな要素が存在するのを承認するように

なったとしても、このことは歴史叙述をイデオロギーやプロパガンダの地位にまで引き下げることを意味しはしない、と指摘しておいてよいのかもしれない。それどころか、じつをいうと、この承認は歴史家たちがイデオロギー的先入観の虜になってしまいがちであることへの強力な解毒剤として役立つだろう。歴史家たちは自分たちがイデオロギー的先入観の虜になってしまいがちなことを承認しようとはせず、「事物が現実に存在している仕方」を「正しく」知覚したものとして称賛しているのだ。歴史叙述を文学的感受性に富んでいたその起源へと引き寄せてみるなら、わたしたちは、わたしたち自身の言述のなかに存在する、フィクショナルであるためにイデオロギー的な要素を見てとることができるようにはるはずである。わたしたちは、或る所与の出来事の集合についての解釈にわたしたちが同意しない歴史家たちのうちにはいつもフィクショナルな要素を見いだすことができる一方で、わたしたち自身の書く散文のうちにフィクショナルな要素を見てとることはめったにない。だからまた、もしわたしたちがどの歴史的記述のうちにも文学的ないしフィクショナルな要素が存在するのを承認するようになったとしたなら、わたしたちは歴史叙述が教えてくれることを現在よりも高度のレヴェルの自己意識にまで高めていくことができるようになるだろう。[12]

一般的に、歴史と呼ばれるものには、記録としての史料と叙述としての解釈がある。前者は当時の人々が記録として残したもので、後者はそれよりも後世に生きる人々が歴史として叙述したものである。当然のことながら、過去に起こったことすべてが歴史として記録されているわけではない。記録として残っているものについては、そこにはなんらかの意図が働いていると考えて良い。あるいは、残っていないものについても偶発的なものではなく、必然的に残されていないものもある。つまり、歴史として残っている史料もまた恣意的な記録の範疇を超えないことを知らねばならない。そのようないわば不完全な記録の中から、さらに歴史家が取捨選択し歴史を叙述する。この「二段階の濾過装置」によって濾された歴史叙述に対して、過去に起こった出来事を客観的に描いているかという問いは、あまり意味をなさないであろう。出来事の中から取捨選択されて史料として残ったものから、さらに取捨選択した史料に基づき歴史を叙述する。ホワイトの言う「フィクショナルな要素」が存在する所以である。しかし、歴史家が社会科学としての歴史叙述の中に、フィクショナルな要素が存在するのを承認することは、決して科学から離れる行為ではない。この「承認」は歴史叙述を主観的に描いていくことにお墨付きを与えるものではないし、ハルドゥーンが指摘した「虚偽」と同様、誤りや不完全さを許容しているわけでもない。歴史家は常に自身の歴史叙述の客観性に懐疑的になり、「虚偽」や「フィクション」の介入の可能性を考慮に入れることで、より史実に近い客観的な歴史叙述を描くことができるだろう。ある意味において、歴史叙述は読者がいてはじめて叙述としての責任を果たすことができる。読者のいない叙述は社会的な存在意義を見いだすことはできない。歴史家は物語を紡ぎ、読者は物語から史実を知り、生きる知恵を学び、現代を構築し、未来を創造する。このような社会的循環が生まれることで、歴史学の社会的意義がより高まるであろう。歴史家がいつまでも歴史叙述の客観性という幻想に没頭し、記録されなかった出来事に想像を働かせず、主張に沿わない史料を無意識に放棄していることに無頓着である限り、世界史は永遠に独善的な一国史のまま紡がれていくだろう。現代を意識して歴史を読み解くのではなく、歴史を明らかにすることで現代を読み解き、未来を照射する。歴史学としてのベクトルの問題である。歴史の叙述が平和な世界を構築する手助けの一端を担うことを切に願う。

註

1　ハーバート・ノーマン「クリオの顔」（大窪愿二編訳『ハーバート・ノーマン全集』第四巻、一二八～一二九頁、（岩波書店、一九七八年）。

2　ノーマン前掲書、一九一～一九二頁。

2　イブン＝ハルドゥーン／森本公誠訳『歴史序説』（一）、三六頁、（岩波書店、二〇〇一年）。

3　斉藤孝『歴史と歴史学』四〇頁、（東京大学出版会、一九七五年）。

4　斉藤前掲書、四七～四八頁。

5　ハルドゥーン前掲書、九二～九三頁。

6　色川大吉『歴史の方法』五一頁、（岩波書店、一九九二年）。

7　ヘイドン・ホワイト／上村忠男編訳『歴史の喩法――ホワイト主要論文集成』五五頁、（作品社、二〇一七年）

8　ハルドゥーン前掲書、一一四～一一五頁。

9　ハルドゥーン前掲書、三五～三六頁。

10　リン・ハント著／長谷川貴彦訳『なぜ歴史を学ぶのか』三六頁、（岩波書店、二〇一九年）。

11　ハント前掲書、五〇～五一頁。

12　ホワイト前掲書、七八～七九頁。

あとがき

本書は、南開大学日本研究院に提出した博士論文に大幅な加筆・修正・増補を施したものである。

著者が本書のテーマに関心をもったのは、大学院修士課程在籍中の中国留学が大きな影響を与えている。中国の書店でたまたま手にした清朝の史料集に「琉球」の文字を見つけた。それまでなんとなく沖縄県は琉球の時代に中国と関係を持っていたことは知っていたが、実際に中国語の史料の中に「琉球」という漢字二文字を見ると、やはり気持ちが高ぶる。その史料集を購入し、寮に帰ってから日本語に翻訳してみると、日本が琉球を「呑併」したことが書かれているようだった。いわゆる琉球処分である。帰国後、琉球処分に関する日本語の先行研究を読み進めていく内に、琉球処分が清朝との国際的な問題に発展していく過程がよくわかった。分島改約交渉後に清朝内で議論が巻き起こり、琉球分割条約は再交渉することが決定され、その背景にはロシアと清朝の間で起こっていたイリ問題及びイリ交渉が影響を与えたとされている。しかしながら、イリ問題、特にイリ交渉に関する叙述は、どの先行研究も「イリ交渉の好転」程度で抑えられていた。つまり、イリ交渉がどのように好転したのか、その交渉はどのような内容だったのか、ほとんど触れられてない。一方、当事者である中国のイリ交渉研究は少なくない。日本語の文献数を遙かにしのいでいた。これらの先行研究を合わせることで、琉球処分の史実をさらに明らかにすることができるのではないか。南開大学の図書館からイリ交渉に関する数冊の書籍を片手に、激しい高揚感に包まれていたことと、その時の凜とした空気の質感を今でも鮮明に覚えている。

分野を越えて、言語の壁を越えて、国際的・学際的な方法で歴史にアプローチすることに興味が湧いたのもこの時期である。外国が関わっている史実であれば、その外国の史料に目を通す。そもそも日本史や中国史、米国史といった分け方が史実の解明にとっては足枷になっているのではないか。本書はこのような疑問点が出発点となっている。

博士課程進学にあたり、研究の場を中国に決めた。博士号がPh.D.(Doctor of Philosophy)、「哲学」という言葉で表現されているのは、けっして重箱の隅をつつくような研究を推奨するためではなく、広く深く社会全般の現象に対して突き抜けた眼力をもって分析・描写していくためであろう。この点については、本書もまたまだ力不足であり、批判の対象となることを免れられない。一八五〇年代から一八七〇年代という時代に絞ってはいるものの、やはり琉球をはじめ清朝、米国、日本の本質を捉えきれないまま終章を迎えている。世界史の流れの中で琉球を位置付けようと試みたが、結果としてはその難しさに打ちひしがれることになった。これまでの物語をなるべく批判的に読み、なるべく多くの関連史料を収集・分析することを意識したが、史料にあたればあたるほど森の奥に入り込み、帰途につくことさえも困難になることも少なくなかった。

本書は歴史研究であるため、一次史料がなければ成り立たない。しかし、それ以上に本研究が成り立ったのは、先人たちが残してくれた研究成果があったからである。すべての先行研究が私にとって「師」となった。西里喜行先生の『清末中琉日関係史の研究』を手に取った時にはその重量感と研究の厚みに圧倒され、博士課程の研究テーマである「清朝からみた琉球処分」の研究に対する気持ちが揺らいだ。一ページ、また一ページとめくるたびに自信を喪失し、途方に暮れたのを今でも覚えている。

本書の各章で展開する結論とは異なる先行研究も少なくない。特に、ティネッロ・マルコ氏の「三条約」論は琉球研究に新しい風を呼び込み、多くの研究者の刺激になった。著者もその一人である。期せずして、本書では正反対の論を展開することになったが、ティネッロ氏の研究から大いにインスピレーションを得たことは間違いない。「三条約」の議論を深めるきっかけを作り、琉球研究に本当の意味での一石を投じたティネッロ氏に同世代の研究者として最大の敬意を表したい。また本書も同様に、別の研究の批判対象になれば幸いである。こうして社会を発展させるための鎖の一部になれば、本書の目的を果たしたと言えるであろう。分野を越えて多くの批判をいただくために、誤訳・誤認が多々あることも覚悟の上で、なるべく原史料も本文や脚注に残している。

本書の立ち位置については序章で述べたとおりである。本書の第一章と第二章では、ペリーが琉球と締結した「琉米修好条約」「琉米条約」というこれまでの歴史叙述を否定し、コンパクトというあまり馴染みのない言葉を史実として選んだ。これまで「琉米修好条約」「琉米条約」は、琉球が主権国家である証左として、ある一部の研究者やメディアで取り上げられてきた。本書ではペリーが琉球と締結した契約は条約ではなくコンパクトであり、このことこそがペリーが琉球を主権国家として扱わなかった、いや扱えなかった何よりの証拠であると結論づけた。実際に琉球が主権国家であったかは問題ではなく、ペリーや米国から見たときに琉球はどのように映っていたのか、本書第一章の関心事はここにある。けっして琉球の国際的地位を低く評価しているわけではない。むしろ、琉球の深淵なる歴史は主権国家というまだまだ誕生して間もない概念装置では捉えきれない、米国・仏国・蘭国が琉球を「条約システム」の中に組み込もうとしたが、すべて失敗に終わった。このような考えが本書の根底にはある。欧米が創造した世界観に東アジアを埋め込むのではなく、東アジアの世界観が独立して存在していると考えるほうが自然であろう。グローバル・ヒストリーの叙述が容易ではない理由もここにある。ことさら主権国家という枠組みに琉球を当てはめなくても、先人たちによって育まれた世界に誇る沖縄の文化は、すでに豊かな自然と共に私たちの足下に根付いているのである。

閑話休題。研究人生の半分以上を中国天津市で過ごしてきた。奇しくも留学先の天津は李鴻章と深い関係を持つ地である。留学先を天津に決めた時には、李鴻章に関する研究に携わるとは思ってもみなかった。国費の留学先として天津を選んだのは、当時の私の周囲で共に学んでいた中国人留学生たちから勧められたからである。留学先の候補は複数校あったが、ほぼ全員が「南開大学」を勧めてくれた。それで私も迷わず南開大学を選ぶことになった。後から気付いたことだが、彼らのほとんどが天津からの留学生であり、故郷に誇りを持つ彼らからすれば、南開大学は当然の選択だったのかもしれない。いずれにしても、その後の十三年間という年月を過ごすことになった天津市、南開大学は、私にとって「第二の故郷、母校」という気持ちが強い。当時、私に南開大学を勧めてくれた中国からの同学に心より感謝したい。

留学中は本当にたくさんの中国の方々に公私共にお世話になった。すべての方々のお名前を挙げることはできないが、まずは南開大学の先生方、友人らに感謝したい。

同大学日本研究院での指導教授である王振鎖先生には論文指導のほかにも中国での研究姿勢について多くのことを教わった。王先生は常々、「あなたを外国人だからという理由で特別扱いはしません。むしろ、私にとって最初の外国人留学生なのだから、最も優秀な博士論文を書いてほしい」と激励してくれた。どこかで留学生としての甘えがあった著者の心に響いた。王先生の門下生は博士論文を研究書として出版するという伝統がある。その中で一人、私だけが卒業後も出版できずにいたが、その学恩に「関門弟子」（最後の門下生）として少しは報いることになるだろうか。日本研究院の宋志勇先生、李卓先生をはじめ、楊棟梁先生、米慶余先生にも大変お世話になった。また研究仲間であり友人として著者を支えてくれた周志国、万魯健、田慶立、鄭穎、留学当初に中国語を熱心に教えてくださった同大学漢語言文化学院の先生方の存在はとても心強かった。二〇一二年に博士課程修了後、私にとって最初の職場が同大学外国語学院であった。劉雨珍先生をはじめ、日本語学科の先生方は外国人教員の著者を大変温かく迎えてくれた。みなさん日本語が堪能で、日本に対する理解も深く、著者にとって人生でもっとも日本について学んだ時間でもあった。特に王凱氏とは時に同僚として、時に友人として、公私共にお世話になった。王凱氏の存在なくしては、充実した四年間を過ごすことはなかった。外国での十三年間を安心して過ごすことができたのは、ひとえに南開大学の先生方、同僚、友人のおかげである。心より感謝申し上げたい。

二〇一六年から職場を中国から故郷・沖縄に移した。沖縄に腰を据えて生活するのは約二〇年ぶりであった。沖縄に戻ってきてからの出会いも、本書の刊行に大きく関わっている。山里勝己先生（当時、名桜大学学長）からは、常に新しい視点を探究し、新たな研究フィールドを開拓し、疑問を持って史料にまっすぐ向き合う姿勢を教わった。何よりも、中国と琉球の研究範囲から出ようとせず、ペリー研究に取り組むか悩んでいた私の背中を押してくださった。いつも、「これはあなたにしかできない」というお言葉を掛けていただき、中国から沖縄に戻ってきたばかりの著者を激励してくださった。本書がこうして日の目を見ることができたのは、琉球をめぐる日本と清朝の外交史に加え、その布石として大きな役割を果たす「ペリー来琉」の論考を加えることができたからである。本書第一章の脚注にも挙げているが、山里先生の『アメリカ艦隊遠征記』を「トラベルライティング」としてみる視点から大いに刺激を受けた。ペリーを一人の人間として見ると、やはりTreatyではなくCompactとして本国に報告した彼の気持ちが気になり始め、外交史の視点からペリー来琉、コンパクトの検証を試みる出発点となった。

同僚にも恵まれた。文学、外交、国際関係、教育、科学、医学、スポーツ等々、学際的な環境も非常に刺激的である。本書の琉球・沖縄に関する部分についてもよく議論した。講義も終わり、夕方六時半頃から誰から声を掛けるというわけでもなく、ふらっとお互いの研究室を行き来した。著者にとってそれぞれの分野の専門家との雑談は、視野を拡げる良い機会になった。日々の研究環境も大事である。名桜大学環太平洋地域文化研究所のスタッフのみなさんには、研究を進める上で大変お世話になった。科研費の管理、出版助成金の申請等、嫌な顔一つせず、煩雑な手続きをいつも笑顔で一手に引き受けてくださったことに、同僚として敬意を表し、感謝の気持ちを伝えたい。

このように本書の刊行にいたるまでには、多くの方々に支えられてきた。感謝に順序や度合いはない。それでもやはり、我部政男先生には最大限の謝意を表したい。我部先生は著者が学問の道を歩むきっかけを作ってくださった。中国という大きな「場」で学ぶことを勧めてくださったのも先生である。著者が大学教員として生計を立てられるまでの十年間、いつも叱咤激励して気に掛けてくださった。本書は著者にとって最初の一冊であり、我部先生からの学恩に報いるには、まだまだほど遠く、このように感傷に浸っている場合ではないことも重々承知である。しかし、我部先生の下で学び始め、約二十年という月日の中で生み出されたものと考えると、やはり感慨深いものがある。先述してきたように、本当に多くの方々に支えられてここまで生きてきた。我部先生のお言葉を借りるのであれば、「いろんな人の弟子になりなさい」という意味も少しずつわかってきた。「後退の言い訳は星の数ほどある。前進する言い訳を探したほうがいい」、「人を嫌いになるくらいなら、その人を好きになったほうがいい」、普段の何気ない会話のすべてが人生の教訓となっている。込山芳行先生とご家族にも感謝したい。著者が一時帰国の際、いつも山梨のご実家で温かく迎えてくださった。中国で長年頑張ることができたのも、込山先生のおかげである。

本書は分野を越えて、世代を越えて、より多くの方々に手に取ってもらうために、出版社にはお願いしてなるべく安価におさえてもらった。インパクト出版会代表の川満昭広氏のお力添えがなければ、本書は日の目を見ることはなかった。構想から二年もの歳月が過ぎ、ようやく完成にたどり着いた。学内の業務を言い訳に執筆から遠ざかる著者を、いつも温かいお言葉で執筆作業の空間に呼び戻してくれた氏の存在は極めて大きい。また、装画を提供していただいた画家の与那覇大智氏と出版社を介しての出会いは、また一つ感動を学ぶことができた。形のない混沌とした近代世界のなかで琉球の運命が翻弄されていく様子、現代においてその歴史叙述までもが混沌としている様子、この二つの「混沌」を空に浮かび形を変えて流れていく雲で表現されている。雲を描いていると、時にはその雲が何かの動物や物体に見えてくることがある。与那覇氏によると、その自分というレンズで見えてくるものを描こうとすると、あるいは描こうとしなくてもそこに気持ちが囚われてしまうと、雲は描けなくなるとのこと。あらためてお二人に感謝の意を申し上げる。

著者が学問の道を歩むことをいつも応援してくれた両親には感謝の言葉が見つからない。そもそも著者の力量では研究者として生計を立てるのは容易ではなく、三十歳を過ぎても定職につけない息子を見て気が気でない日々を過ごしていたと思う。弟の圭之慎とは一つ屋根の下で暮らした天津での留学生活が著者の宝となっている。いつも著者の支離滅裂な研究の話を深夜まで聞いてくれた。本書の土台になったと言っても過言ではない。義父母とその家族にも感謝したい。最後に、妻の支えがなくては、本書の刊行には到底いたらなかった。家事・子育てを一手に引き受け、執筆に集中する研究時間を作ってくれた。心より感謝している。実を言うと、「あとがき」の執筆をためらっていた。なぜなら、これまであまりにも多くの方々にお世話になり迷惑を掛けて生きてきたためである。ここで一人一人の名前を挙げなければ筋が通らないという気持ちがあったからである。しかしながら、「あとがき」を書くにあたって、本書が世に出るまでに、本当に多くの方々に支えられてきたことを実感し、また自分自身も後輩を育成する立場にあることを認識した。紙幅の関係上、お名前を挙げられなかった方々には、直接お礼に行かせていただきたい。

繰り返しになるが、著者が研究を進めることができたのは、ひとえにこれまでの先行研究のおかげである。先師の学恩がなければ、史料のありかもわからないし、膨大な史料の中から関連する部分を探り当てることもできなかった。根っからの性格なのか、先行研究によって構築された定説に少しでも疑問が湧くと、いてもたってもいられなくなる。そこを避けて通るわけにはいかなくなる。調べて考えて、また調べて考えて、一つの真理にたどり着いたと思いきや、どこかで読んだことがある気がして先行研究を調べると、やはり書いてあった。諸先輩方の成果の上でぐるぐると廻っているだけなのかもしれない。そんな希望と絶望を繰り返しながら、本書は完成した。これまでの先行研究がそうであったように、本書も批判の対象になることを切に願う。当然ながら、著者の手を離れ世に出た瞬間から、著者自身もまた本書を批判する者の一人である。

混沌とした世界のなかで、歴史学が人々に一縷の望みを与えることを信じ、本書の執筆を終えたい。

今回の刊行にあたり、本書は名桜大学環太平洋地域文化研究所出版助成の支援を受けたものである。また、これまで、科学研究費（若手研究）「明治期における条約改正交渉と「琉球処分」政策のトランスナショナルな連動性」（研究課題／領域番号：18K12489　研究期間：2018—2024年度）の研究助成を受けたことに御礼を致したい。

資料編

琉球処分関係史料目録
原史料

琉球処分関係史料目録

※表記中の「×」は原文のまま

『大日本外交文書』第五巻　事項七　琉球使臣来朝ニ関スル件

『大日本外交文書』第六巻　事項八　琉球藩取扱ニ関スル件

『大日本外交文書』第七巻　事項一　台湾生蕃討撫一件

『大日本外交文書』第八巻　事項七　琉球藩処分ニ関スル件

『大日本外交文書』第九巻　事項十　琉球所属ニ関シ日清両国紛議一件

『日本外交文書』第十巻　事項六　琉球所属ニ関シ日清両国紛議一件

『日本外交文書』第十一巻　事項六　琉球所属ニ関シ日清両国紛議一件

『日本外交文書』第十二巻　事項六　琉球所属ニ関シ日清両国紛議一件

『日本外交文書』第十三巻　事項六　琉球所属ニ関シ日清両国紛議一件附　日清現行條約増加條款結約交渉ノ件

『日本外交文書』第十四巻　事項六　琉球所属ニ関シ日清両国紛議一件

『琉球所属問題』第一・第二

『伊犁地方ニ於ケル境界問題ニ關シ露清兩國葛藤一件　明治十二年－明治十四年』

『清光緒中日交渉史料』

『李文忠公（鴻章）全集』譯署函稿

『李文忠公（鴻章）全集』朋僚函稿

『李文忠公（鴻章）全集』奏稿

『李文忠公（鴻章）全集』電稿

（外5）一七三　八月十五日（一八七二年九月十七日）
外務省ヨリ太政官正院宛
琉球使臣来朝ニツキ本省並ニ鹿児島県ヘ接待方ニ関シ御沙汰アリ度旨上申ノ件
附記　琉球使臣来朝ニ関スル梗概調書

（外5）一七四　八月十九日（九月二十一日）
太政官史官ヨリ外務大丞等宛
琉球使臣取扱方御達書送付ノ件
附属書　八月十九日右太政官ヨリ外務省ヘノ御達書
附記　琉球使臣接待掛名簿

（外5）一七五　九月十日（十月十二日）
外務省ヨリ太政官正院宛
琉球ヘ新貨幣及紙幣下賜アラセラレ度旨上申ノ件並ニ之ニ対スル太政官決裁

（外5）一七六　九月十三日（十月十五日）
柳原外務大丞等ヨリ尚琉球使臣正使等宛
琉球使臣ヘ拝謁仰出アリシニ付通知ノ件

（外5）一七七　九月十三日（十月十五日）
尚琉球使臣正使等ヨリ柳原外務大丞等宛
琉球使臣ヘ拝謁仰出アリシ旨ノ通知了承ノ件
附記　一、琉球使臣参朝次第書
二、琉球尚泰ノ上奏、之ニ対スル勅語並ニ献上目録

三、琉球尚泰ヘノ冊封ノ詔書、之ニ対スル御請う書並ニ賜品目録

(外5)一七八　九月十五日(十月十七日)
副島外務卿ヨリ太政官正院宛
琉球藩ニ対シ我藩属体制ノ徹底ヲ期スヘク処置アリ度旨願出ノ件

(外5)一七九　九月十八日(十月二十日)
米国公使ヨリ副島外務卿宛
琉球合併ニ際シ米国琉球間條約ニ関シ照会ノ件
附記　安政元年六月十七日米国琉球間ノ條約

(外5)一八〇　九月二十三日(十月二十五日)
尚琉球使臣正使等ヨリ外務省宛
天恩奉謝ノ儀ニ関シ伺ノ件

(外5)一八一　九月二十三日(十月二十五日)
尚琉球使臣正使等ヨリ外務省宛
琉球藩王ヨリ新正、天長節ニ際シ慶賀ノ品献上シ度旨願出ノ件
附属書　琉球藩王ヨリノ献上品覚書

(外5)一八二　九月二十八日(十月三十日)
太政官ヨリ外務省ヘノ御沙汰書
琉球藩ト各国トノ間ノ交際事務移管ノ件
附記　一、九月二十八日太政官ヨリ琉球藩ヘノ御沙汰書各国トノ交際事務ハ今後外務省ノ管轄タルヘキノ件
　二、九月二十八日太政官ヨリ尚琉球藩王ヘノ御沙汰書
一等官待遇仰付ノ件

(外5)一八三　九月二十八日(十月三十日)
柳原外務大丞等ヨリ尚琉球使臣正使等宛
琉球藩ヘ伊地知外務省出仕等在勤ヲ命セラレタル旨通知ノ件

(外5)一八四　十月五日(十一月五日)
副島外務卿ヨリ米国公使宛
米国ト琉球トノ條約ニ関スル照会ニ対シ回答ノ件

(外5)一八五　十月九日(十一月九日)
副島外務卿ヨリ太政官正院宛
琉球藩負債解決方法伺ノ件並ニ之ニ対スル太政官決裁

(外6)一六六　三月十五日
琉球在勤伊地知外務省出仕ヨリ琉球藩宛
琉球滞留商人取締ニ関シ申入ノ件
附属書　琉球滞留商人心得規則

(外6)一六七　三月十八日
琉球藩ヨリ琉球在勤伊地知外務省出仕宛
琉球藩王ノ新正天長節慶賀ノ儀其ノ他ニ関シ伺ノ件並ニ之ニ対スル伊地知外務省出仕ノ指令
附属書　天長節祝賀文案文

(外6)一六八　四月四日
琉球藩ヨリ伊地知外務省出仕宛
渡唐船發著等ノ届方ニ関シ伺ノ件並ニ之ニ対スル伊地知外務省出仕ノ指令

(外6)一六九　四月十二日
琉球藩伊江王子等ヨリ外務省宛
上納米延納方許可アリ度旨等願出ノ件

（外6）一七〇　四月十三日
外務省ヨリ琉球藩宛
国旗交付各島廳ニ掲揚方通達ノ件

（外6）一七一　四月十四日
伊地知外務省出仕ヨリ琉球藩攝政三司官宛
朝旨遵奉庶民ヲ教育スヘキ旨諭達ノ件

（外6）一七二　四月十四日
琉球藩伊江王子等ヨリ琉球在勤伊地知外務省出仕宛
琉球藩ト米佛蘭各国トノ間ノ條約本書ハ同藩ニ於テ保留シタキ旨願出ノ件
附記　一、琉球藩ト佛国トノ間ノ條約書寫
　　　二、琉球藩ト和蘭国トノ間ノ條約書寫

（外6）一七三　四月十八日
琉球藩伊江王子等ヨリ伊地知外務省出仕宛
朝旨遵奉庶民ヲ教育スヘキ旨御請ノ件

（外6）一七四　四月十九日　琉球藩ヨリ伊地知外務省出仕宛
船舶出入ノ監督方ニ関シ伺ノ件並ニ之ニ対スル伊地知外務省出仕ノ指令

（外6）一七五　四月二十五日
上野外務卿代理ヨリ太政官正院宛
琉球藩王ヨリ天恩奉謝奏上ノ儀奏聞アリ度旨上申ノ件
附属書　一、二、三、三月二十八日琉球藩王ノ天恩奉謝ノ上書寫

（外6）一七六　五月二十九日
上野外務卿代理ヨリ太政官正院宛
琉球藩與那原親方東京在勤ノ為同藩出張伊地知外務省出仕ト同道ニテ著京セル旨届出ノ件

（外6）一七七　五月三十一日
伊地知外務省出仕ヨリ上野外務卿代理宛
琉球藩出張ヨリ歸著復命ノ件

（外6）一七八　六月三十一日
東京在勤琉球藩與那原親方ヨリ外務省宛
賦米上納方免除アリ度旨願出ノ件並ニ之ニ対スル太政官正院指令
附属書　琉球藩ヨリ鹿児島県ヘノ上納賦米石高記載書
附記
一、七月二日琉球藩ヨリノ上納米延納方許可並ニ賦米上納方免除願出ニ対スル伊地知外務省出仕ノ意見書
二、七月七日堀江外務権中録ノ琉球藩旱魃状況報告書

（外6）一七九　八月二十七日
伊国代理公使ヨリ副島外務卿宛
琉球藩ニ於テ他国民ト同様ノ権利ヲ伊国船艦並ニ人民ニ許與アリ度旨願出ノ件

（外8）一三四　三月二十八日
清国駐箚鄭臨時代理公使ヨリ寺島外務卿宛
琉球貢使ノ入清ニ就キ清国政府トノ交渉ニ関シスル文書送付ノ件

（琉球所属問題第一）2　明治八年三月二十八日
鄭代理公使ヨリ寺島外務卿宛
琉球進貢使来京ニ付清政府ヘ談判ノ件
附属書　琉球貢使入清ニ付鄭臨時代理公使與総署往復事略

（外8）一三五　四月三日
琉球貢使ノ入清ニ関シ清国駐箚鄭臨時代理公使ノ清国政府トノ交渉手続書
附属書
一、三月二十二日在北京帝国公使館ヨリ在北京琉球藩使臣宛書翰写
使臣ノ入清ニ関シ報告ノ為出頭アリ度旨通達ノ件
二、三月二十三日琉球使臣宿所警固ノ清国官吏ヨリノ回答書写
琉球使臣ヘノ書翰ハ取次難キ旨回答ノ件
三、三月二十三日清国駐箚鄭臨時代理公使ヨリ清国総理衙門宛書翰写
琉球使臣ノ入清ニ関シ対談シ度旨申出ノ件
四、三月二十三日清国総理衙門ヨリ清国駐箚鄭臨時代理公使書翰写
琉球使臣ノ入清ニ関スル面談ノ時日回答ノ件
五、三月二十五日清国駐箚鄭臨時代理公使ヨリ清国総理衙門宛書翰写
琉球使臣ノ入清ニ関シ取調ヘ度キニ付右使臣ノ一員ヲ帝国公使館ニ出頭セシムル様斡旋アリ度旨依頼ノ件
六、三月二十七日清国総理衙門ヨリ清国駐箚鄭臨時代理公使書翰写
琉球使臣ノ来貢ハ慣例ニ従ヒ接受スヘク其ノ他ハ清国政府ニ於テ与リ知ラサル旨回答ノ件
七、三月二十八日清国駐箚鄭臨時代理公使ヨリ清国総理衙門宛書翰写
琉球使臣ニ対スル処置ニ関シ本国政府ニ報告ノ必要アルニ付過日面談ノ概要略述ノ件
八、三月三十一日清国駐箚鄭臨時代理公使ヨリ清国駐箚英国公使宛書翰写
帝国公使ト清国政府トノ交渉ニ関シ在北京外国使臣ノ会議ヲ開カレ度旨申出ノ件
九、三月三十一日清国駐箚英国公使ヨリ清国駐箚鄭臨時代理公使書翰写
帝国公使ト清国政府トノ交渉ニ関スル報知了承並ニ在北京外国使臣ノ会議ニ関シテハ追テ通知スヘキ旨回答ノ件
一〇、四月一日清国駐箚英国公使ヨリ清国駐箚鄭臨時代理公使書翰写
在北京外国使臣ノ会議ハ必要ナシト認ムル旨回答ノ件
十一、四月二日清国総理衙門ヨリ清国駐箚鄭臨時代理公使書翰写
琉球使臣ニ対スル清国政府ノ処理ハ従来ノ慣例通ナルニ付過日ノ面談ニ関スル鄭公使ノ日本政府宛報告ニ対シテハ干与セサル旨回答ノ件
十二、四月三日清国駐箚鄭臨時代理公使ヨリ清国総理衙門書翰写
琉球使臣ニ関スル従来ノ交渉顛末ヲ帝国政府ヘ通達請訓スル旨回答ノ件

（琉球所属問題第一）3　四月三日
鄭代理公使ヨリ寺島外務卿宛
続報

（外8）一三六　四月二十八日
寺島外務卿ヨリ清国駐箚鄭臨時代理公使宛
琉球貢使ノ入清ニ関シテハ暫ク見逃シ置クヘク且近日内務省ノ処分アルヘキ旨通知ノ件
附属書　一、琉球藩ヨリ入清ノ進貢使一行官名人数表
二、明治七年琉球出発ノ入清進貢使一行名簿
附記　明治七年七月十二日琉球藩内務省移管ノ達書

（琉球所属問題第一）4　明治八年四月二十八日
寺島外務卿ヨリ鄭代理公使宛
進貢使ノ儀当分見逃シ置カレ度不遠内務省ニ於テ処置スル筈

（琉球所属問題第一）5 ――

琉球進貢使人名

琉球藩官員ヘ説諭応答ノ始末

〈別紙〉

琉球藩処分方之儀伺

大久保内務卿ヨリ太政大臣宛

（琉球所属問題第一）6　明治八年五月八日

琉球藩処分ノ儀ニ付内務省ヘ御指令

太政大臣ヨリ内務卿宛

（琉球所属問題第一）7　明治八年五月九日

附記　六月十二日右松田内務大丞出発ニ関スル記事

松田内務大丞ニ対スル琉球藩差遣ノ辞令

（外8）一三七　五月十四日

太政大臣ヨリ外務省宛

（琉球所属問題第一）8　明治八年五月十八日

琉球藩処分着手ノ順序指令ノ件

〈別紙〉

内務卿ヨリ太政大臣宛伺　明治八年五月

（外8）一三八　五月二十日

寺島外務卿ヨリ清国駐箚鄭臨時代理公使宛

琉球藩ニ関シテハ内務省処分決定迄清国政府トノ交渉ヲ差控フ

ヘキ旨指令ノ件

附属書

一、五月八日大久保内務卿ヨリ三條太政大臣宛書翰寫

琉球藩処分ニ関シ伺ノ件

二、上京琉球藩吏ヘノ説諭往答始末書翰

三、五月九日琉球藩処分ニ関スル三條太政大臣ヨリ内務省ヘノ

指令寫

四、五月十七日大久保内務卿ヨリ三條太政大臣宛書翰寫

琉球藩ニ対スル処置ノ著手順序ニ関シ伺ノ件並ニ之ニ対スル三

條太政大臣決裁

（琉球所属問題第一）9　明治八年五月二十日

寺島外務卿ヨリ鄭代理公使宛

琉球藩処分ノ義ニ関スル件

（琉球所属問題第一）10　明治八年五月二十四日

寺島外務卿ヨリ榎本駐魯公使宛

琉球藩清国ヘ入貢ノ件

（外8）一三九　五月二十九日

松田内務大丞ヨリ大久保内務卿宛

琉球藩王ノ待遇方及藩王、藩吏トノ音信贈答謝絶ニ関シ伺ノ件

並ニ之ニ対スル大久保内務卿指令

附属書　五月二十三日松田内務大丞ヨリ討許出張琉球藩吏宛書

翰寫

贈品返却ノ旨通知ノ件

（外8）一四〇　五月二十九日

松田内務大丞ヨリ大久保内務卿宛

琉球藩出張中ノ取計方針ニ関シ伺ノ件並ニ之ニ対スル大久保内

務卿指令

（外8）一四一　五月二十九日

三條太政大臣ヨリ琉球藩ヘノ達者

琉球藩ヨリ清国ヘノ使節派遣並ニ清国ヨリノ冊封ハ自今廃止スヘキ旨通達ノ件
(外8) 一四二　六月三日　三條太政大臣ヨリ琉球藩ヘノ達者
明治ノ年号ヲ奉スヘキ旨並ニ藩制改革等ニ関シ通達ノ件
附属書　琉球藩職制
(外8) 一四三　七月十四日
琉球出張松田内務大丞ヨリ琉球藩王宛
琉球藩ニ通達セラレタル諸箇條ニ関シ説明並ニ右諸箇條速ニ遵奉セラルヘキ旨要望ノ件
(外8) 一四四　七月二十九日
琉球出張松田内務大丞ヨリ大久保内務卿宛
琉球藩ノ清国トノ関係謝絶ニ関シテハ尚督責中ナル旨報告ノ件
(外8) 一四五　八月十日
琉球出張内務大丞ヨリ大久保内務卿宛
琉球藩ヘ通達ノ諸箇條ハ受諾セシメタルモ清国トノ関係謝絶要求ニ関シテハ同藩ノ事情ニ鑑ミ心服セシメ難キ旨報告ノ件
附属書
一、八月五日琉球藩王ヨリ琉球出張松田内務大丞宛書翰寫
琉球藩ニ分遣隊派遣、刑法定律取調ノ官吏並ニ学事修行事情通知ノ学生上京ニ関スル通達ヲ受諾セル旨回答ノ件
二、八月五日琉球藩王ヨリ琉球出張松田内務大丞宛書翰寫
琉球藩ト清国トノ関係並ニ藩制改革ニ就キテノ通達ニ関シ懇願ノ旨回答ノ件
三、八月五日琉球藩摂政、三司官ヨリ琉球出張松田内務大丞宛書翰寫
琉球藩ト清国トノ関係並ニ藩制改革ニ就キテノ通達ニ関シ懇願ノ旨回答ノ件
四、八月八日琉球出張松田内務大丞ヨリ琉球藩王書翰寫
琉球藩ニ通達セル諸箇條ニ就キテノ回答書ニ対シ弁論ノ件
五、八月八日琉球出張松田内務大丞ヨリ琉球藩摂政、三司官書翰寫
琉球藩ト清国トノ関係ニ就キテノ懇願ニ対シ回答ノ件
(外8) 一四六　九月二十一日
大久保内務卿ヨリ琉球出張松田内務大丞宛
琉球藩吏上京中内務卿ヨリ指令アリタリト講スル事項モ指令済確證ノ書面無キモノハ信用シ難キ旨申達ノ件
(外8) 一四七　九月二十五日
松田内務大丞ヨリ三條太政大臣宛
琉球出張中ノ事務ニ関シ復命ノ件
(外9) 一五五　一月十三日
清国駐劄森公使ヨリ寺島外務卿宛
清国ヲシテ琉球ノ我カ藩属ナルコトヲ確認セシメ我カ航海公証携帯ノ琉球藩民ヲ帝国臣民トシテ取扱ハシムルヤウ仕向ケラレ度旨上申ノ件
(琉球所属問題第一) 11　明治九年一月十三日
森駐清公使ヨリ寺島外務卿宛
琉球人ト雖モ我海外行証書ヲ携帯スル者ハ我国民ト認メ保護セシムル様取扱方ノ件
(外9) 一五六　二月十五日
寺島外務卿ヨリ清国駐劄森公使宛
琉球ニ関シテハ差向ノ処議論セサルヤウ訓令ノ件
(琉球所属問題第一) 12　明治九年二月十五日

寺島外務卿宛ヨリ森公使宛

対話書中琉球ノ件ニ付テハ差向キ議論セサル方良好ナリトノ訓令

（外9）一五七　三月三十日

清国駐箚森公使ヨリ寺島外務卿宛

清国側ニ対シ琉球ヨリノ使節派遣廃止方ヲ申入タル旨並ニ航海公証所持ノ琉球藩民ハ清国ニ於テ日本臣民ト認ムル趣回答アリタル旨報告ノ件

（琉球所属問題第一）13　明治九年三月三十日

森公使ヨリ寺島外務卿宛

琉球人ニシテ我免状ヲ有スル者ハ我国民トシテ取扱フ旨清政府承諾ノ件

（琉球所属問題第一）14　明治九年三月三十一日上海発　同年四月一日受

森公使ヨリ寺島外務卿宛

琉球藩ヲ速ニ那覇藩ト改名スヘシト上申

（外9）一五八　四月四日

米国公使ヨリ寺島外務卿宛

琉球ト日本トノ間ニ新規取極出来ノ有無並ニ右取極ノ琉球米国間ノ條約ニ対スル影響照会ノ件

附記

一、明治七年五月琉球藩津波古親方ヨリ外務省宛琉球ト米、佛、蘭各国トノ條約原書提出ノ件

二、明治七年五月琉球ト米、佛、蘭各国トノ條約寫ニ対スル奥書案

（外9）一五九　四月六日

寺島外務卿ヨリ大久保内務卿宛

琉球藩対策ニ関スル米国公使ヨリノ質問ニ就キ照会ノ件

（外9）一六〇　四月六日

清国総理衙門ニテ清国駐箚森公使ト清国総理衙門諸大臣等トノ対話書

清鮮間往復ノ日本人ニ対スル護照ノ発給並ニ清国出入ノ日本人所持ノ出海憑照査験ニ関スル件

（外9）一六一　四月十三日

子安外務権大丞ヨリ内務大丞等宛

琉球藩対策ニ関連シ米国公使トノ往復書翰寫送付ノ件

（外9）一六二　四月十九日

内務大丞等ヨリ子安外務権大丞宛

尚泰ノ華族ニ列セラレタル次第佛、蘭両国ヘ通知セルヤ否ヤ照会ノ件

（外9）一六三　四月二十日

子安外務権大丞ヨリ内務大丞等宛

佛、蘭両国ヘハ尚泰カ華族ニ列セラレタル旨ノ通知ハ為ササリシ旨回答ノ件

（外9）一六四　五月二日

大久保内務卿ヨリ寺島外務卿宛

琉球ヲ内藩ニ定メタルモ琉球米国間ノ條約面ニハ変換ノ儀ハ無キ旨回答ノ件

（外9）一六五　五月三十一日

寺島外務卿ヨリ米国公使宛

琉球ヲ内藩トシタル顛末並ニ琉球米国間ノ條約遵守ノ意嚮回答ノ件

（琉球所属問題第一）15　明治十年一月二十八日
木梨内務少丞ヨリ大久保内務卿宛
琉球ヨリ清国政府ヘ使臣差立テ陳情ノ件

（外10）九一　七月四日
外務卿代理森有礼ヨリ岩倉右大臣宛
琉球藩ノ儀ニ付英人論説抄訳上呈ノ件
附属書　千八百七十六年倫敦刊行ノ東洋雑誌撮訳

（外10）九二　九月二十日
清国駐箚森公使ヨリ寺島外務卿宛
琉球所属ニ関シ李鴻章質問之次第上申ノ件

（琉球所属問題第一）16　明治十年九月二十日
森公使ヨリ寺島外務卿宛
李鴻章ヨリ琉球進貢差留ノ理由尋問ノ件

（外11）一二四　九月三日
寺島外務卿・清国公使応接筆記
琉球ニ関スル件

（李全譯函巻八）光緒四年四月二八日到　何子峩来函

（李全譯函巻八）光緒四年四月二八日　覆何子峩

（李全譯函巻八）光緒四年五月初九日　密議日本争琉球事

（琉球所属問題第一）17　明治十一年九月三日
寺島外務卿清国何公使ト対話記事
琉球進貢ヲ差留メラレタル理由尋問ノ件

（琉球所属問題第一）18　明治十一年九月十八日
宮本大書記官清国公使ト対話記事
琉球進貢差留問題ニ付テハ更ニ手段ヲ講スヘシ云々

（琉球所属問題第一）19　明治十一年九月二十七日
寺島外務卿清国何公使ト対話記事
琉球所属冊封朝貢問題ニ関スル件

（外11）一二五　十月七日
清国公使ヨリ寺島外務卿宛
琉球ハ元来清国ノ藩属自治ナルニ何故日本ハ其進貢ヲ差止メタルカ質問ノ件

（琉球所属問題第一）20　明治十一年十月七日
清国公使ヨリ寺島外務卿宛
琉球国ヲ復旧シ進貢ヲ阻止セラレサル様希望ノ件

（外11）一二六　十一月二十一日
寺島外務卿ヨリ清国公使宛
琉球ハ従前我所属ニシテ現ニ我内務省管轄タル旨回答並ニ前件ノ申出ノ文言意ニ愜ハザル旨質問ノ件

（琉球所属問題第一）21　明治十一年十一月二十一日
寺島外務卿ヨリ清国公使宛
琉球進貢差留ニ関スル照会文ニ対シ回答

（外11）一二七　十一月二十九日
清国公使ヨリ寺島外務卿宛
琉球案件ニツイテ再考ヲ促ス旨申出ノ件

（琉球所属問題第一）22　明治十一年十一月二十九日
清国公使ヨリ寺島外務卿宛
修好条約第一条ニ照シ琉球ヲ復旧セラレタキ旨申出ノ件

（外11）一二八　十一月三十日
寺島外務卿ヨリ清国公使宛
琉球案件ニツイテ再考申出ニ対シ回答ノ件

（琉球所属問題第一）23　明治十一年十一月三十日
寺島外務卿ヨリ清国公使宛
十一月二十九日ノ来簡ニ対スル返簡

（外12）九二　二月二十六日
清国公使ヨリ寺島外務卿宛
琉球案件ニツキ協商申出ノ件

（琉球所属問題第一）24　明治十二年二月二十六日
清国公使ヨリ寺島外務卿宛
琉球ノ儀交渉方ニ関シ総理衙門ヨリ申越ノ件照会

（琉球所属問題第一）25　明治十二年三月三日
寺島外務卿清国何公使対話記事
琉球所属問題交渉ニ関スル件

（琉球所属問題第一）26　明治十二年三月十一日
寺島外務卿清国何公使ト対話記事
琉球ヘ警官隊派遣差留メラレタキ旨申出ノ件

（外12）九三　三月十二日
清国公使ヨリ寺島外務卿宛
日本ノ琉球派員差止方申出ノ件

（琉球所属問題第一）27　明治十二年三月十二日
清国公使ヨリ寺島外務卿宛
警官隊琉球派遣ヲ差留ラレタキ旨申出ノ件

（外12）九四　三月十五日
寺島外務卿ヨリ清国公使宛
琉球案件ノ協商及ビ琉球派員ノ差止方申出ニ対スル回答ノ件

（琉球所属問題第一）28　明治十二年三月十五日
寺島外務卿ヨリ清国公使宛
琉球ヘ警官派遣ノ儀差留難キ旨回答

（琉球所属問題第一）29　明治十二年三月十四日
寺島外務卿ヨリ福島厦門領事宛
琉球人脱出看視方ニ関スル件

（琉球所属問題第一）30　明治十二年三月二十五日
寺島外務卿ヨリ宍戸公使宛
琉球問題ハ東京ニテ取扱フ旨訓令

（外12）九五　四月四日　外務省記事
琉球廃藩置県ノ件

（琉球所属問題第一）31　明治十二年四月九日
寺島外務卿ヨリ宍戸公使宛
琉球藩ヲ廃シ沖縄県ヲ置キ同地ヘ勅使差遣ノ件

（李全譯函巻八）光緒五年閏三月初六日　論日本廃琉球

（清光緒中日交渉史料）光緒五年閏三月初五日
総理各国事務衙門奏日本梗阻琉球入貢情形摺
（琉球所属問題第一）32　明治十二年五月三日
宍戸公使ヨリ寺島外務卿宛
四月三十日総理衙門大臣ト対話ノ要領報告
〈別紙〉
宍戸公使総理衙門大臣ト対話記事　明治十二年四月三十日
琉球問題ニ関シ清官ヨリ開談ノ件
（李全譯函巻八）光緒五年閏三月十六日　論争琉球宜固臺防
（李全譯函巻八）光緒五年閏三月二十一日議接待美国前総統
（外12）九六　五月十三日　清国駐剳宍戸公使ヨリ寺島外務卿宛
我琉球廃藩置県ニツイテ清国総理衙門ヨリノ申出移牒ノ件
附属書
一　総理衙門申出書
二　宍戸公使返書
（琉球所属問題第一）33　明治十二年五月十三日
宍戸公使ヨリ寺島外務卿宛
五月十日総理衙門ヨリ照会ノ件並ニ其回答
〈別紙〉
総理衙門大臣ヨリ宍戸公使宛　明治十二年五月十日
琉球ノ廃藩置県ヲ停止セラレ度キ件照会
〈別紙〉
宍戸公使ヨリ総理衙門大臣宛　明治十二年五月十二日
五月十日ノ照会ニ対スル回答
（李全譯函巻八）光緒五年閏三月二六日　論伊犁及接待美国前総統
（琉球所属問題第一）34　明治十二年五月十七日
竹添ヨリ大隈伊藤参議宛
李鴻章ノ我琉球処分ニ対スル感想並ニ措置ニ関スル件
（外12）九七　五月二十日
清国公使ヨリ寺島外務卿宛
琉球案件交渉中ナルニ日本政府ニ於テ廃藩置県ノ処置ヲナシタルハ承認シ難キ旨申出ノ件
（琉球所属問題第一）35　明治十二年五月二十日
清国公使ヨリ寺島外務卿宛
琉球ノ廃藩置県ニ関シ其理由詰問ノ件
（外12）九八　五月二十七日
寺島外務卿ヨリ清国公使宛
琉球ハ内政ノ都合ニヨリ廃藩置県ニ及ビタル旨回答ノ件
（琉球所属問題第一）36　明治十二年五月二十七日
寺島外務卿ヨリ清国公使宛
琉球藩ヲ廃シ沖縄県ヲ置キタル義ニ関シ回答ノ件
（李全譯函巻八）光緒五年四月初八日　報美国前総統到津
（琉球所属問題第一）37　明治十二年六月五日付　同年六月二十六日受
宍戸公使ヨリ寺島外務卿宛
総署大臣ヨリ琉球問題ニ関シ談話アリシ件
〈別紙〉
宍戸公使総署大臣ト対話記事　明治十二年六月二日

琉球問題ニ関シ総署大臣ヨリ申出ノ件
（外12）九九　六月十日
清国公使ヨリ寺島外務卿宛
琉球所属問題ニツイテノ質問並ニ前年十月七日付書翰ノ文言ニツイテ弁明ノ件
（琉球所属問題第一）38　明治十二年六月十日
清国公使ヨリ寺島外務卿宛
再ヒ琉球ノ廃藩置県ニ関シ照会ノ件
（外12）一〇〇　六月●日
寺島外務卿ヨリ清国公使宛
琉球所属ノ由来説明並ニ前年来翰文言ノ弁明猶意ニ慊ハザル旨回答ノ件
（琉球所属問題第一）39　明治十二年六月
寺島外務卿ヨリ清国公使宛
六月十日ノ照会ニ対スル回答
（李全譯函巻八）光緒五年四月二三日　與美国格前総統晤談節略
（李全譯函巻八）光緒五年四月二四日　議請美国総統調処琉球事
（李全譯函巻八）光緒五年四月二五日　覆何子峩
（李全譯函巻八）光緒五年四月二七日　報美国前総統離津
（李全譯函巻九）光緒五年五月十四日　琉球国紫巾官向徳宏初次稟稿
（琉球所属問題第一）40　明治十二年六月二十六日
寺島外務卿清国公使ト対話記事
琉球問題ニ付再応対話ノ件
（李全譯函巻九）光緒五年五月初六日　與英国威使晤談節略
（李全譯函巻九）光緒五年五月初八日　述威使論修約
（琉球所属問題第一）41　明治十二年七月七日付　同年七月二十五日受
宍戸公使ヨリ寺島外務卿宛
琉球処分ニ関シ清官及北京駐劄公使等ノ意向ニ関スル件
（李全譯函巻九）光緒五年六月初五日　琉球国紫巾官向徳宏二次稟稿
（琉球所属問題第一）42　明治十二年七月十五日
品川上海総領事報告ノ一節
街説情形中ノ一部
（琉球所属問題第一）43　明治十二年七月
支那政府ノ抗論ニ対シテ我日本ニ琉球島ヲ専領スヘキ主権アルノ覚書
（外12）一〇一　七月十六日
寺島外務卿ヨリ清国駐劄宍戸公使宛
琉球案件ニツイテ指令ノ件
附属書
一　宍戸公使ヨリ総理衙門ヘノ照会文案
二　総理衙門ヘ申入ルベキ琉球説略

（琉球所属問題第一）44　明治十二年七月十六日
寺島外務卿ヨリ宍戸公使宛
琉球問題ニ関スル説略清政府ヘ呈示セラレタキ件
（琉球所属問題第一）45　明治十二年七月十九日
寺島外務卿ヨリ清国公使宛
琉球問題ニ関シテハ宍戸公使ヲシテ清政府ヘ答弁セシメタル旨
（李全譯函巻九）光緒五年六月十一日到　譯美前総統幕友楊副将来函
（李全譯函巻九）光緒五年六月十三日 述美前総統調処球事
（李全譯函巻九）光緒五年六月二四日到 向徳宏登覆寺島来文節略
（李全譯函巻九）光緒五年六月二四日 何子峨来函
（李全譯函巻九）光緒五年六月二七日 鈔送琉球乞救文牘
（琉球所属問題第一）46　明治十二年八月四日付　同年八月二十四日受
宍戸公使ヨリ寺島外務卿宛
清政府ヘノ照覆及説略等総署ヘ送附ノ件
（李全譯函巻九）光緒五年六月三〇日到　譯美国副将楊越翰来函
（李全譯函巻九）光緒五年七月初一日　譯送楊越翰来函
（李全譯函巻九）光緒五年七月初五日　譯送格蘭忒来函
（李全譯函巻九）光緒五年七月初四日到　何子峨来函
（李全譯函巻九）光緒五年七月初五日到　譯美前総統格蘭忒来函
（外12）一〇二　八月十二日
伊藤内務卿ヨリ清国駐箚宍戸公使宛
琉球案件ニツイテ「グラント」氏調停其他情報ノ件
（李全譯函巻九）光緒五年七月十二日　論崇厚交収伊犁各約条
（李全譯函巻九）光緒五年七月初六日　覆美前総統格蘭忒
（外12）一〇三　八月二十二日
清国総理各国事務王大臣ヨリ清国駐箚宍戸公使宛
琉球所属ヲ論ジ我廃藩置県ニ抗議申出ノ件
（琉球所属問題第一）47　明治十二年八月二十六日
宍戸公使ヨリ寺島外務卿宛
八月二十二日総理衙門ヨリ琉球ハ清国所属ノ旨照会ノ件
〈別紙甲号〉
総理衙門ヨリ宍戸公使宛　明治十二年八月二十二日
琉球ノ清国属国タル理由ヲ説明シタル照会
〈別紙乙号〉
宍戸公使ヨリ総理衙門宛　明治十二年八月二十三日
照会ノ件ハ外務大臣ヘ伝達スヘキ旨回答ノ件
（清光緒中日交渉史料）光緒五年七月二一日
総理各国事務衙門奏美統領調處琉球事摺
（李全譯函巻九）光緒五年七月二一日到　譯美前総統来函

（李全譯函巻九）光緒五年七月二一日到　譯美前総統另函
（李全譯函巻九）光緒五年七月二一日到　譯美国副将楊越翰来函
（李全譯函巻九）光緒五年七月二二日　譯送美前総統来函
（李全譯函巻九）光緒五年七月二二日　密諭何子峨
（清光緒中日交渉史料）光緒五年八月初五日　総理各国事務衙
門奏美統領格蘭忒在日本商辦琉球事摺
（李全譯函巻十）光緒五年八月初九日　覆美前総統格蘭忒
（李全譯函巻十）光緒五年八月初九日　覆美副将楊越翰
（李全譯函巻十）光緒五年八月初十日　論球案
（外12）一〇四　九月二十日
清国総理各国事務王大臣ヨリ外務省宛
琉球案件会商ニ関スル件
（琉球所属問題第一）48　明治十二年九月二十二日付　同年十
月十日受
宍戸公使ヨリ井上外務卿宛
総理衙門ヨリ外務省宛照会文送附ノ件
（琉球所属問題第一）49　明治十二年九月二十日付　同年十月
十日受
総理衙門ヨリ外務省宛
グラント将軍ノ意ニ従ヒ両国派員会商シタキ旨申越ノ件

（李全譯函巻十）光緒五年八月十八日　論海防
（外12）一〇五　九月二十九日
井上外務卿ヨリ三條太政大臣宛
香港循環日報所載琉球処分一件記事上申ノ件
附属書　日報所載記事
（伊犁）2．明治十二年十月三日付　同年十一月廿四日受
西駐露代理公使ヨリ井上外務卿宛
支那大使崇厚ノクリヅヂャ還付要求ニ對シ露廷内二派ノ議論
『崇厚條約』調印ノ情報
露新タニ太平洋艦隊ヲ増大ス
付。伯林會議以来露外交方針ノ轉換及ソシアリストノ抬頭
（外12）一〇六　十月八日　井上外務卿ヨリ清国駐箚宍戸公使
宛
清国総理衙門ニ答フル覆文案並ニ回答覚書送致ノ件
附属書
一　覆文案
二　覚書
（琉球所属問題第一）50
千八百七十九年八月二十二日支那政府ノ照会ニ対スル回答ノ覚書
（琉球所属問題第一）51
井上外務卿ヨリ宍戸公使宛
八月二十二日総理衙門ヨリノ照会ニ対スル回答
（琉球所属問題第一）52　明治十二年十月七日付　同年十月
二十三日受
宍戸公使ヨリ井上外務卿宛

駐清英公使、及総税務司ノ琉球問題ニ対スル意見
（琉球所属問題第一）53　明治十二年十月十三日発
品川上海総領事ヨリ井上外務卿宛
駐清英国公使及総税務司ノ琉球処分観
（李全譯函巻十）光緒五年九月十一日　條議海防
（琉球所属問題第一）54　明治十二年十月十五日
井上外務卿ヨリ宍戸公使宛
第十四号ヲ以テ送附シタル照復文ハ総署へ進達セラレタキ件
（李全朋函巻十九）光緒五年九月初五日　復曾劼剛星使
（外12）一〇七　十月二十二日
井上外務卿ヨリ清国総理各国事務王大臣宛
琉球案件会商ニ関スル申出ニ対シ回答ノ件
（琉球所属問題第一）55　明治十二年十月二十二日
井上外務卿ヨリ宍戸公使宛
総理衙門ヘノ回答書送達方依頼ノ件
（琉球所属問題第一）56　明治十二年十月二十二日
井上外務卿ヨリ総理衙門宛
グラント将軍ノ意ニ従ヒ両国派員会商ノ義承諾ノ件
（琉球所属問題第一）57　明治十二年十月二十八日
宍戸公使ヨリ井上外務卿宛
十月八日付外務卿ノ回答ハ二十六日総署へ進達ノ件
（琉球所属問題第一）58　明治十二年十月三十一日
富田駐英代理公使ヨリ井上外務卿宛
琉球問題ニテ日清間不穏ノ風説伝ハリシ件
（琉球所属問題第一）59　明治十二年十一月十三日
三宮駐独代理公使ヨリ井上外務卿宛
琉球問題ニ関シ日清間開戦ノ場合ヲ予想シ軍艦派遣ノ件
（琉球所属問題第一）60　明治十二年十一月十九日
宍戸公使ヨリ井上外務卿宛
総署大臣トノ対話及英国公使トノ対話状況報告
○宍戸公使総署大臣ト対話記事　明治十二年十一月十八日
従前ノ談判ハ此際一洗更新スルヤ否ヤ尋問ノ件
（李全譯函巻十）光緒五年十月二四日到　日本竹添進一上書
（李全譯函巻十）光緒五年十月二四日　與日本竹添進一筆談節略
（李全譯函巻十）光緒五年十月二六日　論球案
（琉球所属問題第一）61　明治十二年十二月三日
宍戸公使ヨリ井上外務卿宛
十一月三十日総署大臣ト対話記事送付ノ件
○宍戸公使総署大臣ト対話記事　明治十二年十一月三十日
談判一洗更新並ニ派員ノ義ニ関スル件
（琉球所属問題第一）62　明治十二年十二月五日
福島厦門領事ヨリ井上外務卿宛
清国軍艦入港シ戦備ヲ整フルヤノ風説アル件
（琉球所属問題第一）63　明治十二年十二月七日
竹添進一郎李鴻章対話中ノ一節

李鴻章ノ所説
（琉球所属問題第一）65　明治十二年十二月九日
宍戸公使総署大臣ト対話記事
グラント将軍ノ意ニ従ヒ我政府へ照会ノ件
<別紙乙号>
グラント将軍ヨリ清国政府へ呈シタル書ノ漢訳文
（総署ニテ十二月九日借覧後ニ写シ送リタルモノ）
（琉球所属問題第一）64　明治十二年十二月十七日
宍戸公使ヨリ井上外務卿宛
総署ヨリノ照会文及総署大臣ト対話記事送付ノ件
（琉球所属問題第一）66　明治十二年八月十三日
グラント将軍ヨリ清国政府へ呈シタル書
A letter from General Grant to Prince Kung & Viceroy Li
（琉球所属問題第一）67　明治十二年十二月七日付
同十三年一月十五日受
総理衙門ヨリ我外務省宛
グラント将軍ノ意ニ任セ商議シタキ旨申越ノ件
（李全譯函巻十）光緒五年十一月十八日　論伊犂界約
（琉球所属問題第一）68　明治十三年一月八日付　同十三年二月九日受
吉田駐米代理公使ヨリ井上外務卿宛
グラント将軍ニ面会晤談ノ状況ニ関スル件
○グラント将軍ヨリ吉田駐米公使宛　明治十二年十二月五日
琉球問題ニ対スル「グラント」将軍ノ意向
○米国駐天津領事ヨリ「グラント」将軍宛

駐天津米国領事李鴻章ト対話記事抜粋
（伊犁）4．明治十三年一月十四日付
宍戸駐清公使ヨリ井上外務卿宛
崇厚ニ開缺候議ヲ命シ締結ノ條約ハ各部及言官ノ議奏ヲ経可キ上諭
（伊犁）5．明治十三年一月二十日付　同年二月十二日受
宍戸駐清公使ヨリ井上外務卿宛
「崇厚條約」ニ對スル清廷ノ議論其一（左宗棠以下ハ之ヲ不可トシ李鴻章獨リ之ヲ可トセリ但シ崇厚ニ對スル非難ハ漸次稀薄シツツアリトノ看測）
改約談判ノ前途ニ關スル看測其一（米國公使ハ談判ノ前途ヲ非観ス。宍戸公使ハ露獨ノ葛藤ハ露ノ對清態度ニ影響シ来ル可シト為ス）
（伊犁）6．明治十三年二月十一日付　同年二月十九日受
品川上海總領事ヨリ井上外務卿宛
「崇厚條約」再議ノ上諭
（伊犁）7．明治十三年二月十八日付　同年二月廿六日受
品川上海總領事ヨリ井上外務卿宛
崇厚革職ノ上刑部ニ交シ罪ヲ治ムル上諭
（伊犁）8．明治十三年二月十七日付　××××××××
宍戸駐清公使ヨリ井上外務卿宛半公信
曾紀澤新ニ駐露公使ニ任セラル
崇厚救解ノ盡力（外交團ノ救解盡力ト我公使ノ態度）
（琉球所属問題第一）69　明治十三年三月四日
井上外務卿ヨリ太政大臣宛

琉事存案
(外13) 一二四　三月九日
井上外務卿ヨリ清国駐箚宍戸公使宛
章程改正並琉球案件開談ニ関シ内訓ノ件
附属書
一　三月九日付井上外務卿ヨリ清国総理各国事務王大臣宛回答書
二　宍戸公使へ訓條案
三　宍戸公使へ内訓状並増加条約案
(琉球所属問題第一) 70　明治十三年三月九日
井上外務卿ヨリ総理衙門宛
グラント将軍ノ意ニ従ヒ商議ノ義承諾ノ件
(琉球所属問題第一) 71　明治十三年六月二十九日
井上外務卿ヨリ宍戸公使宛
訓条
(琉球所属問題第一) 72　明治十三年六月二十九日
井上外務卿ヨリ宍戸公使宛
内訓条
(琉球所属問題第一) 73
竹添進一郎李鴻章ト談話スル為メノ意見書
(琉球所属問題第一) 74
増加条約案
(琉球所属問題第一) 75　明治十三年三月九日
井上外務卿ヨリ宍戸公使宛

琉球問題解決方ニ関スル内信
(李全譯函巻十) 光緒六年二月十六日到　日本委員竹添進一節帖
(李全譯函巻十) 光緒六年二月十六日　與日本委員竹添進一筆談節略
(李全譯函巻十) 光緒六年二月十七日　議球案結法
(伊犂) 9．明治十三年三月廿三日付　同年四月一日受
品川上海總領事ヨリ井上外務卿宛
日清關係不穏説其一(在天津米國領事デニーノ日清開戦ス可キ説)
(李全譯函巻十) 光緒六年二月二五日　與日本竹添進一筆談節略
(李全譯函巻十) 光緒六年二月二六日　勧竹添進京
(琉球所属問題第一) 77　明治十三年三月二十八日
竹添氏ヨリ井上参議宛
李鴻章ト琉球案件ニ付内談ノ状況
(琉球所属問題第一) 76　明治十三年三月三十一日付
同年四月十六日受
宍戸公使ヨリ井上外務卿宛
総署宛ノ照会書三月二十九日送達シタル件
(伊犁) 10．(東京) 明治十三年四月四日發　×××××
井上外務卿ヨリ駐清公使宛
時局ニ關シ査報方本省訓令。
(曾紀澤ハ已ニ露都ニ向ヘルカ○清廷ハ崇厚條約ノ批准ヲ拒ム

カ。拒ムトシテ結果ニ關スル看測及外交（　）ノ意見如何○
恭親王辭職ノ報ハ眞カ）

（琉球所属問題第一）78　明治十三年四月五日
竹添氏ヨリ井上参議宛
琉球三分説

（伊犁）11．明治十三年四月七日付　同年四月二十二日受
宍戸駐清公使ヨリ井上外務卿宛
清廷姑ク主戦主義ヲ探ルカ。付。所謂其戦備ナルモノノ眞相（和
戦問題ニ對スル清廷ノ趨向及清廷ノ和戦兩黨其一）

（伊犁）12．明治十三年四月七日付　××××××××
宍戸公使ヨリ井上外務卿宛私信
改約談判ノ前途ニ關スル看測其二（宍戸公使ノ談判悲観看測）
註。表題ニ關シ明治十三年四月七日付宍戸公使私信（井上盟台
宛宍戸璣署名）中ニ左ノ記載アリ

（李全譯函巻十）光緒六年三月十一日到　日本委員竹添進一来書

（琉球所属問題第一）79　明治十三年四月十四日付　同年四月
二十九日
宍戸公使ヨリ井上外務卿宛
総署ヨリ会見方申越シタル件

（琉球所属問題第一）80　明治十三年四月十四日
宍戸公使ヨリ井上外務卿宛
琉球三分説ハ我二分説ト齟齬スルニ付遷延策ヲ講スル件

（伊犁）13．明治十三年四月十四日付　同年四月廿二日受
品川上海總領事ヨリ井上外務卿宛
第十號訓令ニ對スル答申（恭親王辭職ノ事ナシ）

（李全譯函巻十）光緒六年三月十六日　論鐵甲交價並球議不合

（琉球所属問題第一）81　明治十三年四月十七日
宍戸公使ヨリ井上外務卿宛
四月十五日総署大臣ト対話記事送付ノ件
○宍戸公使総署大臣ト対話記事　明治十三年四月十五日
何公使ノ照会文撤銷ニ関スル件

（外13）一二五　四月十九日
清国総理各国事務王大臣ヨリ井上外務卿宛
琉球案件商辨ニツイテ照会ノ件

（琉球所属問題第一）82　明治十三年四月十九日
井上外務卿ヨリ太政大臣宛
宍戸公使談判手続内訓伺

（琉球所属問題第一）83　明治十三年四月十九日
井上外務卿ヨリ米国公使宛
琉球三分説ニ関シ「グラント」将軍ト相談ノ上清国公使ヘ談話
シタルコトアリヤ問合ノ件

（外13）一二六　四月二十日
井上外務卿ヨリ清国駐箚宍戸公使宛
井上毅、竹添進一郎派遣ニツキ打合ハセ有リ度旨ニ通知ノ件

（琉球所属問題第一）84　明治十三年四月二十日
米国公使ヨリ井上外務卿宛
琉球三分説ニ関シ「グラント」将軍ト相談シタルコトモ清国公
使ヘ話シタルコトモナキ旨回答

（琉球所属問題第一）85　明治十三年四月二十日
井上外務卿ヨリ宍戸公使宛
琉球三分説ハ無根ノ義ナル旨内信

（琉球所属問題第一）86　明治十三年四月二十一日付
同年五月十日受
宍戸公使ヨリ井上外務卿宛
総署ヨリノ照会文転送ノ件

（琉球所属問題第一）87　光緒六年三月十一日即明治十三年四月十九日付　同年五月十日受
総理衙門ヨリ我外務大臣宛
何人ヲ派遣セラルルヤ問合ノ件

（琉球所属問題第一）88　明治十四年四月二十八日
竹添氏ヨリ井上参議宛
琉球三分説ニ関スル清国ノ意向
○四月十九日李鴻章ニ贈ル書牘

（伊犁）14．明治十三年四月廿八日付　同年五月二十日受
宍戸駐清公使ヨリ井上外務卿宛
第十號訓令ニ對スル答申（趣向特免ノ有無ハ條約再議ニ對スル露國ノ態度ニ由リ決セラル可シ）

（伊犁）16．明治十三年四月廿七日付　××××××
竹添進一郎氏（天津領事）ヨリ大隈参議伊藤参議井上参議宛
清廷ハ露國カ改約ヲ諾セサル場合戦ヲ覚悟セルノ色アリ。露國ハ已ニ之ヲ知ル可ク露ヨリ求メテ戦ニ出ツル事アルマシ（和戦問題ニ對スル清廷ノ趨向及清廷ノ和戦兩黨其二）
「崇厚條約」ニ對スル清廷ノ議論其二（張之洞ノ改約論）

（伊犁）17．××××××井上毅氏報告
崇厚條約ノ毀却カ清廷ニ於テ切論セラルル所以ノ事情（崇厚條約ニ對スル清廷ノ議論其三）
註。
左記ハ第一號ノ后半即チ在北京井上毅氏所稿『伊犁始末併所見』ト題スル一篇ノ后半也

（伊犁）18．明治十三年四月十五日付　同年六月八日受
西駐露代理公使ヨリ井上外務卿宛
明治十三年五月一日付　同　年六月廿一日受
西駐露代理公使ヨリ井上外務卿宛
○崇厚得罪ノ事由トシテ露都ニ傳ヘラルル所。
清國ノ條約再議希望ニ對スル露國ノ態度（今迄ハ只一回清國ノ條約不諾ノ事由ヲ問合セタルニ止マル。條約ニ付テハ露ニ譲歩ノ意ナシ。清ニシテ改議ヲ固執セハ談判ヲ北京ニ移ス可ク。又清ニシテ伊犁力取ヲ試ミハ攻戦ニ出ツ可ク軍備ヲ為シ居レリ）

（伊犁）29．明治十三年五月間
加藤天津領事代理ヨリ上野外務大輔宛
日露提携説（ロンドンタイムス記事）

（李全譯函巻十一）光緒六年四月十一日　請寛減崇厚罪名以固邦交

（李全譯函巻十一）光緒六年四月十五日　請総署奏減崇厚罪名

（琉球所属問題第一）89　明治十三年五月十二日
井上外務卿ヨリ吉田駐米公使宛
琉球三分論ハ「グラント」将軍ノ意志ナリシヤ探問方ノ件

（琉球所属問題第一）90　明治十三年五月十二日付　同年五月
　二十七日受
宍戸公使ヨリ井上外務卿宛
清政府ヲシテ先ツ公文撤回ヲ為サシメ派員スヘキ順序ニ関スル件
（李全譯函巻十一）光緒六年四月十九日　述覆威使婉達
（琉球所属問題第一）91　明治十三年五月十九日付　同年六月
　三日受
宍戸公使ヨリ井上外務卿宛
琉球問題交渉方策ニ関シ伺ノ件
（李全譯函巻十一）光緒六年四月二五日　述英法二使議論
（伊犁）20．明治十三年五月廿六日付　同年六月十日受
宍戸駐清公使ヨリ井上外務卿宛
「崇厚條約」ニ對スル清廷ノ議論其四（張之洞奏議）
改約談判ノ前途ニ關スル看測其三（談判ハ長引ク可キモ急遽開
　戦ニ至ル如キ事アルマシ）
（伊犁）21．明治十三年五月廿九日付　同　年七月二十日受
西駐露代理公使ヨリ井上外務卿宛
清ノ主戦黨凋落スルニアラサレハ戦ハ免レサルヘシトスル露都
　ノ看測ト
露ノ作戦方略
（伊犁）22．明治十三年五、六月間
××××××××
駐支英國公使ノ下津

（琉球所属問題第一）92　明治十三年六月十九日
グラント将軍ヨリ吉田駐米公使宛
琉球問題ニ関スル「グラント」将軍ノ内意
（李全譯函巻十一）光緒六年六月初三日　論中俄交渉兼議購鐵甲
（伊犁）23．明治十三年六月廿三日付　同年七月十五日受
宍戸駐清公使ヨリ井上外務卿宛
コロネル、ゴルドン来清ハ清國戦備ノ一端カトノ看測（和戦問
　題ニ對スル清國ノ趨向及清廷ノ和戦兩黨其（三））
清露戦備ノ情報
（琉球所属問題第一）93　明治十三年六月二十八日
井上外務卿ヨリ左大臣宛
総理衙門ヘノ回答案ニ付上申ノ件
（外13）一二七　六月二九日
井上外務卿ヨリ清国総理各国事務王大臣宛
琉球案件商辨ニツイテ宍戸公使ニ全権委任セラレタル旨回答ノ件
（琉球所属問題第一）94　明治十三年六月二十九日
井上外務卿ヨリ総理衙門宛
琉球問題ハ宍戸公使ニ商弁方命シタルニ付交渉セラレタキ件
（琉球所属問題第一）95　明治十三年六月二十九日
井上外務卿ヨリ宍戸公使宛
公文撤回論ヲ強剛ニ主張スルヲ要セス開談方ノ件
（伊犁）24．明治十三年七月間
××××××××
コロネル　ゴルドン　ノ来清ニ付テ

(伊犁) 25. 明治十三年七月五日付　×××××××××
宍戸駐清公使ヨリ井上外務卿宛
崇厚處斬盛候ノ罪名暫免ノ上諭
(伊犁) 26. 明治十三年七月八日付　同年七月卅一日受
宍戸駐清公使ヨリ井上外務卿宛
第二十五号ノ布衍
右上諭ヲ發スルニ至レル事由其一（英公使及李鴻章等ノ意見ニ
基クモノトスル説及曾紀澤ノ上申ニ由ルトスル説）
(琉球所属問題第二) 96　明治十三年七月十一日
竹添天津領事ヨリ井上外務卿宛
尚泰ヲ沖縄県令ト為スノ案
(伊犁) 27. 明治十三年七月十七日付　同年九月七日受
西駐露代理公使ヨリ井上外務卿宛
露ノ戦備（但シ清公使モ尚未着ノ際ナレハ露カ彌々開戦ニ決ス
可シトモ申シ難シ）
露国カ陰ニ我邦ノ支援ヲ求ムル説其一（レソフスキーノ使命ニ
關スル情報）
(李全譯函巻十一) 光緒六年六月二三日　呈巴使問答節略
(李全譯函巻十一) 光緒六年六月二三日　與徳国巴使晤談節略
(李全譯函巻十一) 光緒六年六月二六日　述巴使調停中俄之意
(李全譯函巻十一) 光緒六年六月二六日　與徳国巴使晤談節略
(伊犁) 28. 明治十三年七月廿二日付　同年八月十三日受
宍戸駐清公使ヨリ井上外務卿宛
英公使李鴻章ト會晤ノ眞相
清露国交危シ（李鴻章ハ開戦ニ覚悟シ居ルトノ情報）
崇厚暫免ノ上諭ヲ發スルニ至レル事由其二（曾紀澤ノ建言ニ基ク）
(李全譯函巻十一) 光緒六年六月三十日　論俄事宜和
(李全譯函巻十一) 光緒六年六月三十日到　譯徳国巴使法文来函
(琉球所属問題第二) 97　明治十三年七月二十八日
井上外務卿ヨリ宍戸公使宛
竹添領事ノ天津赴任ニ際シ照復案ヲ托シタル件
(琉球所属問題第二) 98　明治十三年七月二十八日
井上外務卿ヨリ竹添天津領事宛
尚泰ヲ沖縄県令ニ任スルハ考慮ヲ要スル件
(琉球所属問題第二) 99　明治十三年七月二十八日付
同年八月二十日受
宍戸公使ヨリ井上外務卿宛
琉球問題交渉方ニ関シ疑義ノ点ニ付伺
(清光緒中日交渉史料) 光緒六年六月二四日
軍機處傳知総理各国事務衙門辦理琉球事件上諭片
(琉球所属問題第二) 100　明治十三年八月四日付　同年八月
二十日受
宍戸公使ヨリ井上外務卿宛
御委任状及訓条ニ関スル件
(琉球所属問題第二) 101　明治十三年八月四日
竹添天津領事ヨリ井上外務卿宛

李鴻章ニ面会琉球三分説ハ「グラント」将軍ノ意志ニ非サル旨陳述

（伊犂）29．明治十三年八月四日付　同年八月二十日受
竹添天津領事ヨリ井上外務卿宛
恭親王ニ對スルコロネルゴルドンノ進言

（伊犂）30．明治十三年八月間
××××××××
北京ニ入リテ后コロネルゴルドン動静

（外13）一二八　八月五日
清国総理各国事務王大臣ヨリ井上外務卿宛
琉球案件ニツイテ総理衙門王大臣ニ全権委任セラレタル旨照会ノ件

（琉球所属問題第二）102　明治十三年八月五日付　同年八月二十七日受
総理衙門ヨリ井上外務卿宛
宍戸公使ト交渉ノ件了承ノ旨回答

（伊犂）31．明治十三年八月九日付　××××××
竹添天津領事ヨリ井上外務卿宛
曾紀澤カ未タ露都ニ向ハサル事情ニ關スル露領事内話
和戦問題ニ對スル清廷ノ趨向及清廷ノ和戦兩黨其四（兩黨ノ人々。清ハ到底戦ヲ要求ス可シ。併崇厚歸國ノ頃ニ比スレハ頑迷ナル清廷ノ意向モ變調ヲ呈シ来レリ等ニ付露領事ノ内話）

（伊犂）32．明治十三年八月十一日付　同年八月廿七日受
宍戸駐清公使ヨリ井上外務卿宛
清露國交頗ル危シトノ看測

（伊犂）33．明治十三年八月十二日付　×××××××
竹添天津領事ヨリ井上外務卿宛
コロネルゴルドン急遽離清ハ清廷カ彼ノ進言ヲ嫌忌セルニ由ル（離清ノ事由其一）。清廷和戦兩黨ノ人々。併ニ。近来主戦黨カ主和ニ服セリ等ニ關シ獨領事内話（以上和戦問題ニ對スル清廷ノ趨向及清廷ノ和戦兩黨其五）
曾紀澤未タ露都ニ向ハサル事由ニ關スル獨領事内話

（李全譯函巻十一）光緒六年七月二三日　商改俄約兼論球案

（伊犂）34．明治十三年八月十八日付　同年九月二日受
宍戸駐清公使ヨリ上野外務大輔卿
崇厚全釋ノ上諭（全釋ハ崇厚ノ上申ニ由ル事明記セラル）
和戦問題ニ對スル清廷ノ趨向及清廷ノ和戦兩黨其六（主戦ノ氣焔ハ熄滅ニ近シ。但シ清廷意向ノ急變カ何人ノ斡旋ニ由ルヤ未タ明ナラス）

（伊犂）35．明治十三年八月十八日乃至　同年十二月廿二日
×××××××
曾紀澤及ブーツオフ消息
清國公使曾紀澤ニ付テハ此レ迄已ニ露都ニ着セリトカ露都ヨリ英京ニ歸レリトカ或ハ露側ト談判開始シタリトカ（註一）何レモ誤報カ報告セラレ居タルカ

（琉球所属問題第二）103　明治十三年八月十九日
宍戸公使ヨリ上野外務大輔宛
八月十八日総署大臣ト対話記事送付ノ件
○宍戸公使総署大臣ト対話記事　明治十三年八月十八日

（李全譯函巻十一）光緒六年七月二九日　俄防漸解並議球事

（清光緒中日交渉史料）光緒六年七月十九日
総理各国事務衙門奏陳日本商務並購海防新論摺
（琉球所属問題第二）104　明治十三年八月二十五日付
　同年九月九日受
宍戸公使ヨリ外務卿代理宛
〈別紙〉
八月二十四日総署大臣へ当方見込書交付ノ件
〈別紙〉
八月二十四日於総理衙門宍戸公使対話筆記
明治十三年八月二十四日示総理衙門諸大臣節略
（琉球所属問題第二）105　明治十三年八月三十一日
井上外務卿ヨリ宍戸公使宛
清魯葛藤ノ好機ニ投シ談判方ノ件
（琉球所属問題第二）106　明治十三年八月三十一日
井上外務卿ヨリ竹添天津領事宛
宍戸公使ト協力シ談判ニ尽力セラレ度旨
（伊犂）36．明治十三年八月卅一日付　××××××
品川上海總領事ヨリ井上外務卿宛
和戦問題ニ對スル清廷ノ趨向及清廷ノ和戦兩黨其七（一應ハ主
　和黨優勢ト見ユ）
（伊犂）37．（東京）明治十三年八月三十日発　××××××
　明治十三年八月三十一日付　同年××××××××
井上外務卿ヨリ宍戸駐支公使宛
コロネルゴルドン動静（恭親王ニ對スル進言説ハ眞カ。同人離
　清ノ事由及再ヒ来清ノ見込ノ有無。）併ヒニ。清廷和戦兩黨
　ノ内何レカ勢力ヲ得ルヤ。及八月二十六日兩黨激論ヨリ危機
　ノ招致セラレタル事件ナルモノニ付査報方本省訓令
（琉球所属問題第二）107　明治十三年九月二日
井上外務卿ヨリ吉田駐米公使宛
清魯間ノ葛藤ニ際シ琉球問題ヲ片付タキ意
（伊犂）39．明治十三年九月五日付　××××××××
竹添天津領事ヨリ井上外務卿
露国カ陰ニ日本ノ支援ヲ求ムル風説其二（清国側ノ猜疑）
清廷ニハ崇厚全釋ニ異論多ク改約談判成功セサレハ開戦ノ意気
　込也（和戦問題ニ對スル清廷ノ趨向及清廷ノ和戦兩黨其八）
（伊犂）40．明治十三年九月六日付　同年九月二十三日受
竹添天津領事ヨリ井上外務卿
第三十七号答申（八月二十六日事件ナルモノハ無根○改約談判
　不調ト決スル場合ハ不知夫迄ハ主戦黨ヨリ破裂ノ事ハ有ルマ
　シキ看察。（和戦問題ニ對スル清廷ノ趨向及清廷ノ和戦兩黨
其九）
（琉球所属問題第二）108　明治十三年九月八日付　同年九月
　二十四日受
宍戸公使ヨリ井上外務卿宛
九月三日総署大臣ト会見ノ状況報告
○宍戸公使総署大臣ト対話記事　明治十三年九月三日
（伊犂）41．明治十三年九月八日付　××××××
宍戸駐清公使ヨリ井上外務卿宛
第三十七号答申（八月二十六日事件ナルモノ虚報ナル可シ）
（琉球所属問題第二）109　明治十三年九月十日付

同年九月二十四日受
宍戸公使ヨリ井上外務卿宛
二島分割セバ清国ハ之レニ中山王ヲ冊立スヘシ云々
(琉球所属問題第二) 110 明治十三年九月十二日付
同年九月三十日受
竹添領事ヨリ井上外務卿宛
清国ニテ二島ニ君長ヲ立ツル義ニ関スル件
(伊犁) 42. 明治十三年九月十三日付 ×××××××
井上外務卿ヨリ品川上海總領事及竹添天津領事宛
時局ニ關スル査報方本省訓令
(恭親親李鴻章等ハ主和。醇親王左宗棠等ハ主戰。而シテ大臣不和トハ眞カ。○恭親王ハ貶セラレ李ハ召命ニ應セストハ眞カ。○李ハ初メヨリ主和カ又其醇親王ト不相協ハ何等ノ事由ニ由ルカ。○清露ノ葛藤和平ニ歸セリトハ眞カ○軍機大臣譴責上諭ノ所由。上諭后清廷及京津間ノ民情等査報方)
但シ竹添領事ニ對シテハ前文ノ節略其他電信番号引用ニ際シテ相當ノ變改ヲ加ヘアリ
(琉球所属問題第二) 111 明治十三年九月十四日
井上外務卿ヨリ宍戸公使宛
先方ヨリ仲裁云々申出スモ務メテ仲裁ヲ避クル様到スヘキ旨訓令
(伊犁) 44. (東京) 明治十三年九月十四日発 同年九月十四日着
井上外務卿ヨリ柳原駐露公使宛
曾紀澤談判模様査報方訓令
(伊犁) 45. 明治十三年九月十四日発 ×××××××
柳原駐露公使ヨリ井上外務卿宛
第44号ノ答申 (談判ハ北京ニテ行ハレントス。曾紀澤及ブッオフ動静。露ハ軍備ヲ怠ラサルモ和平ヲ主意トシテ清ト協議ニ入ラントス。)
(琉球所属問題第二) 112 明治十三年九月十五日
井上外務卿ヨリ宍戸公使宛
追加条約ヲ要スル詳細ノ理由
(琉球所属問題第二) 113 明治十三年九月十五日付 同年九月三十日受
宍戸公使ヨリ井上外務卿宛
九月十一日総署大臣ト会見ノ状況ニ関スル件
○宍戸公使総署大臣ト対話記事 明治十三年九月十一日
(伊犁) 43. ××××付 ×××××××受
品川上海總領事ヨリ井上外務卿宛
明治十三年九月十六日付 ××××××××受
竹添天津領事ヨリ井上外務卿宛
明治十三年九月二十一日発 ×××××××着
品川上海總領事ヨリ井上外務卿宛
第42号答申 (清露葛藤和平ニ帰セリトノ報ハ信シ難シ)
(伊犁) 46 明治十三年九月十六日付 ××××××
竹添天津領事ヨリ井上外務卿宛
ゴルドン急遽離清ノ事由其二
和戦問題ニ対スル清廷ノ趨向及清廷ノ和戦兩黨其十 (主戦黨稍々勢ヲ失フ如シ)
(伊犁) 47 東京 明治十三年九月二十六日発 同年十月七日着
井上外務卿ヨリ柳原駐露公使宛

談判経過査報訓令（ブツオフ引返事由及曾ハ談判中ナリヤ）
（琉球所属問題第二）114　明治十三年九月二十九日
井上外務卿ヨリ品川上海総領事宛
魯国人士ニ厚ク接スルニ意ヲ用ユヘキ様訓令
（琉球所属問題第二）115　明治十三年九月二十九日
井上外務卿ヨリ宍戸公使宛
対清政策及中山王冊立ニ関スル件
（琉球所属問題第二）116　明治十三年九月二十九日付
同年十月十四日受
宍戸公使ヨリ井上外務卿宛
九月二十五日総署大臣ト会見ノ状況ニ関スル件
○宍戸公使総署大臣ト対話記事　明治十三年九月二十五日
（伊犁）48．明治十三年九月二十九日付　同年十月十四日受
竹添天津領事ヨリ井上外務卿宛
和戦問題ニ對する清廷ノ趨向及清廷ノ和戦兩黨其十一（淳親王醇親王及六部尚書其他ノ召見）
日清関係不穏説其三（清武官ノ間ニ清廟議對日開戦ニ決セリトノ風説行ハル）
（李全譯函巻十一）光緒六年八月初九日　議俄約応酌允二事
（李全譯函巻十一）光緒六年八月十二日　論俄事勿再交延議
（李全譯函巻十一）光緒六年八月二六日　覆曾候
（伊犁）49．明治十三年十月四日付　××××××××
竹添天津領事ヨリ井上外務卿宛
和戦問題ニ對スル清廷ノ趨向及清廷ノ和戦兩黨其十二（主戦黨寶廷ノ所論
（伊犁）50．明治十三年十月四日付　××××××××
柳原駐露公使ヨリ井上外務卿宛
○談判経過
（兩國共表面平和主義ヲ唱フ。ブツオフノ引返シト談判地ニ關スル兩國意圖ノ食ヒ違ヒ。談判ニ付清國側ハ條約廢棄ニアラス修正ヲ望ム迄ナリト云ヒ露國側ハ談判意ノ如クナラサレハ威力ヲ用ヒントスルカ如シ）
（伊犁）51．明治十三年十月五日付　同年十月二十一日受
竹添天津領事ヨリ井上外務卿宛
第42号答申
（恭親王ハ貶セラレ李鴻章ハ召命ニ應セサルトノ報ハ無根。恭親王ハ主和醇親王ハ主戦ノ説ハ眞。李ハ初メヨリ主和ト認メラル。清露ノ葛藤和平ニ帰セリトハ虚報露ノ要求次第ニテハ清ハ必然戦ニ出ツ可シ。醇親王ノ主戦論及伯親王ノ人物（以上和戦問題ニ對スル清廷ノ趨向及清廷ノ和戦兩黨其十三）○軍機大臣譴責上諭ハ無意味）
（伊犁）52．明治十三年十月五日発　××××××××
柳原駐露公使ヨリ井上外務卿宛
談判経過（清露間形成一變セリ）
（伊犁）53．東京　明治十三年十月八日発　同年十月九日着
井上外務卿ヨリ柳原駐露公使宛
談判経過ニ付査報方（第五十二号中形成一變ノ語ノ意義。和戦何レソ。ブツオフ引返事情其他談判現況査報方）重ネテノ訓令

（伊犁）54．東京　明治十三年十月十日發　×××××
柳原駐露公使ヨリ井上外務卿宛
第五十三號答申（第五十號要領）

（琉球所属問題第二）117　明治十三年十月十二日
井上外務卿ヨリ宍戸公使宛
増加条約締結ノ必要アル理由説明

（琉球所属問題第二）118　明治十三年十月十三日
宍戸公使ヨリ井上外務卿宛
条約案ヲ総署大臣ヘ交付シタル件

（琉球所属問題第二）119
十月七日総理衙門大臣来館対話筆記

（琉球所属問題第二）120
十月十二日総理衙門宍戸公使対話筆記

（琉球所属問題第二）121　明治十三年十月十三日
宍戸公使ヨリ井上外務卿宛
二島分割後清国側ニ於テ王ヲ冊立スル一義ニ関スル件

（伊犁）55．明治十三年9月28日乃至　同年十月二十日
品川上海總領事、竹添天津領事、宍戸駐支公使等ヨリ井上外務卿宛
和戦問題ニ對スル清廷ノ趨向及清廷ノ和戦両黨其十四（和戦ノ見込。和戦両黨ノ人々。及清國ノ兵備ニ關シ區々ノ情報）

（李全譯函巻十一）光緒六年八月二四日　呈曾劼剛電信

（伊犁）56．明治十三年十月十七日付　×××××××××
柳原駐露公使ヨリ井上外務卿宛
談判経過
（英代理公使ノ看測ニ由ルブツオフ引返ノ事情。又同氏ノ看測ニ由レハ條約ニ付キ清ノ修正要求ノ主意ハテケ山隘ノ要害ヲ保持セントスルニアリ。併両國共平和ヲ欲シ開戦ハ容易ニアルマシトノ事）

（李全譯函巻十一）光緒六年八月二六日　述電覆曾使

（外13）129　明治十三年十月二十二日
清国駐箚宍戸公使ヨリ井上外務卿宛
総理衙門ニ於ケル談判結了ノ模様報告ノ件
附属書　十月二十一日宍戸公使総署大臣対話筆記
附記　球案専條

（琉球所属問題第二）122　明治十三年十月二十二日
宍戸公使ヨリ井上外務卿宛
琉球問題落着近日調印ノ運トナリタル件

（外13）130　明治十三年十月十八日
清国駐箚宍戸公使ヨリ井上外務卿宛
清国政府ニ於テ日清新約書調印拒否申出ノ件
附属書　総理衙門照会書

（清光緒中日交渉史料）光緒六年九月二五日
総理各国事務衙門奏與日本使臣議結琉球案摺

（清光緒中日交渉史料）光緒六年九月二六日
右庶子陳寶琛奏倭案不宜遽結摺

（伊犁）38　明治十三年十月三十日付　同　年十一月七日受
品川總領事ヨリ井上外務卿宛
談判ニ際シテノ露国ノ意圖ニ付九月五日ロンドンタイムス所報

（李全譯函巻十一）光緒六年九月初九日　俄事議請退譲並請假曾使便宜

（琉球所属問題第二）123
十月二十一日於総理衙門宍戸公使対話筆記

（琉球所属問題第二）124　明治十三年十一月一日
井上外務卿ヨリ太政大臣宛
井上毅来電談判結了条約近日調印ノ旨上申

（伊犂）57　明治十三年十一月一日付　××××××××
長田駐露代理公使ヨリ井上外務卿宛
談判経過
（談判ニ關スル清國側主張ノ要點ハ曾ヨリ覚書トシテ提出セリ。ブツオフ引返ノ事情。談判地ハ露都ナル可キカ。附。露帝譲位ノ風説）

（李全譯函巻十一）光緒六年九月十六日　請球案緩結

（伊犂）58　明治十三年十一月九日付　××××××××
品川總領事ヨリ井上外務卿宛
露カ陰ニ日本ノ支援ヲ求ムトノ風説其三（英提督ノ質問）

（琉球所属問題第二）125　明治十三年十一月十日
井上外務卿ヨリ宍戸公使宛
交渉順成ノ上ハ夫々実施上ノ準備ヲ要スル件

（琉球所属問題第二）126　明治十三年十一月十三日
井上外務卿ヨリ太政大臣宛
井上毅ノ持帰リタル条約案及附属書類
〈別紙甲号〉　球案条約擬稿
〈別紙乙号〉　加約擬稿
〈別紙丙号〉　憑単擬稿
〈別紙丁号〉　附単稿
〈別紙戊号〉　照覆

（琉球所属問題第二）127　明治十三年十一月十日
宍戸公使ヨリ井上外務卿宛
総署ヨリ調印ノ事申越サザルニ付催促ノ件

（清光緒中日交渉史料）光緒六年十月初四日
軍機處寄直隷総督李鴻章上諭

（李全奏稿巻三九）光緒六年十月初九日　妥籌球案摺

（清光緒中日交渉史料）光緒六年十月初九日
直隷総督李鴻章覆奏球案宜緩允摺

（伊犂）59　明治十三年十一月六日付　××××××××
明治十三年十一月十五日付　××××××××
長田駐露代理公使ヨリ井上外務卿宛
談判経過（「崇厚條約」批准期限ノ延長）

（琉球所属問題第二）128　明治十三年十一月十八日
宍戸公使ヨリ井上外務卿宛
条約案ハ南北洋大臣ノ意見ヲ徴スヘシトノ上諭アリ頓坐ノ件

（外13）131　十一月二十日
天津在勤竹添領事ヨリ井上外務卿宛
李鴻章ノ意向情報ノ件
附記　光緒六年十月初九日李鴻章奏議

（琉球所属問題第二）129　明治十三年十一月二十日

竹添天津領事ヨリ井上外務卿宛
清政府ノ中変ハ李鴻章ノ横矢ヲ入レタルモノナラントノ件
（琉球所属問題第二）130　上海　明治十三年十一月二十八日発
　東京　同年同月同日受
宍戸公使ヨリ井上外務卿宛
南北洋大臣ノ意見ヲ徴スヘキ上諭アリタル件

（伊犁）60　明治十三年十一月二十九日付　××××××××
明治十三年十二月十三日付　××××××××
長田駐露代理公使ヨリ井上外務卿宛
談判経過（ブツオフ引返前後ノ事情ハ露側ノ策略ニ出ツト思ハル○曾紀澤覚書ノ内容及右覚書ニ對スル露國回答ノ意向ニ付テノ情報）

（伊犁）61　東京　明治十三年十一月二十九日発　××××
井上外務卿ヨリ駐露公使宛
談判経過査報方訓令
（註。左記訓電ハ第六十号公信出来上リ后ニ到達セル趣（廿九日付外務卿宛長田代理公使「番外別信添」）ナルカ本訓電ニ對シテハ即日即チ廿九日ヲ以テ第六十号ノ要領ヲ回電シ居レリ今採録略之）

（外13）132　十一月三十日
井上外務卿ヨリ三條太政大臣宛
琉球事件及日清現行條約増加條款署名調印御委任ノ儀上申ノ件
附属書　御委任状案

（外13）133　十一月三十日
井上外務卿ヨリ清国駐箚宍戸公使宛
清国政府ノ結約調印拒否ノ態度ニツイテ詰問方訓令ノ件

（琉球所属問題第二）131　明治十三年十一月三十日
井上外務卿ヨリ太政大臣宛
宍戸公使へ御委任状下付方ノ件

（琉球所属問題第二）132　明治十三年十二月一日
井上外務卿ヨリ宍戸公使宛
宍戸公使へ内訓状送付ニ関スル件

（琉球所属問題第二）133
宍戸公使へ内訓状案

（琉球所属問題第二）134　明治十三年十一月二十四日
宍戸公使ヨリ井上外務卿宛
十一月二十日総署大臣ト面談ノ件
〈別紙〉
十一月二十日於総理衙門宍戸公使対話筆記
（琉球所属問題第二）135　明治十三年十二月一日
宍戸公使ヨリ井上外務卿宛
琉球問題今後ノ措置ニ関スル件

（伊犁）62　明治十三年十二月八日付　××××××××
竹添天津領事ヨリ井上外務卿宛
和戦問題ニ對スル清廷ノ趨向及清廷ノ和戦兩黨其十五
（左宗棠召命○同人ノ召命ハ露カ崇厚條約改議ヲ肯セサルニ於テハ清ニ於テ開戦ノ意圖ヲ示スモノカ）
（清カ上諭ヲ借リテ琉球問題ノ談判遷延ノ策ニ出テタルハ右ト關連セル所アルカトノ看測）

（伊犁）63．明治十三年十二月二十二日付　××××××
竹添天津領事ヨリ井上外務卿宛
ブツオフ赴任ノ途ニ就ケル情報

（外13）一三四　十二月二十七日
清国駐箚宍戸公使ヨリ清国総理各国事務王大臣宛
新約書調印方照会ノ件

（琉球所属問題第二）136　明治十三年十二月二十八日
宍戸公使ヨリ井上外務卿宛
十二月二十七日総署宛照会文発送ノ件報告
○宍戸公使ヨリ総理衙門宛　明治十三年十二月二十七日
上諭ニ関シ清国政府ノ処置ヲ責ムル照会

（外13）一三五　十二月二十七日
清国駐箚宍戸公使ヨリ総理衙門宛
前約調印督促ノ件

（伊犁）64．明治十四年一月一日　××××××××
柳原駐露公使ヨリ井上外務卿宛
談判経過（談判は大体已ニ結了。近ク調印ノ運トナル可シ）

（外14）一一二　一月三日
総理各国事務王大臣ヨリ清国駐箚宍戸公使宛
琉球案件ニツイテ南北洋大臣ノ意見ヲ徴スルハ上諭ノ旨趣ニシテ強イテ案件ヲ淹留スル所以ニ非ザルヲ辨ズルノ件

（外14）一一三　一月五日
清国駐箚宍戸公使ヨリ総理各国事務王大臣宛
全権ヲ委セラレザル者ノ意見ニ俟ッテ條約調印ヲ淹留スルハ公法ノ違反ニシテ斯クテハ琉球案件ニツイテハ我本国ノ処分ニ由ルノ外処置ナキヲ通ズルノ件

（琉球所属問題第二）137　明治十四年一月八日
宍戸公使ヨリ井上外務卿宛
交渉不調ト看做シ公使帰朝決意ノ件
〈別紙丙号〉
田辺書記官総署大臣ト対話記事　明治十四年一月四日

（琉球所属問題第二）138　明治十四年一月八日
宍戸公使ヨリ井上外務卿宛
総署ト交渉上ノ腹案ニ関スル件
〈別紙〉
琉球問題交渉概説

（琉球所属問題第二）139　明治十四年一月十八日
宍戸公使ヨリ井上外務卿宛
宍戸公使最後ノ交渉ニ関スル報告
〈別紙辛号〉
十四年一月十六日総理衙門於テ告別対話筆記

（外14）一一四　一月十一日
総理各国事務王大臣ヨリ清国駐箚宍戸公使宛
南北洋大臣ニ諮詢ノコトハ諭令ニシテ奈何トモシ難キモ聴テ復到次第回答スベキ旨申出ノ件

（外14）一一五　一月十一日
清国駐箚宍戸公使ヨリ総理各国事務王大臣宛
回国ヲ報ジ田邊書記官ヲ臨時公使代理トスル旨照会ノ件

（外14）一一六　一月十二日
総理各国事務王大臣ヨリ清国駐箚宍戸公使宛
告別挨拶並ニ帰国日程ヲ問合セノ件

（外14）一一七　一月十三日

清国駐箚宍戸公使ヨリ総理各国事務王大臣宛
帰国日程ヲ報スルノ件
（外14）一一八　一月十五日
清国駐箚宍戸公使ヨリ総理各国事務王大臣宛
琉球案件ニツイテハ今後自由ノ処置ヲ採ル旨通告ノ件
（外14）一一九　一月十六日
清国駐箚宍戸公使・総理各国事務王大臣対話書
琉球案件調印ニ関スル件
（外14）一二〇　一月十六日
総理各国事務王大臣ヨリ清国駐箚宍戸公使宛
球案調印淹留ニツイテ辨明ノ件
（外14）一二一　一月十七日
清国駐箚宍戸公使ヨリ総理各国事務王大臣宛
球案破約ハ清国側ノ責任ナル旨通告ノ件
附記
一　明治十五年三月三十日竹添領事李鴻章問答
二　明治十五年四月十二日付李鴻章文書
三　明治十八年四月二十日榎本駐清公使李鴻章談話
四　明治十八年五月二十日榎本駐清公使公信抜萃
（伊犁）65．明治十四年一月二十一日付　××××××××
明治十四年一月二十七日付　××××××××
竹添天津領事ヨリ井上外務卿宛
談判結了ノ情報
附。今ニシテ清政府カ琉球問題ノ談判ヲ中變シタル所以ヲ知ル。
清ハ此ヨリ我邦ニ抗敵セント志ス可シ

（伊犁）66．東京　明治十四年一月二十七日頃　同年一月
二十八日着
井上外務卿ヨリ柳原駐露公使宛
談判経過ニ付査報方訓令
曾紀澤ノ變更セシ條約ヲ支那政府ハ准可セシト聞ケリ果テ信ナルヤ
（伊犁）67．明治十四年一月二十九日付　××××××××
柳原駐露公使ヨリ井上外務卿宛
第六十六号答申談判経過（談判ハ近ク結了ス可シ。曾紀澤大使トナル）
（伊犁）68．東京　明治十四年二月一日発　××××××××
井上外務卿ヨリ柳原駐露公使宛
談判経過査報方訓令（修正條約ハ露政府ノ承諾アリタルヤ及其條款）
曾紀澤ノ修正シタル條約ハ魯政府ニ於テ承諾シタルヤ其條款ハ如何充分電報アレ
（伊犁）69．明治十四年二月二日発　××××××××
柳原駐露公使ヨリ井上外務卿宛
第六十八号答申談判経過（露ハ修正條約ニ同意セリ其條款ノ大略）
魯政府ノ承諾シタル所ナリ其條款ハポリポジール即チ伊犁地方凡ソ十分ノ一ヲ魯ニ譲リ其餘ハ悉ク支那ヘ返シ支那ヨリ五百萬ルーブルヲ拂フ事ニ決シタリト然レトモ尚秘密ニシタルヲ以テ充分確言シカタシ
（琉球所属問題第二）140　明治十四年二月三日
井上外務卿ヨリ宍戸公使宛
談判不調ノ場合引上方ニ関スル件

（李全譯函巻十一）光緒六年十二月十六日　俄約已定兼論球案
宍戸公使ノ帰朝ニ関スル当方ノ内意ニ関スル件
井上外務卿ヨリ上野外務大輔宛
（琉球所属問題第二）141　明治十四年二月四日
田辺代理公使ヨリ井上外務卿宛
（琉球所属問題第二）142　上海　明治十四年二月九日発　東京　同年同月同日受
宍戸公使一月二十日北京出発ノ件
独逸公使ハ李鴻章カ問題ヲ起セシモノト信スル由ナル旨
田辺代理公使ヨリ宍戸公使宛
（琉球所属問題第二）143　明治十四年一月二十四日
宍戸公使帰朝迄ノ事情通知ノ件
井上外務卿ヨリ吉田駐米公使宛
（琉球所属問題第二）144　明治十四年二月十日
柳原駐露公使ヨリ井上外務卿宛
（伊犂）70．彼得爾堡　明治十四年二月十一日發　××××
談判経過
註。左記電報ハ何等訓令ニ對スル回答タルカニ見ユルモ當該訓電不見當。又。公信電報トノ連絡モ不明瞭ナレトモ其儘之ヲ掲ク
（伊犂）72．××××××××
中俄改訂條約（光緒七年）及改訂中俄陸路通商章程（同年）成文
（伊犂）73．××××××××
清國ノ中俄改訂條約批准
附。批准交換後ハ東洋派遣露國艦隊ノ引上ク可キ情報
註。左記公文（抜萃謄寫）ニハ年月日宛名差出人等一切略シ居ルモ外務卿宛柳原駐露公使公信ト認メラル
北京引上ケ上海経由帰朝ノ件
宍戸公使ヨリ井上外務卿宛
（琉球所属問題第二）145　明治十四年二月十八日
柳原駐露公使ヨリ井上外務卿宛
（伊犂）71．彼得爾堡　明治十四年二月廿五日發　××××
中俄改訂條約調印
（清光緒中日交渉史料）光緒七年二月初四日　左宗棠説帖
（清光緒中日交渉史料）光緒七年二月初六日　上諭
田辺代理公使ヨリ井上外務卿宛
（琉球所属問題第二）146　明治十四年三月八日
南北洋大臣ノ具奏到斉上諭モ下リタルニ付我公使ヘ回答シタキ旨ノ件
岩倉公ヨリ「グラント」将軍宛
（琉球所属問題第二）147　明治十四年三月三十一日
琉球問題ニ関スル日清交渉不調ニ終リタル件
竹添領事ヨリ井上外務卿宛
（琉球所属問題第二）148　明治十四年五月三日
琉球問題ニ関シ上諭出テ琉球王ヲ復スルノ意ヲ示セシ件
〈別紙〉
○四月二十一日ノ上海申報

（琉球所属問題第二）149　明治十四年六月二十七日
竹添領事ヨリ伊藤井上参議宛
日清開戦ノ噂並ニ兵備ニ関スル件
（伊犁）74．明治十四年六月二十七日付　××××××
竹添進一郎氏（天津領事）ヨリ伊藤参議及井上参議宛
日清關系不穏説其四（左宗棠以下清國武官ノ對日開戰論。伊犁
　條約ニ於テハ清國頑固黨ハ中國ノ威力ヲ以テ露ヲ畏服セシメ
　タリト自負セルナル可ク琉球問題ヘノ影響不少警戒ノ要ア
　リ）
（琉球所属問題第二）150　明治十四年十二月十五日
竹添天津領事ヨリ井上外務卿宛
琉球問題ニ関シ李鴻章ト談話ノ概略
（琉球所属問題第二）151　明治十五年一月十八日
井上外務卿ヨリ竹添天津領事宛
琉球問題ニ関シ李鴻章ノ意見探知方ノ件
（琉球所属問題第二）152　明治十五年二月三日
竹添天津領事ヨリ井上外務卿宛
南北洋大臣ノ密奏内容報告ノ件
〈別紙〉
北洋大臣李奏
〈別紙〉
南洋大臣劉奏
（李全譯函巻十三）光緒八年正月初五日　重議球案
（琉球所属問題第二）153　明治十五年二月二十四日
竹添領事ヨリ井上外務卿宛
二月十七日李鴻章ト対談ノ要領
（李全譯函巻十三）光緒八年正月十五日　論球案並覆核越南條議
（李全譯函巻十三）光緒八年二月十二日　議球案並呈竹添進一
問答
（李全譯函巻十三）光緒八年二月十二日　與日本領事竹添進一
筆談節略
（李全譯函巻十三）光緒八年二月十二日　議球案並呈竹添進一
筆談節略
（琉球所属問題第二）154　明治十五年三月三十一日
竹添領事ヨリ井上外務卿宛
李鴻章ノ琉球問題解決方ニ関スル意向
（琉球所属問題第二）155　明治十五年四月十五日
竹添領事ヨリ井上外務卿宛
琉球問題ニ関シ李鴻章ノ苦慮
（琉球所属問題第二）156　明治十五年七月二十九日
田辺代理公使ヨリ井上外務卿宛
琉球問題ニ関スル風説ニ関スル件
（琉球所属問題第二）157　明治十六年二月十二日
榎本駐清公使ヨリ井上外務卿宛
琉球問題ニ付テハ総署ヨリ未タ何事モ申出サル件
（琉球所属問題第二）158　明治十六年四月十九日

井上外務卿ヨリ榎本公使宛
日清間不穏ノ風説不少ニ付李ノ心中ヲ探リテハ如何

(琉球所属問題第二) 159 明治十六年四月
榎本公使ヨリ井上外務卿宛
琉球問題ニ関スル李鴻章ノ意向ニ関スル件

(琉球所属問題第二) 160 明治十六年七月十一日
井上外務卿ヨリ竹添公使宛
清国ハ琉球国王ヲ復シタキ考依然タレトモ我ニ於テ能ハサル件

(琉球所属問題第二) 161 明治十六年七月三十一日付 同年八月十日受
品川上海総領事ヨリ井上外務卿宛
佛総領事ヨリ安南琉球両問題ヲ同時ニ解決スルノ策ニ付話アリシ件

(琉球所属問題第二) 162 明治十六年八月二十九日
井上外務卿ヨリ品川総領事宛
琉球問題ハ清政府ヨリ再議スルニ非サレハ我ヨリ発議セサル件

(琉球所属問題第二) 163 明治十六年十月十日
井上外務卿ヨリ榎本駐清公使宛
琉球問題ニ関シ清国政府ノ疑団ヲ氷解セシムル義ニ関スル件

(琉球所属問題第二) 164 明治十七年十月十五日
榎本公使ヨリ井上外務卿宛
琉球問題ニ関シ米公使ノ所言ニ関スル件

(琉球所属問題第二) 165 明治十八年四月二十日
榎本公使李鴻章ト対話記事
本記事ハ伊藤大使天津条約締結ヲ終リ出発シタル翌日会見ノ記事中琉球ニ関スル分ノミ載録ス

○井上外務卿ヨリ榎本公使宛 明治十八年五月十六日発
琉球問題ノ為メナラハ寧ロ李鴻章ノ来朝ヲ欲セサル件

○榎本公使ヨリ井上外務卿宛 明治十八年五月二十日
琉球問題ハ清政府ヨリ懇請アルニ非サレハ我ヨリ発議セサル件

○琉球復旧運動

(琉球所属問題第二) 166 明治十八年七月十八日
琉球人亀川盛棟訊問調書

(琉球所属問題第二) 167 明治十八年七月十九日
琉球人神山庸忠訊問調書

(琉球所属問題第二) 168 明治二十年九月
尚龍章外二人ヨリ閩浙総督宛
福州滞在琉球人ヨリ閩浙総督ニ差出シタル歎願書

(琉球所属問題第二) 169 安政元年六月十七日
米国琉球間条約

(琉球所属問題第二) 170 安政二年十月十五日
佛国琉球間条約

(琉球所属問題第二) 171 安政六年六月七日
和蘭国琉球間条約

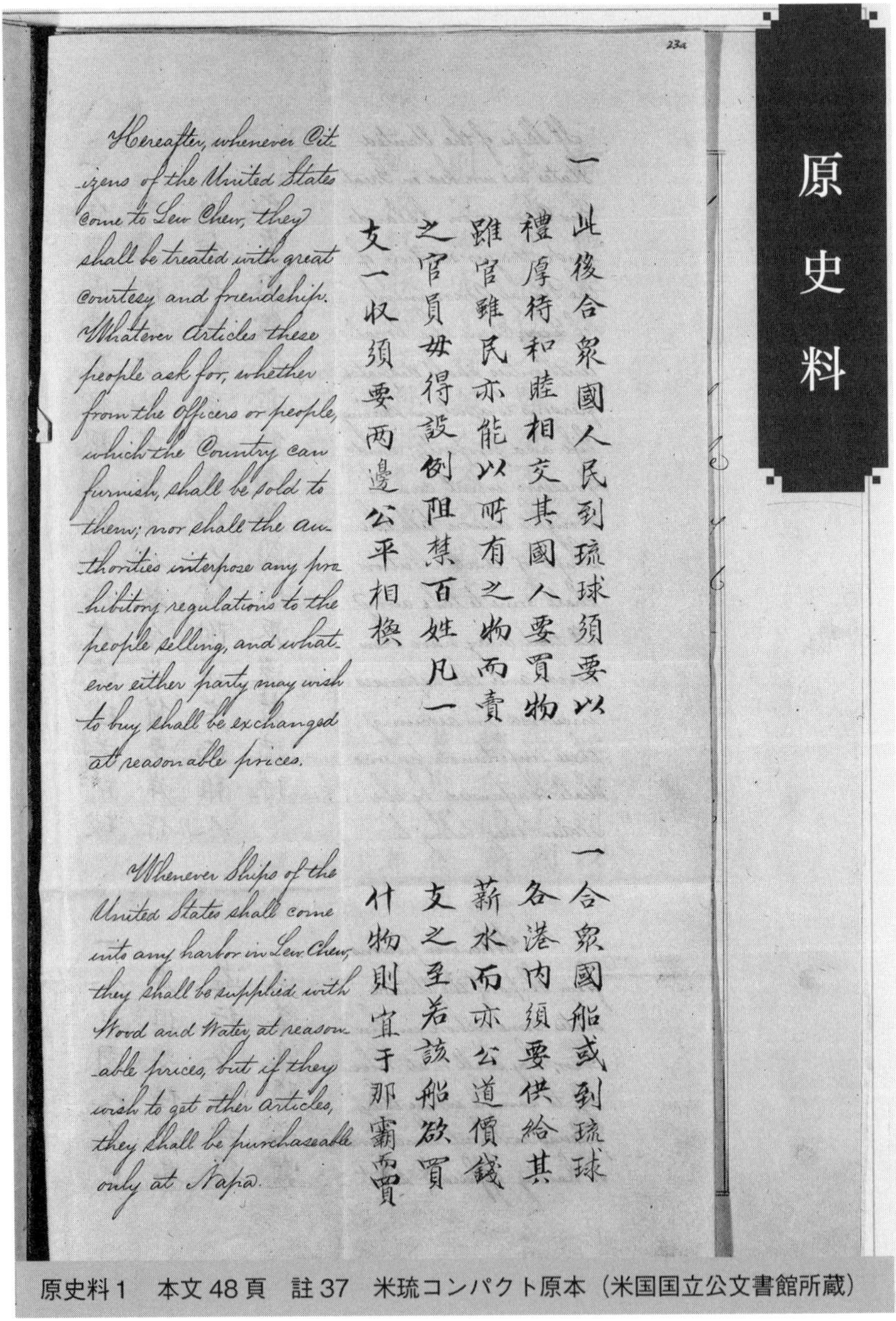

Hereafter, whenever Citizens of the United States come to Lew Chew, they shall be treated with great courtesy and friendship. Whatever Articles these people ask for, whether from the Officers or people, which the Country can furnish, shall be sold to them; nor shall the authorities interpose any prohibitory regulations to the people selling, and whatever either party may wish to buy shall be exchanged at reasonable prices.

Whenever Ships of the United States shall come into any harbor in Lew Chew, they shall be supplied with Wood and Water at reasonable prices, but if they wish to get other articles, they shall be purchaseable only at Napa.

一此後合衆國人民到琉球須要以禮厚待和睦相交其國人要買物雖官雖民亦能以所有之物而賣之官員毋得設例阻禁百姓凡一支一收須要兩邊公平相換

一合衆國船或到琉球各港内須要供給其薪水而亦公道價錢支之至若該船欲買什物則宜于那霸而買

原史料1　本文48頁　註37　米琉コンパクト原本（米国国立公文書館所蔵）

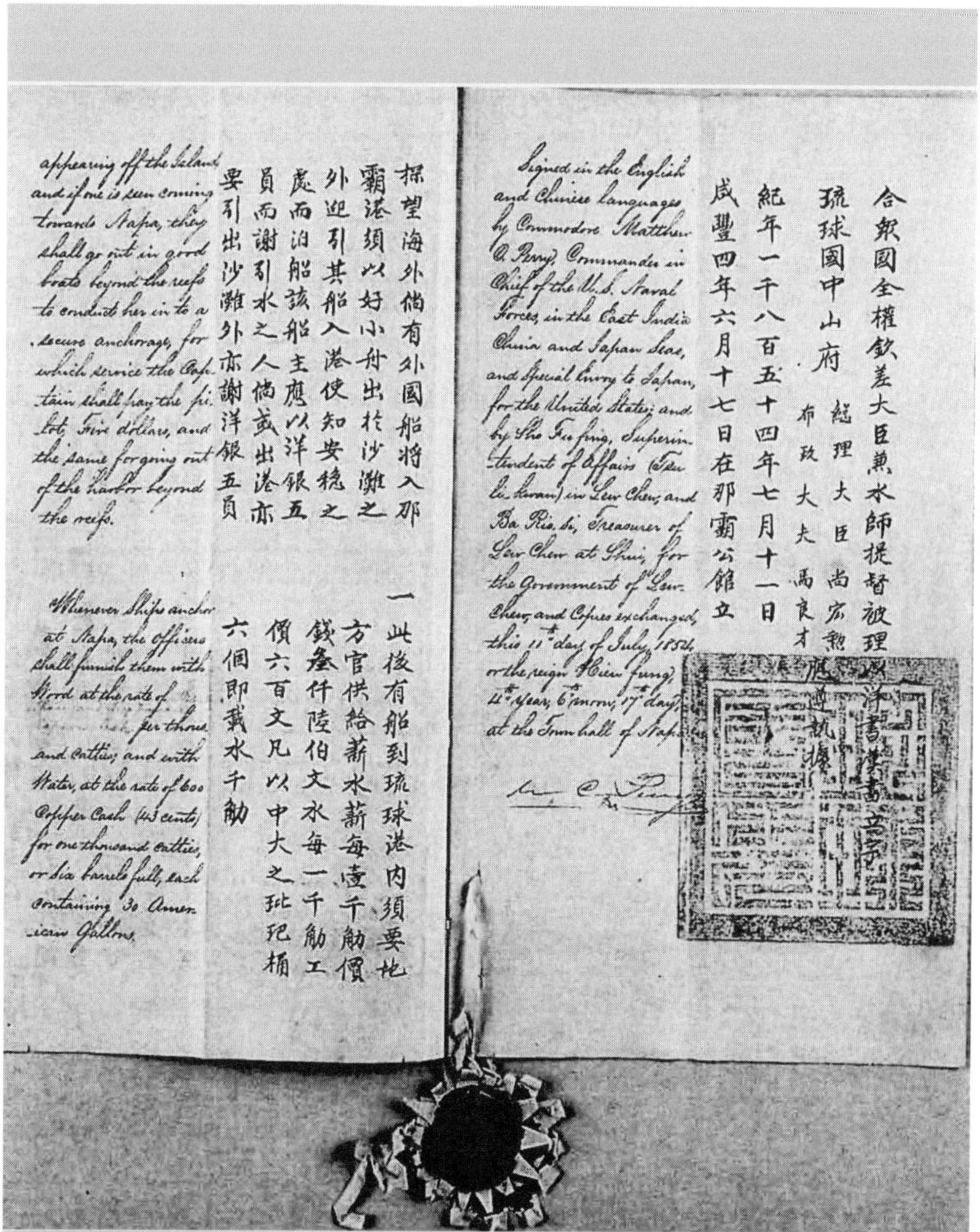

appearing off the Island, and if one is seen coming towards Napa, they shall go out in good boats beyond the reefs to conduct her in to a secure anchorage, for which service the Captain shall pay the pilot Five dollars, and the same for going out of the harbor beyond the reefs.

採望海外倘有外國船將入那覇港須以好小舟出於沙灘之外迎引其船入港使知安穩之處而泊船該船主應以洋銀五員而謝引水之人倘或出港亦要引出沙灘外亦謝洋銀五員

Whenever Ships anchor at Napa, the Officers shall furnish them with Wood at the rate of [illegible] per thousand catties; and with Water, at the rate of 600 copper Cash (43 cents) for one thousand catties, or six barrels full, each containing 30 American Gallons.

一 此後有船到琉球港内須要地方官供給薪水薪每壹千觔價錢叁仟陸伯文水每一千觔工價六百文凡以中大之𣗳杷桶六個即載水千觔

Signed in the English and Chinese languages by Commodore Matthew C. Perry, Commander in Chief of the U.S. Naval Forces in the East India, China and Japan Seas, and Special Envoy to Japan, for the United States; and by Sho Fu fing, Superintendent of Affairs (Tsu li Kwan) in Lew Chew, and Ba Rio si, Treasurer of Lew Chew at Shui, for the Government of Lew Chew, and Copies exchanged, this 11th day of July, 1854, or the reign Hien fung 4th year, 6th moon, 17th day, at the Town hall of Napa.

合衆國全權欽差大臣兼水師提督被理以洋書漢書立字

琉球國中山府 總理大臣尚宏勳

布政大夫馬良才

紀年一千八百五十四年七月十一日

咸豐四年六月十七日在那覇公館立

原史料2　本文48頁　註37　米琉コンパクト原本（外務省外交史料館所蔵）

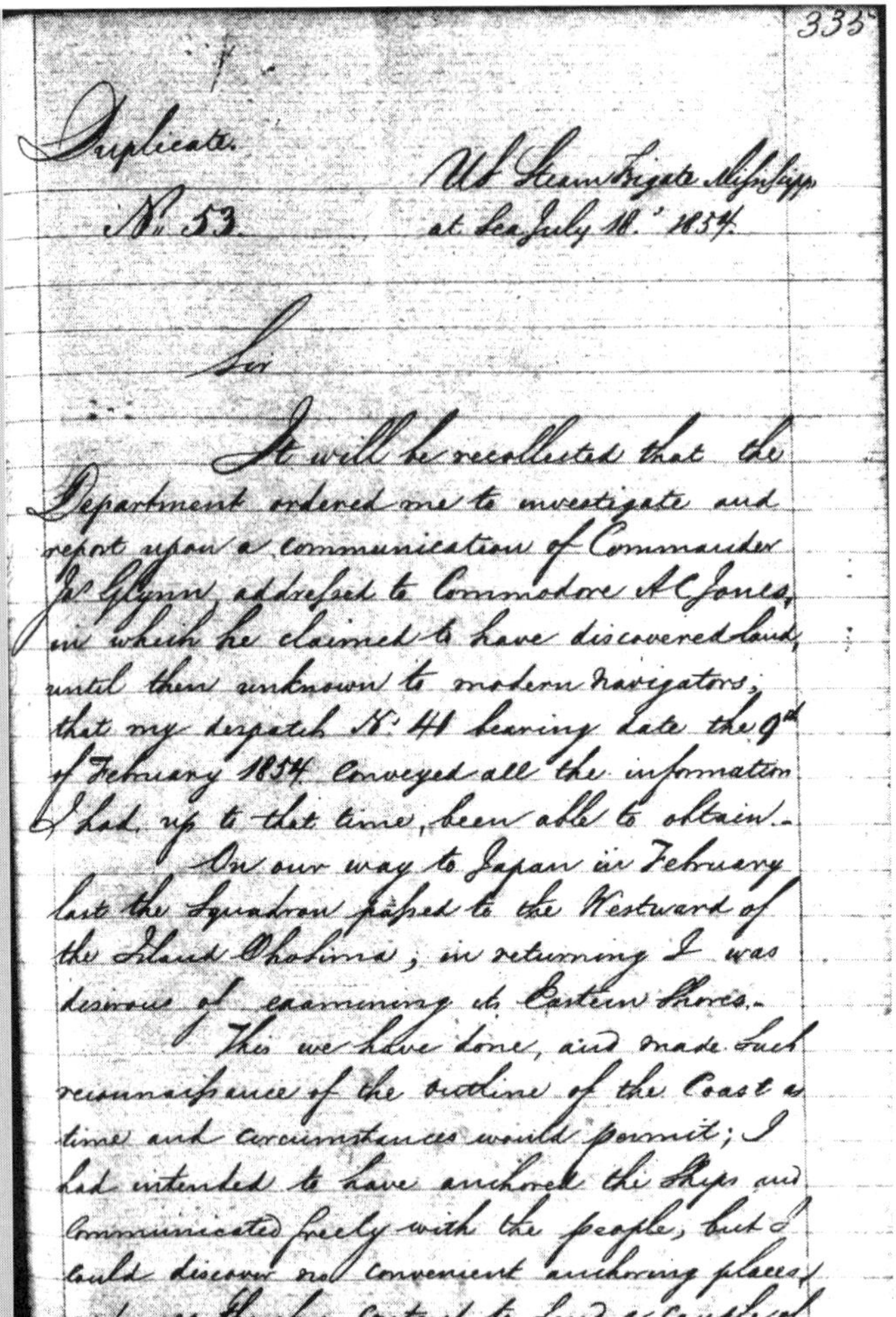

335

Duplicate.

U.S. Steam Frigate Mississippi
No. 53. at Sea July 18th 1854.

Sir

It will be recollected that the Department ordered me to investigate and report upon a communication of Commander Jas Glynn addressed to Commodore A C Jones, in which he claimed to have discovered land, until then unknown to modern navigators; that my despatch No. 41 bearing date the 9th of February 1854 conveyed all the information I had up to that time, been able to obtain.

On our way to Japan in February last the Squadron passed to the Westward of the Island Ohosima; in returning I was desirous of examining its Eastern Shores.

This we have done, and made such reconnaissance of the outline of the Coast as time and circumstances would permit; I had intended to have anchored the Ships and communicated freely with the people, but I could discover no convenient anchoring places, and was therefore content to send a couple of boats from the Mississippi in charge of Lieut

The Honorable
James C Dobbin
Secretary of the Navy
Washington

J C

原史料3　本文54－55頁　註53　1854年7月18日　米琉コンパクトの調印後、ペリーが琉球の独立性と従属性について私見を述べている。

336

tenants Maury and Webb, if for nothing more than to say, that the Americans had had communication with a land never before visited by a Christian person.-

The reports of these Officers represent the people as very similar to those of Lew Chew, but of less thrifty appearance.-

The opinions expressed in my despatch N°41 have been confirmed by subsequent observations, and Lew Chew it appears, is in a measure an independent Sovereignty, holding only slight allegiance either to Japan or China, but preferring rather its relationship to the latter Empire; that the Islands stretching from Formosa to Kiushiu are all under its sovereignty, and are in such intercourse with the parent Island Great Lew Chew, as the imperfect character of their means of navigation will allow.-

The Chart forwarded with despatch N°41 will be revised as we have since discovered some new dangers, and will be transmitted to the Department in due time.-

With great respect
I am Sir
Your most obedient Servant.

M. C. Perry
Commander in chief U.S. Naval Forces
East India, China & Japan Seas

Note. The Chart above referred to was compiled in haste to send home by Command

No 63.

U. S. S. F. Mississippi
Hong Kong, Sept 5th 1854.

Sir,

I have the honor to transmit herewith one of three originals of the Compact entered into by me with the Royal Government of Lew Chew.

One will be taken home by me, via Europe, and another will go home with other papers in the "Mississippi."

With great Respect,
I am, Sir,
Your most Obdt Servt.

M. C. Perry

Commdr in Chief U. S. Naval Forces
East India, China & Japan Seas.

To The Honorable
James C. Dobbin,
Secretary of the Navy.
Washington D. C.

原史料4　本文63頁　註67　1854年9月5日
ペリー→米国本国　米琉コンパクト原本を本国へ郵送

BY THE PRESIDENT OF THE UNITED STATES OF AMERICA.

A PROCLAMATION.

July 11, 1854.

WHEREAS a compact between the United States of America and the royal government of Lew Chew was entered into at Napa, by their respective plenipotentiaries on the eleventh day of July, one thousand eight hundred and fifty-four, which compact is word for word as follows: —

Trade allowed at Lew Chew.

Hereafter, whenever citizens of the United States come to Lew Chew, they shall be treated with great courtesy and friendship. Whatever articles these people ask for, whether from the officers or people, which the country can furnish, shall be sold to them; nor shall the authorities interpose any prohibitory regulations to the people selling, and whatever either party may wish to buy shall be exchanged at reasonable prices.

Trade where to be carried on.

Whenever ships of the United States shall come into any harbor in Lew Chew they shall be supplied with wood and water at reasonable prices; but if they wish to get other articles, they shall be purchasable only at Napa.

Wrecks.

If ships of the United States are wrecked on Great Lew Chew, or on islands under the jurisdiction of the royal government of Lew Chew, the local authorities shall dispatch persons to assist in saving life and property, and preserve what can be brought ashore till the ships of that nation shall come to take away all that may have been saved; and the expenses incurred in rescuing these unfortunate persons shall be refunded by the nation they belong to.

Stipulations respecting conduct of Americans who land.

Whenever persons from ships of the United States come ashore in Lew Chew, they shall be at liberty to ramble where they please without hindrance or having officials sent to follow them, or to spy what they do; but if they violently go into houses, or trifle with women, or force people to sell them things, or do other such like illegal acts, they shall be arrested by the local officers, but not maltreated, and shall be reported to the captain of the ship to which they belong for punishment by him.

Burial-ground.

At Tumai is a burial-ground for the citizens of the United States, where their graves and tombs shall not be molested.

Pilots.

The government of Lew Chew shall appoint skillful pilots, who shall be on the lookout for ships appearing off the island, and if one is seen coming towards Napa, they shall go out in good boats beyond the reefs to conduct her in to a secure anchorage, for which service the captain shall pay the pilot five dollars, and the same for going out of the harbor beyond the reefs.

Price of wood and water.

Whenever ships anchor at Napa, the officers shall furnish them with wood at the rate of three thousand six hundred copper cash per thousand catties; and with water at the rate of 600 copper cash (43 cents) for one thousand catties, or six barrels full, each containing 30 American gallons.

Signed in the English and Chinese languages, by Commodore Matthew C. Perry, commander-in-chief of the United States naval forces in the East India, China, and Japan seas, and special envoy to Japan for the United States; and by Sho Fu fing, superintendent of affairs (Tsu-li-kwan) in Lew Chew; and Ba Rio-si, treasurer of Lew Chew, at Shui, for the government of Lew Chew, and copies exchanged this 11th day of July, 1854, or the reign Hien fung, 4th year, 6th moon, 17th day, at the Town Hall of Napa.

M. C. PERRY.

To the Senate of the United States:

I nominate Artberton Hall to be deputy postmaster at White Hall, New York, vice William G. Wolcott, removed.

FRANKLIN PIERCE.

WASHINGTON, D. C., *July 12th*, 1854.

To the Senate of the United States:

I nominate Nicholas G. Chesebro to be deputy postmaster at Canandaigua, New York, vice Ira L. Whitney, removed.

FRANKLIN PIERCE.

WASHINGTON, D. C., *July* 12, 1854.

To the Senate of the United States:

I nominate Elmore P. Ross to be deputy postmaster at Auburn, New York, vice Ethan A. Warden, removed.

FRANKLIN PIERCE.

WASHINGTON, D. C., *July* 12, 1854.

To the Senate of the United States:

I nominate John S. Annable to be deputy postmaster at Hudson, New York, vice R. A. Barnard, removed.

FRANKLIN PIERCE.

WASHINGTON, D. C., *July* 12, 1854.

To the Senate of the United States:

I nominate Merritt H. Brown to be deputy postmaster at Dansville, New York, vice Charles Shephard, removed.

FRANKLIN PIERCE.

WASHINGTON, D. C., *July* 12, 1854.

To the Senate of the United States:

I nominate Charles Henry Davis, now a lieutenant, to be a commander in the Navy, from the 12th of June, 1854, vice Commander Joseph Moorehead, deceased;

William A. Webb, now a master in the line of promotion, to be a lieutenant in the Navy, from the 12th of June, 1854, vice Lieutenant Charles Henry Davis, promoted;

Joseph S. Day, now a master in the line of promotion, to be a lieutenant in the Navy, from the 21st of June, 1854, vice Lieutenant Robert W. Shufeldt, resigned; and

Maurice Simons, now a master in the line of promotion, to be a lieutenant in the Navy from the 30th of June, 1854, vice Lieutenant C. St. George Noland, resigned.

FRANKLIN PIERCE.

WASHINGTON, *July* 12, 1854.

To the Senate of the United States:

I transmit to the Senate for its consideration, with a view to ratification, a treaty between the United States and the Empire of Japan, signed at Kanagawa on the 31st day of March last by the plenipotentiaries of the two Governments. The Chinese and Dutch translations of the instrument and the chart and sketch to which it refers are also herewith communicated.

FRANKLIN PIERCE.

WASHINGTON, 12th *July*, 1854.

原史料6　本文61－62頁　註65　米国議会①

日米和親条約　a treaty between the United States and the Empire of Japan

MAR. 3, 1855.] EXECUTIVE JOURNAL. 435

1854, was read the second time, and considered as in Committee of the Whole; and no amendment being made, it was reported to the Senate.

Mr. Mason submitted the following resolution for consideration:

Resolved (*two-thirds of the Senators present concurring*), That the Senate advise and consent to the ratification of the compact between the United States of America and the Royal Government of Lew Chew, entered into at Napa on the 11th of July, 1854.

The Senate, by unanimous consent, proceeded to consider the said resolution, and unanimously agreed thereto.

Ordered, That the Secretary lay the said resolution before the President of the United States.

The convention between the United States of America and His Highness the Duke of Brunswick and Luneburg, concluded at Washington the 21st day of August, 1854, was read the second time, and considered as in Committee of the Whole; and the reported amendment having been unanimously agreed to, and no further amendment being made, the convention was reported to the Senate and the amendment was unanimously concurred in.

Mr. Mason submitted the following resolution for consideration:

Resolved (*two-thirds of the Senators present concurring*), That the Senate advise and consent to the ratification of the convention between the United States of America and His Highness the Duke of Brunswick and Luneburg, concluded at Washington the 21st day of August, 1854, with the following amendment, viz:

Article 1, line 5, after the word "other," insert the following: *subject to the laws of the State or country where the domicil is or the property is found.*

The Senate proceeded, by unanimous consent, to consider the said resolution, and agreed thereto.

Ordered, That the Secretary lay the said resolution before the President of the United States.

The convention between the United States of America and the Republic of Mexico, concluded at the city of Mexico the 8th day of January, 1855, was read the second time, and considered as in Committee of the Whole; and no amendment being made, it was reported to the Senate.

Mr. Mason submitted the following resolution for consideration:

Resolved (*two-thirds of the Senators present concurring*), That the Senate advise and consent to the ratification of the convention between the United States of America and the Republic of Mexico, concluded at the city of Mexico the 8th day of January, A. D. 1855.

The Senate, by unanimous consent, proceeded to consider the said resolution, and unanimously agreed thereto.

Ordered, That the Secretary lay the said resolution before the President of the United States.

The convention for the mutual extradition of fugitives from justice in certain cases, concluded between the Government of the United States on the one part and the Kingdom of Hanover on the other part, at London, the 18th day of January, A. D. 1855, was read the second time, and considered as in Committee of the Whole, and no amendment being made, it was reported to the Senate.

Mr. Mason submitted the following resolution for consideration:

Resolved (*two-thirds of the Senators present concurring*), That the Senate advise and consent to the ratification of the convention for the mutual extradition of fugitives from justice in certain cases, concluded between the Government of the United States on the one part and the

原史料7　本文61頁　註64　米国議会②
米琉コンパクト　compact between the United States of America and the Royal Government of Lew Chew

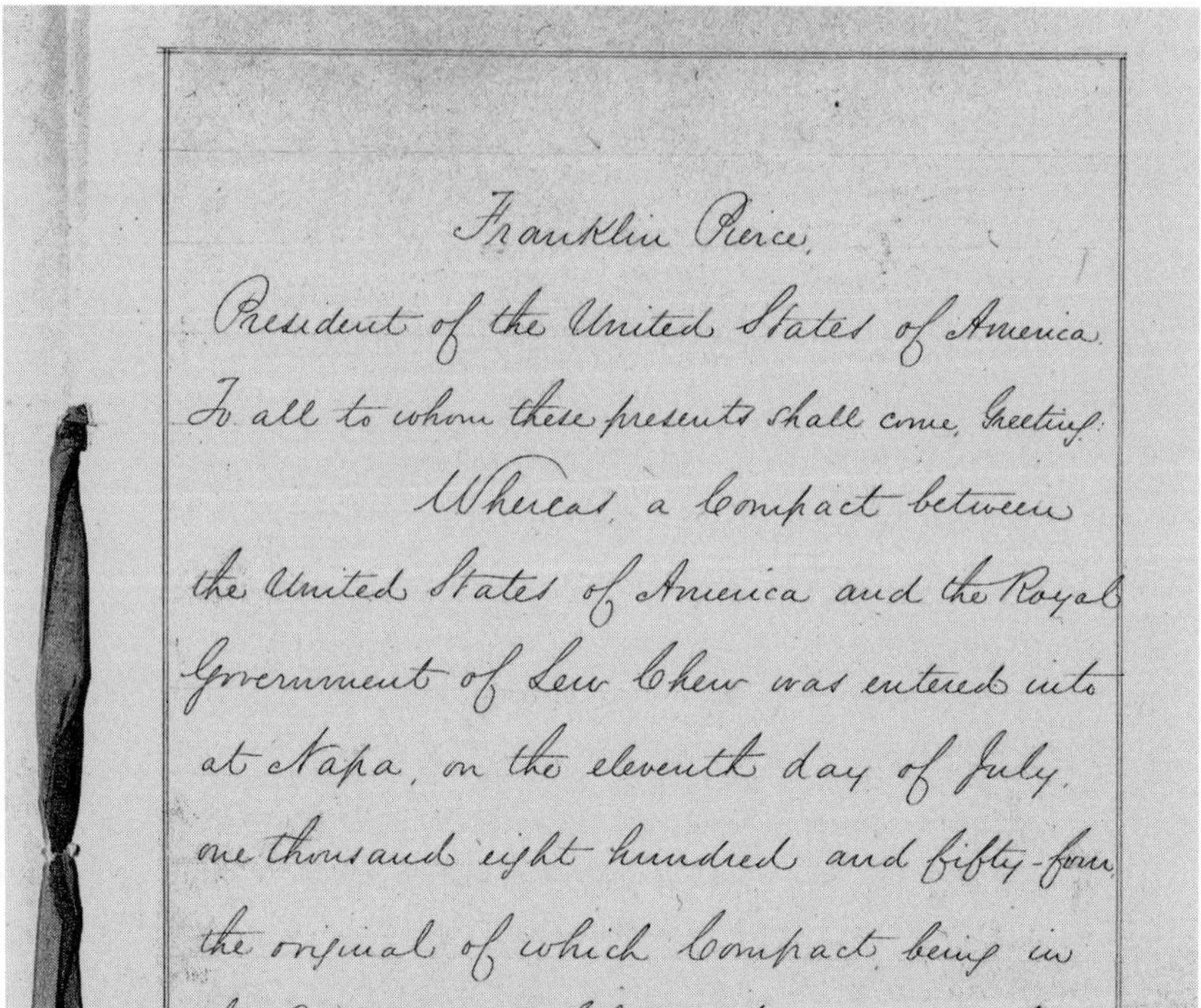

Franklin Pierce,

President of the United States of America.

To all to whom these presents shall come, Greeting:

Whereas, a Compact between the United States of America and the Royal Government of Lew Chew was entered into at Napa, on the eleventh day of July, one thousand eight hundred and fifty-four, the original of which Compact, being in the English and Chinese languages, is hereto annexed:

And whereas the Senate of the United States by their Resolution of the third instant, two-thirds of the Senators then present concurring, did advise and

原史料8　本文53－54頁　註52

大統領批准書原本にも「Compact」が明記されている。（米国国立公文書館所蔵）

Treaty Series No. 194
10 Statutes at Large, 1101-2
18 *ibid.*, pt. 2, Public Treaties, 460

166

LOOCHOO (RYUKYU) : JULY 11, 1854

Compact, signed at Naha July 11, 1854. Original in English and Chinese.

Submitted to the Senate December 12, 1854. (Message of December 5, 1854.) Resolution of advice and consent March 3, 1855. Ratified by the United States March 9, 1855. Not subject to ratification by Loochoo. Proclaimed March 9, 1855.

The English version of the compact is first printed; then follows the Chinese version, which is reproduced in facsimile (somewhat reduced) page for page from the original document.

Hereafter, whenever Citizens of the United States come to Lew Chew, they shall be treated with great courtesy and friendship. Whatever Articles these people ask for, whether from the officers or people, which the Country can furnish, shall be sold to them; nor shall the authorities interpose any prohibitory regulations to the people selling, and whatever either party may wish to buy shall be exchanged at reasonable prices.

Whenever Ships of the United States shall come into any harbor in Lew Chew, they shall be supplied with Wood and Water, at reasonable prices, but if they wish to get other articles, they shall be purchaseable only at Napa.[1]

If Ships of the United States are wrecked on Great Lew Chew or on Islands under the jurisdiction of the Royal Government of Lew Chew, the local authorities shall dispatch persons to assist in saving life and property, and preserve what can be brought ashore till the Ships of that Nation shall come to take away all that may have been saved; and the expenses incurred in rescuing these unfortunate persons shall be refunded by the Nation they belong to.

Whenever persons from Ships of the United States come ashore in Lew Chew, they shall be at liberty, to ramble where they please without hindrance or having officials sent to follow them, or to spy what they do; but if they violently go into houses; or trifle with

[1] Or Naha, where the compact was signed; the port and chief town of Okinawa Shima, the largest of the Ryukyu Islands; that island is the "Great Lew Chew" of the paragraph following.

743

原史料9　本文27頁　Hunter Miller ①
琉球とペリー、明治政府と米国駐日公使の外交を解説

the morning of the 17th inst in company with the Powhatan, the Lexington having sailed two days before for Hong Kong.

The Powhatan was on the same day despatched for Ning-po-Fou, Fuh-chow-fuh and Amoy on the Coast of China, to inquire into the interests of Americans, resident at those places, and from Amoy to proceed to Hong Kong.

I had intended to have accompanied her with the Mississippi, but in consideration of the long interval of time since we have received communications from Washington, and being aware of the existence of war in Europe, on further reflected I thought it more advisable to proceed at once to Hong Kong, where I hope to arrive in two or three days.

Thus, Sir, I have finished the work assigned to me with respect to Japan, and I trust that on my arrival in China, I may find letters from the Department authorizing my return to the United States, a relief made the more necessary to me for reason of continued ill health, and consequent debility.

Duration of the Compact

In 1869 the territorial rights of the daimios were surrendered to the Emperor of Japan (see Gubbins, *op. cit.*, 13–15, 191–211); included in the cession were the rights of the Prince or Lord of Satsuma over Loochoo; in 1872 the Government of Japan asserted sovereignty over Loochoo and, by note of November 5, 1872, declared that as Loochoo was "an integral portion of the Japanese Empire it is natural that the provisions of a compact entered into between the Lew Chew and the United States on the 11th of July, 1854, will be observed by this government" (Foreign Relations, 1873, pt. 1, 555);[1] this course was acquiesced in by the United States; in an instruction of December 18, 1872, to Charles E. De Long, Minister at Tokyo, Secretary of State Fish wrote (D.S., 2 Instructions, Japan, 32–33; see Foreign Relations, 1873, pt. 1, 553–55, 564):

> I am in the receipt of your N? 302, dated the 6th day of November.
>
> You state that the Kingdom of Lew Chew has become formally incorporated into the Japanese Empire, the King reduced to the condition of an Ex-Daimio and assigned a residence in Yedo which he has accepted. That you had called the attention of the Japanese Government to the compact of July 1854, between the United States and Lew Chew and had inquired if that compact would be respected and observed by the Japanese Government within the former territorial limits of Lew Chew, and had obtained from the Japanese Government a declaration that they will be observed.
>
> Your action in this matter is approved. It is supposed that the absorption or incorporation of one State by another does not discharge or release within the limits of the absorbed or incorporated State the obligation which it may be under to a third power at the time of such absorption or incorporation.[2]

Perhaps the correspondence of 1872 was overlooked; copies of despatches of April 8 and May 30, 1875, with the enclosure to the former, from Benjamin P. Avery, Minister to China (printed in Foreign Relations, 1875, pt. 1, 313–16, 331–32), were sent to John A. Bingham, successor to De Long as Minister to Japan, with an instruction wherein Secretary of State Fish wrote (D.S., 2 Instructions, Japan, 274–75, July 29, 1875):

[1] It appears that treaty obligations of Loochoo to other Governments were similarly assumed by Japan at this time (see Chamberlain, *op. cit.*, 314–15).

[2] With this generalization compare the American note of June 25, 1897, printed in Moore, Digest, V, 348–50.

原史料10　本文28頁　Hunter Miller②　米国政府・米国駐日公使・明治政府外務卿が米琉コンパクトの扱いについて確認している史料を解説

A compact was concluded between the United States and the Royal Government of Lew Chew on the 11th June [*July*] 1854 (to which you are referred) granting certain privileges to American citizens and vessels going to the Lew Chew Islands. . . .

You will examine into the question and, in the event of any consolidation of those Islands by Japan, see to it that our compact be preserved, unless it should be found more advantageous to this country to apply the treaty with Japan, or such part as may be applicable to the territory referred to.

Bingham reported by his despatch of June 5, 1876, enclosing copies of his correspondence with the Japanese Minister of Foreign Affairs, Terashima Munenori (D.S., 32 Despatches, Japan, No. 409, and enclosures), who wrote under date of May 31, 1876:

I have the honor to acknowledge receipt of your Excellency's communication dated the 4th April 1876 in which your Excellency inquires by instruction of your Government whether new conditions were entered into during the last and the present year between our government and that of Lew Chew Islands and, if so, whether anything has been done which changes in any wise the subsisting compact between your government and the Lew-Chew Han which was concluded on the 11th of December [*July*] 1854.

I beg leave in reply to inform Your Excellency that Lew Chew was made a Han under the Japanese Government in the 9th month of the 5th year Meiji (Sep. 1872). Since the 7th year Meiji (1874) some officials of the Naimusho (Interior Department.) reside there who are authorized to manage all the matters which concern foreign countries, in the same year a mail steamer began to ply between Tokio and that Han. In the next 8th year Meiji (1875) an information was made to that Han that a military Station will be established there for its protection. I also beg to state that an information will be made to you whenever we have any thing which would necessarily cause changes in the compact existing between your government and the Lew Chew Han as further changes are intended to be made in that Han.

This Government has not at any time interfered with the rights of the United States as secured by its subsisting compact with the Lew Chew Islands and before taking such action this Government will confer with the Government of the United States.

An instruction to Bingham of October 9, 1878, included these passages (D.S., 2 Instructions, Japan, 455–58; see also the memorandum of Alvey A. Adee, then Chief of the Diplomatic Bureau, dated October 5, 1878, in 38 Despatches, Japan, with No. 844, of September 2, 1878):

This declaration [the quoted note of May 31, 1876] of the Minister of Foreign Affairs does not appear to be inconsistent either with the stipulations of the instrument above referred to or with any information hitherto communicated to this Department.

With reference to the compulsory orders that all business in Lew Chew should be transacted with the Japanese Department of Foreign Affairs and other similar mandates to which you refer, it appears that these orders which were issued several years since but only recently came to your notice, formed part of a series of measures adopted by the Japanese government in the exercise of its asserted control over the Lew Chew Islands and do not appear to militate with treaty stipulations with this government any more than similar acts heretofore reported.

The killing of some natives of Loochoo by savages of Formosa in December 1871 was followed in 1874 by a Japanese punitive expedition to that island; and while China protested, the dispute between China and Japan was adjusted by an agreement signed at

原史料 11　本文 28 頁　Hunter Miller ③ No.380 と No.844 の史料を解説

No. 247.

Mr. Fish to Mr. De Long.

No. 157.] DEPARTMENT OF STATE,
Washington, December 18, 1872.

SIR: I am in receipt of your No. 302, dated 6th day of November.

You state that the kingdom of Lew Chew has become formally incorporated into the Japanese Empire, the King reduced to the condition of an ex-daimio, and assigned a residence in Yedo, which he has accepted; that you had called the attention of the Japanese government to the compact of July 1854, between the United States and Lew Chew, and had inquired if that compact would be respected and observed by the Japanese government within the former territorial limits of Lew Chew, and had obtained from the Japanese government a declaration that they will be observed.

Your action in this matter is approved. It is supposed that the absorption or incorporation of one state by another does not discharge or release, within the limits of the absorbed or incorporated state, the obligation which it may be under to a third power at the time of such absorption or incorporation.

You mention also some threatened anticipated hostile movements contemplated by Japan against the inhabitants of Formosa, and that information had been obtained by you from Mr. Le Gendre, United States consul at Amoy, who chanced to be at the time at Yedo, with reference to the island of Formosa, and had been communicated by you to the Japanese government.

Not knowing the precise objects for which the Japanese government intend to make the knowledge obtained from you available, I am not prepared to express an opinion whether your action, in this regard, is or is not to be approved. Further information and the use which the Japanese government may make of the information which you furnished may decide this point.

I am, &c.,

HAMILTON FISH.

原史料12　本文85－86頁　註8　1872年12月18日
Fish → De long　コンパクトは日本政府によって継承されるべき

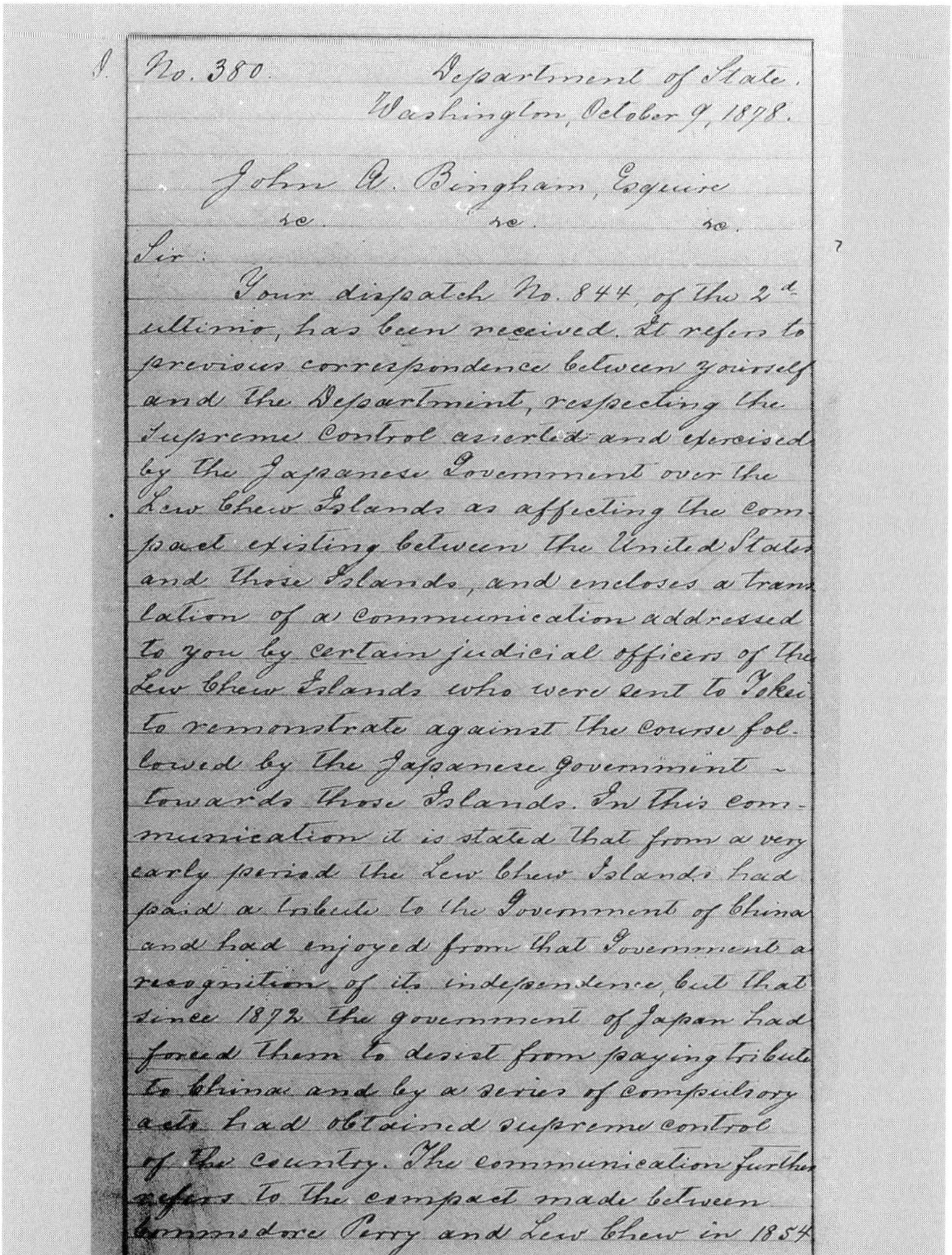

I. No. 380. Department of State.
Washington, October 9, 1878.

John A. Bingham, Esquire
&c. &c. &c.

Sir:

Your dispatch No. 844, of the 2d ultimo, has been received. It refers to previous correspondence between yourself and the Department, respecting the supreme control asserted and exercised by the Japanese Government over the Lew Chew Islands as affecting the compact existing between the United States and those Islands, and encloses a translation of a communication addressed to you by certain judicial officers of the Lew Chew Islands who were sent to Tokei to remonstrate against the course followed by the Japanese Government towards those Islands. In this communication it is stated that from a very early period the Lew Chew Islands had paid a tribute to the Government of China and had enjoyed from that Government a recognition of its independence, but that since 1872 the government of Japan had forced them to desist from paying tribute to China and by a series of compulsory acts had obtained supreme control of the country. The communication further refers to the compact made between Commodore Perry and Lew Chew in 1854

原史料13　本文96－97頁　註26　1878年10月9日　No.380
Seward → Bingham　日本の琉球に対する措置に対して抗議をしないように指示

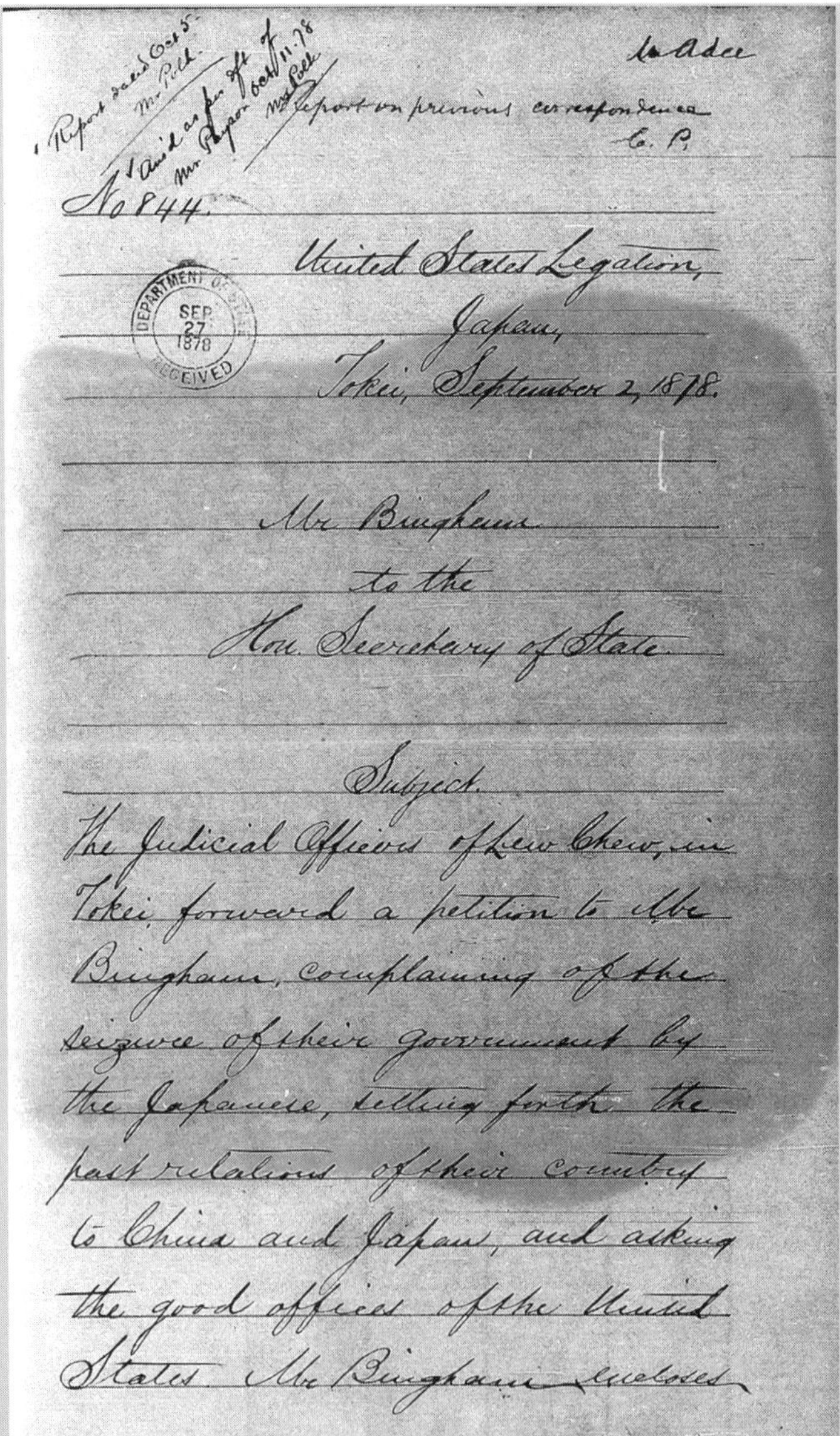

to Adee

1 Report read Oct 5. Mr Polk.

Ans'd as per off of Mr Payson Oct 11. 78 Mr Polk

Report on previous correspondence
C. P.

No 844.

DEPARTMENT OF STATE SEP 27 1878 RECEIVED

United States Legation,
Japan,
Tokei, September 2, 1878.

Mr Bingham
to the
Hon. Secretary of State.

Subject.
The Judicial Officers of Lew Chew, in Tokei, forward a petition to Mr Bingham, complaining of the seizure of their government by the Japanese, setting forth the past relations of their country to China and Japan, and asking the good offices of the United States. Mr Bingham encloses

原史料14　本文95－96頁　註25　1878年9月2日　No.844 ①
Bingham → Evarts　琉球処分が米国の国益と衝突する

No 844.

Enclosure.

Copy of Translation.

Inao Funglai, Ma Kientsi, and their colleagues, Judicial Officers of the Kingdom of Lew Chew, impelled by the circumstances of urgent peril in which their humble country is involved, beg to present this duly prepared petition, earnestly requesting compassionate consideration thereof.

Lew Chew is a small country which from the time of Hung-wu of the Ming dynasty (in 1372) has sent tribute to China, and whose King Wu-ning received from that Empire investiture as "King of the Central

原史料15　本文94頁　註24　註25　No.844 ②
Bingham → Evarts 1878年9月2日　琉球三司官から受け取った救国請願書

Printed for the use of the Foreign Office. February 1883.

CONFIDENTIAL.

(4718.)

CORRESPONDENCE

RESPECTING THE

LOOCHOO ISLANDS.

1879-82.

原史料16　本文94頁　註23

英国外交文書のなかの琉球に関する機密文書①（英国国立公文書館所蔵）

Printed for the use of the Foreign Office. January 1883.

CONFIDENTIAL.

(~~3060~~.)

Correspondence respecting the Loochoo Islands.

No. 1.

Sir T. Wade to the Marquis of Salisbury.—(Received July 24, 1·30 P.M.)

(Telegraphic.) *Peking, July 17, 1879.*

CONSULS at Foochow and Amoy write fear of Japan produces great alarm. I have telegraphed news to Admiral.

No. 2.

Sir T. Wade to the Marquis of Salisbury.—(Received September 7.)

(No. 23. Confidential.)

My Lord, *Peking, July 3, 1879.*

AT Tientsin I of course exchanged visits with the Grand Secretary, Li Hung-chang. I called on him first on the 23rd June, when he pressed me much to stay ten days or so at Tientsin. This I declined doing, but as the 24th was a Chinese festival of much importance, I begged him to defer his return visit till the 25th, and I promised to dine with him on the 26th.

The Grand Secretary had much upon his mind, and his object in detaining me was no doubt to be enabled to refer what might pass between him and myself regarding certain matters to Peking. The two subjects which occupied us most upon the 23rd and 25th were the impending rupture with Japan and opium taxation.

I had naturally heard something of the first question. According to the Grand Secretary, China's difficulty is as follows: Loochoo has been for centuries the tributary of China as well as of Japan; but some three years ago Japan directed the King of Loochoo to send no more tribute to China. Tribute accordingly ceased to come, but it was not until a Chinese Mission was established in Japan that the cause of this cessation was discovered. The Loochooans, who informed the Chinese of it, farther represented that their Government was threatened with absorption by Japan—as they term it, extinction; and they have implored the intervention of the Chinese, who indeed protest against the proceeding, said the Grand Secretary, not only as unjust in itself, but as contravening a provision in the Treaty between China and Japan, to the effect that neither should interfere with the dependencies of the other.

In reply to my questions, the Grand Secretary added that the ostensible purpose of Japan was a redistribution of her provincial system; but that she really contemplated farther acts of aggression, notably in the direction of Corea, to the invasion of which she was being instigated by Russia. Russia, again, had in view the annexation of such portions of Corea as would give her sea-ports that might be open in winter. She would step in whenever Japan commenced operations.

The proposed modification of Japanese territory, which involves the annexation of Loochoo, he ascribed to the Satzuma people. Mori Arinori, lately Minister in

[1122] B

原史料17　本文127－132頁　註36　英国外交文書のなかの琉球に関する機密文書②　琉球問題に関する李鴻章とウェードの会談

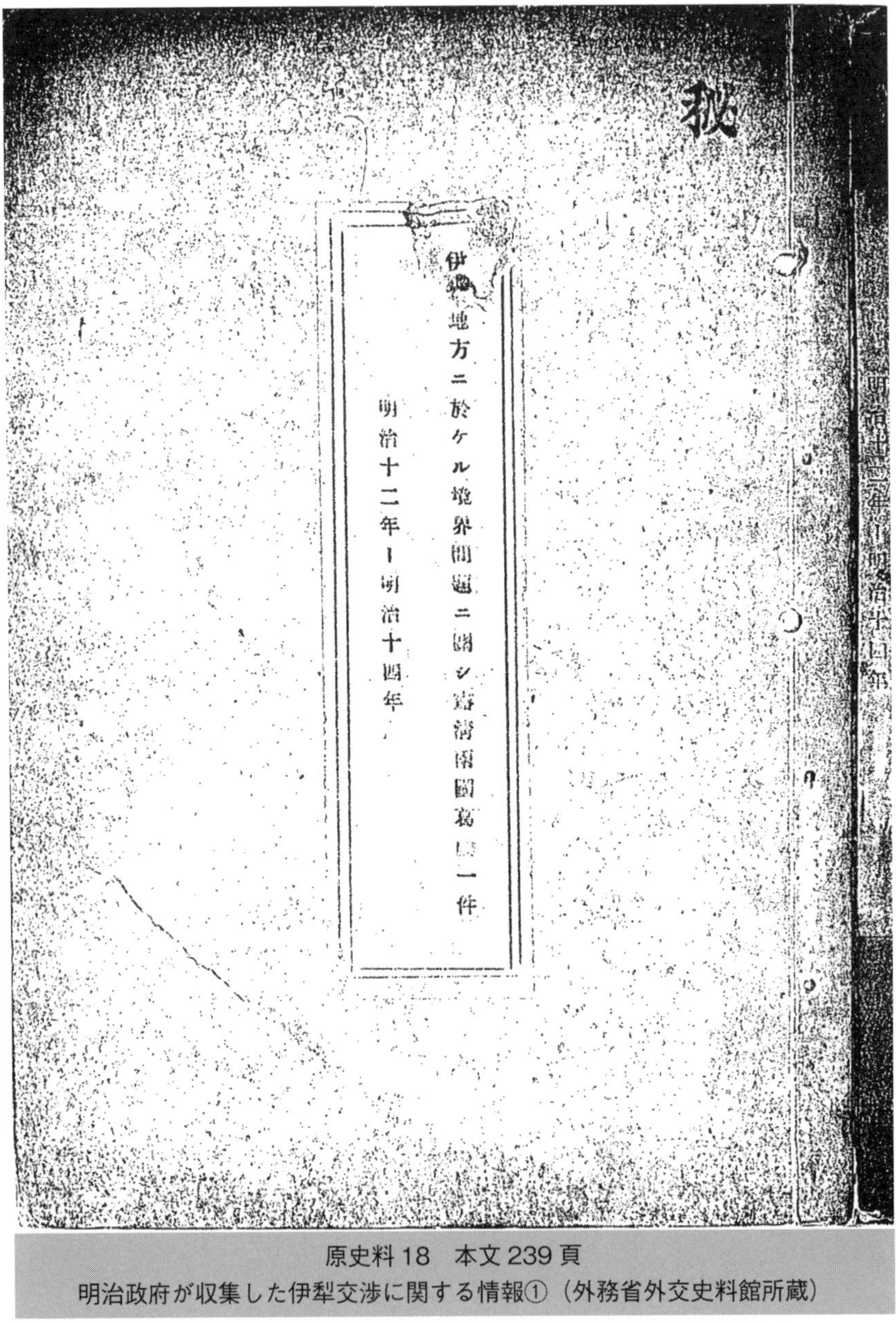
秘

伊犁地方ニ於ケル境界問題ニ關シ露清兩國葛藤一件

明治十二年ー明治十四年

原史料18　本文239頁

明治政府が収集した伊犁交渉に関する情報①（外務省外交史料館所蔵）

176

四五　柳原駐露公使ヨリ井上外務卿宛

明治十三年九月十四日發

×××××××××××

○第四十四號ノ答申

（談判ハ北京ニテ行ハレントス。曾紀澤及ブツオフ両辭。蒋ハ軍備ヲ怠ラサルモ和平ヲ主意トシテ清ト協議ニ入ラントス）

It seems Ili questions shall be negotiated at Pekin on pacific way but preparations not neglected. Butsoff the Russian Minister left here and proceeds slowly to Pekin. Sokitaku will start for London but will return next November.

（下略）

177

四六　竹添天津領事ヨリ井上外務卿宛

明治十三年九月十六日付

×××××××××××

○ゴルドン急遽離清ノ事由其二

和戦間題ニ對スル清廷ノ意向及清廷ノ和戦両黨其十（主戦黨稍々勢ヲ失フ如シ）

寄信第九號

前略

ゴルドンノ論断ハ主和ノ説不被行サル而已ナラス守戦ニ付テノ意ケ條ヲ進献候へ共（註。第七十五號也）清國政府ニ於テ採用不致ニ付断然歸國致シ候由

原史料19　本文246－247頁　註16　明治政府が収集したイリ交渉に関する情報②　イリ交渉が北京に移される可能性の示唆、曾紀澤とビュツオフの動静

購礮船

九中國須遍地設立電報並修理運河此二事較整頓水師尤為緊要中國有不能戰而好為主戰之議者皆當斬首中國欲與外國爭勝當使華商自往外國運向製造廠家購買各貨則洋商不能於中取利必將自去中國應多方幫助華商出洋辦貨令其納稅較洋商略少

十中國須設電報學堂選就學生則電報可由中國自行管理若中國不設電綫不啻耳無所聞矣

十一總稅務司宜令駐劄上海除管理關稅外不應擬越他事若中國與外國公使談論各事不必更使他人從中介紹

十二中國當責成出使大臣承辦采購外洋軍火如中國與各國駐京公使有議論不諧之事當令出使大臣在外商辦

十三中外交涉未結之案甚多中國宜派專員查究並從公道了結因各案不結外國不無介意實於中外交情有礙

十四中國應有專管陸軍大臣一員並專管水師大臣一員該二員須常往各處巡視一切

十五自通州至北京宜設馬車鐵路以便速運糧米如有阻撓此事者應斬首

十六吳淞口外攔港沙宜設法疏濬

十七中國宜派員赴香港澳門查辦販運私鹽之事

十八中國宜在香港澳門兩處各設領事一員

十九凡船隻由香港澳門裝貨出口應令出具附口清單註明所裝貨物並開往何處遇有販運私鹽等事由領事等查出所擬辦法請大員核定

二十中國急宜設立稅務學堂令華人學習關稅事宜以備接替洋人此等學生須多方鼓勵詳加考驗學成之後即令代替洋人既用華人管理關稅亦須酌照用洋人之例優給薪水備有弊端即應斬首如人無錢不能養家必不能安心辦事所以薪水不可不足也

商改俄約兼論球案　光緒六年七月二十三日

赦崇出獄劾剛接電報後商辦情形若何殊深懸念昨有美國水師總兵薛佛爾特派赴朝鮮議約者久泊長崎因我理事官余瓗介紹來見據稱在長崎常與俄水師提督會面總知俄國除原有東海水師外調來兵船共十五隻內鐵甲二隻快船十三隻均甚得力已在長崎訂購煤價五十萬圓運至琿春等處實係豫備戰事其新派前任海部尚書水師提督名來沙弗斯基早經[illegible][illegible][illegible]

下可到當告以崇罪已免備商改條約一事似乎不致動兵該總兵謂俄人之意以頭等公使議定之約不應更改若專派人來京勢將用兵要挾否則如此預備已費巨款俄必不肯中止若不圖中華恐遂吞併高麗等語該總兵又由[illegible]同長崎[illegible][illegible]德二十日在鈞署所陳各節與美總兵所言大略相同竊[illegible]剛商改約駁議太多俄必翻然變計[illegible]派專使來京彼時更難了局可否於電致劾剛時將前議改約各條略參活筆總所奉寄諭甚議有不能一一遵從與其[illegible][illegible][illegible]仍照原約不若事先而稍與通融俾得相機轉圜免開兵釁斯大局之幸也採聞[illegible][illegible]到有俄國兵船二隻一大一小大者名[illegible]細亞旋[illegible]開往大連灣之說做處前派許道等何[illegible]往[illegible]各[illegible]形勢[illegible]於六月十五日函內陳明因祇蚊船四隻乃[illegible]未[illegible][illegible]經撤回大沽[illegible]之[illegible][illegible]

前大連灣一帶並無隊伍駐紮將來俄船大隊若赴北洋難保不在大連灣駐泊我既無可以出洋制勝之船僅能扼守口岸未遑阻扼洋面定[illegible][illegible]及至福在明所稱煙臺調兵八千人周福陔來函本擬調軍屯守尚未到防似無八千人之多亦斷無自我開釁之事當再續關福陔加意防範日本宍使所遞球事節略與竹添進一前議相符誠如尊論祇可相機酌辦查竹添三月十一日函內詳言琉球北部諸島久經割隸日本茲其所併者乃中南二部若議將南部宮古八重山二島改屬中國已居琉球全部之半其書稿鈔呈台覽諒非杜撰此事中國原非因以爲利如准所請仍應由中國仍歸南部交還球王駐守藉存宗祀庶兩國體面稍得保全至酌加條約允俟來年修改時再議儻能就此定論作小結束或不於俄人外再樹一敵是否有當尚祈卓裁再送閱日本新

譯署函稿十一　三九

報及何子峩來信長崎舊俄船煤價五十萬圓英總兵謂俄日交情甚密現中國尚未與俄人失和原可彼此通商將來俄若啟釁日本應居局外照公法約章不應接濟俄船煤米望與宍戶談次略示以意俾免事後追咎有傷睦誼巴西議約往復辨論將及兩月大致業經就緒除招工一節不提外尚有酌照西國通例改定防弊之處月初當可畫押容再鈔呈

論中外往來儀式並洋貨科徵　光緒六年七月二十七日

威使儀議中外官員往來儀式洋貨內地科徵二事鴻章前接五月二十七日來函鈔摺因北洋各關惟津海鄭道辦事較爲精覈又馬道建忠游學西洋於各國交涉稅務探討極熟飭令就威使議辦各節妥晰籌酌具覆據該道等會稟稱中外往來公文凡兩事之於督撫州縣如有應商公事可照會關道轉申轉飭載在

日本修好條規第五條似可援照至洋貨內地免釐必應加稅擬請酌照英國新約改爲洋貨進口按值百抽十正子並交無庸再提三大宗字樣等語持論尚屬平允馬道另具節略與會稟大意相符惟於洋土貨抽收引西例議駁條分縷晰博考繁徵意議正大無一影響之談似可由鈞署擇其尤要者備具節略與威使等妥商以後整頓稅則似應以此爲張本參酌辦理謹照錄會稟節略稿呈核峴莊所擬彼此無論大小允其通用照會似於上下官場毫無分別且與英約顯悖恐未甚妥洋貨免釐於正子並交外再加一子稅即是值百抽十能否辦到伏候卓裁

論巴西定約　光緒六年七月二十七日

再巴西議約承示德國修約第一款之一體遵守字樣第三款之船隻進口漏報控報一條均應酌量添入查此次巴西喀使等屢

譯署函稿十一　四十

請添一體均霑之條鴻章謂各款內官商民人皆有與所待最優之國無異無庸另添一體均霑又見何子峩鈔寄日本近與各國議改約稿內於優待別國特提明出於甘讓及互相酬報字樣包括義蘊極多較德國修約第一款語意尤爲周到因參酌其意於巴約第五款聲明嗣後有優待他國利益彼此須將互相酬報之專條或互訂之專章一體遵守方准同霑優待他國之利益等語似較有限制又巴西訂約條仿照秘約章而删去華工兩條原無通商詳細章程若倣添漏報控報一條不免挂一漏萬擬將德國條約第三款便宜消納在內因於巴約第六款聲明遵從此國與各國原議續議通行章程辦理既日續議則非特德國充公議罰之章巴西必當遵守即後此議約修約之國再有商務新條巴西亦當遵守矣此外第一款僑居句下添入本人自願一語隱寓阻

原史料 20　本文 221 頁　註 31　『李文忠公（鴻章）全集』「商改俄約兼論球案」
李鴻章がイリ問題と琉球問題の連動性を示唆する

参考文献

史料

【日本語】（順不同）

『大日本外交文書』第四巻、外務省調査部編纂、一九三九年。

『大日本外交文書』第五巻、外務省調査部編纂、一九三九年。

『大日本外交文書』第六巻、外務省調査部編纂、一九三九年。

『大日本外交文書』第七巻、外務省調査部編纂、一九三九年。

『大日本外交文書』第八巻、外務省調査部編纂、一九四〇年。

『大日本外交文書』第九巻、外務省調査部編纂、一九四〇年。

『日本外交文書』第十巻、外務省編纂、一九四九年。

『日本外交文書』第十一巻、外務省編纂、一九五〇年。

『日本外交文書』第十二巻、外務省編纂、一九四九年。

『日本外交文書』第十三巻、外務省編纂、一九五〇年。

『日本外交文書』第十四巻、外務省編、一九五一年。

『日本外交文書』明治年間追補第一冊、外務省編纂、一九六三年。

『日本外交年表竝主要文書』上巻、外務省編纂、一九六五年。

『旧条約彙纂　第三巻（朝鮮・琉球）』外務省條約局編、一九三四年。

『沖縄県史料：前近代三　ペリー来航関係記録二』沖縄県沖縄史料編集所編、一九八四年。

『琉球所属問題』外務省編　外務省外交史料館所蔵、一九二九年。

『井上毅傳』史料篇第一　井上毅伝記編纂委員会篇、一九六六年。

『梧陰文庫目録』国学院大学図書館調査室梧陰文庫整理委員会編、国学院大学図書館、一九六三年。

『梧陰文庫井上毅文書』マイクロ史料七巻、國學院大學図書館篇、雄松堂書店。

『琉球王国評定所文書』第七巻、琉球王国評定所文書編集委員会、一九九一年。

『琉球王国評定所文書』第九巻、琉球王国評定所文書編集委員会、一九九三年。

『琉球王国評定所文書』第十四巻、琉球王国評定所文書編集委員会、一九九八年。

『琉球王国評定所文書』第十七巻、琉球王国評定所文書編集委員会、二〇〇一年。

西里喜行編『琉球救国請願書集成』『法政大学沖縄文化研究所』、一九九二年。

『台湾琉球始末』国立公文書館所蔵。

『広沢真臣・宍戸璣関係文書目録』国立国会図書館所蔵、一九六七年。

『世外井上公伝』第三巻、原書房、一九六八年。

『明治文化資料叢書四　外交編』「琉球処分」風間書房、一九六二年。

『グラント将軍日本訪問記』ジョン・ラッセル・ヤング／吉永孝訳、新異国叢書第二輯九、雄松堂書店、一九八三年。

【英語】（順不同）

FO881/4718, CHINA: Correspondence, LOOCHOO ISLANDS 1879-1882.
Nish, Ian,(ed.), *British Documents on Foreign Affairs, part I,Series E, Asia, 1860-1914, Vol.2 Korea, the Ryukyu Islands, and North-East Asia, 1875-1888; Vol.22 Chefoo Convention and Its Aftermath 1876-1885*, University Publications of America, 1989.
John Y, Simon(ed.), *The Papers of Ulysses S. Grant, Vol.29: October 1, 1878-September 30, 1880*, Carbondale: Southern

Illinois University Press, 2008.

Foreign Relations of the United States, December 1, 1873, Part I, Vol.1【FRUS】.
Foreign Relations of the United States, December 6, 1875, Vol.1【FRUS】.
Foreign Relations of the United States, December 4, 1876【FRUS】.

Davids, Jules, (ed.), *American Diplomatic and Public Papers: The United States and China, Series* II, *The United States, China, And Imperial Rivalries, 1861-1893, Vol.8, Sino-Japanese relations,*II, Wilmington, Delaware: Scholarly Resources Inc. ,1979.

Diplomatic Instructions of TM Department of State, 1801-1906 Japan, Volume 1, September 12, 1855 - June 29, 1872.

Diplomatic Instructions of TM Department of State, 1801-1906 Japan, Volume 2, July 2, 1872 – August 30, 1880.

Despatches from United States Ministers to Japan, Volume 38, July 24, 1878 – December 27, 1878.

Vattel, Emmerich de, *The Law of Nations or Principles of the Law of Nature, Applied to the Conduct and Affairs of Nations and Sovereigns,* from the French of Monsieur de Vattel, a new edition, London, 1797.

Narrative of the Expedition of an American Squadron to the China Seas and Japan, Performed in the Years 1852, 1853, and 1854, under the Command of Commodore M.C. Perry, United States Navy, by Order of the Government of the United States. Compiled from the original notes and Journals of Commodore Perry and His officers, At His Request, and under His Supervision, By Francis L. Hawks, D. D. L. L. D. with Numerous Illustrations. Washington: Published by Order of the Congress of the United States, 1856.

Williams, F.W., (ed.), *A Journal of the Perry Expedition to Japan (1853-1854) by S. Wells Williams, First Interpreter of the Expedition,* 1910.

Message of the President of the United States, transmitting A report of the Secretary of the Navy, in compliance with a resolution of the Senate of December 6, 1854, calling for correspondence, &c., relative to the naval expedition to Japan. (Senate. 33d Congress, 2d Session. Ex. Doc. No.34), 1855.

Bevans, Charles I, (ed.), *Treaties and Other International Agreements of the United States of America 1776-1949, volume 9, Iraq-Muscat,* Department of State Publication 8615, 1972.

Treaties between the United States of America and China, Japan, Lewchew and Siam [1833-1858] acts of Congress, and the Attorney-general's opinion, with the decrees and regulations issued for the guidance of U.S. Consular courts in China, Hongkong, 1862.

William M. Malloy, (comp.), *Treaties, Conventions,*

International Acts, Protocols and Agreements between The United States of America and Other Powers 1776-1909. Vol.1, Washington: United States Government Printing Office, 1910.

Miller, Hunter, (ed.), *Treaties and other international acts of The United States of America, Vol.1(SHORT PRINT), Plan of the Edition, Lists, And Tables,* Washington: United States Government Printing Office, 1931.

Miller, Hunter, (ed.), *Treaties and other international acts of The United States of America, Vol.3, documents 41-79 1819-1835,* Washington: United States Government Printing Office, 1933.

Miller, Hunter, (ed.), *Treaties and other international acts of The United States of America, Vol.4, documents 80-121 1836-1846,* Washington: United States Government Printing Office, 1934.

Miller, Hunter, (ed.), *Treaties and other international acts of The United States of America, Vol.5, documents 122-150 1846-1852,* Washington: United States Government Printing Office,1937.

Miller, Hunter, (ed.), *Treaties and other international acts of The United States of America, Vol.6, documents 152-172 1852-1855,* Washington: United States Government Printing Office, 1942.

New York Herald, Aug.15, 1879.
New York Herald, Aug.16, 1879.

【中国語】（順不同）

『清光緒朝中日交渉史料』全八八巻、北平故宮博物院編、文海出版社、一九六三年。

『清季外交史料』王彦威・王亮編、文海出版社、一九六三年。

『李文忠公（鴻章）全集』文海出版社、一九八〇年。

『金軺籌筆』台湾商務印書館、中華民国五五年。

文献

【日本語】（五十音順）

秋田茂編『グローバル化の世界史』ミネルヴァ書房、二〇一九年。

安良城盛昭「琉球処分論」桑原真人・我部政男編『蝦夷地と琉球』吉川弘文館、二〇〇一年。

荒野泰典「幕末維新期日米条約の原本調査―米国々立文書館での調査とその成果―」（『史苑』七三（一）、二〇一三年。

五百旗頭薫『条約改正史：法権回復への展望とナショナリズム』有斐閣、二〇一〇年。

イブン＝ハルドゥーン／森本公誠訳『歴史序説（一）』、岩波書店、二〇〇一年。

今津浩一『ペリー提督の機密報告書：コンフィデンシャル・レポートと開国交渉の真実』ハイデンス、二〇〇七年。

岩井茂樹『朝貢・海禁・互市：近世東アジアの貿易と秩序』名古屋大学出版会、二〇二〇年。

植田捷雄「琉球の帰属を繞る日清交渉」『東洋文化研究所紀要』二、一九五一年。

上原兼善『黒船来航と琉球王国』名古屋大学出版会、二〇二〇年。

梅木哲人『近世琉球国の構造』第一書房、二〇一一年。

梅木哲人『新琉球国の歴史』法政大学出版局、二〇一三年。
E.H. カー／清水幾太郎訳『歴史とは何か』岩波書店、一九六二年。
衛藤瀋吉『近代東アジア国際関係史』東京大学出版会、二〇〇四年。

王芸生／長野勲・波多野乾一編訳『日支外交六十年史　第一巻』建設社、一九三三―一九三六年。

大熊良一『異国船琉球来航史の研究』鹿島出版会、一九七一年。

大里知子「「琉球処分」論と歴史意識」『沖縄文化研究』三八、法政大学沖縄文化研究所、二〇一二年。

大羽綾子訳『合衆国海軍省編　ペリー提督日本遠征記』法政大学出版局、一九五三年。

岡部敏和「米国ペリー艦隊の琉球来航と琉球「開国」問題：「琉米約定」をめぐる琉球王府・薩摩藩間交渉を中心に」『明治維新史研究』九、二〇一三年。

岡部敏和「米・仏・蘭三ヶ国条約と「琉球処分」」『東アジア近代史』二三、二〇一九年。

岡本隆司『属国と自主のあいだ』名古屋大学出版会、二〇〇四年。

岡本隆司・川島真編『中国近代外交の胎動』東京大学出版会、二〇〇九年。

岡本隆司訳／何如璋「日中関係 琉球問題に関する李鴻章への書簡」、村田雄二郎責任編集『新編原典中国近代思想史：第2巻』岩波書店、二〇一〇年。

岡本隆司「駐欧公使曾紀澤とロシア『金軺籌筆』を読む」、岡本隆司・箱田恵子・青山治世『出使日記の時代―清末の中国と外交』名古屋大学出版会、二〇一四年、所収。

岡本隆司「導論：世界史と宗主権」、同編『宗主権の世界史：東西アジアの近代と翻訳概念』名古屋大学出版会、二〇一四年。

岡本隆司『中国の誕生』名古屋大学出版会、二〇一七年。

岡本隆司『世界史序説：アジア史から一望する』ちくま新書、二〇一八年。

岡本隆司編『交隣と東アジア：近世から近代へ』名古屋大学出版会、二〇二一年。

岡本隆司「清朝をめぐる国際関係」、弘末雅士・吉澤誠一郎編『岩波講座世界歴史12：東アジアと東南アジアの近世15～18世紀』岩波書店、二〇二二年。

緒方修『青い眼の琉球往来：ペリー以前とペリー以後』芙蓉書房、二〇一七年。

何芸芃「明治期における「処理」「処置」「処分」「処断」の意味・用法に関する一考察」『国文学研究ノート』六一、二〇二二年。

片岡一忠『清朝新疆統治研究』雄山閣出版、一九九一年。

加藤祐三「日米和親条約の使用言語」（月報）、田中彰編『開国』岩波書店、一九九一年。

金井圓訳『ペリー日本遠征日記』（新異国叢書第Ⅱ輯）雄松堂出版、一九八五年。

我部政男『明治国家と沖縄』三一書房、一九七九年。

我部政男『近代日本と沖縄』三一書房、一九八一年。

我部政男「明治初期の政府と沖縄地方―脱清行動と血判誓約書を中心に」『年報政治学：近代日本政治における中央と地方』三五、日本政治学会編、一九八四年。

我部政男「日本の近代化と沖縄」『岩波講座近代日本と植民地1：植民地帝国日本』岩波書店、一九九二年。

我部政男「琉球から沖縄へ」『岩波講座日本通史　第十六巻』岩波書店、一九九四年。

我部政男・栗原純『ル・ジャンドル台湾紀行』全四巻、緑蔭書房、一九九八年。

我部政男『日本近代史のなかの沖縄』不二出版、二〇二一年。

川島真『中国近代外交の形成』名古屋大学出版会、二〇〇四年。

川畑恵「琉球国から琉球藩へ―琉球処分の版籍奉還的意味を中心に―」『沖縄文化研究』三四、法政大学沖縄文化研究所、二〇〇九年。

神田精輝訳『ペルリ提督琉球訪問記』国書刊行会、一九九七年（復刊)。

北脇敏一/山岡永知編訳『新版・対訳アメリカ合衆国憲法』国際書院、二〇〇二年。

許世揩「台湾事件(一八七一～一八七四年)」『日本外交史の諸問題Ⅱ』日本国際政治学会、一九六三年。

金城正篤『琉球処分論』沖縄タイムス社、一九七八年。

栗原純「台湾事件(一八七一～一八七四年):琉球政策の転機としての台湾出兵」『史学雑誌』八七(九)、一九七八年。

黒田安雄「「琉球秘策」について(資料)」『愛知学院大学文学部紀要』愛知学院大学論叢一三、一九八三年。

後藤新「台湾出兵と琉球処分:琉球藩の内務省移管を中心として」『法学政治学論究:法律・政治・社会』七二、慶應義塾大学大学院法学研究科、二〇〇七年。

小西四郎「開国」『岩波講座日本歴史14　近代1』岩波書店、一九六二年。

小林隆夫「留守政府と征台論争―ル・ジャンドル覚書に関する一考察」『政治経済史学』二九六、一九九〇年。

佐々木揚『清末中国における日本観と西洋観』東京大学出版会、二〇〇〇年。

斉藤孝『歴史と歴史学』東京大学出版会、一九七五年。

後田多敦『琉球救国運動:抗日の思想と行動』出版社Mugen、二〇一〇年。

塩出浩之「北海道・沖縄・小笠原諸島と近代日本―主権国家・属領統治・植民地主義」『岩波講座日本歴史第15巻:近現代1』、二〇一四年。

清水康行「『日米和親条約』諸言語版の本文をめぐって―和文版の位置付け、蘭文版と蘭文和解版との間―」『国文目白』五六、二〇一七年。

ジョージ・H・カー/山口栄鉄訳『沖縄:島人の歴史』勉誠出版、二〇一四年。

ゼバスティアン・コンラート/小田原琳訳『グローバル・ヒストリー:批判的歴史叙述のために』岩波書店、二〇二一年。

高澤紀恵『主権国家体制の成立』山川出版社、一九九七年。

高良倉吉「解題」『沖縄県史料前近代3　ペリー来航関係記録2』沖縄県沖縄史料編集所編、一九八四年。

田中彰『開国:日本近代思想体系1』岩波書店、一九九一年。

田保橋潔「琉球藩民蕃害事件に関する考察」『市村博士古稀記念　東洋史論叢』冨山房、一九三三年。

張天恩「琉球問題をめぐる日清交渉と清朝外交の制度運用―分島改約案の運命と総理衙門の外交」『東アジア近代史』二五、二〇二一年。

津田多賀子「日清条約改正の断念と日清戦争」『歴史学研究』六五二、一九九三年。

土屋喬雄・玉城肇訳『ペルリ提督日本遠征記』(上・下)臨川書店、一九三六年。

ティネッロ・マルコ『世界史からみた「琉球処分」』榕樹書林、二〇一七年。

照屋善彦「琉米修好条約」『沖縄県史別巻　沖縄近代史辞典』沖縄県教育委員会編、一九八九年(復刻)。

時野谷勝「明治初年の外交」『岩波講座日本歴史15:近代2』岩波書店、一九六二年。

豊見山和行「琉球王国末期における対外関係:琉米・琉仏条約締結問題を中心に」(『歴史評論』六〇三、二〇〇〇年。

豊見山和行『琉球王国の外交と王権』吉川弘文館、二〇〇四年。

中島昭三「台湾出兵」『國學院法学』七―三、一九七〇年。

波平恒男『近代東アジア史のなかの琉球併合:中華世界秩序から植民地帝国日本へ』岩波書店、二〇一四年。

成田龍一・長谷川貴彦編『〈世界史〉をいかに語るか:グローバル時代の歴史像』岩波書店、二〇二〇年。

西敦子「台湾出兵にみる琉球政策の転換点」『史論』六一、二〇〇八年。

西川武臣『ペリー来航:日本・琉球をゆるがした412間』中央公

論新社、二〇一六年。

西里喜行『清末中琉日関係史の研究』京都大学学術出版会、二〇〇五年。

野田仁「イリ事件再考：ロシア統治下のイリ地方（1871―1881年）」、窪田順平他編『イリ河流域歴史地理論集：ユーラシア深奥部からの眺め』松香堂、二〇〇九年。

白春岩『李鴻章の対日観：「日清修好条規」を中心に』成文堂、二〇一五年。

箱田恵子『外交官の誕生：近代中国の対外態勢の変容と在外公館―』名古屋大学出版会、二〇一二年。

箱田恵子「琉球処分をめぐる日清交渉と仲裁裁判制度」『史窓』七七、京都女子大学史学会、二〇二〇年。

羽田正『新しい世界史へ：地球市民のための構想』岩波書店、二〇一一年。

羽田正『グローバルヒストリーと東アジア史』東京大学出版会、二〇一六年。

羽田正『地域史と世界史』ミネルヴァ書房、二〇一六年。

羽田正「序章：グローバル・ヒストリーの豊かな可能性」、「第四章：日本におけるグローバル・ヒストリーと世界史」同編『グローバル・ヒストリーの可能性』山川出版社、二〇一七年。

羽田正『グローバル化と世界史』東京大学出版会、二〇一八年。

ハーバート・ノーマン／大窪愿二編訳「クリオの顔」『ハーバート・ノーマン全集　第四巻』岩波書店、一九七八年。

濱下武志『朝貢システムと近代アジア』岩波書店、一九九七年。

パミラ・カイル・クロスリー／佐藤彰一訳『グローバル・ヒストリーとは何か』岩波書店、二〇一二年。

坂野正高『近代中国外交史研究』岩波書店、一九七〇年。

坂野正高『現代外交の分析：情報・政策決定・外交交渉』東京大学出版会、一九七一年。

坂野正高『近代中国政治外交史―ヴァスコ・ダ・ガマから五四運動まで』岩波書店、一九七三年。

比嘉春潮『沖縄の歴史』沖縄タイムス社、一九五九年。

藤村道生「明治維新外交の旧国際関係への対応―日清修好条規の成立をめぐって」『名古屋大学文学部研究論集』四一、一九六六年。

藤村道生「明治初年におけるアジア政策の修正と中国―日清修好条規草案の検討二」（『名古屋大学文学部研究論文集』四四、一九六七年。

藤村道生「琉球分島交渉と対アジア政策の転換―明治十四年政変の国際的条件」『歴史学研究』三七三、一九七一年。

ヘイドン・ホワイト／上村忠男編訳『歴史の喩法：ホワイト主要論文集成』閏月社、二〇一七年。

外間政章訳『対訳ペリー提督沖縄訪問記』研究社、一九六二年。

洞富雄訳『ペリー日本遠征随行記』（新異国叢書8）雄松堂出版、一九七〇年。

前田勇樹『沖縄初期県政の政治と社会』榕樹書林、二〇二一年。

真栄平房昭「十九世紀の東アジア国際関係と琉球問題」溝口雄三・浜下武志・平石直昭・宮嶋博史編『アジアから考える[3]周縁からの歴史』東京大学出版会、一九九四年。

三浦周行「明治時代に於ける琉球所属問題（第一回）」『史学雑誌』四二（七）、一九三一年。

三浦周行「明治時代に於ける琉球所属問題（第二回）」『史学雑誌』四二（一二）、一九三一年。

三国谷宏「琉球帰属に関するグラントの調停」『東方学報』一〇（三）、京都大学人文科学研究所紀要、一九三九年。

水島司『グローバル・ヒストリー入門（世界史リブレット127）』山川出版社、二〇一〇年。

水島司編『グローバル・ヒストリーの挑戦』山川出版社、二〇〇八年。

三谷博『ペリー来航』吉川弘文館、二〇〇三年。

御手洗昭治『サムライ異文化交渉史』ゆまに書房、二〇〇七年。

南塚信吾『「世界史」の誕生：ヨーロッパ中心史観の淵源』ミ

ネルヴァ書房、二〇二三年。
M.C.ペリー／F.L.ホークス編纂／宮崎壽子監訳『ペリー提督日本遠征記　上下』角川ソフィア文庫、二〇一四年。
宮里政玄「日米関係史における沖縄」細谷千博・本間長世編『新版　日米関係史：摩擦と強調の140年』有斐閣、一九九一年。

毛利敏彦『台湾出兵：大日本帝国の開幕劇』中央公論社、一九九六年。

森宣雄「琉球は「処分」されたか：近代琉球対外関係史の再考」『歴史評論』六〇三、二〇〇〇年。

安岡昭男『明治前期日清交渉史研究』巌南堂書店、一九九五年。

柳原正治「仕置、附庸、属国、そして主権—近世・近代における琉球王国の「国際法」上の地位—」同編『変転する国際社会と国際法の機能』信山社、二〇一八年。

山口栄鉄『異国と琉球』榕樹書林、一九九九年（新装版）。

山口栄鉄『琉球王国の崩壊』榕樹書林、二〇〇二年。

山里勝己「ペリー提督100年の夢：トラベルライティングとしての『アメリカ艦隊遠征記』」『環太平洋地域文化研究』二、二〇二一年。

山下重一『琉球・沖縄史研究序説』御茶の水書房、一九九九年。

山城智史「琉球分割条約にあたえるイリ条約の影響」『沖縄文化研究』三〇、法政大学沖縄文化研究所、二〇〇四年。

山城智史「琉球帰属問題からみる李鴻章の対日政策」『琉球・沖縄研究』三、早稲田大学琉球・沖縄研究所、二〇一〇年。

山城智史「日清琉球帰属問題と清露イリ境界問題—井上馨・李鴻章の対外政策を中心に—」『沖縄文化研究』三七、法政大学沖縄文化研究所、二〇一一年。

山城智史「1870年代における日清間の外交案件としての琉球帰属問題」『研究年報社会科学研究』三五、山梨学院大学大学院社会科学研究科、二〇一五年。

山城智史「琉球処分をめぐる李鴻章の外交基軸：琉球存続と分島改約案」『沖縄文化研究』四九、法政大学沖縄文化研究所、二〇二二年。

山城智史「米琉コンパクトをめぐるペリー提督の琉球認識」『環太平洋地域文化研究』三、二〇二二年。

横山伊徳「日本の開国と琉球」曽根勇二・木村直也編『新しい近世史2　国家と対外関係』新人物往来社、一九九六年。

吉田金一『近代露清関係史』近藤出版社、一九七四年。

與那覇潤『翻訳の政治学』岩波書店、二〇〇九年。

渡辺修次郎閲、松井順時編『琉球事件』松井忠兵衛、一八八〇年。

【中国語】（順不同）

王建華・孫君琪「曾紀澤与中俄伊犁交渉」『安徽師大学報』（哲学社会科学版）第二期、一九九〇年。

季雲飛「曾紀澤使俄談判与李鴻章使日談判之比較研究」『安徽史学』第三期、一九九二年。

董蔡時「略論曾紀澤・李鴻章関係」『蘇州大学学報』（哲学社会科学版）第一期、一九九三年。

馬小梅「略論曾紀澤与《中俄伊犁条約》」『固原師専学報』第四期、総第六六期、一九九八年。

張新革「試論中俄《伊犁条約》簽訂的国際・国内背景」『伊犁師範学院学報』第三期、一九九九年。

蒋躍波・李育民「試析曾紀澤伊犁交渉成功原因」『湖南教育学院学報』第四期、第十八巻、二〇〇〇年。

佟克力「伊犁資料与研究総述」『伊犁師範学院学報』第一期、二〇〇五年。

華可勝（ロ）／李連相訳「研究総述」『中国辺疆史地研究』第二期、一九九七年。

米庆余『琉球历史研究』、天津人民出版社、一九八八年。

李之勤「中国与俄国的辺界」下、呂一燃主編『中国近代辺境史』上、四川人民出版社、二〇〇七年。

【英語】（順不同）

Wolff, Christian L.B, *Jus gentium methodo scientifica pertractatum, in quo jus gentium naturale ab eo, quod voluntarii, pactitii et consuetudinarii est, accurate distinguitur,* Prostat in officina Libraria Rengeriana.

Moore, John Bassett, *A Digest of International Law, Vol.V*, Washington, 1906.

Naujoks, Herbert, H, "Compacts and Agreements Between States and Between States and a Foreign Power," *Marquette Law Review, vol.36,* Issue 3 , Winter 1952-1953.

Weinfeld, Abraham C, "What did the framers of the federal constitution mean by *"Agreements or Compacts"?,"* *The University of Chicago Law Review, Vol.3,* No.3, 1936.

Constitution Annotated: ArtI.S10.C3.3. Compact Clause. https://constitution.congress.gov/browse/essay/artI-S10-C3-3-1/ALDE_00013531/

Engdahl, David E, "Characterization of Interstate Arrangements: When is a Compact Not a Compact," *Michigan Law Review, Vol.64,* Issue.1, 1965.

Bruce, Andres A, "The Compacts and Agreements of States with One Another and with Foreign Powers," *Minnesota Law Review, Vol.3,* 1918.

Myers, Denys P, "The Names and Scope of Treaties," *The American Journal of International Law, Vol.51,* No.3, 1957.

Hollis, Duncan B, "Unpacking the Compact Clause," *Texas Law Review, Vol.26, 2009.*

Hollis, Duncan B, "The Elusive Foreign Compact," *Missouri Law Review, Vol.73, No.4, 2008.*

Litwak, Jeffrey B, *Interstate Compact Law: Cases & Materials Edition 4.0,* 2020.

HSÜ, IMMANUEL C. Y, *The Ili Crisis: A study of Sino-Russian diplomacy 1871-1881,* Oxford, 1965.

Tinello, Marco, "Early Meiji Diplomacy Viewed through the Lens of the International Treaties Culminating in the Annexation of the Ryukyus," *The Asia-Pacific Journal: Japan Focus,* Vol.19, Issue 6, No.2, Article ID 5558, March 15, 2021. https://apjjf.org/2021/6/2/Tinello (Accessed on 18 April 2021) .

Tinello, Marco, "Islands between empires: the Ryukyu Shobun in Japanese and American expansion in the pacific," *Critical Asian Studies,* Volume 54, 2022 - Issue 4 https://doi.org/10.1080/14672715.2022.2132413 (Accepted 01 Oct 2022).